新质生产力与国际经贸规则创新研究

主　编　王关义
副主编　钟立国　高　洁

中国财经出版传媒集团
中国财政经济出版社
·北京·

图书在版编目（CIP）数据

新质生产力与国际经贸规则创新研究／王关义主编；钟立国，高洁副主编．-- 北京：中国财政经济出版社，2025.8. -- ISBN 978-7-5223-4055-5

Ⅰ．F746

中国国家版本馆 CIP 数据核字第 2025XW6494 号

责任编辑：周桂元　　责任校对：徐艳丽
封面设计：孙俪铭　　责任印制：张　健

新质生产力与国际经贸规则创新研究
XINZHI SHENGCHANLI YU GUOJI JINGMAO GUIZE CHUANGXIN YANJIU

中国财政经济出版社 出版

URL：http：//www. cfeph. cn
E-mail：cfeph@ cfeph. cn

社址：北京市海淀区阜成路甲 28 号　邮政编码：100142
营销中心电话：010-88191522
天猫网店：中国财政经济出版社旗舰店
网址：https：//zgczjjcbs. tmall. com
涿州汇美亿浓印刷有限公司印刷　各地新华书店经销
成品尺寸：170mm×240mm　16 开　25 印张　358 000 字
2025 年 8 月第 1 版　2025 年 8 月河北第 1 次印刷
定价：98. 00 元
ISBN 978-7-5223-4055-5
（图书出现印装问题，本社负责调换，电话：010-88190548）
本社图书质量投诉电话：010-88190744
打击盗版举报热线：010-88191661　QQ：2242791300

2024 年广东外语外贸大学南国商学院
国际经贸规则研究中心研究报告

前言

PREFACE

一直以来，投资、消费和出口被认为是推动一个国家或地区经济增长的“三驾马车”。由此可见，在经济全球化深入发展的今天，以进出口为核心业务的国际贸易在推动区域经济发展中所发挥的重要作用。

推动不同地域、不同民族、不同文化、不同国家或地区有效开展经济贸易活动，需要共同的规则来约束。正因如此，约束国家或地区间经贸活动的国际经贸规则已成为全球经济治理体系的核心要素，这些规则不仅规范着全球贸易和投资活动，更深刻地影响着世界经济的运行方式和各国的发展路径。当前，世界正经历着百年未有之大变局，国际经贸规则体系面临深刻重构，这一重构过程既反映了全球经济格局的变化，也预示着未来全球经济发展的方向。

纵观历史，国际经贸规则的形成与变革始终与全球经济格局的变化紧密相连。第二次世界大战后建立的布雷顿森林体系确立了以美元为中心的国际货币体系，关贸总协定（GATT）则为全球贸易提供了基本规则和遵循。这一时期的规则体系主要反映了发达经济体的利益诉求，为战后世界经济复苏和增长提供了制度保障。

随着发展中国家的崛起及其经济实力的提升，特别是新兴经济体的崛起，国际经贸规则开始出现调整。世界贸易组织（WTO）的成立标志着多边贸易规则体系的进一步完善，同时也暴露出规则制定过程中的利益博弈。2008 年国际金融危机后，国际经贸规则进入加速变革期，区域贸易协定大量涌现，规则制定呈现碎片化趋势，全球经济格局的深刻变化是推动国际经贸规则重构的根本动力。新兴经济体的群体性崛起改变了世界经济力量对比，发展中国家在全球经济治理中的话语权显著提升。这种变化要求国际经贸规则更好地反映各方利益诉求，建立更加平衡的规则体系。

当前，新技术革命和产业变革对传统经贸规则提出了挑战。数字经济的快速发展催生了数据跨境流动、数字税收等新议题，传统规则已无法适应新经济形态的发展需求。众多发展变化正在推动国际经贸规则向更高标准、更广领域发展。数字贸易规则、环境条款、劳工标准等新议题的加入，使国际经贸规则体系更加复杂多元。同时，绿色低碳转型要求国际经贸规则更好地融入可持续发展理念，全球治理体系的变革也在推动国际经贸规则的重构。规则体系更加注重包容性和可持续发展，体现了对发展中国家利益的更多关注。规则实施机制更加灵活多样。争端解决机制不断创新，更加强调效率与公平的平衡。监督机制更加完善，以确保规则的有效执行。这些变化反映了国际社会对规则体系效能的更高要求。多边主义面临挑战，区域合作和双边协定成为规则制定的重要平台。这种变化既带来了规则制定的灵活性，也增加了规则体系的复杂性。特朗普执政以来，频繁调整美国进口关税，对国际贸易产生重大负面影响。

国际经贸规则的重构是一个复杂而漫长的过程，既充满挑战，也蕴含机遇。作为世界第二大经济体和世界制造大国，中国进出口贸易对拉动经济增长有巨大的支撑作用，在国际经贸规则发展进程中扮演着重要角色。积极参与国际经贸规则制定，这既是维护自身发展利益的需要，也是推动构建开放型世界经济的责任。未来，中国将继续坚持多边主义，推动国际经贸规则向更加包容、普惠的方向发展，为全球经济治理贡献中国智慧和中国方案。

相关数据显示，2023 年，中国国内生产总值超过 126 万亿元（约合 17.8 万亿美元），占世界总量的比重上升至 16.9%，稳居世界第二位。1979—2023 年中国对世界经济增长的年均贡献率达到 24.8%，居世界首位。从国际贸易发展情况来看，近年来，中国国际贸易空前活跃。相关数据显示：2023 年，中国进出口额 5.94 万亿美元，其中，出口额 3.38 万亿美元，占国际市场份额 14.2%，连续 15 年保持全球第一位；进口额 2.56 万亿美元，占国际市场份额 10.6%，连续 15 年保持全球第二位。《人民日报》2025 年 3 月 4 日报道：2024 年，我国进出口贸易总额达到 43.85 万亿元，其中出口规模首次突破 25 万亿元，达到 25.45 万亿元。外商累计在华投资设立的企业超过 123.9 万家，实际使用外资 20.6 万亿元，全国新设立外商投资企业 5.9 万家，较上年增长 9.9%。近 5 年，外商在华直接投资收益率约 9%，中国一直是跨国投资的高地。外商投资和进出口成为拉动中国经济持续增长的重要力量，依托超大规模市场优势，中国进口也为各国经济发展提供了强劲动力。

“开放”是中国式现代化的鲜明标识，党的二十届三中全会通过的《中共中央关于进一步全面深化改革 推进中国式现代化的决定》强调“必须坚持对外开放基本国策，坚持以开放促改革，依托我国超大规模市场优势，在扩大国际合作中提升开放能力，建设更高水平开放型经济新体制”。该决定明确了进一步全面深化改革的总目标，提出 300 多项重要改革举措，就完善高水平对外开放体制机制作出专门部署，强调稳步扩大制度型开放、深化外贸体制改革、深化外商投资和对外投资管理体制改革、优化区域开放布局、完善推进高质量共建“一带一路”机制，充分表明中国开放的大门只会越开越大，展现了中国将改革开放进行到底的坚定决心。

当前，单边主义、保护主义上升，经济全球化遭遇逆流，世界百年未有之大变局加速演进，我国经济发展面临的外部机遇和风险挑战前所未有。理论界要聚焦党中央构建高水平社会主义市场经济体制，推进高水平对外开放重大战略，全面贯彻党的二十届三中全会精神，深刻理解重大观点、重大论断、重大战略背后的问题指向、理论内涵和实践要求，注重从学术基础、实践导向、国际视野等方面梳理党的二十大、二十届三中全会精神中富有思想引领力、解释力的重要论断和观点。把握经济全球化机遇、打破外部封锁遏制，迫切需要学术界进一步加强对国际经贸规则的研究，及时产出一批具有时代高度、学理深度、学术厚度的高质量研究成果，为在新起点上进一步推动对外开放、促进国际贸易繁荣提供思想、智力和学术支持和决策参考。

《新质生产力与国际经贸规则创新研究》一书是广东省社会科学界联合会决策咨询研究基地——国际经贸规则研究中心的科研团队、国内相关领域的专家学者研究成果的集中展现，该书深入分析国际经贸规则重构的趋势、特征和影响，目的在于为相关政府部门科学决策提供参考。全书聚焦“中国经济高质量发展与国际经济贸易新格局、新趋势、新规则”，将重点关注规则重构的最新动态、主要经济体的立场主张以及中国的应对策略，力求为读者提供全面深入的分析视角。全书聚焦新质生产力于经济发展、国际经贸规则与标准、数字经济发展与规制、粤港澳大湾区经贸问题等四个方面展开研究探讨，形成一些观点和建议。

我们本着求教的态度把本书呈现给读者，在编写过程中，参考了众多专家学者的观点或研究成果，吸收了其中有益的观点，也得到广东省社科联领导的关心和支持，中国财政经济出版社领导和责任编辑周桂元编审付出了艰辛的劳动，在此一并致谢。书中不当或不足之处，恳请各位专家和读者批评指正。

广外南国商学院副校长

国际经贸规则研究中心主任

王毅

2025 年 3 月于广州

目录

CONTENTS

一、新质生产力助力经济发展研究

二、国际经贸规则与标准研究

三、数字经济发展与规制研究

四、粤港澳大湾区经贸问题研究

一、新质生产力助力经济发展研究

新质生产力赋能广东省现代化产业体系建设路径研究*

▶邓永亮

一、引言

2023年9月7日，习近平总书记在黑龙江省考察调研时首次提出“新质生产力”这一全新概念，总书记指出，要“积极培育新能源、新材料、先进制造、电子信息等战略性新兴产业，积极培育未来产业，加快形成新质生产力，增强发展新动能。”2024年1月31日，习近平总书记在中共中央政治局第十一次集体学习时进一步指出，“新质生产力由技术革命性突破、生产要素创新性配置、产业深度转型升级而催生，以劳动者、劳动资料、劳动对象及其优化组合的跃升为基本内涵，以全要素生产率大幅提升为核心标志，特点是创新，关键在质优，本质是先进生产力”。从全要素生产率的角度看，新质生产力既是结果，更是过程，是一个量变到质变的过程；从新质生产力与现代化产业体系的关系来看，现代化产业体系是新质生产力的重要组成部分，新质生产力天然包含现代化产业体系，但新质

* 基金项目：广东省教育厅特色创新类科研项目《广东省建设以实体经济为支撑的现代化产业体系路径研究》（项目批准号：2023WTSCX118）；广州市哲学社会科学“十四五”规划课题《广州加快壮大民营经济规模、提升市场经济活力的战略路径和对策研究》（项目批准号：2023GZGJ42）；广东外语外贸大学南国商学院科研项目《高质量发展导向下非正规金融对企业高质量发展的影响机制和经济效应研究——基于影子银行发展的视角》（项目批准号：23－004B）。

生产力并不仅仅包含现代化产业体系，新质生产力还有更为宽阔的含义和包含更多的要素，如新质生产力还包括高素质的劳动者和高科技含量的劳动资料，这些新质劳动力要素也将会系统赋能现代化产业体系的培育和建设，现代化产业体系的培育和建设必然会推进新质生产力的改善和提升。现代化产业体系与新质生产力具有内在统一性，发展新质生产力的过程就是现代化产业体系建设的过程（刘文勇和郭连生，2024），在推进中国式现代化建设的新征程中，新质生产力成为支撑我国现代化产业体系建设并引领经济高质量发展的新引擎（郭朝先等，2024）。因此，研究新质生产力如何赋能现代化产业体系建设，既是一个如何运用新质生产力推进现代化产业体系建设的过程，也是一个如何从现代化产业体系建设这一路径去改善和提升新质生产力的过程，显然，这样的研究具有重要的理论和现实意义。

二、广东省现代化产业体系发展状况与存在问题

（一）广东省现代化产业体系发展状况

广东省是我国经济发达的省份之一，也是我国改革开放的前沿地区之一，其现代化产业体系发展比较成熟，具体有如下特点：

1. 先进产业结构优化，重点先进产业突出。广东省产业结构多元化，以制造业为主导，涵盖了电子信息、汽车、机械、化工等多个领域，目前已经形成新一代电子信息、绿色石化、智能家电、先进材料、现代轻工纺织、软件与信息服务、现代农业与食品、汽车等 8 个万亿元级产业集群，并正朝着世界级产业集群目标快步迈进。目前广东省在人工智能、高端制造、生物医药三大赛道已经形成较大的竞争优势。

2. 在大数据、人工智能领域，居全国领先地位。2023 年，由中国科学技术信息研究所、科技部新一代人工智能发展研究中心联合相关研究机构编写的《中国人工智能大模型地图研究报告》显示，在大模型研发方面，中国有 14 个省市/地区均有研发团队在开展大模型研发，其中北京、广东

两地最多，北京有 38 个大模型，广东有 20 个大模型，地域集中度相对较高。

3. 科研机构众多，科技创新能力强。广东省拥有众多高等院校、研究机构和科技企业，其中不乏一流的科研院所和大学，如中山大学、华南理工大学等，为科技创新提供了雄厚的人才资源和技术支撑。同时，广东省作为我国改革开放的前沿阵地，以其开放包容的人文环境吸引了众多知名专家学者、优秀科研团队和创新人才等高素质人员来粤工作，为广东科技创新提供了坚实的人才基础。表 1 是包括广东省在内的我国一些省份、直辖市在发明专利等领域的授权量及各自所占全国比率。从表 1 不难看出，在发明专利授权量、集成电路布图设计登记发证量和 PCT 国际专利申请受理量这三个领域，不论是从各类专利数量绝对值看，还是从各占全国比率看，广东省在全国都遥遥领先，但如果从区域性角度看，以广东省为代表的珠三角地区和以江浙沪为代表的长三角区域，珠三角地区的科技创新能力要远逊于长三角地区，毕竟这是用一个省对两省加上一直辖市的比较，由此我们在对比分析珠三角区域与长三角区域之间的某些经济变量时，还应该用更为细化的指标，比如人均量指标，否则可比性就不高。表 1 也显示，东北、西南、华中地区的科技创新能力有着非常大的提升空间。

表 1　我国部分省、直辖市专利申请授权数量及在全国数量占比

省、市	发明专利授权				集成电路布图设计登记发证				PCT 国际专利申请受理			
	2021 年		2022 年		2021 年		2022 年		2021 年		2022 年	
	数量（件）	占比（%）	数量（件）	占比（%）	数量（件）	占比（%）	数量（件）	占比（%）	数量（件）	占比（%）	数量（件）	占比（%）
广东	102850	18	115080	17	4667	36	2597	29	26079	36	24290	33
江苏	68813	12	89248	13	2618	20	1819	20	7168	10	6986	9
北京	79210	14	88127	13	395	3	457	5	10358	14	11463	15
浙江	56796	10	61286	9	648	5	446	5	4675	6	4316	6
上海	32860	6	36797	5	1699	13	1428	15	4830	7	5591	8
湖北	22376	4	29212	4	263	2	203	2	1691	2	1371	2

续表

省、市	发明专利授权				集成电路布图设计登记发证				PCT 国际专利申请受理			
	2021 年		2022 年		2021 年		2022 年		2021 年		2022 年	
	数量（件）	占比（%）	数量（件）	占比（%）	数量（件）	占比（%）	数量（件）	占比（%）	数量（件）	占比（%）	数量（件）	占比（%）
湖南	16564	3	20423	3	77	0.59	68	0.7	849	1	648	0.9
重庆	9413	2	12207	2	159	1.2	85	0.9	393	0.5	451	0.6
四川	19337	3	25458	4	425	3.2	571	6	708	1	826	1
贵州	2824	0.5	3645	0.5	32	0.2	37	0.4	70	0.1	246	0.3
辽宁	10480	2	10892	2	96	0.7	14	0.2	373	0.5	337	0.5
吉林	5730	1	6483	1	62	0.5	2	0.02	343	0.5	475	0.6
黑龙江	6337	1	8519	1	124	0.9	36	0.4	95	0.1	92	0.1

资料来源：国家知识产权局，相关比率数据是由笔者自行计算所得。

（二）广东省现代化产业体系发展存在的问题

1. 广东省现代化产业体系大而不强。广东省作为一个制造业大省，制造业规模庞大，从业人员众多，涵盖了电子、服装、玩具、家具、机电设备等多个领域。表 2 为 2022 年我国部分省、直辖市企业数量。从表 2 可以看出，2022 年，广东省第二产业看，法人单位数量为 892014 家，仅次于江苏省的 970547 家，从私营企业数量看，广东和江苏两省私营企业数量分别为 2967531 家和 2963641 家，数量都很庞大。再看表 3，截至 2024 年 4 月 20 日，我国沪深 A 股上市公司数量，广东最多，为 847 家，远大于表 3 中第二名浙江的 679 家，折射出广东作为我国经济大省所具有的硬实力；从战略性新兴产业的角度看，[①] 广东战略性新兴产业上市公司数量为 318 家，占上市公司总量约 38%，与其他省市并无明显差距，这与广东作为改革开放的排头兵、先行地、实验区所具有的地位和所肩负的使命还有所差

① 本文战略性新兴产业具体指的是数字创意产业、新一代信息技术产业、新材料产业、新能源产业、新能源汽车产业、生物产业、节能环保产业、高端装备制造产业及相关服务业。

距；从专精特新上市公司数量来看，[①] 广东有 213 家，但上市公司数量只有 651 家的江苏却有 223 家。一般而言，专精特新上市公司更多地起源于私营企业，而根据表 2 可知，广东省和江苏省私营企业数量基本相当，由此可以看出，在培育专精特新上市公司方面，广东还有较大的提升空间。不论是从企业总数量角度看，还是从私营企业数量的角度看，广东都居于全国领先地位，在这众多的企业，尤其是私营企业，有着数量众多的传统企业。建设现代化产业体系不仅要发展战略性新兴产业和未来产业，更要改造提升传统产业。通过改造提升传统产业，推进传统产业高端化、智能化、绿色化转型，这对于作为制造业大省的广东尤为重要，广东在制造业改造升级方面还有很大的提升空间。

表 2　2022 年我国部分省直辖市法人单位数　单位：家

产业类别	广东	北京	上海	江苏	浙江
第一产业	45057	7351	6009	44551	48829
第二产业	892014	90015	82289	970547	687571
第三产业	2901320	1312458	512599	2281892	1954188
总量	3838391	1409824	600897	3296990	2690588
其中私营企业数量	2967531	1192323	451780	2963641	2379779

资料来源：国家统计局。

表 3　截至 2024 年 4 月 20 日我国部分省直辖市各类上市公司数量　单位：家

公司类别	广东	北京	上海	江苏	浙江
沪深 A 股上市公司	847	453	434	651	679
战略性新兴产业上市公司	318	156	148	266	209
专精特新上市公司	213	116	108	223	196

资料来源：Wind 数据库。

2. 广东省现代化产业体系建设区域不平衡。广东省区域经济发展不平衡，从经济总量的角度看，全省经济总量主要集中在珠三角地区，尤其是

① 本文所统计的专精特新公司，指的是专精特新上市公司，未上市的专精特新公司不在统计范围之内。

广州、深圳等大城市，而其他地区经济总量较小，贡献度较低；从产业发展的角度看，珠三角地区制造业和服务业发达，而东部、西部和北部地区经济较为单一，产业结构不够多元化；从科技创新能力的角度看，珠三角地区的深圳、广州等城市拥有更多的科研机构和高校，研发投入高，而一些西部和北部地区研发资源匮乏，投入水平较低。以上这些因素决定了广东省的现代化产业体系建设也存在区域不平衡性。

3. 广东省发展战略性新兴产业仍然有提升空间。广东省现代化产业体系依然存在过度依赖传统制造业和出口导向产业的情况，缺乏高附加值的新兴产业和现代服务业的支撑。同时，尽管近年来广东省在培育发展战略性新兴产业方面取得了较好的成绩，但这些战略性新兴产业还不能很好地匹配广东作为我国经济第一大省的这一地位。战略性新兴产业在未来经济发展中具有重要的战略地位，但在广东省现代化产业体系中尚未得到充分发展，广东省战略性新兴产业还有很好的提升空间。值得说明的是，没有落后的产业或企业，只有落后的技术，因此，对于数量众多的广东省传统制造业，如果能够用新质生产力适当赋能，那么这些传统制造业必然会脱胎换骨、焕发生机，从传统制造业转变为具有高端、智能、绿色特性的战略性新兴产业。

4. 广东省未来产业的布局如何进一步细化落地。2024 年 2 月 29 日，广东省工信厅联合省科技厅等部门举行五大未来产业新闻发布会，会上透露，到 2030 年，未来电子信息、未来智能装备、未来生命健康、未来材料、未来绿色低碳五大产业集群将成为新的经济增长点①。广东省布局以上五大未来产业，为广东省未来产业发展指明了方向，但具体如何进一步细化落地则是摆在学术界和实务界面前的一道重大课题。比如，培育发展未来产业在注重强调加强自身研发的基础上，也需要注意引入国外先进技术，从而促进企业技术创新和产业升级，推动未来产业的发展。但随着我国经济的迅速发展，我国受到来自西方世界的猜忌、攻击、打压，甚至破坏也日益增多。面对这样的一个国际经济环境，广东该如何把培育发展未

---

① 详见广东省人民政府网站：http：//www. gd. gov. cn/gdywdt/bmdt/content/post_4364332. html。

来产业融入全球化布局之中？又比如，培育发展未来产业，也需要与国外各类企业、各种研究机构合作；一样地，在我国遭受来自西方各种压力的国际经济环境下，广东培育发展未来产业又该如何拓展、深化国际合作？

三、新质生产力赋能现代化产业体系建设的作用机制分析

（一）提高生产效率，推进传统产业改造升级

新质生产力通过其高素质劳动者和高科技含量劳动资料作用于传统产业，推进传统产业优化升级。具体包括：

一是新质生产力可以优化生产流程，实现生产过程的数字化、智能化管理，提高生产质量和产品精度。

二是新质生产力能够促进产品和服务的创新，满足市场需求，推动产业结构升级和转型。

三是新质生产力可以优化供应链管理，提高供应链的透明度和灵活性，实现生产、销售和物流的无缝衔接。

四是新质生产力可以打造智能工厂建设，通过数字化、网络化、智能化技术，提质增效，从而提升企业市场竞争力。

五是新质生产力能够为企业提供更多创新工具和技术支持，加速新产品、新技术的研发和应用，从而推动传统产业数字化转型，实现生产过程的信息化管理，提高企业运营水平。

（二）运用科技新技术，催生或做大做强战略性新兴产业

新质生产力通过技术革命性突破、生产要素创新性配置、产业深度转型升级等渠道做大做强战略性新兴产业。新质生产力通过高素质劳动者、运用以信息技术、物联网、人工智能等为代表的高新技术来优化生产流程，并激发新模式、新业态的产生，从而催生并做大做强战略性新兴产业。具体来讲，主要体现在以下几个方面：

一是新质生产力为战略性新兴产业提供了强大的技术创新支撑，可以

帮助这些产业采用先进技术、提升产品和服务的质量和创新能力，从而有助于做大做强战略性新兴产业。

二是通过对新质生产力中高新技术的应用，可以提升战略性新兴产业生产效率，降低生产成本，提高竞争力，并有可能在高新技术运用过程中激发新业态的产生。比如，作为未来交通工具重要组成部分的无人驾驶，激光雷达在无人驾驶这一战略性新兴产业占据着非常重要的作用。激光雷达能够提供精确的三维空间信息，帮助车辆建立周围环境的模型，因此激光雷达这一高新技术推动并促进了无人驾驶这一战略性新兴产业的形成和发展。

三是新质生产力有利于重塑新的经济要素，如新业态和新模式，这将激活新的生产要素的广泛应用，促进新的生产秩序和产业模式的形成。

四是新质生产力将会强化技术创新能力，突破关键技术瓶颈，提升战略性新兴产业的生产效率，增强战略性新兴产业的市场竞争力，从而促进战略性新兴产业的发展。新质生产力因为涉及新领域、高科技技术，因此新质生产力的形成过程也是新兴产业和未来产业的兴起以及传统产业的优化过程（王飞等，2024）。

（三）提升、优化生产力要素组合，拓展未来产业的发展空间

所谓未来产业指的是当前尚处于孕育孵化阶段的具有高成长性、战略性、先导性的产业。新质生产力核心基础在于科技创新，通过提升、优化组合生产力三要素，进而能够拓展未来产业发展空间。具体来讲，包括以下几方面：

一是新质生产力通过新型劳动者能够催生出极具先进性的未来产业。在生产力的三要素中，劳动者具有自觉能动性，预期目的和独有创造性等特性，是具有能动作用的要素，在生产力的发展过程中起主导或决定作用，因此在生产力三要素中，劳动者是第一要素。新质生产力下的新型劳动者包括能够创造新质生产力的战略人才和能够熟练掌握新质生产资料的应用型人才，这些新型劳动者以其所具有的创新性、资源的整合性，能够催生、孵化出极具创新性、战略性的未来产业。

二是新质生产力通过颠覆性技术能够孵化、培育未来产业的发展。新质生产力包含有重大前沿技术、颠覆性技术，能够持续推进科技创新和产业发展融合不断加深，开辟新的产业赛道，进而孵化、培育出具有战略性、引领性、颠覆性和前瞻性的新兴产业。

三是新质生产力通过前沿技术赋能金融机构，缓解信贷配置问题。未来产业作为高新科技产业，需要长期资金投入和稳定的政策支持。未来产业更多地起源于初创企业，而初创企业能否持续发展则关系着未来产业能否孵化、培育成功。因此初创企业生存和发展对未来产业的孵化、培育至关重要，而初创企业的生存和发展又主要取决于能否得到长期、持续信贷资金的支持。新质生产力能够以先进的技术赋能银行、天使基金、风投基金等金融机构，这些金融机构可以利用大数据分析、人工智能、区块链等技术来提高风险管理和业务决策的准确性和效率，从而能大大缓解银企信息不对称风险，进而不仅能够增强金融机构对初创企业贷款的动力，更是能够为初创企业提供个性化的金融产品和服务，满足初创企业长期融资需求，最终有利于催生出新的未来产业。

四、新质生产力赋能广东省现代化产业体系建设的政策建议

（一）通过新质生产力高素质劳动者和先进技术改造提升传统制造业

2024 年 3 月 5 日，习近平总书记在参加十四届全国人大二次会议江苏省代表团审议时强调，要“因地制宜地发展新质生产力”。发展新质生产力和建设现代化产业体系相辅相成，由此新质生产力赋能广东省现代化产业体系建设也应因地制宜。发展新质生产力要因地制宜、分类指导，防止一哄而上、一哄而散。各地要坚持从实际出发，实事求是，推动形成各具特色、各有千秋的现代化产业体系（徐礼伯和沈坤荣，2024）。一方面，中小民营企业数量众多是广东省一个重大省情；另一方面，改造提升包含有众多中小民营企业的传统产业是建设现代化产业体系一个重要组成部分。对于如何改造提升广东省数量众多的传统中小企业，可以从以下三方

面入手：

一是成立由技术专家、企业发展战略专家等各类专家组成的中小企业改造提升指导工作组，先重点解决当前中小企业数字化转型存在的“不敢转、不懂转”问题。指导工作组可以就企业如何数字化转型通过开班培训形式对中小企业家及中高层管理人员进行免费培训，培训重点在于企业数字化转型的战略制定和数字化基础设施资源的对接，从最简单的数字化转型入手，比如企业上云，先克服企业数字化转型“恐惧症”，对于一些有望开创出新产业、新赛道的中小企业，可以让指导工作队相关专家入驻企业，进行“一对一”辅导。

二是以国务院印发的《推动大规模设备更新和消费品以旧换新行动方案》为契机，推进广东传统制造业高端化、绿色化。2024 年 3 月 7 日，国务院印发《推动大规模设备更新和消费品以旧换新行动方案》，广东省应以此为契机，在全省范围内全面推进中小企业设备更新换代，提升产能和降低能耗，推进传统制造业高端化、绿色化。在推进过程中，注意坚持以市场为主、政府引导，要注重加大宣传，树立设备更新换代提质增效成功案例，从思想上引导中小企业家积极主动更新设备，各级政府可以通过财税、金融、投资等政策手段支持中小企业设备更新换代，打好政策组合拳，并引导商家适度让利，形成更新换代规模效应。

三是鼓励各类金融机构运用区块链等先进技术解决金融机构与企业之间信息不对称问题，从而增强金融机构对中小企业金融支持的积极性，缓解中小企业融资约束，促进中小企业改造升级。

（二）畅通高校、科研机构科技成果向市场转化的渠道

高校、科研机构的各类科技成果蕴含着孵化、培育未来产业的种子。如何激活这些种子则考验着政府、行业、企业、院校以及科研机构等主体如何协同发力，从而增强高校、科研机构从事基础技术创新研发动力，加快行业、企业运用基础创新技术并进一步提升优化的速度，最终达到促进科技成果向市场转化的目的。广东省各级政府，尤其是省政府、广州等市级政府，可以考虑成立高校、科研机构发明专利评估推介指导工作组，重

点对广州、深圳两市内各类重点高校和科研机构的各类专利进行评估，以发明专利作价出资入股或发明专利转让形式与企业对接，疏通众多高校、科研机构相关研究人员有了发明专利后无法对接企业的堵点，解决专利发明到市场应用的“最后一公里”问题。

（三）要以更开放的姿态吸引国外高层次人才落户广东

通过开放促进改革和发展，是我国经济发展的重要时间路径和宝贵经验之一，新时期下，面对来自西方世界的猜忌、打压，广东作为我国改革开放的前沿地、排头兵应当以更开放的姿态促进国际合作，并要注重吸引欧美华人高层次科研人员回国创业。2022 年，杰出的结构生物学家颜宁回国创办深圳医学科学院就是一个典型案例。在这过程中，广东省、深圳市各级政府提供了全程的服务和保障，并以更为开放的政策为颜宁女士量身定制“筑梦台”。深圳医学科学院的创立势必将会吸引更多的优秀生物医药科学家加入，从而将会非常有可能对广东生物医药产业的发展带来质的飞跃，进而将非常有可能诞生新的未来产业，从产业发展的角度看，颜宁女士回国创办深圳医学科学院将非常有可能诞生一个新的产业，甚至产业集群。以一个人为点，从而将诞生一个新的产业集群，其意义已经超出了单纯地引入优秀科学家对产业发展的作用。

（四）进一步完善股权投资考核机制，促进股权投资发展

不论是战略性新兴产业，还是未来产业，这些产业里的企业都有一段生存发展的初始阶段，在这个阶段，企业基本无法盈利，需要外部融资进行输血。这外部资金又以股权投资基金最为重要。在当前股权投资市场遇冷的大环境下，相关政府股权投资基金（母基金）就显得尤为重要，但由于股权投资基金有着高风险高收益特性，因此如果是从较短的期限去考核相关政府投资基金负责人业绩，则就非常有可能这些基金投资普遍亏损，相关负责人就要承担着国有资产流失的责任，由此相关负责人就会畏手畏脚，政府相关投资基金也就难以推进，新兴初创企业也就面临生存危机，孵化、培育新兴产业或未来产业就缺乏基础。因此需要完善对政府股权投

资基金的考核。笔者认为，在经过运用区块链等先进技术手段对投资项目整个流程进行严格审计之后，只要投资出去的基金不存在贪腐行为，确实是用于企业研发、生产经营，即便是投亏了，也不追责，毕竟对股权投资基金，尤其是投资于初创企业的投资基金，风险非常高。

（五）粤东、西、北地区要主动融入大湾区，促进广东全省区域经济协调发展

粤东、西、北地区要从产品、产业、创新等方面主动融入大湾区，与大湾区形成紧密的产业联系。比如，广州众多高校、科研机构等优质新质生产力资源可以在各区域政府的协调对接下深入到粤东、西、北地区，与这些地区企业建立长期合作关系。粤东、西、北地区完全可以利用高校、科研机构等优质新质生产力资源改造、提升传统产业并因地制宜地发展当地特色产业，比如，对于荔枝产业，由于该产业特色鲜明，优势明显，市场空间广阔，完全可以进一步提高种植面积，但在保鲜、加工方面还需要进行技术改造提升，进而可以把荔枝特色产业与区域旅游文化产业结合起来，形成特色区域经济，促进区域经济协调发展。

参考文献

［1］刘文勇，郭连生．现代化产业体系建设的事实经验与实践向度［J］．学习与探索，2024（09）：106－115．

［2］郭朝先，陈小艳，彭莉．新质生产力助推现代化产业体系建设研究［J］．西安交通大学学报（社会科学版），2024（04）：15．

［3］王飞，韩晓媛，陈瑞华．新质生产力赋能现代化产业体系：内在逻辑与实现路径［J］．当代经济管理，2024（04）：1－9．

［4］徐礼伯，沈坤荣．因地制宜发展新质生产力：逻辑、内涵与价值［J］．贵州社会科学，2024（09）：108－115．

创新激励型减税促进企业新质生产力发展的效应与机制研究

——来自 2015—2022 年 A 股上市公司的证据*

▶陈海林

一、引言

2023 年 9 月，习近平总书记首次提出新质生产力这一重要概念。2023 年中央经济工作会议指出，要以科技创新推动产业创新，特别是以颠覆性技术和前沿技术催生新产业、新模式、新动能，发展新质生产力。2024 年国务院政府工作报告中也提及，要大力推进现代化产业体系建设，加快发展新质生产力。由此可见，新质生产力与生产技术革命性进步、生产要素创新配置以及产业体系现代化升级密切相关，是我国在新时期加快塑造新发展格局、促进高质量发展的重要动力来源。探索新质生产力的生成机制与激励政策成为当前的重要研究问题。新质生产力以颠覆性、原创性创新作为主要推动力，具有明显的正外部性，完全由市场驱动可能会出现有效供给不足、培育发展滞后等问题。税收优惠政策是政府纠正外部性问题的重要政策工具，可以通过税收减免、税收返还等方式实现外部收益内部化，进而实现资源优化配置。相较于普惠式减税政策，创新激励型减税可

---

* 本篇论文已发表在 2025 年第 5 期的《税务研究》上，作为 2024 年国际经贸规则研究中心学术年会约稿收入此书。

以更加精准、有效地补偿企业在创新中的投入和成本，是解决创新外部性问题的有效手段。新质生产力发展同样需要企业投入大量资源用于颠覆性、原创新科技创新，但颠覆性创新具有投入大、风险高的特征，大部分企业的投入动力不足、能力不强，这也成为制约我国新质生产力发展的重要因素。创新激励型减税政策作为政府解决创新外部性问题的重要手段，是否可以有效激励企业新质生产力发展？如果可以，其作用机制是什么？厘清这些问题有助于更加精准、有效地实施减税政策来促进企业新质生产力发展。

新质生产力的提出是马克思主义中国化、现代化的又一重大成果，目前国内对新质生产力的研究主要集中在以下三个方面：一是关于新质生产力概念内涵的解析。习近平总书记概括指出："新质生产力是创新起主导作用，摆脱传统经济增长方式、生产力发展路径，具有高科技、高效能、高质量特征，符合新发展理念的先进生产力质态"。此后，诸多学者围绕这一概念进行深入研究。周文和许凌云（2023）从政治经济学角度指出，新质生产力是一种以科技创新为核心驱动力的新的生产力形态，其中，"新"指新质生产力由技术突破而产生，以新技术、新经济、新业态为主要内涵，"质"则强调通过关键性技术和颠覆性技术的突破为生产力发展提供更强劲的创新驱动力。任保平和豆渊博（2024）同样指出，新质生产力是以科技创新为根本动力的先进生产力质态，将推动经济社会在生产方式、产业发展、经济结构等方面的根本性变革。翟云和潘云龙（2024）则认为新质生产力是创新驱动、整体协同、智能高效和绿色和谐的组合性科学配置。二是新质生产力的典型特征与表现形式。李晓华（2023）认为，颠覆性创新驱动是新质生产力最典型的特征，此外，产业链条新、发展质量高、绿色化和数字化程度高也是新质生产力的重要特征。洪银兴（2024）则认为，新质生产力主要表现为新科技、新能源和数字经济三个部分。赵峰和季雷（2024）基于马克思主义生产力理论认为，新质生产力的要素体系应当包括新质劳动对象、新质劳动资料和新质劳动者三个维度。三是新质生产力的生成机制与培育路径。已有研究从技术和制度两个维度来对这一问题进行分析，张斌和李亮（2024）指出，数据要素是驱动新质生产力发展的核心要素，它可以通过激发创新、提升效率以及优化资源配置促进新质生产力发展。类似地，崔云（2023）、罗爽和肖韵（2024）以及米加宁等（2024）都探析了数字技术和数字经济对地区新质生产力发展的影响效应和作用机制。在制度保障层面，曾军平（2023）、谢芬和杨颖（2023）以及刘明慧和李秋（2024）都探索了财税政策促进新质生产力发展的路径，并提出税收优惠、财政补贴等措施，但这些研究都只是从理论层面进行了分析，缺乏实证依据。

与本文密切相关的另一些文献对创新激励型减税的影响效应与作用机制进行研究。近年来，为促进企业创新，各级政府出台了多种创新激励型减税政策，如高新技术企业优惠税率、研发费用加计扣除、研发固定资产加速折旧、研发机构采购设备增值税全额退还等。大量研究表明，中国的创新激励型减税政策显著促进了企业创新（Lin & Monga；2010）。这些减税政策能够直接增加企业现金流（刘行和赵健宇，2019）、提升创新收益预期（Klassen et al.，2004）、分摊创新投入风险（娄贺统和徐恬静，2008；Carboni et al.，2011）、加速研发设备升级（李艳华，2015）、降低融资约束（刘诗源等，2020）、提高研发强度（刘井建等，2020），从而促进企业创新量质齐升（Akcigit et al.，2018；林志帆和刘诗源，2022）。另外，也有部分文献指出，创新激励型减税政策并没有实质性增加企业研发投资，对企业创新尤其是研发成果转化的促进效果并不稳健，受到长期融资约束与管理层短视等因素的影响（李丽青，2007；黄惠丹和吴松彬，2019；李香菊和贺娜，2019）。李维安等（2016）发现政治关联性强的企业尽管并未增加研发投入，却同样能够获得相当数额的减税优惠，且高新技术企业所得税优惠政策也在很大程度上成为了企业规避税收的“税盾”。杨国超等（2017）则发现，在实施创新激励型减税政策的背景下，企业有动机“操纵”研发费用、释放虚假创新信号以骗取减税优惠。

综上所述，新质生产力是以颠覆性、原创性科技创新驱动的新的生产力质态，已有文献从新质生产力的内涵特征、表现形式和发展路径等角度进行探索，但从税收政策视角探索新质生产力发展路径的实证研究还很少。创新激励型减税政策是我国促进企业创新的重要政策工具，已有研究对其创新激励效应进行了评估，但结论并不完全一致，而且目前尚无研究关注创新激励型减税政策对新质生产力发展的影响。基于此，本文将研发加计扣除作为创新激励型减税政策的典型代表，在理论分析基础上实证检验该政策对企业新质生产力发展的影响效应和作用机制。相较于已有文献，本文可能的创新如下：（1）在关于新质生产力的既有研究中，实证研究较少，且大多集中在地区层面，针对微观企业的实证研究很少，本文可以为开展新质生产力的微观实证研究提供借鉴；（2）目前鲜有研究从财税政策的视角分析新质生产力的生成机制与培育路径，而创新激励型减税政策的相关研究也主要关注它对企业创新的影响，新质生产力虽然以颠覆性创新为第一驱动力，但并不等同于企业创新，因此，本文是首篇从财税政策视角探索新质生产力发展驱动因素的实证研究；（3）从内容上来看，本文不仅揭示了创新激励型减税对企业新质生产力发展的影响和机制，而且从多个维度对其异质性影响进行分析，有助于全面揭示创新激励型减税政策与企业新质生产力之间的关系。

本文的结构安排如下：第二部分为政策背景与理论分析；第三部分为研究设计，包括计量模型设定、变量选取及数据说明；第四部分进行实证结果分析；第五部分则对影响机制和异质性展开分析；第六部分为研究结论和政策启示。

二、政策背景与理论分析

（一）政策背景

在中国众多的创新激励型减税政策中，研发费用加计扣除是最具代表性的政策，其核心内容就是用企业研发费用抵扣税前利润，从而减少企业所得税缴纳额。根据最新发布的《关于进一步完善研发费用税前加计扣除政策的公告》（2023 年第 7 号），企业开展研发活动中实际发生的研发费用，未形成无形资产计入当期损益的，在按规定据实扣除的基础上，从 2023 年 1 月 1 日起，再按照实际发生额的 100% 在税前加计扣除；形成无形资产的，从2023年1月1日起，按照无形资产成本的200%在税前摊销。自从2008年首次以法律形式确定以来，该政策经历了多次调整，目前已形成完善的政策体系，表1呈现了研发费用加计扣除政策演变的历史沿革。由表1可以看出，自2015年实施负面清单制度之后，我国研发费用加计扣除政策基本覆盖了除负面清单行业之外的各类企业主体，并在此后连续多次提升扣除比例、放宽扣除口径以及优化申报方式。在2012—2023年期间，我国研发费用加计扣除政策呈现“小步快跑”状态，即根据政策实施效果与现实需要，不断优化政策内容（洪源和万里，2024）。研发费用加计扣除政策呈现的“大体保持稳定、细节不断优化”与持续性、长期性的特点，使其能够成为我国创新激励型减税的代表性政策。已有研究表明，我国的研发加计扣除不仅显著扩大了企业研发投入（任海云和宋伟宸，2017；李新等，2019），提高了企业创新绩效（郑礼明等，2021），而且还显著提升了企业发展能力和企业全要素生产率（刘晔和林陈聃，2021；岳树民和肖春明，2022）。但也有研究发现，虽然研发费用扣除显著增加了企业研发投入和创新总量，但对于高水平创新并没有显著影响（刘诗源和林志帆，2023）。新质生产力以颠覆性、原创性创新作为核心驱动力，研发费用扣除是否能激励企业新质生产力的发展还需要进一步研究。

表1　研发费用加计扣除政策历史沿革

年份	政策	主要内容
2008	《国家税务总局关于印发〈企业研究开发费用税前扣除管理办法（试行）〉的通知》（国税发〔2008〕116号）	首次对研发费用加计扣除政策作出系统、详细规定
2015	《关于完善研究开发费用税前加计扣除政策的通知》（财税〔2015〕119号）	放宽享受优惠的企业研发活动及研发费用的范围，首次明确了负面清单制度
2015	《国家税务总局关于企业研究开发费用税前加计扣除政策有关问题的公告》（2015年第97号）	细化研发费用加计扣除政策口径与管理方法
2017	《关于提高科技型中小企业研究开发费用税前加计扣除比例的通知》（财税〔2017〕34号）	将科技型中小企业研发费用加计扣除比例由50%提高到75%

续表

年份	政策	主要内容
2017	《国家税务总局关于提高科技型中小企业研究开发费用税前加计扣除比例有关问题的公告》（2017 年第 18 号）	细化科技型中小企业研发费用加计扣除政策执行口径
	《国家税务总局关于研发费用税前加计扣除归集范围有关问题的公告》（2017 年第 40 号）	进一步明确政策执行口径
2018	《关于提高研究开发费用税前加计扣除比例的通知》（财税〔2018〕99 号）	将全部研发费用加计扣除比例由 50% 提升至 75%
	《关于企业委托境外研究开发费用税前加计扣除有关政策问题的通知》（财税〔2018〕64 号）	放宽扣除口径，允许委托境外产生的研发费用进行加计扣除
2021	《财政部 税务总局关于延长部分税收优惠政策执行期限的公告》（2021 年第 6 号）	将企业研发费用加计扣除 75% 政策期限延长至 2023 年 12 月 31 日
	《财政部 税务总局关于进一步完善研发费用税前加计扣除政策的公告》（财税〔2021〕13 号）	将制造业企业的研发费用加计扣除比例由 75% 提升至 100%
2022	《国家税务总局关于进一步提高科技型中小企业研发费用税前加计扣除比例的公告》（2022 年第 16 号）	将科技型中小企业的研发费用加计扣除比例由 75% 提高至 100%
	《国家税务总局关于企业预缴申报享受研发费用加计扣除优惠政策有关事项的公告》（2022 年第 10 号）	将企业预缴申报享受研发费用加计扣除举措予以长期化、制度化
	《国家税务总局关于加大支持科技创新税前扣除力度的公告》（2022 年第 28 号）	将适用研发费用加计扣除比例 75% 企业，扣除比例提高至 100%
2023	《国家税务总局关于进一步完善研发费用税前加计扣除政策的公告》（2023 年第 7 号）	对未形成无形资产而计入当期损益的研发支出，按实际发生额 100% 扣除，形成无形资产的，按 200% 扣除

资料来源：财政部、国家税务总局官方网站。

（二）理论分析与研究假设

1. 创新激励型减税政策的融资效应

融资约束限制了企业获取资金的能力，严重制约企业技术研发、人才吸引以及市场推广，是制约企业新质生产力发展的重要因素。创新激励型减税政策通过对企业研发活动给予税收优惠，不仅能降低企业税收负担，而且有利于企业吸引外部融资。首先，研发加计扣除政策允许企业在税前扣除一定比例的研发费用，这有效地降低了企业的税负，提高了其现金流。增加的现金流可以用于支持企业研发活动，从而减少企业对外部融资的依赖。其次，研发活动的增加通常会提高企业的技术水平和创新能力，使其在市场中的竞争力更强。通过研发加计扣除，企业能够增加对研发的投入，从而提升其整体信用评级，使其在金融市场上更容易获得贷款和投资。最后，创新激励型减税政策为企业提供了明确的研发支持信号，即政府会通过税收抵扣的方式补偿部分研发成本，这可以缓解外部投资者对企业研发活动的风险焦虑，有利于吸引风险投资、私募股权等对创新型企业有兴趣的投资者。这些投资者会更倾向于将资金投入到有研发支持政策的企业中，减轻企业的外部融资压力（彭华涛等，2021）。基于此，本文假设：

假设 1：创新激励型减税政策可以通过降低企业税负、吸引外部投资等方式，缓解企业融资约束，为企业新质生产力发展提供更多的资金支持。

2. 创新激励型减税政策的研发投入效应

新质生产力由科技创新主导、以关键性颠覆性技术突破为核心驱动力，因此，高水平研发能力是企业新质生产力发展的前提。颠覆性创新是一项高风险、高投入的活动，而且具有正外部性特征，大部分企业都面临研发投入不足的约束。创新激励型减税针对企业研发行为给予一定的税收减免与税式补贴，有效降低了企业税收负担与研发成本，使得企业从事高水平研发活动的预期成本比大大下降，在面临激烈市场竞争的背景下，企业将倾向于加大研发投入（靳卫东等，2022）。特别是根据最新研发费用加计扣除政策规定，企业开展研发活动中实际发生的研发费用，未形成无形资产计入当期损益的，在按规定据实扣除的基础上，从 2023 年 1 月 1 日起，再按照实际发生额的 100% 在税前加计扣除；形成无形资产的，从 2023 年 1 月 1 日起，按照无形资产成本的 200% 在税前摊销。这些政策可以显著降低由企业承担的研发成本和风险，有利于激励企业扩大研发投入。基于此，本文假设：

假设 2：创新激励型减税政策能够降低企业研发成本与风险，激励企业扩大研发投入与产出，从而提升其新质生产力水平。

3. 创新激励型减税政策的人力资本升级效应

劳动力是生产力最基本、最活跃的核心要素，新质生产力发展是内部构成要素出现质的提升后呈现的先进生产力形式（李政等，2024）。高素质劳动力，尤其是高水平研发人员对于推动企业颠覆性、原创新创新至关重要，同时，高素质人才也能更好地在生产和管理过程中应用先进技术与设备，从而实现劳动力要素与技术要素的优化配置，促进企业总体效率的提升，而这也是新质生产力的重要表现。由前文分析可知，以研发费用加计扣除为代表的创新激励型减税政策可以有效激励企业扩大研发投入、积极开展创新活动，而高素质的研发人才是研发和创新的基本要素，因此，这可以直接扩大企业对高素质人才的需求，优化企业的人力资本结构，提升企业人力资本积累水平（于海峰等，2023）。同时，根据研发加计扣除政策的规定，研发人员工资成本也可以计入研发费用支出，用以抵扣企业所得税，这也大大减轻了企业对高技能人才的工资负担，激励企业招聘更多高技能人才，提升企业人力资本积累水平。此外，基于"资本技能互补理论"可知，除了直接参与研发的高素质人才外，企业在引入先进设备和前沿技术后，也会主动追求人力资本升级，以更好地模仿和应用这些先进设备与技术，从而提高企业的总体效率（刘啟仁等，2020）。基于此，本文假设：

假设 3：创新激励型减税政策能够扩大企业对高素质人才的需求，推动企业人力资本升级，进而促进新质生产力发展。

三、研究设计

（一）模型设定

由于研发费用加计扣除政策持续时间长、覆盖范围广而且政策体系成熟，本文将该政策作为创新激励型减税政策的典型代表。但由于研发费用加计扣除政策调整频繁，并不适合构建准自然实验分析模型，因此，本文选择将企业研发费用加计扣除受惠程度作为核心解释变量，构建如下计量模型：

$$np_{i,t} = \beta_0 + \beta_1 ded_{i,t} + \sum \gamma X_{i,t} + \mu_i + \omega_t + \varepsilon_{i,t} \tag{1}$$

式（1）所示模型中，i 与 t 分别表示企业个体与年份；$np_{i,t}$表示企业新质生产力水平；$ded_{i,t}$表示企业研发费用加计扣除政策受惠程度；$X_{i,t}$表示一组控制变量；μ_i，φ_t 和 $\varepsilon_{i,t}$分别表示个体固定效应、时间固定效应和随机误差项，两个固定效应分别控制企业层面上的非时变因素和年度层面上不随企业变化的共同冲击；β_0 为常数项；β_1 和 γ 均表示回归系数。此外，为了检验研发费用加计扣除政策促进企业新质生产力发展的机制，本文还构建如下模型：

$$MV_{i,t} = \alpha_0 + \alpha_1 ded_{i,t} + \sum \gamma X_{i,t} + \mu_i + \omega_t + \varepsilon_{i,t} \tag{2}$$

$$np_{i,t} = \eta_0 + \eta_1 MV_{i,t} + \sum \gamma X_{i,t} + \mu_i + \omega_t + \varepsilon_{i,t} \tag{3}$$

其中，式（2）用于检验研发加计扣除政策对机制变量（$MV_{i,t}$）的影响，式（3）则用于检验机制变量对企业新质生产力的影响，如果回归系数 β_1、α_1 和 η_1 均显著，则说明 $MV_{i,t}$是 $ded_{i,t}$影响 $np_{i,t}$的作用机制。

（二）变量选取

1. 被解释变量：企业新质生产力（np）

已有研究大多通过构建多维指标体系的方法测度新质生产力发展水平，如王珏和王荣基（2023）、任宇新等（2024）和朱富显等（2024）都基于生产力的构成要素，从劳动者、劳动对象与生产资料三个维度构建指标体系测度地区新质生产力发展水平。关于企业新质生产力发展测度的研究还很少，目前只有宋佳等（2024）基于生产力二要素理论，从劳动力与生产工具两个维度选取指标构建了企业新质生产力发展评价体系。本文认为，新质生产力并没有脱离“生产力”的范畴，而马克思认为，生产力从本源上看是具有劳动能力的人和生产资料相结合而形成的改造自然的能力，这一理论为新质生产力测度提供了有力的理论依据。而宋佳等（2024）基于生产力二要素理论构建的企业新质生产力发展评价体也与这一理论相符，因此，本文借鉴宋佳等（2024）的研究，构建表2所示的评价指标体系。

具体来说，该指标体系包括劳动力与生产工具两个维度，劳动力维度包括活劳动（人的劳动）和物化劳动（劳动对象）两个二级指标；生产工具则由硬科技和软科技组成。其中，在劳动力维度中，本文选用研发人员薪资总额、研发人员占员工总数的比重和本科以上学历人员占员工总数的比重衡量活劳动（人的劳动）二级指标；选用企业固定资产占总资产的比重和制造费用占比刻画物化劳动（劳动对象）二级指标；在生产工具维度中，本文选用研发折旧摊销占比、租赁费用占比、研发直接投入占比和无形资产占比来衡量硬科技指标；选用总资产周转率和权益乘数来刻画软科技指标，考虑到权益乘数越高表示企业财务风险越高，其为负向指标而其他指标为正向指标，因此权益乘数采用倒数形式加入指标体系。而后利用熵值法计算指标权重，形成企业新质生产力水平评价体系。

表2　企业新质生产力指标体系

<table>
<tr><th></th><th>二级指标</th><th>三级指标</th><th>指标说明</th><th>属性</th></tr>
<tr><td rowspan="5">劳动力</td><td rowspan="3">活劳动（劳动人员）</td><td>研发人员薪资占比</td><td>研发费用－工资薪酬/营业收入</td><td>+</td></tr>
<tr><td>研发人员占比</td><td>研发人员数/员工人数</td><td>+</td></tr>
<tr><td>高学历人员占比</td><td>本科以上人数/员工人数</td><td>+</td></tr>
<tr><td rowspan="2">物化劳动（劳动对象）</td><td>固定资产占比</td><td>固定资产/资产总额</td><td>+</td></tr>
<tr><td>制造费用占比</td><td>（经营活动现金流出小计＋固定资产折旧＋无形资产摊销＋减值准备－购买商品接受劳务支付的现金－支付给职工以及为职工支付的工资）/（经营活动现金流出小计＋固定资产折旧＋无形资产摊销＋减值准备）</td><td>+</td></tr>
<tr><td rowspan="2">生产工具</td><td rowspan="2">硬科技</td><td>研发折旧摊销占比</td><td>研发费用－折旧摊销/营业收入</td><td>+</td></tr>
<tr><td>研发租赁费占比</td><td>研发费用－租赁费/营业收入</td><td>+</td></tr>
</table>

续表

	二级指标	三级指标	指标说明	属性
生产工具	硬科技	研发直接	研发费用－直接投入/营业收入	+
		收入占比	营业收入/平均资产总额	+
		无形资产占比	无形资产/资产总额	+
	软科技	总资产周转率	所有者权益/资产总额	+
		权益乘数（倒数）	1－资产负债率	+

2. 解释变量：研发费用加计扣除政策受惠程度（ded）

由于研发费用加计扣除政策调整频繁，因此，本文借鉴郭健等（2020）的研究，根据不同年份的研发费用加计扣除政策和企业实际研发费用支出额，来估计企业研发费用扣除的受惠程度。具体来说，首先，根据当年研发费用加计扣除政策规定的免除比例和企业当期研发投入计算由研发费用支出带来的企业税前利润抵扣额；其次，再根据企业适用的所得税税率和税前利润抵扣额计算企业由于研发费用支出而享受的最终受惠金额；最后，将企业最终受惠金融除以企业期末总资产。具体公式为：

$$\text{研发费用加计扣除政策受惠程度} = \frac{\text{企业当期研发投入} \times \text{研发费用加计扣除比例} \times \text{企业所得税税率}}{\text{总资产规模}} \tag{4}$$

3. 机制变量

为了检验创新激励型减税政策对企业新质生产力发展的影响机制，本文选择如下变量进行检验：（1）研发投入（rd）：本文选择企业当期研发投入总额占其营业收入的比重进行刻画；（2）数字化转型程度（dig）：本文参考杨德明和刘泳文（2018）、赵宸宇等（2021）的做法，使用MD&A方法构建上市企业数字化转型指数，从数字技术应用、互联网商业模式、智能制造、现代信息系统四个维度，选取上市企业公开年报中的共99个数字化相关词频进行统计，利用数字化转型相关词频测度企业数字化转型程度，所选关键词见表3；（3）人力资本升级变量（cap）：本文选择企业拥有硕士以上学历的员工人数占员工总数的比重衡量。

表 3　　企业数字化转型指数构建及关键词选取

衡量维度	相关关键词
数字技术应用	数据管理；数据挖掘；数据网络；数据平台；数据中心；数据科学；数字控制；数字技术；数字通信；数字网络；数字智能；数字终端；数字营销；数字化大数据；云计算；云 IT；云生态；云服务；云平台；区块链；物联网；机器学习
互联网商业模式	移动互联网；工业互联网；产业互联网；互联网解决方案；互联网技术；互联网思维；互联网行动；互联网业务；互联网移动；互联网应用；互联网营销；互联网战略；互联网平台；互联网模式；互联网商业模式；互联网生态；电商；电子商务；Internet；互联网 +；线上线下；线上到线下；线上和线下；O2O；B2B；C2C；B2C；C2B
智能制造	人工智能；高端智能；工业智能；移动智能；智能控制；智能终端；智能移动；智能管理；智能工厂；智能物流；智能制造；智能仓储；智能技术；智能设备；智能生产；智能网联；智能系统；智能化；自动控制；自动监测；自动监控；自动检测；自动生产；数控；一体化；集成化；集成解决方案；集成控制；集成系统；工业云；未来工厂；智能故障诊断；生命周期管理；生产制造执行系统；虚拟化；虚拟制造
现代信息系统	信息共享；信息管理信息集成；信息软件；信息系统；信息网络；信息终端；信息中心；信息化；网络化；工业信息；工业通信

4. 控制变量

参考已有研究，本文对一系列可能影响企业新质生产力发展的企业特征变量进行控制：(1) 资产负债率（lev），即企业资产总额与负债总额的比值，该变量表示企业总资产中通过负债筹集的比重，本文以此衡量企业负债水平；(2) 企业规模（size），使用企业资产总额的自然对数进行衡量；(3) 企业上市年龄（age），计算方法为观测年份减去企业上市年份加一，并取自然对数表示；(4) 政府补贴（gov），使用企业获得的各类政府补贴总额的自然对数进行衡量；(5) 固定资产比率（fa），利用企业固定资产与总额产的比值刻画，表示企业固定资产资金闲置情况；(6) 高级管理人员持股比例（hold），即企业高管持股股数与总股数的比重；(7) 企业员工规模（emp）：利用企业员工总数的自然对数刻画。

（三）数据处理与说明

从 2015 年开始，我国开始大规模实施研发加计扣除政策并且对该政策进行频繁调整和优化，而上市公司作为我国研发能力最强的企业，受到政策影响也更大，因此，本文将2012—2022年我国A股上市公司作为研究对象。本文从国泰安数据库和巨潮资讯网中收集了相关数据，并对所得数据进行了如下处理：（1）剔除ST、ST*与金融业企业；（2）剔除无法享受研发费用加计扣除政策的企业，即烟草制造业、住宿和餐饮业、批发和零售业、房地产业、租赁和商务服务业、娱乐业等行业的上市企业；（3）剔除关键指标数据缺失较多的企业样本。本文最终获得了2056家上市公司的16448个样本构建面板数据，利用Stata17.0进行1%和99%水平上的Winsor2缩尾处理以消除离群值，而后进行描述性统计，结果如表4所示。

表4　　描述性统计

变量缩写	中文含义及衡量方法	观测值	均值	标准差	最小值	最大值
np	新质生产力	16448	5.610	2.341	1.166	14.414
ded	研发加计扣除政策受惠力度：（研发投入×法定扣除率×企业所得税税率）/资产总计	16448	2.540	2.517	0.000	13.125
lev	资产负债率：负债总计/资产总计	16448	0.433	0.198	0.063	0.933
size	企业规模：资产合计的自然对数	16448	22.512	1.287	19.820	26.406
age	上市年龄：观测年份－上市年份＋1的自然对数	16448	2.628	0.503	0.693	3.497
gov	政府补助：政府补助金额的自然对数	16443	16.479	2.685	0.000	20.770
fa	固定资产比率：固定资产/资产合计	16448	0.227	0.161	0.004	0.699
hold	高管人员持股比例	16448	0.048	0.106	0.000	0.529
emp	雇佣规模：企业员工总数的自然对数	16448	7.917	1.237	4.920	11.346
rd	研发投入力度：研发投入/营业收入	16447	0.043	0.046	0.000	0.263
cap	人力资本水平：研究生学历员工/员工总数	16448	0.035	0.049	0.000	0.259
dig	数字化转型程度	16447	45.572	66.37	0.000	373.000
yfkc	2018年实施的研发加计扣除政策：将全部研发费用加计扣除比例由50%提升至75%	16448	0.625	0.484	0	1
ygz	营改增政策	16448	0.875	0.331	0	1
zzs	增值税留抵退税政策	16448	0.500	0.500	0	1

四、实证结果分析

（一）基准回归

本文采用逐步回归法，利用 Stata17.0 对式（1）所示的计量模型进行回归，结果如表 5 所示。在列（1）中，本文在模型中仅加入企业研发费用加计扣除政策受惠程度（ded）作为自变量进行回归，并控制年份固定效应与个体固定效应，结果显示，提高企业研发费用加计扣除政策的受惠程度可以显著促进企业新质生产力发展。在列（2）—（5）中，我们逐步将其他控制变量加入计量模型中进行回归，结果显示，在所有模型中，研发费用加计扣除政策受惠程度对企业新质生产力发展均存在显著的正向影响，这在一定程度上说明了回归结果的稳健性。列（5）所示的基准回归结果显示，企业研发费用加计扣除政策受惠程度每提高 1 个单位，该企业的新质生产力水平将相应提高 0.1493 个单位，这也说明了创新激励型减税政策可以显著促进企业新质生产力的发展。

在控制变量中，lev 对企业新质生产力有显著的负向影响，这是因为企业资产负债率过高会影响企业追求颠覆性、原创新创新的动力和投入，不利于企业新质生产力发展；企业总资产规模（size）和无形资产占比（fazb）都与企业新质生产力发展存在显著的正向影响，这是因为企业资产规模越大，投入颠覆性、原创新创新的能力越强，同时，无形资产本身可能就是技术与专利的代表；企业存续时间（age）和雇用总人数（emp）则对企业新质生产力存在显著的负向影响，这是因为企业新质生产力往往诞生于新技术、新产业和新业态中，而存续时间较长的企业往往属于传统行业，此外，雇用总人数越多，企业资源配置效率难度更大，也可能意味着人均产出越低；政府财政补贴（gov）和企业持股结构（hold）对企业新质生产力发展的影响并不显著。

表 5 基准回归结果

	(1)	(2)	(3)	(4)	(5)
	np	np	np	np	np
ded	0. 1330 *** (0. 0069)	0. 1327 *** (0. 0069)	0. 1330 *** (0. 0069)	0. 1244 *** (0. 0060)	0. 1493 *** (0. 0061)
lev		0. 1205 (0. 0907)	0. 1693 * (0. 0936)	-0. 4701 *** (0. 0818)	-0. 3695 *** (0. 0809)
gov		0. 0084 * (0. 0044)	0. 0085 * (0. 0045)	-0. 0080 ** (0. 0039)	-0. 0023 (0. 0039)
size			-0. 0146 (0. 0260)	0. 1898 *** (0. 0228)	0. 5463 *** (0. 0290)
age			-0. 2349 *** (0. 0904)	-0. 4890 *** (0. 0803)	-0. 3866 *** (0. 0795)
fa				8. 1439 *** (0. 1186)	8. 4966 *** (0. 1185)
hold				0. 0366 (0. 1527)	0. 0533 (0. 1507)
emp					-0. 5556 *** (0. 0285)
时间	控制	控制	控制	控制	控制
个体	控制	控制	控制	控制	控制
常数项	5. 2458 *** (0. 0252)	5. 0604 *** (0. 0831)	5. 9041 *** (0. 5843)	0. 5086 (0. 5141)	-3. 5490 *** (0. 5486)
样本值	16448	16443	16443	16443	16443
R^2	0. 0397	0. 0401	0. 0406	0. 2776	0. 2961

注：*、** 和 *** 分别表示在 1%、5% 和 10% 的水平上显著；（）内为回归系数的标准差。

（二）稳健性检验

首先，由于企业新质生产力发展可能受到往期水平的影响，因此，本文使用 GMM 方法来进行回归检验。表 6 列（1）的结果显示，企业新质生产力与其滞后一期的水平（L. np）存在显著正相关，而且在控制因变量滞后项的影响后，研发费用扣除仍然能够显著促进企业新质生产力水平发展。

其次，由于全要素生产率大幅提升是新质生产力发展的核心标志，本部分将被解释变量替换为全要素生产率（TFP）。替换后的回归结果如表6列（2）所示，研发费用加计扣除政策对企业全要素生产率的影响依然显著为正。

再次，由于亏损企业无须缴纳企业所得税，因而无法享受研发费用加计扣除政策带来的优惠。因此，本部分将剔除亏损企业样本后重新检验，结果如表6列（3）所示，即，回归结果仍然与基准回归保持一致。

最后，本部分还将排除部分同期政策的影响。我国从2012年开始在上海对交通运输和部分生活服务行业进行“营改增”试点，并逐步推广到其他地区和行业，2016年5月开始推广到全国所有行业。我们据此构建虚拟变量（$ygz_{i,t}$）来刻画“营改增”的影响，具体来说，如果企业当年所处地区与行业在“营改增”试点范围内，则变量$ygz_{i,t}$赋值为1，否则为0。表6第（4）列结果表明，控制“营改增”的影响后，研发加计扣除仍然可以显著促进企业新质生产力发展。值得注意的是，“营改增”显著阻碍了企业新质生产力的发展，这可能是因为抵扣链条不完整导致“营改增”并不能有效降低企业税负（范子英和彭飞，2017）。此外，我国从2018年开始在装备制造等先进制造业和研发等现代服务业、电网企业实行留抵退税试点，并在2019年全面实施，本部分据此构建虚拟变量$ldts_{i,t}$，具体来说，如果企业所属行业当年已经纳入增值税留抵退税政策实施范围，则$ldts_{i,t}$等于1，否则等于0。表6第（5）列结果表明，增值税留抵退税政策与研发加计扣除都显著促进了企业新质生产力发展。

表6　稳健性检验

	(1)	(2)	(3)	(4)	(5)
	np	TFP	np	np	np
ded	0.6923*** (0.0560)	0.2654*** (0.0306)	0.8711*** (0.1130)	0.9917*** (0.1043)	0.9924*** (0.1043)

续表

	(1)	(2)	(3)	(4)	(5)
	np	TFP	np	np	np
L. np	0. 6003 *** (0. 0185)				
ygz				−0. 2617 ** (0. 1258)	
ldts					0. 0873 *** (0. 0335)
控制变量	控制	控制	控制	控制	控制
时间固定	控制	控制	控制	控制	控制
个体固定	控制	控制	控制	控制	控制
常数项	−2. 3095 *** (1. 1425)	−5. 2166 *** (0. 4874)	−3. 0970 ** (1. 4805)	−2. 1848 (1. 4352)	−2. 4541 * (1. 4287)
样本值	14387	15886	14052	16448	16448
调整 R^2	—	0. 9506	0. 8678	0. 8571	0. 8570

注：*、** 和 *** 分别表示在 1%、5% 和 10% 的水平上显著；（）内为回归系数的标准差。

（三）内生性检验

由于新质生产力发展也会促进企业加大研发投入，因此，上述回归中可能存在互为因果带来的内生性问题，为解决这一问题，本部分将利用准自然实验法和工具变量法来进行内生性检验。

1. 准自然实验法

2018 年，我国将全部研发费用加计扣除比例由 50% 提升至 75%，相较于其他年份的政策调整，这一次政策调整覆盖范围广，而且研发费用加计扣除比例有大幅提升，这可以被视为反映创新激励型减税政策变动的外生冲击。本部分据此构建如下 DID 模型：

$$np_{i,t} = \beta_0 + \beta_1 treat_i * post_t + \sum \beta_n X_{i,t} + \mu_i + \varphi_t + \varepsilon_{i,t} \quad (5)$$

我们将研发投入和利润同时大于 0 的企业作为实验组，即，$treat_i$ 等于 1，否则 $treat_i$ 等于 0。同时，当年份 t 大于或等于 2018 年时，$post_t$ 等于 1，否则为0，其他变量都与式（1）所示模型相同。表6列（1）显示，该政策对企业新质生产力存在显著的促进效应。此外，本部分还通过构建动态效应模型来进行平行趋势检验：

$$np_{i,t} = \gamma_0 + \sum_{t=-3}^{t=4} \gamma_t treat_i * post_t + \sum \gamma_n X_{i,t} + \mu_i + \varphi_t + \varepsilon_{i,t} \tag{6}$$

在式（6）中，$post_t$ 表示政策实施前后的年份，比如，当 t 小于 0 时，$post_t$ 表示政策实施前的第 t 年，当 $t = 0$ 时，$post_t$ 表示政策实施当年，当 $t > 0$ 时，$post_t$ 表示政策实施后的第 t 年。图 1 反映了该政策影响企业新质生产力的动态效应图，即，在政策实施前，样本企业新质生产力并不存在系统性差异，但政策实施后，实验组样本企业新质生产力显著上升，符合平行趋势检验要求。

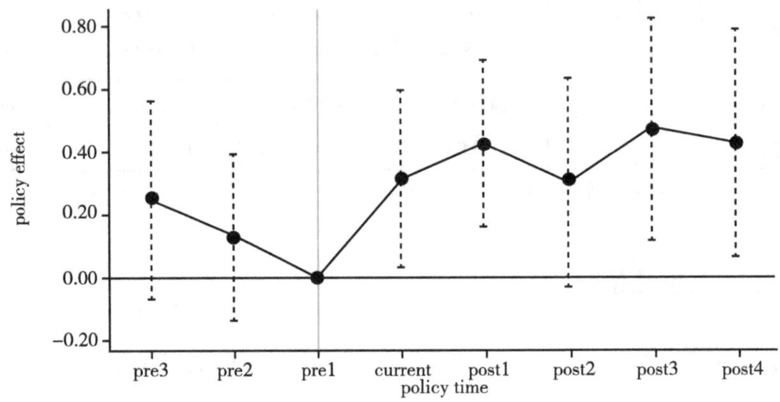

图1　2018年研发费用加计扣除政策的动态效应

2. 工具变量法

企业享受研发加计扣除的优惠程度取决于企业对研发创新的投入力度，创新水平更高的企业可以享受更高程度的税收优惠。潘越等（2017）利用地区方言种类来衡量文化多样性，并发现，文化越多样的地区，企业创新投入与产出也更高。这是因为，地区知识文化的多样性是创新外部环境的重要组成部分，具有不同文化背景和思维方式的个体间的交流和碰撞更有利于促进创新。但地区方言是数千年来历史文化的结晶，并不会受到企业新质生产力的影响。本文借鉴潘越等（2017）年的研究，利用地级市方言片区数量来衡量地区文化多样性，并将该变量与时间变量T（T = year—2014）相乘作为工具变量（IV）。然后，将工具变量与我国上市公司数据进行匹配，并利用IV—2SLS模型进行内生性检验。表7列（2）和列（3）分别为一阶段和二阶段回归结果，结果显示，工具变量与企业研发加计扣除受惠程度之间存在显著正相关，而且利用工具变量控制内生性后，研发加计扣除税收优惠仍然能显著促进企业新质生产力发展。

表7　　　　内生性检验

	(1) np	(2) ded	(3) np
$treat_i * post_t$	0. 0869 *** (0. 0108)		
IV		0. 4153 * (0. 2370)	
ded			1. 2418 * (0. 7092)
常数项	-1. 9664 (1. 4032)	11. 0199 *** (3. 9949)	-17. 8060 ** (9. 3557)
控制变量	控制	控制	控制
时间固定	控制	控制	控制
个体固定	控制	控制	控制
样本值	16443	12947	12947

注：*、** 和 *** 分别表示在1%、5%和10%的水平上显著；（）内为回归系数的标准差。

五、进一步分析

（一）机制检验

首先，创新激励型减税可能通过降低企业税收负担、缓解企业融资约束，为企业发展新质生产力提供更多资金支持。本部分利用企业所得税在企业利润中的占比衡量税收负担（tax），并构建 SA 指数衡量企业融资约束水平，表 8 列（1）和列（2）分别表明，研发加计扣除显著降低了企业的税收负担和融资约束（SA），这验证了假设 1。其次，创新激励型减税可能通过分担研发成本和降低研发风险，激励企业增加研发投入和研发产出，从而以更多突破性创新促进新质生产力发展。本部分用企业研发支出总额的自然对数来衡量创新投入（RD），并利用企业发明专利总数的自然对数来衡量高水平创新产出（Patent），表 8 列（3）和列（4）也分别表明，研发加计扣除显著增加企业的研发投入和研发产出，这也验证了假设 2。最后，创新激励型减税还可以通过促进企业人力资本升级，为企业新质生产力发展提供高质量的人力资本支持。本部分则用企业硕士以上学历的员工占比（Hedu）刻画人力资本水平，并用人均产出水平（Labpro）刻画企业劳动生产率，表 8 列（5）和列（6）也都表明，研发加计扣除显著促进了企业人力资本升级和劳动生产率提升，验证了假设 3。

表 8　作用机制检验

	(1)	(2)	(3)	(4)	(5)	(6)
	tax	SA	RD	Patent	humcap	Labpro
ded	-0.0347 *** (0.0114)	-0.0144 *** (0.0047)	0.7302 *** (0.0255)	0.0078 *** (0.0001)	0.9381 *** (0.2094)	0.0030 *** (0.0007)
控制变量	控制	控制	控制	控制	控制	控制
时间固定	控制	控制	控制	控制	控制	控制
个体固定	控制	控制	控制	控制	控制	控制
常数项	-0.4036 *** (0.1395)	-21.8720 *** (0.1136)	-6.9365 *** (0.3434)	-7.5067 *** (0.8190)	-11.5823 *** (2.8983)	-0.1409 *** (0.0114)
样本值	16056	16448	16448	16447	16448	16448
调整 R^2	0.1337	0.9993	0.9324	0.8545	0.8800	0.7939

注：*** 表示在 10% 的水平上显著；( ) 内为回归系数的标准差。

（二）创新激励型减税政策的边际效应比较

为了检验创新激励型减税政策对企业新质生产力的正向影响是否存在

边际效应递减特征，本文根据企业研发费用加计扣除的受惠程度，将创新激励型减税政策的强度划分为 5 个等级，并进行分组回归，结果如表 9 所示。结果显示，在不同减税强度下，创新激励型减税政策均能显著促进企业新质生产力发展，但通过比较回归系数可以发现，随着企业研发费用加计扣除受惠程度的不断提高，该政策对企业新质生产力发展的边际促进效应却逐渐降低，这也说明，虽然创新激励型减税政策可以显著促进企业新质生产力发展，但是这一影响存在边际效应递减的趋势，因此，在政策设计过程中，应该根据地区企业发展情况，设计最优减税力度，才能实现政策效应最大化。

表 9　　不同政策强度下的边际效应比较

	(1) 一分位	(2) 二分位	(3) 三分位	(4) 四分位	(5) 五分位
	np	np	np	np	np
ded	1.2585 *** (0.2964)	0.3138 *** (0.1103)	0.1230 ** (0.0623)	0.1615 *** (0.0411)	0.0943 *** (0.0001)
控制变量	控制	控制	控制	控制	控制
时间	控制	控制	控制	控制	控制
个体	控制	控制	控制	控制	控制
常数项	-1.2407 (2.5090)	-0.4658 (2.6132)	-2.5793 (3.2996)	-1.1777 ** (0.5577)	-3.0429 *** (3.7584)
样本值	3176	3020	2935	2924	2983
R^2	0.8763	0.8677	0.9013	0.9375	0.9022

注：** 和 *** 分别表示在 5% 和 10% 的水平上显著；( ) 内为回归系数的标准差。

（三）异质性分析

创新激励型减税政策的效应还可能受到企业自身因素的影响，因此，本部分将从企业规模、产权性质以及行业特征来进行异质性分析。首先，本文以样本企业总资产规模的中位数作为划分标准，将样本企业分位两组进行分组回归。表 10 列（1）和列（2）显示，在不同规模企业中，该政策均能显著促进企业新质生产力发展，但在规模较小的企业中，ded 的回归系数更大，而且检验两组回归系数差异的 t 值在 10% 水平上显著。这说明，小规模企业对创新激励型减税政策的需求更加迫切，对政策的反应也更加强烈。其次，本文将国有企业和非国有企业样本进行分组回归，表 10 中列（3）和列（4）显示，在国有企业和非国有企业中，研发加计扣除对企业新质生产力发展均产生了显著影响，虽然在非国有企业中，ded 的回归系数更大，但反映两组回归系数差异的 t 检验值并不显著。最后，本文还将样本企业人均资产中位数作为划分标准，将样本企业划分为资本技术密集型和劳动密集型企业，并进行分组回归。表 10 中列（5）和列（6）显示，在两类企业中，该政策也都能显著促进企业新质生产力发展，但在资本技术密集型企业中，ded 的回归系数更大，而且反映两组回归系数差异的 t 检验值也在 5% 的水平显著。这是因为，资本技术密集型企业的创新动力和能力都更强，因而，在减税政策激励下可以通过加大创新力度促进新质生产力发展。

表 10　异质性分析

	(1) 小规模企业	(2) 大规模企业	(3) 国企	(4) 非国企	(5) 资本技术密集	(6) 劳动密集
	np	np	np	np	np	np
ded	0.9942 *** (0.1282)	0.6721 *** (0.1363)	0.8278 *** (0.2085)	1.1301 *** (0.1865)	1.5255 *** (0.3105)	0.6976 *** (0.1435)
控制变量	控制	控制	控制	控制	控制	控制
时间	控制	控制	控制	控制	控制	控制
个体	控制	控制	控制	控制	控制	控制
常数项	0.6074 (1.7747)	−1.4408 (1.9568)	−7.7941 *** (2.6608)	−2.6830 (1.9467)	−3.7353 (4.0178)	−0.7531 (1.1842)
样本值	8963	7306	6222	10221	5260	10934
R^2	0.8501	0.8981	0.8926	0.8419	0.2805	0.3304
t 检验	1.7214 *		1.0806		2.4203 **	

注：*、** 和 *** 分别表示在 1%、5% 和 10% 的水平上显著；（）内为回归系数的 t 统计量。

六、研究结论与政策启示

本文聚焦于创新激励型减税政策对企业新质生产力发展的影响效应和作用机制，在理论分析的基础上，将研发费用加计扣除作为创新激励型减税的代表性政策，利用我国2012—2022年的A股上市公司数据进行实证分析。本文研究结果发现：（1）创新激励型减税政策能够显著促进企业新质生产力发展，该结果在经过一系列稳健性检验后仍然显著；（2）创新激励型减税政策可以通过发挥研发投入效应、数字化转型效应以及人力资本升级效应来扩大企业研发投入、促进企业数字化转型和推动企业人力资本升级，进而提升企业新质生产力水平；（3）创新激励型减税政策对企业新质生产力的影响具有边际效应递减的特征，而且，相较于普惠性减税政策，创新激励型减税政策对企业新质生产力的提升效应更大；（4）创新激励型减税政策对企业新质生产力水平的提升效应具有异质性，在非国有企业、规模较小企业和创新能力较弱企业中，该效应更大。上述研究结论也可以为我国进一步完善税收体系、促进新质生产力发展提供政策启示。

第一，进一步完善创新激励型减税政策，为企业新质生产力发展提供税收激励。以研发费用加计扣除为代表的创新激励型减税政策可以为企业新质生产力发展提供有效激励。在后续发展中，可以进一步提高对企业研发费用的税收扣除比例或额度上限，鼓励企业增加对研发活动的投入。同时，可以探索将研发费用加计扣除政策延伸至研发人员的工资福利，通过税收优惠、补贴等方式进一步激励企业吸引和留住高素质的科技人才，鼓励企业加大对员工职业技能培训的投入，激励企业实现人力资本升级，为企业新质生产力发展提供新质劳动力保障。此外，税务机关应当继续提升税收优惠政策透明度，优化减税政策的针对性和实效性，强化政策的持续性和稳定性，不断完善政策细节、降低操作难度，为创新激励型减税政策的有效实施提供政策保障。

第二，探索最优减税规模，实现减税政策效应最大化。创新激励型减税政策对企业新质生产力发的影响具有边际效应递减的特征，因此，在创新激励型减税政策的实践过程中，要探索最优减税规模，实现创新激励型减税政策的效应最大化，最大程度地促进企业新质生产力发展。可以通过设立阶段性减税目标，逐步实现减税政策效应的最大化。例如，分阶段实施减税措施，每个阶段设定不同的减税幅度，确保政策的稳步推进和效果的持续发挥。在实施创新激励型减税政策过程中，建立健全的政策评估机制和调整机制非常重要。通过定期对政策效果进行评估，及时发现问题并调整政策措施，确保减税效应的最大化和长期稳定性。

第三，制定差异化税收政策，加强对中小企业税收支持力度。创新激励型减税政策不仅要“扶强”，更要“帮弱”。针对中小企业的特点和需求，采取差异化的研发费用加计扣除政策，例如设立中小企业研发费用加计扣除专项基金或给予更高的税收优惠比例，帮助中小企业加大对创新的投入和培育。此外，制定针对不同产业、不同发展阶段和不同创新能力的企业差异化的税收政策。对于高科技产业、战略性新兴产业和知识密集型企业，可以提供更大幅度的税收优惠，为这些企业追求颠覆性、原创性创新提供税收支持，为新质生产力发展夯实基础。

参考文献

[1] Akcigit, U., Grigsby, T. Nicholas, and S. Stantcheva, 2018, Taxation and Innovation in the 20th Century, NBER Working Paper Series NO. W24982.

[2] Arrow, K., 1962, Economic Welfare and the Allocation of Resources for invention, The Rate and Direction of Inventive Activity: Economic and Social Factors, Princeton University Press, 609 –626.

[3] Carboni, O A. R&D subsidies and private R&D expenditures: Evidence from Italian manufacturing data [Y]. International Review of Applied Economics, 2011, 25 (4): 419 –439.

[4] Klassen, K. J., J. A. Pittman, and M. P. Reed. 2004. Cross – national comparison of R&D expenditure decisions: Tax incentives and financial constraints, Contemporary Accounting Research 21 (3): 639 –680.

[5] Lin, J. Y, Monga, C. Growth identification and facilitation: The role of the state in

the dynamics of structural change [J]. Social Science Electronic Publishing, 2010, 29 (3): 259-310.

[6] 洪源，万里. 研发费用加计扣除比例提高对企业价值的影响研究——基于事件研究法和双重差分法的时间错配检验 [J]. 安徽大学学报（哲社版），2024，48 (01)：166-177.

[7] 李丽青. 我国现行税收政策对企业 RD 投入的激励效应分析 [J]. 科技管理研究，2007 (09)：69-71.

[8] 李维安，李浩波，李慧聪. 创新激励还是税盾？——高新技术企业税收优惠研究 [J]. 科研管理，2016，37 (11)：61-70.

[9] 李香菊，贺娜. 税收激励有利于企业技术创新吗？ [J]. 经济科学，2019 (01)：18-30.

[10] 李晓华. 新质生产力的主要特征与形成机制 [J]. 人民论坛，2023 (21)：117.

[11] 李新，汤恒运，陶东杰，等. 研发费用加计扣除政策对企业研发投入的影响研究——来自中国上市公司的证据 [J]. 宏观经济研究，2019 (08)：81-93.

[12] 李政，崔慧永. 基于历史唯物主义视域的新质生产力：内涵、形成条件与有效路径 [J]. 重庆大学学报（社会科学版），2024，30 (01)：129-144.

[13] 刘井建，赵革新，李惠竹. 企业税收激励对 R&D 投资的影响机理及效应——时间趋势、效力边界与创新产出 [J]. 科研管理，2020，41 (10)：40-53.

[14] 刘诗源，林志帆，冷志鹏. 税收激励提高企业创新水平了吗？——基于企业生命周期理论的检验 [J]. 经济研究，2020，55 (06)：105-121.

[15] 刘行，赵健宇. 税收激励与企业创新——基于增值税转型改革的“准自然实验” [J]. 会计研究，2019 (09)：43-49.

[16] 刘晔，林陈聃. 研发费用加计扣除政策与企业全要素生产率 [J]. 科学学研究，2021，39 (10)：1790-1802.

[17] 娄贺统，徐恬静. 税收激励对企业技术创新的影响机理研究 [J]. 研究与发展管理，2008，20 (06)：88-94.

[18] 任海云，宋伟宸. 企业异质性因素、研发费用加计扣除与 RD 投入 [J]. 科学学研究，2017，35 (08)：1231239.

[19] 宋佳，张金昌，潘艺. ESG 发展对企业新质生产力影响的研究——来自中国 A 股上市企业的经验证据 [J]. 当代经济管理，2024 (04)：13.

［20］王珏，王荣基．新质生产力：指标构建与时空演进［J］．西安财经大学学报，2024，37（01）：31－47.

［21］许国艺．政府补贴和市场竞争对企业研发投资的影响［J］．中南财经政法大学学报，2014（05）：59－64.

［22］“互联网＋”为什么加出了业绩［J］．中国工业经济，2018（05）：80－98.

［23］杨国超，刘静，廉鹏，等．减税激励、研发操纵与研发绩效［J］．经济研究，2017，52（08）：110－124.

［24］于海峰，葛立宇，苏晓琛．税收创新激励政策如何影响企业人力资本结构——基于研发费用加计扣除政策“资本－技术互补”效应［J］．广东财经大学学报，2023，38（04）：37－50.

［25］赵宸宇，王文春，李雪松．数字化转型如何影响企业全要素生产率［J］．财贸经济，2021，42（07）：11129.

［26］赵峰，季雷．新质生产力的科学内涵、构成要素和制度保障机制［J］．学习与探索，2024（01）：92－101.

［27］郑礼明，李明，李德刚．创新导向减税与就业结构升级——基于研发费用加计扣除的检验［J］．学术月刊，2021，53（06）：87－98.

［28］朱富显，李瑞雪，徐晓莉，等．中国新质生产力指标构建与时空演进［J］．工业技术经济，2024，43（03）：44－53.

［29］刘明慧，李秋．财税政策何以驱动新质生产力发展？［J］．上海经济研究，2024（03）：31－41.

［30］谢芬，杨颖．促进新质生产力形成的税收政策探析［J］．税务研究，2024（02）：120－125.

［31］徐咏仪，冯海波．多维财税优惠政策激励创新会产生合成谬误吗［J］．财贸经济，2023，44（12）：29－47.

［32］刘诗源，林志帆．研发补贴激励对企业高水平创新的影响研究——基于异质性效果的实证检验［J］．财政研究，2023（12）：49－68.

［33］郭月梅，曹宁宁．增值税留抵退税改革对企业数字化转型的影响［J］．中南财经政法大学学报，2023（06）：42－51.

［34］杜善重，李卓，马连福．机器人应用如何影响企业技术创新——来自中国制造业上市公司的经验证据［J］．系统工程理论与实践，2024，44（02）：485－502.

［35］卢小祁，俞毛毛．减税政策对企业数字化转型的影响路径研究——基于增值

税税率降低的视角［J］. 当代财经，2023（10）：30－43.

［36］蔡宏波，汤城建，韩金镕. 减税激励、供应链溢出与数字化转型［J］. 经济研究，2023，58（07）：156－173.

［37］靳卫东，任西振，何丽. 研发费用加计扣除政策的创新激励效应［J］. 上海财经大学学报，2022，24（02）：108－121.

［38］彭华涛，吴瑶. 研发费用加计扣除、融资约束与创业企业研发投入强度：基于中国新能源行业的研究［J］. 科技进步与对策，2021，38（15）：100－108.

［39］郭健，刘晓彤，宋尚彬. 企业异质性、研发费用加计扣除与全要素生产率［J］. 宏观经济研究，2020（05）：130－144.

［40］刘啟仁，赵灿. 税收政策激励与企业人力资本升级［J］. 经济研究，2020，55（04）：70－85.

［41］林志帆，刘诗源. 税收激励如何影响企业创新？——来自固定资产加速折旧政策的经验证据［J］. 统计研究，2022，39（01）：9105.

［42］崔云. 数字技术促进新质生产力发展探析［J］. 世界社会主义研究，2023，8（12）：97－109.

［43］翟云，潘云龙. 数字化转型视角下的新质生产力发展——基于“动力－要素－结构”框架的理论阐释［J］. 电子政务，2024（04）：15.

［44］李艳华. R&D 补贴、税收激励与企业创新新颖度提升——基于企业规模的比较研究［J］. 科技管理研究，2015，35（05）：1－5.

［45］任宇新，吴艳，伍喆. 金融集聚、产学研合作与新质生产力［J/OL］. 财经理论与实践，2024（04）：1－8.

［46］任保平，豆渊博. 新质生产力：文献综述与研究展望［J］. 经济与管理评论，2024（04）：12.

［47］周文，许凌云. 论新质生产力：内涵特征与重要着力点［J］. 改革，2023（10）：13.

［48］米加宁，李大宇，董昌其. 算力驱动的新质生产力：本质特征、基础逻辑与国家治理现代化［J］. 公共管理学报，2024（04）：14.

［49］罗爽，肖韵. 数字经济核心产业集聚赋能新质生产力发展：理论机制与实证检验［J］. 新疆社会科学，2024（04）：17.

［50］张斌，李亮. “数据要素×”驱动新质生产力：内在逻辑与实现路径［J］. 当代经济管理，2024（04）：17.

［51］洪银兴．发展新质生产力建设现代化产业体系［J］．当代经济研究，2024（02）：7－9.

［52］岳树民，肖春明．研发费用加计扣除与中小企业发展能力——基于新三板的实证检验［J］．国际税收，2022（06）：10－24.

［53］曾军平．税收该如何助推形成新质生产力？［J］．税务研究，2023（12）：115.

建立统一大市场背景下的信用监管研究

▶史福厚

引言

建立全国统一大市场是实现我国经济“双循环”战略的重要举措，而优化市场监管，营造良好营商环境又是实现全国统一大市场的内在要求。随着我国社会信用体系建设的深入，信用监管已经成为优化市场监管的重要抓手。《中共中央关于深化党和国家机构改革的决定》（2018 年 2 月 28 日中国共产党第十九届中央委员会第三次全体会议通过）强调：“加强信用体系建设，健全信用监管，加大信用公开力度，加快市场主体信用信息建设，发挥同行业和社会监督作用”；2019 年国务院办公厅印发的《关于加快推进社会信用体系建设 构建以信用为基础的新型监管机制的指导意见》（国办发〔2019〕35 号）（以下简称《指导意见》），把信用监管作为提高社会治理能力，实现社会治理现代化的重要抓手；《中华人民共和国国民经济和社会发展第十四个五年规划和 2035 年远景目标纲要》第 22 章第 3 节提出：健全以“双随机、一公开”监管和“互联网 + 监管”为基本手段、以重点监管为补充、以信用监管为基础的新型监管机制，推进线上线下一体化监管。信用监管的实施，将会直接约束市场主体的行为，实现由他律与自律的结合，影响到我们工作生活的方方面面。近年来，信用监管已成为提升社会治理能力和水平、规范市场秩序、优化营商环境的重要手段，备受社会各界关注。而信用分级分类监管，已成为政府及行业主管部门实施事中、事后监管的重要举措。那么，信用监管对实现全国统一大市场有什么重要意义、信用监管的关键和前提在哪里？值得我们深入分析。

一、信用监管为实现统一大市场营造良好营商环境赋能

2019 年，信用监管首次进入政府工作报告；同年 7 月，国务院办公厅印发《指导意见》，提出“建立健全贯穿市场主体全生命周期，衔接事前、事中、事后全监管环节的新型监管机制”，通过信用监管为实现全国统一大市场、营造良好营商环境赋能。

以信用为基础的新型监管机制，其主要特点在于强化事中、事后监管。对市场主体的监管由注重事先审批转向事中、事后监管，由单纯依赖行政手段管理转向信用管理，这是在社会信用体系建设的大背景下监管的创新，是一种“全生命周期”新型信用监管机制。

首先，事前建立“信用查询 + 信用承诺 + 容缺受理”管理模式。其中，信用查询，是对包括政府在内的各类市场主体信用意识的强化，政府部门在政府采购、招投标等行政审批、各类管理事项中主动查询信用报告、信用记录；信用承诺也称守信承诺或诚信承诺，是实施信用监管的重要前提和依据，包括主动公开承诺、信用修复承诺、行业自律承诺、审批替代承诺；容缺受理，则是在信用承诺的基础上，通过事前查询市场主体公共信用评价结果和信用档案，允许信用状况良好且无严重失信行为的主体，在作出信用承诺后容缺受理，以减少各种不必要的、引起争议的证明要求。

其次，事中探索“依法监管（法定标准）+ 依约监管（承诺标准）+ 信用分类监管”的综合监管模式。依法监管，是严格根据法律法规进行监管，现在有一种“信用箩筐说”，依法监管避免信用监管泛化；依约监管，是根据各种承诺、约定、合同契约进行监管；分类监管是在信用评级基础上，合理配置监管资源，把有限的监管资源用在“刀刃”上，减少行政资源的浪费。

最后，事后开展信用联合奖惩，推动各行业、各领域主管部门拟定开展联合奖惩的事项及对应的奖惩措施，并视主体达标情况纳入守信红名单和严重失信名单。通过构建联合奖惩机制，破解不同部门各管一摊的难题，加大对失信主体的约束和惩戒力度，形成“一处失信、处处受限”的局面，让失信者寸步难行，让守信者畅通无阻，从而推动我国信用经济发展。

可见，信用是市场经济运行的基础和前提，是市场主体安身立命之本。良好的信用环境不仅是企业生存的土壤，也是培育经济新增长的关键，更是营造一流营商环境、实现全国统一大市场推动经济高质量发展的重要突破口。衔接“事前、事中、事后”全监管环节的新型监管机制，将信用监管根植于市场主体全生命周期，实现“全链条监管”，有助于推动企业诚信经营、促进市场公平竞争、激发市场主体活力，使信用建设与营商环境改革交相辉映，形成良性促进和互动，实现全国统一大市场，赋能经济高质量发展。

二、信用分类监管是提升市场监管效率的关键环节

市场监管领域点多面广线长，涉及知识产权保护、准入准营（一照通行）、质量标准、港口码头、批零市场、零售药店、食品安全、产品质量安全、公平竞争等工作。随着实际监管需求“无限性”与监管资源“有限性”的矛盾日益突出，亟须构建新型信用监管机制。

信用监管最鲜明的特点是分级分类管理，它以信用记录和信用信息为基础，对信用主体进行分级分类，实施差异化管理，对违法失信、风险较高的市场主体，适当提高抽查比例和频次，列入重点信用监管范围，让监管力量“好钢用在刀刃上”。根据史福厚近年来的对比研究，目前海关、税务、市场监管领域的信用分类监管亮点突出，成效显著。以海关2019年货物查验统计数据为例，获得高级认证企业的进出口平均查验率为0.57%，而失信企业的查验率则高达84.76%。高级认证企业的查验率分别比一般认证企业（1.69%）和一般信用企业（2.44%）低66.27%和

76.64%。又如广东市场监管部门，根据省市场监管局印发的《广东省市场监督管理局餐饮服务食品安全风险分级管理办法（试行)》(粤市监规字〔2022〕1号)，广东把餐饮服务提供者食品安全风险等级分为四个等级，从低到高分为：A级风险、B级风险、C级风险、D级风险。对A级风险的餐饮服务提供者按照“双随机、一公开”机制开展日常监督检查；对B级和C级风险的餐饮服务提供者应一年不少于1次日常监督检查；对D级风险的餐饮服务提供者应实施重点监督，一年不少于2次日常监督检查。

为什么说信用分类监管是提升市场监管效率的关键环节？对于市场监管部门来讲，是因为信用分类监管有三大重要作用：一是提高了监管效能，解决不断增长的市场监管业务量和监管资源紧张的矛盾，把有限的监管资源向失信企业和高风险企业倾斜；二是降低了执法风险，建立完善的企业信用管理制度和认证标准，明确不同信用等级企业的监管措施，为差别化管理提供制度保障；三是实现了精准监管，解决了市场监管部门在监管中管少、管精、管准的问题，通过数据归集、精准画像，使监管瞄准失信主体，实现有的放矢。

三、信用评价是实施信用分类监管的基础和前提

要搞好分类监管工作，其基础和前提就是要做好信用评价。根据中国人民大学财政金融学院吴晶妹教授的三维信用理论，信用主体的信用是由其诚信度、合规度和践约度三维构成。一维信用是诚信度，这是广义的信用，表现为信用主体的基本诚信及信用主体的道德文化理念、精神素养、意愿、能力及行为，涉及范围广，是一种公共信用评价；二维信用是合规度，表现为信用主体在社会活动中遵守社会行政管理规定、行业规则、民间惯例、内部管理规定的意愿、能力与行为结果，涉及信用主体的一般社会活动，是准公共信用评价；三维信用是践约度，这是狭义的信用（传统意义的信用)，表现为信用主体在信用交易活动中遵守交易规则的能力，主要是成交能力与履约能力，涉及信用主体的经济活动，常应用于金融证券行业。信用主体的三维信用共生游离，一般情况下是以诚信度为基础

的，在很多场景中诚信度决定和影响合规度与践约度。

市场监管部门的信用评级更多地是一种公共信用评价，其公共性主要体现在以下方面：评价目的是出于社会监督管理需要（意味着信用评价具有完全的公共性）；评级的过程要求公开透明规范，评级结果会对社会产生直接影响，评级结果应用于公共信用管理。如政府职能部门开展的公共审批、分类监管开展的各类信用评价，如企业纳税信用等级等。以食品生产加工行业为例，为保障食品安全，市场监管部门对食品生产加工企业进行公共信用评价，实施分类监管。一般要做好四方面工作：构建信用评价指标体系；建立征信数据库，除了国家的公共信用信息系统外，各地市场监管部门应建立独立的企业信用信息数据库，包括资料来源和共享数据等；制定信用风险评价等级；针对不同信用等级实施分类监管措施。

对市场主体开展的公共信用评价是市场监管部门进行分类监管的前提和基础，因为这种公共信用评价揭示监管对象是否依法诚信合规经营，是一种合规度评价。利用公共信用评价等级，为监管部门开展信用监管提供方向，在监管过程中将好钢用在刀刃上。

当然，公共信用评价，不仅需要科学制定评价指标体系，对各地区企业开展的信用评价要制定统一的评价标准；还需要整合数据资源，解决目前存在的信息孤岛问题，搭建起安全、可靠并经过授权可实现信用信息共享的公共信用信息平台；制定相关配套的法律法规与制度等。

总之，信用监管是根据市场主体信用状况实施的差异化监管手段，实现对守信者“无事不扰”，对失信者“利剑高悬”，从而提高监管效率，提升社会治理能力和水平，改善营商环境，实现全国统一大市场。在信息高度透明的互联网时代，基于大数据技术的信用监管是未来政府监管的重要趋势。

参考文献

［1］史福厚．信用评级在市场分类监管中的应用研究［J］．征信，2016（09）．

［2］辉皇．市场监管总局：完善信用监管机制、健全信用监管制度［N］．人民日报，源点 credit. 2024. 09. 20.

广州发展风投创投产业促新质生产力的路径研究

▶党　雪

一、引言

2023 年 9 月，习近平总书记在黑龙江考察调研期间首次提到"新质生产力"。新质生产力是一种基于科技创新的理论突破，是马克思主义生产力理论在中国的创新发展。2023 年 12 月，中央经济工作会议强调，要以科技创新推动产业创新，特别是以颠覆性技术和前沿技术催生新产业、新模式、新动能，发展新质生产力。2024 年 1 月 31 日，习近平总书记在中共中央政治局第十一次集体学习时强调：加快发展新质生产力扎实推进高质量发展。① 与传统的生产力不同，新质生产力的核心动能是科技创新，进而通过科技创新带动产业全面升级。

金融竞争力是决定城市竞争力的核心要素之一，其支撑现代化产业体系实现高质量发展，从而促进新质生产力的形成。广州要建设中心型世界城市，必然要打造更具竞争力的金融强市。广州 2016 年首次进入全球金融中心榜单，在 88 个全球金融中心城市中排名第 37 位（2024 年 9 月最新排名为第 29 位），居中国大陆第四位，但金融业增加值还不够高，其中直接融资

---

① 《习近平在中共中央政治局第十一次集体学习时强调：加快发展新质生力扎实推进高质量发展》，中国政府网，https：//www. gov. cn，2024 年 2 月 1 日。

发展不足是主要短板。风投创投是金融支持科技创新、布局发展未来产业、推动产业转型升级、打造新质生产力的重要资本引擎。因此，广州必须加快提升金融强市能级，大力发展风投创投产业，抢占未来产业发展制高点。

二、全球风投创投产业发展态势

风险投资是现代经济和金融的重要组成部分。其狭义上指投资机构对初创企业提供资金的活动，广义上指一切对创新创业活动进行支持的机制。风险投资（Risk Capital）与创业投资（Venture Capital）在统计上没有明确区分，在我国一般用 PE、VC 来统称主要投资一级市场股权的私募和创投机构或基金。风投创投行业起源于 20 世纪 20 年代的美国，经过数十年的孕育成长，美国大企业、金融机构也开始向研制新科技产品的企业提供资金，最终在 20 世纪 80 年代完成制度化。20 世纪 90 年代，风投在高科技领域广泛应用，一批由风投支持的初创公司发展为高科技巨头。当前在地缘政治冲突、全球产业链供应链重塑等多重因素影响下，风投创投行业发展迎来新的机遇，呈现新的特点。

（一）国内风投创投市场回暖

目前我国已成为世界第二大创业投资市场，2022 年新成立基金 8730 只，规模 7071 亿美元，特别是新成立政府引导基金规模达 1353 亿美元，是 2021 年的两倍多，超过 2019 年 929 亿美元的规模；风投创投市场总投资规模为 1155 亿美元，总投资数 9202 笔，较 2021 年上升 7%，恢复至 2019 年（2000 亿美元）的近六成水平；A 股市场共 416 家公司首发上市，筹资 5849 亿元，筹资额同比增长 9%，连续两年创年度历史纪录。2023 年全球前十大创投交易中，我国占到六起，其中广州有两起，分别是广汽埃安（25.6 亿美元融资）、希音（10 亿美元融资）。

（二）风投创投机构加速集聚

当前全球风投创投呈现高度集中的趋势，在美国旧金山湾区以及波士顿、纽约和华盛顿走廊，聚集了全球40%的风投创投机构。风投创投行业的活跃程度主要取决于科技创新活力、经济金融实力与营商环境红利。全球前二十大风投创投集聚城市主要有三类：第一类是科技创新中心；第二类是国际金融中心；第三类是各国政治中心（具体见表1）。我国风投创投机构主要集中在北京、上海和深圳，这三个城市的机构数量合计占全国的47.4%，北京、上海的基金规模居全国前二位，合计占全国的35.5%。2021年上海、北京获得风投资金均超百亿美元，分别在全球城市中排第8名、第9名，深圳获投61亿美元，排第14名（见图1）。

表1　全球风投创投聚集城市类型

类型	代表聚集城市	特征及核心优势
科技创新中心	美国旧金山、印度班加罗尔、中国深圳	信息技术、生物医药、新能源等前沿领域提前布局
国际金融中心	美国纽约、英国伦敦、新加坡、中国上海	发达的金融、人脉资源
各国政治中心	中国北京、德国柏林、印度尼西亚雅加达等	政策资源红利与开放的营商环境

资料来源：根据资料整理所得。

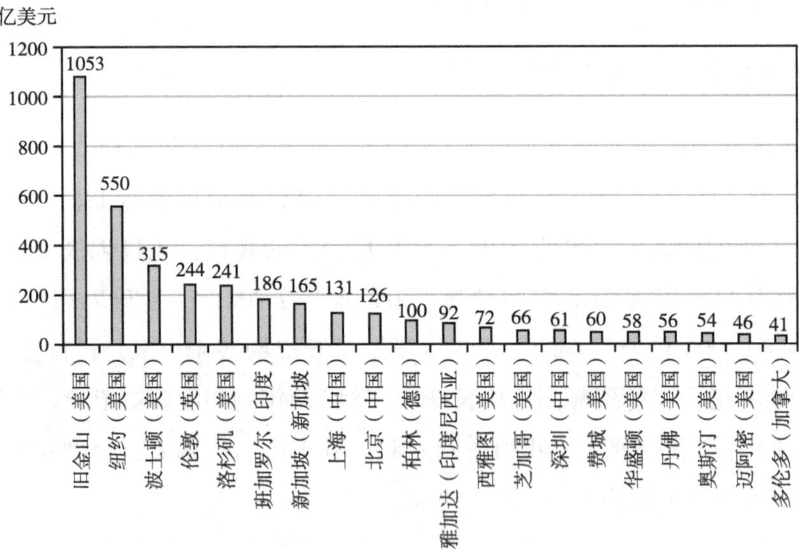

图1　2021年全球前二十大风投创投集聚城市获投规模

资料来源：CBInsights、Dealroom、Statista、清科数据、广发证券。

（三）新兴产业的快速增长带来新机遇

根据国际机构统计数据，2023 年，全球新能源汽车销量 1465 万辆，同比增长 35.4%，其中中国新能源汽车销量 950 万辆，占全球销量的 64.8%；①全球人工智能市场收入达 5132 亿美元，同比增长 20.7%；②全球生物医药市场规模为 1.58 万亿美元，同比增长约 6%。③新兴产业蓬勃发展将催生一批创新型企业，近年来各地政府高度重视，纷纷设立政府引导基金，投向前沿科技和先进制造业，为风投创投发展创造了良好的条件。目前广州最具潜力和价值的新兴产业值得重点关注（见表 2）。

表 2　广州新兴产业赛道发展概况

	定义	特征及核心优势
智能网联汽车产业	涵盖通信、感知、控制系统制造业；中控、执行系统制造业；开发测试和运营等服务业	大湾区智能网联汽车产业主要集聚于广州、深圳两市
智能机器人产业	涵盖工业机器人、服务机器人、特种机器人、无人机、无人船等产业特征及核心优势	拥有一批具有自主知识产权的机器人品牌，并从单一领域应用向多领域应用拓展
新一代电子信息产业	涵盖新一代通信设备、新型网络、手机与新型智能终端、高端半导体元器件、物联网传感器、新一代电子信息创新应用等产业	具有完善的信息技术产业基础，产业链完善，优质企业众多
软件与信息技术服务产业	涵盖基础软件、工业软件及大数据、人工智能、区块链等新兴产业	广东省软件与信息服务业规模增长迅速，2022 年软件业务收入达 17413 亿元，居全国第二位，数字基础配套建设完善，特色优势领域突出

注：统计数据截至 2023 年 10 月。

资料来源：广州市城市规划勘测设计研究院产业研究中心。

三、国内外先进地区发展风投创投产业的成功经验借鉴

从国外看，旧金山是美国最重要的创业投资中心，集聚了全球十大创投机构中的 5 家总部，吸收了全美超过 50% 的创业投资资金。以色列政府

通过 YOZMA 计划，以财政投入直接增加创业投资市场的资本供给，有力推动风险投资行业发展。从国内看，深圳是中国创投发源地之一，出台了全国首个地方性创投条例，成立了千亿级政府引导基金及天使母基金，培育了深创投、达晨财智、东方富海等一批国内领先创投机构。苏州积极打造资本加科技的创投生态，在战略性新兴产业发展、创投行业发展、配套政策和引导基金设立方面均取得显著成果。国内外的经验做法总结起来主要有以下四个方面可借鉴。

（一）政府出资搭台是吸引集聚风投创投机构的有效方式

1958 年美国国会通过的《小企业投资法案》及随后的小企业投资公司计划（SBIC），促进了美国创投产业的起步和壮大。《小企业投资法案》旨在让政府有限的财政资金最大限度撬动民间资本，为创新创业型小企业提供融资支持。一家典型的 SBIC 公司，通过向投资人募集投资基金，组建有限合伙制的基金公司，并按管理资金量收取 2%—3% 的管理费。SBIC 的资金来源主要有三类，分别是自有资金、杠杆融资和政府提供的低息贷款。SBIC 还可从资本市场发行小企业管理局（SBA）担保的债券，机构投资者通过购买信托凭证提供杠杆融资（见图 2）。

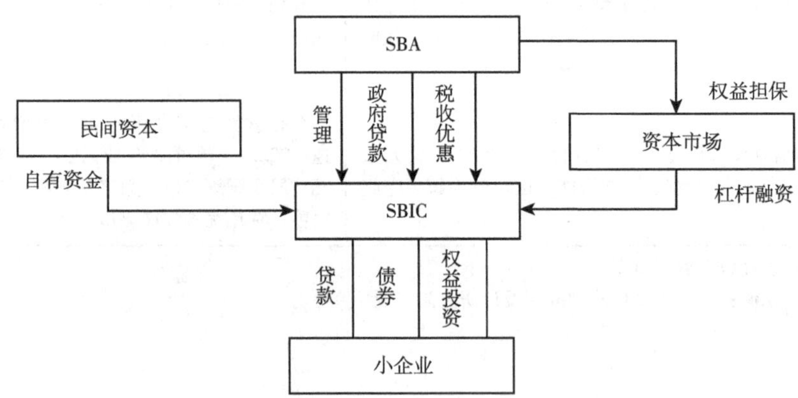

图 2　SBA 通过 SBIC 向小企业提供风险投资示意

资料来源：蒋雨宏主编：《风险投资学》，西南财经大学出版社 2019 年版。

以色列在培育风投创投的过程中实施了以政府主导、以色列创新局牵头的 YOZMA 计划，由政府出资设立 1 亿美元的风险投资基金，其中母基金 8000 万美元，投资 10 个私募风险投资基金（子基金），每个投资 800 万美元，私募风投基金须额外配套出资 1200 万美元（即政府出资占比可达 40%），用于直接投资早期阶段的创业企业。

深圳 2015 年成立由市政府与深创投合作的引导母基金，运行架构为政府独资成立引导母基金，深创投作为受托管理人全面负责母基金的管理工作，母基金再联合社会资本投资专项子基金，进而投资企业。苏州引导基金采取参股模式，政府引导基金通过与合作机构共同设立子基金，吸引创业投资机构，带动当地产业发展。

（二）完善的创新项目孵化体系是风投创投机构的有力支撑

以色列政府通过实施技术孵化器计划建立一整套风险投资孵化体系。政府为孵化器提供经费、场地、税收等支持，对孵化器的创业项目筛选、重大事项决策、资金发放等负有管理责任，在具体管理、运营方面敢于放权。孵化器通过持有创业企业股权、收取服务型业务费用等方式盈利。孵化失败由政府承担全部损失，孵化成功则按比例分配股权，创业者、孵化器和投资者分别占股 50%、20% 和 20%，剩余 10% 的股份由企业重要员工持有，政府投入的孵化基金将由企业按照市场销售额的 3% 逐年返还。以色列有发达的技术转化网络，众多知名大学及研究所设有技术转化机构，形成从科研成果分析咨询、再研发支持、市场战略规划、专利申请许可、合同签署等一系列完善的技术转化服务体系。

苏州注重发展园区经济为创新企业提供发展载体和配套政策支持。针对初创企业推出 SISPARK 生态计划，包括创业扶持、加速成长、金融助推、载体合作、技术支持、人才引育以及伙伴同行七个计划，贯穿企业发展全周期。在创业初期提供启动资金、房租补贴及众创空间，成长期提供金融创新产品，包括贷款贴息、研发投入和产权支持，成熟期帮助企业建立自主品牌，实现科技成果转化，并在企业上市后提供融资风险补偿。

（三）吸引市场化头部风投创投机构合作是关键环节

以色列 YOZMA 计划强调对国际知名风投和金融机构的吸引力，享受政府配套出资的 800 万美元必须满足两个前提条件：一是风投机构必须首先完成募集 1200 万美元的社会资本；二是子基金中必须有一个以以色列本土机构为合伙人。最终参与到 YOZMA 计划中的国际知名机构投资者包括美国的 OXTON、ADVENT，也包括奔驰、GAN、新加坡技术等国际知名集团公司。YOZMA 参股子基金和间接参股的创投基金在美国和欧洲均设立代表处或分公司，主要负责寻找合适的海外合作伙伴，这不仅是单纯的资金流入，还会集聚人才、技术、信息和大批高端机构。通过与国际头部机构合作，政府有力推动了以色列风险投资行业的发展，YOZMA 项目用 1 亿美元撬动 1.2 亿美元社会资金，投资了 164 家初创公司。

（四）市场化运作机制是风投创投机构可持续发展的重要保障

苏州市政府引导基金采用市场化配资做法和市场化运作模式，政府引导基金定位为有限合伙人（LP）角色，只负责提供资本，支持新发起设立专注于投资创业企业的创投基金，基金的运营和管理由所选定的专业投资团队，即普通合伙人负责。引导基金作为政府财政性质的基金，主要目的是发挥引导作用，但也按照市场原则，坚持同股同权、收益共享与风险共担，清算时享有债权清偿后的优先清偿权利。

深圳市政府以引导母基金和深创投为依托，在政府引导基金运作中担当委托方和管理方，但政府将控制权还给市场，政府引导的母基金不干预子基金日常运营管理，深创投也以严密的投资决策机制和风控体系为基础，遵循市场化原则管理基金，筛选子基金和投资项目。

四、广州风投创投产业发展的路径建议

广州风投创投产业保持稳中有进的发展态势，但与先进城市相比还有一定差距。未来 3—5 年是发展风投创投产业的重要时间窗口，广州要抢抓

机遇，把握新兴产业发展规律，以更大力度推动其高质量发展，提升广州金融强市的地位和水平。

（一）打造具有影响力的广州风投创投集聚区

广州正在编制面向2049年的城市发展战略规划，构建“三脉”传承发展、“三轴”融合互动、“三核”联动发展的空间格局。其中活力创新轴联结中新广州知识城和南沙科学城，沿线分布着广州实验室、大湾区国家技术创新中心等22个重大创新平台，集聚了75%的高新技术企业、近90%的国家级孵化器和省级新型研发机构。珠江新城、国际金融城是广州金融业集聚度最高的片区，有持牌金融机构占全市的73%，形成风投创投产业的良好外部环境。

建议：一是继续擦亮珠江新城和国际金融城的“金字招牌”，高标准打造风投创投集聚生态，形成“虹吸效应”，吸引一批国内外头部优质风投创投机构落户，打造具有影响力的风投创投集聚区。二是引导风投创投等金融机构沿活力创新轴设立分支机构，靠近科技创新和产业一线的服务对象，助力沿线聚集的优质中小科技企业蓬勃发展。

（二）持续优化提升国有创投基金的效能

国有投资平台资金量大，可为被投企业提供长足的资金和资源支持，要加快完善政府引导基金运作模式、管理模式及激励机制。

建议：一是借鉴深圳、合肥、苏州做法，放宽政府引导基金投资约束。适当放宽杠杆限制、投资年限限制，建立让利机制，特别对新设立专门用于投资科技型中小企业的子基金，适当放宽杠杆比例限制，吸引更多社会资本投资广州科技型中小企业。二是完善国资风投创投责任机制，提高项目投资积极性。鼓励市属国有企业对投入创投领域的国有资本设定合理的最低预期回报率，按照创投行业特点，采用周期性滚动方式，以整个创投企业或整只基金作为考核评价主体。在尽职调查到位、决策程序合规、未谋取个人利益的前提下，对单个项目的亏损不作负面评价。建立国资风投机构项目投资评价体系，成立项目投资评价专家小组，将影响项目投资的各个因素进行区分量化，避免将投资失败的原因全部归于投资团队。三是推动条件合适的国有风投创投机构团队完成混改，提升市场化程度。建立跟投、投成奖励、退出奖励等激励机制，使投资团队的风险收益更加匹配。四是明确国有创投平台的定位，引导产业发展是国有创投平台的主要目标。一方面，政府要搭建平台，配套机制引进更多社会资本和团队，吸引专精特新机构；另一方面，虽然国有平台采取市场化机制，但不能完全以利润为导向，要聚焦新兴产业、前沿技术，发挥好以投促引、以投促产的作用。

（三）完善科技创新企业孵化扶持机制

实体经济为金融发展提供支撑和投资标的，要积极投入资源培育壮大中小创新型企业，增强广州创新创业活力。

建议：一是大力培育专精特新“小巨人”和独角兽企业，聚合国家、省、市及企业多方资源共同发力，让更多创新苗子萌生和成长，采取“行业龙头 + 创业投资”模式，建设一批高水平专业孵化器，加大企业落户、税收、办公用房、人才等方面的政策支持，加快打造具有竞争力的高技术创业企业。二是聚焦重点产业强化政府引导基金投早投小作用。整合分散在多个部门的政府基金，聚焦广州战略性新兴产业发展，制定有针对性投资原则，对参股的首批子基金在各行业的投资比例进行明确规定，重点投向智能网联与新能源汽车、半导体与集成电路、超高清视频与新型显示、生物医药与健康、新能源与新型储能、人工智能与工业软件等领域。三是积极推进风投创投机构、企业和科研院所深度合作。支持在穗高校衔接科技园、孵化器、科技企业、风投创投机构等，积极组建概念验证中心，强化科技成果评估、原型制造、样机生产、特性测评等，打通成果转化“最初一公里”，实现创新链、产业链、人才链和资金链融合联动。

（四）加快出台更具竞争力的扶持政策

学习借鉴以色列做法，注重与国际头部机构合作，培育带动本土中小型风投创投机构发展。

建议：一是实施“百强风投创投机构引进计划”。对标深圳、苏州等城市相关政策，加大对风投创投机构在落户和经营奖励、税收优惠、吸引人才尤其是领军人才、政府配套资金等方面的支持力度。二是加大政府前期投入和让利，筛选优质境内外投资机构与本土投资机构合作。在政府引导基金中，推动专业能力强、募资能力优的境内外头部市场化机构与广州本土优质投资机构对接设立子基金，提升本土国企平台的专业能力。提高政府出资占子基金的比重，允许子基金管理人按照约定价格回购政府持有的份额，使其可以充分享有超额收益权。三是支持根植本土的风投创投机构和个人天使投资发展。营造良好的投资环境，促进国有企业和民营企业共同发展，推进风投创投行业市场化运作。借鉴硅谷经验，发挥广州经济基础雄厚，大量私人资金谋求投资渠道的优势，鼓励一部分具有专业背景的人，在自身熟悉的领域内，以个人名义从事天使投资等风投创投活动。

（五）拓宽创投基金资金募集和退出渠道

加强广州在“募投管退”各环节的制度创新和政策支持，引导行业更加规范、有序、健康发展。

建议：一是鼓励国资平台等本土投资机构为优质风投创投机构提供担保。针对广州的机构反映募资难问题，借鉴美国 SBIC 债券担保机制，加大政策引导力度，推动国资平台或优质民营企业为优质风投机构提供担保，帮助降低其融资难度，并为其偿付利息，同时为有效控制违约风险，探索制定一系列严格的审查与监管制度。二是创新“投贷融”新机制，推动间接融资与直接融资有效结合，撬动更多社会资本服务科创经济。金融链的核心是“投贷融”联合，广州目前的优势是“贷”，建议提高“投”与“融”的能力，通过政策引导，形成“券商+银行+社会资本”的全新金融组合。金融机构引入增量资金支持科技型中小企业发展，增加被投企业获取银行信贷的可能性，在 IPO 等融资退出环节，银行以财务顾问等身份获取一部分收益补偿。三是支持发展 S 基金（二手份额转让基金），拓宽广州基金退出渠道。S 基金是以 IPO 退出方式的补充渠道，能够有效补充 LP（有限合伙人，负责提供资本）的流动性并缓解 GP（普通合伙人，负责运营管理）的压力，鼓励更多社会资本进入市场。

（六）推进南沙区金融领域试点，营造一流的风投创投营商环境

抢抓南沙开发开放重大机遇，推动大湾区互联互通机制实质性落地，推行开放灵活的金融监管政策，打造具有国际竞争力的营商环境。

建议：一是先行探索合并现有跨境账户，大幅提升资金跨境的便捷性，吸引国际头部机构入驻南沙。建议将现有的 QFII（合格的境外机构投资者，有限度地允许境内投资）、QDII（合格的境内机构投资者，有限度地允许对外投资）和 QDLP（合格的境内有限合伙人，有限度地允许对外投资）等账户合并为面向金融机构和企业的“跨境投融资通”账户，并进行余额管理，即设立流入和流出资金净敞口。允许该机构按同等规模进行境外资金配置，避免短期资金单边流入、流出对人民币汇率造成冲击。二是设立政府引导基金统一管理平台，优化审批流程。建议将各引导基金整合到统一的管理平台，设立单一投资申报窗口，压减不必要的审批流程，缩短审批时间，强化产业基金与产业政策的协同效应，探索市级和省级资金联动的路径。三是建立广州产业数据信息共享平台，提高行业整体投资效率。即建立广州市产业数据信息平台及与风投创投机构的互动平台，鼓励企业与机构之间交流可公开的投资细节，加强政府、企业之间的资源联动，减少认知误区造成的投资失误，实现各方资源合作共享、互联互通和多方共赢。

参考文献

［1］美国中小企业服务体系对中国的借鉴和启示，中国中小企业发展促进中心网站 https//www.chinasme.org.cn/html/mcms/tesezhuanlan/guojihezuo/guobieyanjiu/1633366900812234753.html，2023－03－08.

［2］晋自力，安娜．美国 SBIC 模式及其启示［J］．上海电力学院学报，2003（02）：49－52.

［3］王心如，马骥．美国支持中小企业科技创新的政策体系及其借鉴［J］．商业研究，2009（05）：190－194.

［4］驻以色列经商参处：《以色列风险投资发展及优势分析》，中华人民共和国商务部网站，http：//il. mofcom. gov. cn/article/ztdy/201307/20130700202087. shtml，2013－07－16.

［5］以色列 Yozma 政府引导基金的经验与启示，搜狐网，https：//roll. sohu. com/a/591617578_116132，2022－10－10.

［6］《1.5 万亿规模1深圳这个行业，累计投了1.4 万家企业!》，中国基金报百家号，https：//baijiahao. baidu. com/s？ id＝1769781972963033860&wfr＝spider&for＝pc，2023－06－27.

［7］中国科学技术协会创新战略研究院．创新研究报告［R］．2023（16）.

［8］黄先海等．新发展格局下数字化驱动中国战略性新兴产业高质量发展研究［J］．经济学家，2023（01）：77－86.

新质生产力赋能广东传统制造业转型升级研究*

▶邓永亮

一、引言

党的二十大报告指出，高质量发展是全面建设社会主义现代化国家的首要任务。2023 年 9 月 7 日，习近平总书记在黑龙江省考察调研时创造性提出“新质生产力”这一全新概念。随后，习近平总书记在中共中央政治局第十一次集体学习时指出，发展新质生产力是推动高质量发展的内在要求和重要着力点。高质量发展需要新的生产力理论来指导，而新质生产力就是针对我国经济增长由要素驱动转向创新驱动这一高质量发展的新阶段而提出的。

实体经济是一国经济立身之本、财富之源。党的二十大报告指出，坚持把发展经济的着力点放在实体经济上。为全面贯彻落实党的二十大精神和习近平总书记考察广东重要讲话精神，广东省委作出了“1310”具体部署，指出要始终坚持实体经济为本、制造业当家，在建设更具国际竞争力

---

* 基金项目：广州市哲学社科“十四五”规划课题《广州加快壮大民营经济规模、提升市场经济活力的战略路径和对策研究》（项目批准号：2023GZGJ42）；广东省教育厅特色创新类科研项目《广东省建设以实体经济为支撑的现代化产业体系路径研究》（项目批准号：2023WTSCX118）；广东外语外贸大学南国商学院科研项目《高质量发展导向下非正规金融对企业高质量发展的影响机制和经济效应研究——基于影子银行发展的视角》（项目批准号：23－004B）。

的现代化产业体系上取得新突破。制造业是实体经济的重要基础和主体，是国家经济命脉所系，而传统制造业既是我国制造业的主体，也是现代化产业体系的基底。

对于发展新质生产力，是不是只关注战略性新兴产业和未来产业而忽视、放弃传统产业？2024 年 3 月全国“两会”期间，习近平总书记在参加江苏代表团审议时强调，发展新质生产力不是忽视、放弃传统产业。因此，传统产业的改造升级是发展新质生产力题中应有之义。由此推动传统制造业企业转型升级，并且在转型升级过程中提高研发投入、增强研发创新能力则是发展新质生产力的重要途径之一，进而也是促进高质量发展的有效途径之一。新质生产力作为新时代生产力的新形态，以其独特的创新能力和高效能特征，为我国产业转型升级提供了新的动力和方向（石建勋和徐玲，2024）。微观层面新质生产力的体现即是企业新质生产力，从而企业新质生产力是促进我国经济高质量发展的关键主体（黄勃等，2023）。

习近平总书记在中共中央政治局第十一次集体学习时指出，“新质生产力已经在实践中形成并展示出对高质量发展的强劲推动力、支撑力，需要我们从理论上进行总结、概括，用以指导新的发展实践”。因此，本文所叙的新质生产力赋能广东传统制造业转型升级，这里的“赋能”主要是指如何根据新质生产力的思想精华来指引广东传统制造业转型升级，进而促进广东新质生产力的发展。因此，本文的“赋能”含义可以等价于“指导”含义。

二、广东制造业发展状况

（一）发展历程和阶段

广东省制造业的发展可以追溯到新中国成立初期，经历了从农业大省向工业大省的转变。改革开放以来，广东凭借其优越的地理位置和政策优势，迅速吸引外资，形成了独特的“三来一补”（来料加工、来样加工、来件装配和补偿贸易）经济发展模式。在这一阶段，广东轻工业发展迅速，为广东制造业后续发展奠定了良好的基础。进入21世纪，广东制造业开始从低附加值向高附加值转型，瞄准高科技、追求高效能、迈向高质量。特别是党的十八大以来，广东旗帜鲜明地提出“制造业立省”，初步形成了国内领先、具备国际竞争力的现代化产业体系。

（二）产业结构与布局

广东的制造业产业结构丰富，拥有全部31个制造业大类。从传统的“珠江水、广东粮、岭南衣、粤家电”，到向新能源汽车、工业机器人、无人机、5G手机等高科技产品的不断升级，广东制造业的产业结构不断优化。产业布局方面，广东的制造业主要集中在珠三角地区，包括广州、深圳、珠海、佛山、东莞等城市。这些地区不仅拥有完善的产业链和配套设施，还吸引了大量的国内外投资和技术人才。此外，沿海经济带和北部生态发展区也分布着一些重要的制造业基地。

（三）制造业在广东经济中的地位

制造业在广东的经济中占据重要地位。从制造业增加值角度看，2023年广东省制造业增加值为3.700万亿元，当年广东省GDP值为13.567万亿元，因此制造业增加值占当年GDP比重约为27%，接近三分之一；从规模以上工业企业利润总额角度看，2023年广东规模以上工业企业利润总额为1.058万亿元，突破1万亿元，显示出强大的制造业实力。[①] 表1为2015—2023年广东省制造业及主要细分制造业增加值。根据表1可知，2015年广东省制造业增加值为2.730万亿元，2023年则增长至3.700万亿元，年均增长率则为3.87%，其中，汽车制造业年度增加值则从2015年的0.154万亿元增长至2023年的0.276万亿元，年均增长率则为7.57%；计算机、通信和其他电子设备制造业年度增加值则从2015年的0.718万亿元增长至2023年的0.964万亿元，年均增长率则为3.75%；化学原料和化学制品制造业年度增加值则从2015年的0.136万亿元增长至2023年的

① 数据来自广东统计局和《广东统计年鉴2023》。

0.172 万亿元，年均增长率则为 2.98%。显然，作为广东传统优势产业之一的汽车产业仍然在广东经济中占据重要地位，但值得注意的是，当前的广东汽车产业主要是新能源汽车，如深圳的比亚迪新能源汽车，而传统的燃油汽车已经受到来自新能源汽车越来越大的竞争压力，如广州的广汽集团。

表 1　2015—2023 年广东省制造业及主要细分制造业增加值　单位：万亿元

产业类别	2015 年	2016 年	2017 年	2018 年	2019 年	2020 年	2021 年	2022 年	2023 年
制造业总体	2.730	2.879	3.005	2.937	3.060	3.013	3.384	3.561	3.700
汽车制造业	0.154	0.166	0.182	0.186	0.177	0.190	0.205	0.244	0.276
计算机、通信和其他电子设备制造业	0.718	0.762	0.811	0.877	0.923	0.863	0.917	0.947	0.964
化学原料和化学制品制造业	0.136	0.142	0.134	0.119	0.118	0.113	0.145	0.171	0.172

资料来源：广东省统计局。

（四）高新技术产业情况

广东高新技术产业蓬勃发展，已成为制造业的重要组成部分。2023 年，高技术制造业增加值占规模以上工业比重超过 30%，约是全国的 2 倍。华为、中兴、TCL 等科技巨头引领行业发展，电子信息产业稳居广东第一大支柱产业，产业规模连续 33 年居全国第一位。

（五）“十四五”规划目标

广东省在“十四五”规划中明确提出，要建设高质量制造强省，推动制造业高端化、智能化、绿色化发展。规划强调创新驱动，加大研发投入，提升自主创新能力，打造一批具有国际竞争力的产业集群。

（六）支柱产业集群发展

广东已形成 8 个超万亿元级、3 个 5 千亿至万亿元级、7 个 1 千亿至 5 千亿元级、2 个百亿元级的“8372”战略性产业集群发展格局。其中，电子信息产业集群、绿色石化产业集群、汽车产业集群等是广东的重要支柱产业。这些产业集群不仅提升了广东制造业的整体竞争力，还带动了上下游产业链的发展。

（七）数字化转型步伐

广东在制造业数字化转型方面走在全国前列。近年来，广东创新探索“链式改造”模式，推动产业链供应链整体数字化转型。通过龙头企业“链主”带动，中小企业“拼车”转型，广东已培育出 9 家国家级“双跨”工业互联网平台、33 家特色工业互联网平台，推动 4 万家规上工业企业数字化转型。表 2 为广东省近年来为促进传统产业数字化转型升级所出台的一系列政策。

表 2　广东出台的一系列促进制造业数字化转型升级政策措施

时间	政策内容	主要措施
2018 年	《广东省深化“互联网＋先进制造业”发展工业互联网实施方案及配套政策措施》	支持企业“上云上平台”，实施数字化、网络化、智能化升级
2021 年	《广东省制造业数字化转型实施方案及若干政策措施》	创新实施“一企一策”“一行一策”“一园一策”“一链一策”
2022 年	开展产业集群数字化转型工程	建设以“工业互联园区＋行业平台＋专精特新企业群＋产业数字金融”为核心架构的新型制造生态系统
2023 年	开展省级中小企业数字化转型城市试点	推行“链式改造”模式

资料来源：笔者根据公开资料搜集整理。

（八）绿色可持续发展

广东注重制造业的绿色可持续发展，积极推动绿色制造和循环经济。广东在石化、钢铁等高能耗、高污染行业实施绿色化改造，提升资源利用效率，减少环境污染。同时，广东还大力发展可再生能源和新能源产业，推动工业绿色低碳转型。

总体看来，广东的产业发展经历了四十多年的跨越，从改革开放初期的“筑巢引凤”，到中期的“腾笼换鸟”，再到如今的“鸟枪换炮”，广东省制造业经历了从轻工业到高科技产业的转型升级，产业结构不断优化，创新能力显著增强。未来，广东将继续推动制造业高质量发展，加快数字化转型和绿色可持续发展步伐，为建设制造强省和现代化经济体系奠定坚实基础。

三、广东制造业发展存在问题

广东省是中国的制造业大省，其制造业在国内外都占有重要地位。然而，尽管其发展取得了显著成就，广东省制造业仍然面临一些挑战和问题。

（一）外向型经济结构脆弱

广东省的经济高度依赖出口，尤其是欧美市场。然而，在当前国际形势下，欧美市场的订单锐减，导致广东省出口面临巨大压力。广交会上的欧美客户大幅减少，取而代之的是亚非拉国家的采购商，这些国家的经济体量相对较小，订单分散且敏感，难以填补欧美市场带来的空缺。

（二）传统制造业占很大比重

在广东的制造业结构中，传统制造业比重较大，新兴制造业和未来产业等高端产业占比相对较低。大量的传统制造业产品单一，科技含量低，缺乏品牌价值，产品附加值低，传统制造业面临着转型升级的压力。根据中国信息通信研究院发布的《中国数字经济发展研究报告（2024）》，2023年，北京、上海、天津、福建、浙江、广东等省市数字经济占 GDP 比重已超过 50%，北京、上海数字经济发展接近美欧等发达国家水平。显然，广东数字经济规模占 GDP 比重位居京、沪等省市之后，与京、沪等省市数字经济发展水平尚有一定的差距。根据广东省统计局数据，广东省制造业包括农副食品加工业、食品制造业、酒、饮料和精制茶制造业、纺织服装、服饰业、家具制造业、汽车制造业、计算机、通信和其他电子设备制造业等 31 个细分制造业，表 3 为 2015—2023 年广东省主要细分制造业增加值及其占比统计数据。根据表3可以看出，尽管从绝对占比来看，石油、煤炭及其他燃料加工业、橡胶和塑料制品业等细分制造业增加值占比并不高，但考虑到制造业有31个细分制造业，因此相对其他细分制造业而言，石油、煤炭及其他燃料加工业、橡胶和塑料制品业等细分制造业增加值占比已经较高，由此也不难看出，石油、煤炭及其他燃料加工业、橡胶和塑料制品业等传统细分制造业占广东制造业为主体。

表3　　2015—2023年广东省主要细分制造业增加值及其占比　单位：万亿元

产业类别	2015年	2016年	2017年	2018年	2019年	2020年	2021年	2022年	2023年
制造业总体	2.730	2.879	3.005	2.937	3.060	3.013	3.384	3.561	3.700
石油、煤炭及其他燃料加工业/占比	0.057/2.09%	0.063/2.19%	0.091/3.03%	0.126/4.29%	0.097/3.17%	0.069/2.29%	0.088/2.60%	0.106/2.98%	0.122/3.30%
橡胶和塑料制品业/占比	0.115/4.21%	0.124/4.31%	0.130/4.33%	0.117/3.98%	0.121/3.95%	0.122/4.05%	0.142/4.20%	0.145/4.07%	0.148/4.00%
非金属矿物制品业/占比	0.128/4.69%	0.131/4.55%	0.133/4.43%	0.121/4.12%	0.140/4.58%	0.151/5.01%	0.169/4.99%	0.152/4.27%	0.146/3.95%
化学原料和化学制品制造业/占比	0.136/4.98%	0.142/4.93%	0.134/4.46%	0.119/4.05%	0.118/3.86%	0.113/3.75%	0.145/4.28%	0.171/4.80%	0.172/4.45%

注：比例由笔者自行计算所得。

资料来源：广东省统计局。

（三）劳动力成本上升的压力

随着我国经济的发展和人民生活水平的提高，尤其是劳动力供给的减少，我国劳动力成本不断上涨，尤其是制造业劳动力成本上升得更多。表4为2014—2022年我国城镇就业总数和年度平均工资总额。根据表4可以看出，我国城镇就业总数从2014年的5243万人一路下跌到2022年的3738万人，不到10年时间，跌幅接近30%；与之对立的是，劳动力成本的持续上升，从2014年的年度平均工资56360元一路上涨至2022年的114029元，8年时间，增长了1倍多，这对依赖廉价劳动力优势的传统制造业企业造成了巨大压力，从而削弱了它们的市场竞争力。

表 4　　2014—2022 年我国制造业城镇就业总数　　单位：万人

项目	2014 年	2015 年	2016 年	2017 年	2018 年	2019 年	2020 年	2021 年	2022 年
就业总数（万人）	5243	5069	4894	4635	4178	3832	3806	3828	3738
城镇单位就业人员年平均工资（元）	56360	62029	67569	74318	82413	90501	97379	106837	114029

资料来源：国家统计局。

（四）技术创新能力不足

尽管广东省内有不少高科技制造企业，但整体上看，制造业技术创新能力和科研投入还不足，与国际领先水平仍有差距。具体来看，主要表现在以下几方面：

1. 研发投入不足。相对于其他经济发达地区，广东省部分企业在研发方面的投入仍显不足。许多中小企业在资金和资源方面存在限制，难以持续进行高水平的研发活动。

2. 产学研结合不畅。广东省的科技资源和制造业资源虽然丰富，但产学研合作的深度和广度还需进一步加强。从高校和科研机构到制造企业的技术转化链条不够通畅，影响了创新效率。

3. 缺乏核心技术缺乏。部分企业在关键核心技术上依然依赖国外，对进口设备和技术依赖程度较高。这种缺乏自主可控技术的现状在国际环境变化时可能导致供应链不稳定。

4. 创新文化不够深入。部分制造企业依然注重短期利润和市场份额，而对长期的技术创新和品牌建设重视不够，导致创新文化氛围不够浓厚。

（五）传统制造业外迁压力

近年来，由于劳动力成本上升、环境保护政策加强以及市场需求变化等因素的综合影响，广东省的传统制造业面临巨大的外迁压力，尤其是在越南等东南亚国家崛起的背景下，旧产能加速外迁的现象对广东的经济带来了负面影响：

1. 增加了就业压力。传统制造业的外迁可能导致大量低技能劳动者失业或转岗困难，短期内造成的就业岗位减少将加大市场就业压力，尤其是对广东这样以制造业为主的省份。失业率的上升将给社会稳定埋下隐患。

2. 减少了地区财税收入。对于一些依赖传统制造业的地区，企业的外迁将导致地区财税收入的减少，从而对地方财政造成压力，进而影响公共服务和基础设施建设，最终将影响地区经济的可持续发展。

3. 产业链的断裂。企业外迁可能导致原有生产链条的断裂，相关上下游企业受到冲击，特别是对小微企业，可能难以承受这样的影响而停产或倒闭，形成更大的经济损失。

4. 外部竞争的挑战。随着部分企业外迁，新兴的外部经济体也在逐步崛起，广东省在高技术和高附加值产业的竞争力可能面临新的挑战，特别是其他地区或国家在这些领域的快速发展。

（六）环境和资源压力

制造业发展对资源的消耗和环境的负担较重。广东省面临着日益严峻的资源短缺和环境保护压力，具体表现为：

1. 水资源短缺。广东省的工业化和城市化进程加快，导致水资源的过度开发和污染。特别是在一些工业集聚区域，水的供应已无法满足需求，地下水位下降，部分地区出现了缺水现象。

2. 空气污染。随着工业生产、交通运输和城市建设的增加，广东省的空气质量面临着较大压力，尤其在一些工业重镇，PM2.5、氮氧化物等污染物的浓度较高，影响居民的健康和生活质量。

3. 土壤污染。由于过度使用化肥、农药以及工业活动，广东省一些土壤受到污染，影响了农作物的生产和食品安全。一些地区，工业废弃物和化学物品的管理不当也导致了某些地区的土壤质量下降。

4. 生态环境破坏。城市化进程中的大规模开发和建设对自然生态环境造成了破坏，一些自然栖息地被侵占，生物多样性受到威胁。水体污染和湿地减少等现象，致使生态系统失衡，影响了水域生物的生存。

5. 对传统能源依赖度高。尽管广东省在引入可再生能源方面取得了一定的进展，但对传统化石能源的依赖仍然较高，造成了资源供应的紧张和环境污染。

四、新质生产力赋能广东传统制造业转型升级的政策建议

广东传统制造业的转型升级对广东经济高质量发展至关重要。大量的传统制造业企业为培育和发展战略性新兴产业、未来产业提供了肥沃的土壤。从行业实际情况来看，许多的战略性高技术制造业都是通过对传统制造业技术改造升级产生的。为此，在新质生产力思想的指引下，广东传统制造业转型升级可以从以下几方面展开：

（一）加强产学研协同，充分发挥产学研协同促进传统制造业的高新技术赋能效应

新质生产力是由技术革命性突破、生产要素创新性配置、产业深度转型升级而催生的当代先进生产力。它以劳动者、劳动资料、劳动对象及其优化组合的质变为基本内涵，以全要素生产率提升为核心标志。由此，从劳动者、劳动资料、劳动对象三要素优化组合并引发优良质变的角度看，需要加强产学研协同。产学研协同，即产业、学术界与科研机构之间的协作，是新质生产力推动传统制造业转型升级的重要途径。产学研协同能够汇集学术界的前沿研究、科研机构的专家资源以及企业的产业化经验，形成强大的创新合力，从而能够加快技术创新。这种合作模式加快了新技术的研发和推广，对于推动传统制造业的技术创新至关重要。

构建政产学研沟通平台，促成群策群力，达到人聚事成的效果。政府相关部门可以牵头，联合企业、大学（如中山大学、华南理工大学）和相关科研机构共同开发一款产学研交流和沟通平台 APP，既解决有了研究成果后不知要找哪家企业推广应用的困境，也让有技术升级改造需求的企业可以把相关技术需求信息摆上 APP，从而让大学和科研机构研究更有针对性，以市场需求为导向，促进科技成果转化为新质生产力（雷朝滋和刘

怡，2024）。大学和科研机构也可以主动上企业之门服务，彻底打通产业界和学术科研界的隔阂，加快科技成果落地转化。同时，企业通过与高校和科研机构合作，共同承担研发工作及成本，有效降低了开发新技术的经济风险，而高校通过企业实践，将理论研究转化为实际应用，提高了科研成果的市场价值。

（二）推动传统企业数字化转型升级

从新质生产力中新型劳动工具的角度看，包括大数据、人工智能、云计算、物联网等在内的新型劳动工具能够通过多种方式推动传统制造业数字化转型升级。具体来讲有：

1. 利用人工智能和机器人技术实现生产过程的自动化，减少人工干预，提高生产效率和精确度。

2. 通过物联网和数据分析，实现生产设备的智能化管理，优化运行参数，减少停机时间，实现智能制造。

3. 应用新质生产力中的信息技术，对企业内部生产管理流程进行数字化改造，提高协作效率和信息流通速度，实现生产管理流程数字化。

4. 通过云计算和大数据分析，实时洞察获取市场动态和消费者行为，实时进行数据分，进行快速决策。

5. 利用新质生产力中的大数据分析能力，提供定制化产品和服务，提升客户满意度，实现个性化、定制化服务。

（三）加强劳动者的职业技能培训

新质生产力中的新型劳动者指的是能够适应和推动数字经济发展的现代劳动者，他们在能力、技能和工作方式等方面有别于传统劳动者。新型劳动者应当具备使用和操作数字化工具和平台的能力，如熟练使用办公软件、数据分析工具、编程语言等；新型劳动者应当具备快速学习和适应新兴技术的能力，如应具备学习掌握人工智能、物联网、区块链等新兴技术的能力，以满足不断变化的工作要求；新型劳动者也应具备基本的数据分析技能，能够从数据中提取有用的信息，以支持业务决策，提高工作效率；新型劳动者还应乐于接受新思维、新理念，不仅能够促进企业内部文化创新，而且能够提出创新解决方案，推动产品和服务的创新，具备开放式、创新式思维。为此，必须加强对劳动者的职业技能培训。为使新型劳动者能够推进广东传统制造业转型升级，需要从以下几方面对劳动者进行职业技能培训：

1. 做好需求分析与培训规划。企业应当先分析当前市场和行业趋势，明确新质生产力中的关键技能需求，明确行业需求，然后结合企业和岗位实际需求，识别需要提升的技能和知识领域，进而对员工进行能力评估，了解现有技能水平及差距，制订个性化培训计划。

2. 设计好灵活的培训课程。企业可以联合相关第三方机构共同开发适合不同能力层次和岗位需求的模块化课程，实现模块化教学设计，使员工可以根据自身需求灵活选择。同时，企业应充分利用在线学习平台提供灵活的学习时间和资源，同时结合线下培训和实践活动增强学习效果。

3. 实践导向的培训方法。采用基于项目的学习方式，通过实际案例和项目操作提升学员的实战能力；有条件的企业也可以通过模拟真实场景进行沙盘演练，提高员工在安全环境中实践操作和决策的能力。

4. 引入先进的技术和工具。在线学习平台：使用现代化在线学习平台学习管理系统（LMS）来提供课程、测试和论坛等综合培训服务；有条件的企业也可以利用 VR 和 AR 技术进行沉浸式培训，提高实际操作技能。

5. 提升软技能和跨学科技能。培训内容应注重包括创新思维、沟通协作、问题解决、领导力等综合性软技能训练；同时，还应注重跨学科培训，促进交叉学科知识的融合，如结合技术与商业，以提高员工综合素质。

6. 引入外部资源和专家指导。培训时，应注意与外部大学、机构合作，实现资源优化配置，比如，可以考虑与大学、培训机构合作开发认证课程，或聘请行业专家进行讲座和指导；同时应当鼓励员工参加行业会议、论坛以及技术交流活动，进行行业交流，了解最新发展趋势和获取新知。

7. 推动终身学习文化。终身学习是新型劳动者的一个显著特征，企业可以通过奖励制度、晋升机会等方式鼓励员工主动持续参与学习和提升；企业还应创造条件，比如建立学习社区，让员工分享经验和知识，互相帮助，共同成长。

（四）强化传统制造业企业上下游协同效应

有别于传统生产力，新质生产力的一个显著特性是劳动者、劳动资料、劳动对象这劳动力三要素实现优化组合并产生优良的质变。由此，对于广东传统制造业而言，应当重视传统制造业企业上下游协同效应。为此，必须做好以下工作：

1. 建立供应链管理平台。政府相关部门牵头搭建实时信息共享系统，使供应链上下游企业能够实时获取需求、库存、生产计划等信息，减少信息不对称；同时，利用大数据分析对供应链各个环节进行监控和优化，提前预测需求变化和识别潜在风险，实行数据驱动决策。

2. 加强上下游制造业之间的技术和研发合作。鼓励上下游企业间共同进行产品研发和技术创新，通过联合研发，实现资源和知识共享并降低研发成本和风险。上下游企业还可以创建技术联盟，加强上下游企业在技术标准、产业协同创新等方面的合作。

3. 优化客户关系和需求管理。加强客户关系管理（CRM），与下游客户保持紧密联系，准确把握客户需求和市场趋势。同时，通过提供定制化产品和解决方案，增强与客户的黏性，提升上下游协同效果。

4. 加强政策支持和行业标准化。借助政府的政策引导和财税资助项目，推动上下游企业数字化转型升级，增强企业之间的共性内容；同时，政府相关部门应当推动行业标准和规范的制定，使上下游企业在产品开发和流程管理上具备可操作性的共同语言。

（五）鼓励制造企业向服务型制造转型

新质生产力的核心标志是全要素生产率的提升，而提升全要素生产率除了加强企业研发投入外，企业由生产型制造向服务型制造转型是一条有效途径。制造业企业向服务型制造转型，能够提高企业产品附加值，并能够推动企业自主品牌的创建和市场化，它是增强企业竞争力和实现可持续发展的关键步骤。这一转型过程中，企业需要在价值链上实现从单纯的产品制造到提供综合解决方案的转变。为此，必须做好以下工作：

1. 拓展增值服务。售后服务提升：提供从产品保修、维修到升级服务的全方位售后服务，提升改善产品售后服务，从而以提升客户满意度和忠诚度。同时，还可以根据客户需求提供量身定制的个性化解决方案，比如设备的租赁、维护和运营管理服务。

2. 服务业务创新。服务产品化：将服务设计为标准化产品，实现服务产品化，由此便于打包销售，实现规模化运营；同时，也要推动服务模块化，使客户能够根据需求灵活选择不同的服务组合。

3. 加强客户关系管理。深入客户合作：与客户建立更加深入的合作关系，了解客户全方位需求并基于此开发新服务，延长服务链条；同时，也要注意根据不同客户群体的特点制定相应的差异化服务策略，以便能够更为有效地服务不同特性客户需求。

4. 组织结构和文化转型。调整企业内部组织结构，由生产导向的组织结构转型为服务导向的组织结构，由此企业可以设立专门的服务部门来支持服务业务的拓展；同时，还应注意企业文化的转型，推动企业文化向服务导向转变，强调客户导向、全员服务意识和持续创新精神。

（六）创新金融服务

新质生产力中的新型劳动者需要加强对员工进行培训并引进高素质员工，这需要加大企业支出，购买、研发新型劳动工具也需要增加企业投入。传统制造业利润微薄，融资约束严重。因此，欲想新质生产力能更好地推进传统制造业转型升级，需要金融机构创新金融服务。为此，金融机构需要做好以下工作：

1. 量身定制融资解决方案。金融机构应基于制造业企业的供应链上下游交易，大力发展供应链金融，利用核心制造业企业的强大资信资质为核心企业提供融资，并通过核心企业为核心企业上下游制造业提供融资支持，缓解上下游企业资金周转压力；相关金融中介机构也应开发中小制造业企业融资需求这一市场，提供设备融资租赁服务，使制造业企业可以灵活获取先进设备，降低技术升级的初期投入成本。

2. 开发多样化融资渠道。股权投资机构应积极推进私募股权投资（PE）、风险投资（VC）等股权投资，为企业利用股权融资提供市场条件，帮助企业筹集转型所需的资本；同时，政府相关部门应提供支持环保和可持续发展的项目融资产品，鼓励制造业企业向节能减排方向升级。

3. 创新信贷产品。知识产权质押融资：支持企业以其专利、商标等知识产权作为抵押物获取贷款，鼓励银行等金融机构接受知识产权质押融资，助力传统制造业创新研发；同时，银行、第三方担保机构和企业可以就企业应收账款融资开展合作，帮助企业利用应收账款进行融资，改善资金流动性。

4. 推动互联网金融发展。相关金融机构应充分利用互联网技术打造便捷的金融服务平台，使企业能更快捷地获得金融产品和服务；同时，在针对中小制造业企业经营财务信息不规范、不透明等问题，相关金融机构应利用大数据和人工智能技术进行企业信用风险分析，提供更精确的信贷服务。

5. 注重区块链技术的运用。区块链提供去中心化的账本，确保交易记录的透明和可追溯，增加了企业财务数据的透明度和可信度，由此企业可以通过区块链公开财务信息，增强投资者信任，从而能够获得融资，并将有效降低融资成本。金融区块链有助于抑制企业违规行为和提升会计信息披露质量，从而缓解企业融资约束（王嘉鑫等，2023）。另外，新型信贷机制：金融机构可以借助区块链技术，使得企业信用信息可以在不同金融机构之间共享，降低银企信息不对称，由此金融机构能够更好地评估企业信用风险，从而为信誉良好的企业提供更多的融资机会。

6. 加强与政府部门合作。金融机构应加强与政府部门合作，利用政策性银行及政府基金提供的低息贷款和专项扶持资金为传统制造业企业转型升级提供融资；同时，金融机构还应协助企业申报各类金融补贴和税收优惠政策，加强政府资金与市场资金的联动。

五、总体性结论

没有过时的产业，只有过时的技术。广东大量传统制造业转型升级既是建设广东现代化产业体系的基础，更是发展广东新质生产力的基本盘。广东传统制造业转型升级既要立足当前，更要着眼长远，既要有历史的耐心，更要有争分夺秒的紧迫感，在新质生产力思想指引下，只要系统谋划，整体推进，广东传统制造业转型升级必定不断取得突破，进而必将有力促进广东经济高质量发展。

参考文献

［1］石建勋，徐玲．加快形成新质生产力的重大战略意义及实现路径研究［J］．财经问题研究，2024（01）：12.

［2］黄勃，李海彤，刘俊岐，雷敬华．数字技术创新与中国企业高质量发展——来自企业数字专利的证据［J］．经济研究，2023，58（03）：97－115.

［3］雷朝滋，刘怡．加快高校科技成果转化推动企业主导的产学研深度融合［J］．中国高教研究，2024（09）：119.

［4］王嘉鑫，于鑫雨，刘志宇．金融区块链与信贷配置——基于关系借贷的视角［J］．管理科学，2023，36（04）：10120.

新质生产力赋能广东制造业向智造业转型升级探析

▶李　玥　徐永利

新质生产力作为高质量发展的驱动力，是新时代制造业转型升级的新动能。党的二十届三中全会《决定》提出，“加快推进新型工业化，培育壮大先进制造业集群，推动制造业高端化、智能化、绿色化发展。”当前，我国正处于新一轮科技革命的窗口期，广东亟须加快推进以新质生产力为驱动的制造业转型升级，实现制造业到智造业质的跃升，筑牢和完善广东现代化产业体系，占据国际智造业竞争的制高点。

广东制造业转型升级面临结构高端化发展乏力困境。一方面，低端制造业智能化转型战略缺乏。广东制造业产业结构偏传统，传统制造业“大而不强”，位于全球价值链中低端，低端产能过剩。低端制造业企业智能化发展程度不一，缺乏“因企制宜”地对转型升级作战略布局并实施，同时也囿于人力、金融、技术等要素的针对性扶持。另一方面，先进制造业人才结构有待优化。高技能人才是关键核心技术研发与应用的重要支撑，是自主创新的核心驱动力。

实现新质生产力赋能广东制造业向智造业转型升级，需要从夯实产业链、整合人才链、推进协同链、强化资金链等方面入手，开辟广东制造业的未来图景。

一、产业升链，增强产业链韧性

产业为基，增强产业链的强韧性，关乎广东制造业转型升级的道路方向。广东作为我国的经济强省，拥有众多的产业集群，但在全球产业链竞争日益激烈、外部环境复杂多变的情况下，传统产业面临着诸多挑战，如低端锁定、附加值低、抗风险能力弱等问题。新质生产力的出现为解决这些问题提供了新的思路和途径。它能够推动广东的产业从传统的劳动密集型、资源依赖型向技术密集型、知识密集型转变，实现产业链从低附加值环节向高附加值环节攀升。

（一）新质生产力赋能广东产业升链成为必然选择

在科技创新驱动上。科技创新是新质生产力的核心要素，也是广东产业升链的关键动力。广东加大在基础研究、应用研究和前沿技术研究方面的投入，例如在半导体、生物医药、新能源等战略性新兴产业领域。以深圳为例，深圳在 5G 通信技术的创新发展方面走在全国前列，众多的科技企业积极参与 5G 技术的研发和应用推广，不仅带动了自身产业链的升级如通信设备制造、软件开发等，还促进了相关产业如智能制造业、物联网产业的发展。广东进一步鼓励企业与高校、科研机构建立产学研合作机制，加速科技成果转化，将实验室里的创新成果快速应用到实际生产中，推动产业技术水平的提升，从而实现产业链的升级。

在数字化转型上，新质生产力以数字技术为代表的先进技术具有极强的创新性、通用性、渗透性和协同性。广东的传统产业借助数字化转型实现升链。例如，传统的服装制造业通过引入大数据分析技术，精准把握市场需求和流行趋势，实现个性化定制生产，提高了产品附加值。同时，广东推动制造业的智能化改造，建设智能工厂，提高生产过程的自动化、智能化水平，降低人力成本，提高生产效率和产品质量。在服务业领域，数字技术推动金融、物流等行业的创新发展，如金融科技的发展提高金融服务的效率和普惠性，物流行业的数字化优化物流配送路径，提高物流效率，这些都有助于提升广东产业链的整体竞争力。

在人才培育与引进上。新质生产力的发展离不开高素质的人才。广东需要加强人才培育体系建设，在高校和职业院校中开设与新质生产力相关的专业课程，如人工智能、大数据分析、智能制造等，培养适应产业升级需求的本土人才；加大人才引进力度，制定优惠政策吸引国内外高端人才。例如，广州的南沙区出台了一系列吸引高层次人才的政策，包括住房补贴、科研项目资助等，吸引了大量的创新创业人才。人才的汇聚能够为广东的产业升链提供强大的智力支持。

（二）新质生产力赋能下广东产业链韧性的增强

在应对外部冲击的能力增强上。在全球经济不确定性增加、贸易保护主义抬头的背景下，广东产业链面临着诸多外部冲击。新质生产力的赋能使广东产业链能够更好地应对这些冲击。例如，通过科技创新，企业掌握更多的核心技术，减少对国外技术的依赖，降低因技术封锁带来的风险。在数字化转型方面，企业通过建立数字化供应链管理系统，提高供应链的透明度和灵活性，当遇到原材料供应中断或市场需求突然变化时，能够快速调整生产和供应策略，保障产业链的稳定运行。

在产业结构优化提升韧性上。新质生产力推动广东产业结构的优化升级，从传统产业为主向新兴产业和传统产业协同发展转变。新兴产业具有更高的附加值和创新性，其发展能够为广东产业链注入新的活力。同时，传统产业在新质生产力的作用下，不断进行技术改造和升级，提高自身的竞争力。这种多元化的产业结构使得广东产业链在面对不同类型的风险时，能够有更多的应对手段。例如，在新能源产业快速发展的情况下，广东的传统能源产业也在进行绿色转型，两者相互补充，增强了广东能源产业链的韧性。

在协同创新提高产业链整体抗风险能力上。新质生产力促进了广东产业链上企业之间的协同创新。链主企业发挥着主导作用，带动上下游企业共同开展技术创新、产品创新等活动。这种协同创新模式能够整合产业链上的资源，提高资源利用效率，同时也能够使企业之间形成更加紧密的合作关系。当产业链中的某个环节遇到风险时，其他环节通过资源共享、技术支持等方式帮助其渡过难关，从而增强整个产业链的抗风险能力。例如，在广东的电子信息产业链中，大型的电子制造企业与众多的中小零部件供应商通过协同创新，共同应对市场需求变化和技术更新换代带来的挑战，保障了整个产业链的稳定发展。

二、人才强链，激活发展新动能

人才为源，打造智能制造的人才强链是推进制造业转型升级的动能所在。广东的发展语境下，新质生产力为人才强链提供了新的方向和需求。新质生产力的高科技特性要求人才具备高端的科技知识和创新能力。例如，在广东蓬勃发展的人工智能产业中，需要大量懂得算法优化、模型构建等技术的人才，是构建起人工智能产业链从研发到应用的关键。高效能则意味着对人才的工作效率、协作能力等提出了更高要求。以广东的新能源汽车产业为例，该产业涉及电池研发、整车制造、销售服务等多个环节，各环节的人才需要高效协作，才能确保整个产业链的高效运转。高质量要求人才具备精益求精的“工匠精神”和高质量成果输出能力，这在广东的高端制造业如芯片制造等领域体现得尤为明显，人才的素质直接关系产品的质量和企业在全球产业链中的地位。

人才强链也为新质生产力的发展提供了坚实的支撑。拥有高素质的人才队伍，能够加速新质生产力相关技术的研发和创新成果的转化。例如，在广东的生物制药产业，大量专业人才的聚集，有助于攻克研发难题，推动新型药物从实验室走向市场，从而提升整个产业的生产力质态。

关于新质生产力赋能人才强链的广东实践：

（1）在政策引导吸引人才方面，广东省人民政府出台了一系列支持新质生产力发展和人才吸引的政策。例如在人才引进方面，制定了针对高端创新人才的优惠政策，包括住房补贴、科研启动资金等。像广州、深圳等城市为吸引人工智能领域的顶尖人才，给予高达数百万的科研启动资金和免费的高级人才公寓。这些政策吸引了大量人才流入广东，为人才强链注入了新的活力。同时，政策也注重对新质生产力相关产业的扶持，引导人才向战略性新兴产业聚集。以5G通信产业为例，政策鼓励高校和企业合作培养相关人才，并且给予企业税收优惠等政策，促使企业加大对人才的培养和引进力度。

（2）在产业集群推进人才聚集方面。广东形成了多个富有特色的产业集群，这些产业集群成为人才聚集的重要磁场。以珠江三角洲的电子信息产业集群为例，涵盖了从芯片制造到电子产品组装的完整产业链。在这个产业集群内，聚集了大量从硬件工程师到软件开发者等不同类型的人才。产业集群内企业之间的竞争与合作关系，促使人才不断提升自身能力。例如在芯片设计环节，企业之间为了争夺市场份额，不断推动人才进行技术创新，从而提升了整个产业集群的人才素质，也强化了产业链的竞争力。

（3）在教育创新牵引人才培养方面。广东的教育体系不断创新，以适应新质生产力对人才的需求。高校在学科设置上更加注重与新质生产力相关产业的对接。例如，一些高校新增了人工智能学院、新能源学院等。同时，职业教育也在不断改革，深化产教融合。例如，广东的一些职业院校与当地的智能制造企业合作，开设定制化的专业课程，为企业输送了大量一线技术工人和技术骨干，从基层强化了产业链的人才力量。

三、协同延链，提升要素配置效率

协同为要，提升要素配置是推进广东制造业转型升级的关键环节。从科技创新的基础来看，广东拥有众多高新技术企业，在电子信息、生物医药、人工智能等领域有着深厚的科研积累和产业基础。例如，深圳的电子信息产业，聚集了大量的创新型企业，从芯片研发到终端设备制造，形成了较为完整的产业链条。这些企业不断加大研发投入，积极探索新技术、新应用，为新质生产力的发展提供了强大的技术支撑。

从政策环境上看，广东省积极响应国家关于发展新质生产力的号召，出台了一系列鼓励创新、支持产业升级的政策措施。政府加大对科技创新的投入，建设了多个高新技术产业园区和创新创业基地，为企业提供了良好的发展环境。同时，政策还注重引导人才向新质生产力相关领域集聚，通过人才补贴、住房优惠等政策吸引高端人才来粤创业就业。

新质生产力赋能协同延链的具体表现：

（1）在产业协同创新方面。新质生产力推动了不同产业之间的协同创新。在广东，制造业与服务业的融合创新就是一个典型的例子。传统制造业企业借助互联网、大数据等新兴技术，向智能化制造、服务型制造转型。如美的集团，通过引入工业互联网技术，不仅提升了自身的生产效率和产品质量，还拓展了售后服务、远程运维等新的业务领域。同时，新兴的科技企业也与传统产业开展合作，共同开发新的产品和服务。例如，一些人工智能企业与传统纺织企业合作，利用人工智能技术实现纺织图案的智能设计，提高了产品的附加值。

（2）在产业链延伸方面。新质生产力促使广东的产业链不断向上下游延伸。以新能源汽车产业为例，广东在汽车制造领域原本就有一定的基础。随着新质生产力的发展，广东的新能源汽车产业不仅在整车制造上不断提升技术水平和产能规模，还向上游的电池研发、电机制造等领域拓展，向下游的充电桩建设、汽车后市场服务等领域延伸。在电池研发方面，广东的一些企业已经在高性能电池材料、电池管理系统等方面取得了突破，提高了新能源汽车的续航能力和安全性。在充电桩建设方面，通过政府引导和企业投资，广东的充电桩网络不断完善，为新能源汽车的推广使用提供了保障。

（3）在企业间合作方面。新质生产力促进了企业间的合作模式创新。在广东的一些产业集群中，企业之间不再是简单的竞争关系，而是形成了合作共赢的生态系统。例如，在珠江三角洲的电子信息产业集群中，大型企业发挥技术和市场优势，专注于核心技术研发和品牌建设，而中小企业则围绕大型企业开展配套生产和服务。这种分工协作模式提高了整个产业集群的效率和竞争力，同时也有利于企业间的技术交流和创新资源共享。

四、资金稳链，促进可持续发展

资金为本，提升资金链的延展是推进广东制造业转型升级的重要前提。坚持数字金融发展要求，推动金融机构数字化进程，运用数字技术和数据要素发展金融科技，在征信、抵质押、风险控制、全生命周期需求等方面对制造业企业构建“大数据画像”。

新质生产力赋能资金稳链的具体表现：

（1）在助力企业融资方面。对于初创企业来说，新质生产力相关企业往往具有高创新性但资金短缺。以广东的科技型中小企业为例，它们在发展早期缺乏资金、市场和产业资源。广东股交中心发挥了重要作用，通过开展多场科技金融路演，广泛介绍投资机构，帮助企业如百吉生物获得股权融资 8000 余万元。这种直接的融资支持为企业的发展提供了初始资金，稳定了企业的资金链，使其能够开展研发、生产等活动，推动企业从初创期向成长期迈进。

（2）在优化资金配置方面。在产业层面，新质生产力促使资金流向更具发展潜力的新兴产业。广东积极发展生物医药、商业航天等战略性新兴产业和未来产业。由于这些产业体现了新质生产力的特征，具有高科技、高效能等优势，吸引了大量的资金流入。例如，通过政府引导基金、风险投资等多种资金形式，大量资金从传统产业逐步转移到这些新兴产业，优化了广东整个产业的资金配置，使得资金链在不同产业之间实现合理分配，提高了资金的整体利用效率。

（3）在区域层面，新质生产力有助于平衡区域间的资金分布。广东不同地区的发展水平存在差异，新质生产力的发展促使资金向一些具有发展潜力但相对落后的地区流动。例如，一些拥有独特资源禀赋或正在积极发展新质生产力相关产业的粤东西北地区，通过政策引导和产业发展优势，吸引了外部资金投入，改善了当地的资金链状况，促进区域间的协调发展，实现全省范围内资金链的稳定与优化。

五、对策建议与展望

（一）进一步发挥新质生产力赋能人才强链，激活广东发展新动能的策略

（1）在深化国际合作与人才交流方面。广东应进一步加强与国际先进地区在新质生产力领域的合作。积极与国外的科技研发中心、高校等建立合作关系，开展联合科研项目。在人才交流方面，建立国际化的人才交流平台，吸引国外优秀人才来粤工作和交流，同时也鼓励本地人才走出去学习国际先进经验。例如，与美国的硅谷建立人才交流机制，引进其在人工智能、生物科技等前沿领域的人才培养模式和人才资源，提升广东在全球人才竞争中的地位。

（2）在完善人才评价与激励机制方面。建立一套更加科学、全面的人才评价体系，不仅要注重人才的科研成果数量，更要关注成果的质量和实际应用价值。在激励机制方面，除了物质激励外，还要注重精神激励。对于在新质生产力发展中有突出贡献的人才，给予荣誉称号等精神奖励。同时，要保障人才的创新权益，让人才在宽松、公平的环境中进行创新活动。例如，在知识产权保护方面，加强法律法规的执行力度，确保人才的创新成果不被侵犯。

（3）在强化区域协同与人才共享方面。广东内部各地区应加强协同发展，实现人才的共享。珠三角地区在新质生产力发展方面具有一定的优势，将人才和技术向粤东西北地区辐射。例如，在海洋经济领域，珠三角地区将海洋科技创新人才和技术成果向粤东的沿海地区转移，带动当地海洋产业的发展。同时，粤东西北地区也为珠三角地区提供资源和市场等方面的支持，形成优势互补，共同提升广东整体的新质生产力发展水平和人才强链的效果。

（二）提升广东经济要素配置效率的路径选择

（1）在优化资源配置机制方面。要提升广东经济要素配置效率，需要

优化资源配置机制。一方面，要充分发挥市场在资源配置中的决定性作用，建立健全要素市场体系。通过完善产权制度、市场准入制度等，促进资本、土地、人才、技术等要素的自由流动和优化组合。例如，广东进一步深化金融改革，发展多层次资本市场，引导资本向新质生产力相关的新兴产业和创新型企业流动。另一方面，要更好地发挥政府的作用，政府通过制定产业政策、区域发展政策等，引导资源向重点领域和关键环节集聚。例如，政府对新质生产力发展中的薄弱环节给予政策支持，鼓励企业在这些领域加大投入。

（2）在加强基础设施建设方面。良好的基础设施是提升经济要素配置效率的重要保障。广东应继续加强交通、通信、能源等基础设施建设。在交通基础设施方面，进一步完善高速公路、铁路、航空等交通网络，提高物流运输效率，降低物流成本。例如，加快大湾区内部的交通一体化建设，加强大湾区与国内外其他地区的交通联系。在通信基础设施方面，加大对5G网络、数据中心等新型基础设施的建设力度，提升信息传输速度和处理能力，为新质生产力相关的数字经济产业发展提供支撑。在能源基础设施方面，积极发展清洁能源，提高能源供应的稳定性和可持续性，满足新质生产力发展对能源的需求。

（三）以新质生产力促进广东高质量发展

（1）在持续创新引领制造业向智造业产业转型升级方面。在科技创新方面，广东将继续加大研发投入，推动新质生产力相关产业的技术创新。随着人工智能、量子计算等前沿技术的不断发展，广东的企业有望将这些技术应用到生物医药、高端制造等产业中。例如，利用人工智能技术提高生物医药研发的效率，加速药物的筛选和研发进程。这将进一步提升广东产业的竞争力，吸引更多的资金投入到高端产业研发和生产环节，实现产业向更高质量的升级，持续稳定和强化资金链。在制度创新方面，广东将不断优化政策环境。未来会进一步完善区域股权市场的制度建设，为更多的新质生产力企业提供更加精准、高效的金融服务。同时，在知识产权保护、人才激励等方面出台更多有利于创新的政策，吸引全球范围内的资

金、技术和人才汇聚广东，为广东高质量发展注入源源不断的动力。

（2）在吸引多元资金投入方面。随着新质生产力在广东的不断发展，将吸引更多的国内民间资本投入。国内投资者看到广东新质生产力相关产业的发展潜力和稳定的资金回报预期，会将更多的资金从传统投资领域转向新兴的新质生产力产业。例如，一些原本投资房地产的民间资本会涉足生物医药、新能源等领域。在国际上，广东的新质生产力发展也将吸引更多的外资。广东作为中国对外开放的前沿阵地，其在新质生产力相关产业的创新成果和广阔市场前景将吸引国际资本的关注。如在商业航天领域，国际资本会与广东的企业开展合作，共同投资建设卫星制造、发射等项目，这将进一步丰富广东新质生产力产业的资金来源，促进广东高质量发展。

（3）在推动区域协调发展方面。以新质生产力为契机，广东将进一步推动粤东西北地区与珠三角地区的协调发展。粤东西北地区利用自身的资源优势，如自然资源、劳动力资源等，结合新质生产力的发展要求，发展特色产业。例如，粤北地区发展绿色农业与农产品深加工产业，通过引入新质生产力要素，如科技创新提升农产品附加值，吸引资金投入，从而提升当地的经济发展水平，缩小与珠三角地区的差距，实现全省范围内的协调发展。

（4）在城市与农村的协调发展方面，新质生产力也将发挥重要作用。通过发展农村电商、智慧农业等新质生产力相关产业，吸引资金流向农村地区，改善农村的资金链状况，提高农村居民的收入水平，实现城乡一体化发展，最终推动广东整体的高质量发展。

参考文献

［1］秦艳，蒋海勇．新质生产力促进制造业转型升级的机理与路径——基于产业链视角［J］．企业经济，2024（10）：49－59.

［2］张沥幻，张金昌．数实技术融合、企业转型升级与新质生产力——基于2012—2022年A股制造业企业的实证检验［J］．科技进步与对策，2024，41（20）：1－12.

［3］王启龙，陆燕飞．“三教”协同助力我国传统制造业转型升级的逻辑、困境及对策——基于创新链理论的视角［J］．现代教育管理，2024（10）：95－106.

［4］刘诗祺，赵礼强．“双循环”背景下制造业数字化转型的实现机理和路径研究［J］．经营与管理，2024（09）：23240.

［5］姚家皓，周周．新质生产力赋能制造业转型升级效应测度与实现路径研究［J］．湖北经济学院学报（人文社会科学版），2024，21（09）：227.

金融创新助力低空经济发展研究

▶王　炼

一、绪论

（一）研究背景

作为新质生产力的代表，低空经济正迎来前所未有的发展机遇。所谓低空经济，是以有人驾驶和无人驾驶航空器的各类低空飞行活动为牵引，辐射带动相关领域融合发展的综合性经济形态。从应用场景区分，低空经济可以划分为城市场景和非城市场景。

低空经济作为新兴领域，涵盖了航空、航天、航空器制造、航空运输、无人机、卫星通信等多个产业。随着技术的不断进步和市场需求的增长，低空经济正迎来前所未有的发展机遇。而金融支持对于低空经济的腾飞至关重要。

（二）研究目的

目前我国低空经济处于起步阶段，在现状和前景之间，金融业有广阔的作为空间。其一，由于低空经济相关产业科技含量较高，预计很快会成为天使投资基金、股权投资基金、风险投资基金、产业发展基金等关注的重点；其二，低空经济相关产业主体设备购置资金需求量较大，与融资租赁服务有较好的契合度；其三，低空经济的巨大发展空间也为商业银行、保险机构提供了前所未有的业务机遇。

作为新兴产业，尚处于起步阶段，如何发挥金融对低空经济发展的助力作用，要求必须以创新的思维和手段来统领金融的整体规划，统揽全局，立足长远。本文旨在总结金融支持低空经济发展的做法和成效，分析面临的问题和挑战，并提出针对性的建议，以优化金融服务，推动低空经济的高质量发展。

二、金融支持低空经济发展的做法和成效

继2024年两会《政府工作报告》明确提出要积极打造生物制造、商业航天、低空经济等新增长引擎之后，我国各地低空经济发展进入加速期。按照工信部、科学技术部、财政部、中国民用航空局印发的《通用航空装备创新应用实施方案（2024—2030年）》（以下简称《方案》），到2030年我国低空经济将形成万亿级市场规模。

新兴产业的发展离不开金融的支持。多家商业银行和保险公司及风投机构加强行业布局，积极探索助力低空经济"高飞"的路径。金融机构在支持低空经济发展方面采取了多种融资手段和服务。

（一）各种信贷支持

1. 银行金融机构提供定制化贷款方案，根据低空经济企业的实际情况，制定个性化的融资方案，满足企业特定的融资需求。例如，针对"专精特新""小巨人""隐形冠军"等标准的低空经济企业，提供制造业行业贷款产品，包括用于生产的固定资产贷款、专利等非固定资产贷款、购买设备流动资金贷款等。如深圳联合飞机科技有限公司是深圳市人民政府直接引进的"专精特新"企业，专业从事无人机装备研发、生产和服务，产品供应链国产化率达到90%以上，广泛应用于应急救援、农林植保、物流运输等领域。中国银行深圳分行已为该企业提供2亿元的授信支持，助力其基础设施建设、技术研发等。再如苏州一家2009年成立的民营通用航空企业，其业务遍及苏州、南京、拉萨等城市，其中，直升机领域涉及观

光旅游、医疗救援、航空科普、公务机等。上海银行苏州分行通过现场走访、绿色通道等专项政策，在一周内为该企业提供了7800万元的信贷支持。目前，该企业已逐渐成为苏州乃至全国重要的低空飞行员培训基地、低空飞行训练基地以及低空飞行保障基地。又如中国人民银行深圳市分行、国家外汇管理局深圳市分局举行2024年第一季度新闻发布会时表示，深圳市低空经济及空天产业贷款较年初增幅超过30%。

2. 金融机构灵活提供还款方式，如按项目进度还款、按销售比例还款、不规则还款等，以减轻企业的还款压力。传统的流动资金贷款还款方式比较固定，无法完全契合企业的经营情况和现金流。金融机构针对这些企业的特点，设计多样化灵活的还款方式，既满足了企业发展所需的资金问题，减轻其负担，也很好地控制和降低了信贷风险。

3. 建立符合低空经济经营实际的特色化信贷风险评估体系，降低信用风险和市场风险。例如，针对无人机生产服务类企业，金融机构结合相关产业政策、企业行业地位、市场前景、财务状况等因素，对其信用状况进行综合评估，合理确定授信额度和贷款利率，保证金融支持的商业可持续性。

（二）风险投资

通过对初创期和成长期的低空经济企业进行风险投资、参股或合作，为企业提供资金支持、技术和市场，助力企业发展壮大。

1. 风投机构向低空经济企业注入资金，协助企业扩大生产规模、开拓市场，推动企业快速发展。低空经济相关产业科技含量较高，成为天使投资基金、股权投资基金、风险投资基金和产业发展基金等机构的关注重点。风投机构向低空经济企业注入资金，协助企业扩大生产规模、开拓市场，推动企业快速发展。资金注入还有助于加快技术研发进程，推动产品不断创新与优化，提升企业的市场竞争力。安徽、江西、重庆及广州、贵阳、武汉、苏州等地发起设立低空经济产业基金，规模从10亿元至200亿元不等。其中，贵阳、武汉和苏州三地以基金集群的形式来设立低空经济产业基金。在企业方面，沃兰特航空顺利完成由鼎晖百孚、自贡创发领投的 1 亿元 A 轮融资，老股东青松基金、明势资本追加投资，庚辛资本参与跟投。2024 年 1—4 月，数十家无人机企业完成融资，金额超 10 亿元。

2. 技术支持。风投机构不仅提供资金支持，还通过其丰富的行业经验和专业知识，为低空经济企业提供技术支持。风投机构通常拥有专业的投研团队和广泛的行业资源，能够协助企业解决技术难题，提升产品的技术含量和市场竞争力。此外，风投机构还通过市场观察和行业分析，帮助企业紧跟技术发展趋势，及时调整研发方向，确保企业的技术优势和市场领先地位。

3. 市场拓展。通过资源整合和市场渠道拓展，低空经济企业得以更快地进入市场，提高知名度和市场占有率。头部风投机构具备丰富的行业资源和广泛的商业网络，协助低空经济企业与其他企业、政府部门建立合作关系，拓展业务范围，实现更大规模的市场渗透。例如，2024 年 4 月，作为低空经济头部企业、无人机监管系统领军企业的特金智能完成 B 轮融资，多家专业机构参与投资，其中国资背景的深圳中小担创投和上海自贸区基金跟投，为企业在深圳、上海的市场拓展和资源整合提供了较大帮助。

（三）保险业务

低空经济的发展也离不开保险业的保驾护航，多家头部财险公司已率先在低空经济领域发力。2024 年 4 月 11 日，中国人保在投资者互动平台表示，公司已经开展低空经济相关政策研究，同时积极对接低空经济头部企业开展保险需求调研，将适时推出低空经济专属保险产品。2024 年 4 月 12 日，平安产险创新推出“平安低空经济护航者”综合保障方案。该方案在保障常规财产及责任风险的同时，聚焦职业过失风险、产品质量缺陷和网络安全等延伸风险以及研发场景、城市治理、物流配送和人员运输等多应用场景风险。2024 年 4 月 18 日，在苏州市低空经济发展推进大会上，中国太平洋财产保险股份有限公司苏州分公司表示已出台相应的“保险 + 风险减量”服务举措，将机身损失、三者责任和飞手意外险全部纳入保障范畴。国家金融监督管理总局近日发布的《关于推动绿色保险高质量发展的指导意见》（以下简称《指导意见》）提出，围绕低空经济、多式联运、绿色配送等领域提供适配的保险保障方案。指导意见有利于保险公司健全绿色保险保障服务体系，持续提升保障水平。

1. 保险业务为低空经济企业提供稳健运行的后盾，增强了企业应对各种风险的能力。产险公司提供全方位的保障，降低了企业经营过程中的不确定性。

2. 通过资源整合和市场渠道拓展，低空经济企业得以更快地进入市场，提高知名度和市场占有率。

（四）金融产品与服务创新

1. 金融机构推出一系列专业化金融产品，满足企业多样化的融资需求。例如，制定面向低空经济的纯信用、低成本信贷、中长期技术研发、技术改造等贷款产品。

2. 引入前沿技术，开展智能化金融服务，为低空经济企业提供更便捷、高效的服务体验。

总之，金融机构持续探索支持低空经济“高飞”的路径，不断创新和扩面增效金融产品和服务，为低空经济的发展提供有力支持。

三、存在问题

目前，在低空经济领域，融资手段和服务存在一些亟待解决的问题，以下是一些常见的挑战：

1. 信息不对称。低空经济企业和金融机构之间的信息不对称可能导致融资难度增加。而企业的实际情况、潜在风险和具体需求可能不被充分了解，从而影响金融机构的融资决策。这种信息的不对称性可能导致企业难以获得资金支持。

2. 融资成本高。由于低空经济的特殊性和相对较高的风险，融资成本可能较高。金融机构在评估低空经济企业的风险时，往往发现这些企业的抵押物和信用评级相对较低，这导致融资利率上升，增加了企业的融资负担。

3. 创新性不足。传统金融机构在低空经济领域的创新性融资产品和服务相对有限。这可能限制了企业的融资选择，使得企业在寻求资金支持时面临更多的困难和局限性。

4. 融资周期长。低空经济企业的项目周期可能较长，但传统融资流程通常较为烦琐，导致融资周期延长。这种长时间的融资周期可能会阻碍企业的快速发展和市场竞争力的提升。

5. 风险管理挑战。低空经济涉及新兴技术，不确定性和市场变化较大，金融机构需要更好地管理风险，但这也增加了融资难度。金融机构在面对这些挑战时，需要更加谨慎和专业，以确保资金的安全和企业的可持续发展。

四、对策及建议

面对这些问题，金融机构和政府正在积极探索解决方案，以支持低空经济的发展。政府和金融机构在进行金融顶层设计的时候，一定要秉持“以商业银行为核心，其他金融业态协调配合；一手抓供给端，一手抓需求端；全面创新思维和手段；金融政策引导”的原则，统领好金融服务支持低空经济的发展。

（一）以商业银行为核心，其他金融业态协调配合

商业银行作为金融的主体和核心，应该充分发挥其作用。以商业银行为核心，配合保险、风投、证券等金融机构携手助力低空经济的发展。低空经济作为新兴产业，科技含量十足，一定要突破传统的金融业态各自为政的局限性，从一开始就全局谋划，设计好以商业银行为核心，其他金融业态协调配合的长效机制。可以围绕以下几个方面：一是围绕低空经济产业链较长的特点，在产业金融框架下进行业务模式、金融产品创新；二是围绕低空经济科技含量较高的特点，积极推进投贷联动科创金融业务，围绕产业孵化提供顾问式金融服务；三是针对低空经济龙头企业加快发展，提供并购金融服务以及 Pre - IPO（准上市公司）服务等。

1. 商业银行开发面向低空经济的纯信用、低成本信贷、中长期技术研发、技术改造等贷款产品，满足企业多样化的融资需求。

2. 商业银行量身打造评价模型，为初创期和成长期的企业提供个性化的授信和风险管理服务，满足低空经济产业科创企业的全生命周期发展需要。

3. 利用综合化经营优势，引导更多社会资本加入，拓宽融资渠道，弥补资金缺口。商业银行以贷款产品切入，撬动其他资金，如证券公司可以协助发债，增资扩股；保险公司发挥其资金长期性的特点，可以选择资质优良的企业进行跟投等；风投公司天然在科技孵化方面就有优势，既能弥补企业的资金缺口，又能帮助企业提升经营管理。

4. 推进投贷联动科创金融业务，为低空经济产业提供顾问式金融服务。商业银行应该充分发挥其对企业情况最为熟悉的核心作用，突破传统的商业银行业务，结合投资银行的业务特点来为低空经济产业和企业提供顾问式金融服务，既延伸了服务、更好满足了企业的需求，又为银行带来了新的利润增长点。比如，银行根据企业经营管理实际情况，提供融资方案的建议，不仅包括传统的银行信贷，也包括可能的各种融资手段，如发债扩股、引入保险资金、引入风投。商业银行可以和风投公司进行合作，以“投贷联动”方式来深度绑定低空经济的产业和企业，共谋发展，共担风险。

（二）全面创新思维和手段

金融机构在支持低空经济发展方面可以采取以下创新举措，以更好地服务低空经济的融资需求。银行等金融机构可从这几方面着手：一是创新金融产品，开发面向低空经济的纯信用、低成本信贷、中长期技术研发、技术改造等贷款产品；二是创新授信及风险管理体系，为处于初创期、成长期的企业量身打造评价模型，满足低空经济产业科创企业的业务需求和全生命周期发展需要；三是利用综合化经营优势引导更多社会资本加入，拓宽融资渠道，弥补资金缺口；四是加强风险管理和金融科技应用。创新授信及风险管理体系，建立健全的风险评估模型，针对不同区域采取差异化授信策略。并利用金融科技手段开展智能化风险管理实践。

（三）一手抓供给端，一手抓需求端

既要为低空经济的企业提供好金融服务，保证供给端的发展，也要为低空经济的消费者提供好金融服务，保证需求端的发展。上文主要提到的金融服务和融资都是针对供给端，其实需求端的金融服务也至关重要。商业银行等金融机构一定要多设计需求场景，并且配套行之有效的价廉物美的融资方案，以激发消费者对低空经济产品的需求。只有兼顾需求和供给，才能促进低空经济的长远发展。

（四）金融政策引导

政府也要出台财政金融政策，鼓励扶持低空经济的发展。一是通过财政贴息、担保等配套措施，降低低空经济企业融资成本和风险。二是提升扶持政策的力度和精度，鼓励企业增加研发投入，引导技术创新和迭代。可以出台税收优惠政策，精准扶持。

五、结论

低空经济作为新质生产力的代表，具有十分广泛的应用前景。要让这一尚处于起步阶段的新兴产业发展好，金融服务和融资支持的顶层设计至关重要。持续优化金融服务、推动金融创新、强化风险管理，将有助于低空经济的融资需求得到更好的满足，从而促进低空经济的长远发展。

参考文献

［1］罗逸姝．上市公司积极“抢滩”低空经济蓝海［N］．经济参考报，2024-05-17（003）．

［2］郑联盛，夏诗园，葛佳俐．我国产业投资基金的特征、问题与对策［J］．经济纵横，2020（01）：84-95．

［3］尚学峰．飞行汽车——广东省加速形成新质生产力，竞速低空经济的新赛道［J］．科技与金融，2024（05）：69-70．

新质生产力助推粤西地区数字普惠保险的研究与对策

▶戴　江

一、引言

经济全球化的快速发展和科学技术的不断创新，不仅推动了经济的发展，改变了人们的思想，而且催生了3D打印、纳米技术、人工智能、元宇宙等一系列新生技术，为各行各业的变革开辟了新赛道新空间。2023年9月，习近平总书记在黑龙江考察时提出，要“整合科技创新资源，引领发展战略性新兴产业和未来产业，加快形成新质生产力”。2023年11月，习近平总书记在中央金融工作会议上强调，“为了提供高质量金融服务，金融系统要着力做好科技金融、绿色金融、普惠金融、养老金融、数字金融五篇大文章”。

当前，我国经济正在从高速发展向高质量发展的转型升级阶段，而发展数字经济已成为保险行业的集体共识。保险的最大功能是“转移风险”，在社会主义国家发展保险事业，更要主动地为广大人民群众“转移风险”。因此，作为保险从业人员，要深入领会习近平经济思想，严格对照中央经济工作会议、中央金融会议精神，全面贯彻党中央决策部署，紧跟时代发展步伐，把握行业发展机遇，借助新质生产力推动普惠保险提质扩面，满足人民群众日益增长的多元化保险需求，以高质量的保险服务助力行业的高质量发展。

二、新质生产力赋能数字普惠保险的理论逻辑

科技创新已经深刻地影响我们生活，无论是政府机构还是金融机构，都高度关注新质生产力，推动数字金融加速发展，借力科技赋能凝聚保险行业新动能。

（一）发展新质生产力是保险行业高质量发展的必然选择

习近平总书记强调："新质生产力是创新起主导，摆脱传统经济增长方式、生产力发展路径，具有高科技、高效能、高质量特征，符合新发展理念的先进生产力质态"。由此可见，"创新"和"科技"是新质生产力的先决条件。在传统的消费模式中，只有消费者与公司或者保险代理人接触的那一刻起，双方才产生工作联动。随着时代的进步和生活节奏的加快，当前消费者更倾向于用碎片化的时间，通过电子设备去处理日常事务。例如，在等公交期间借助手机交电话费，在睡觉前用平板电脑了解信息。如果保险机构无法前瞻性地开拓更多服务场景，满足消费群体随时随地投保、咨询、理赔的多元化保险需求，必然被淘汰。

（二）普惠保险实现数字化是保险行业发展的未来趋势

衡量当地普惠保险做得好不好的标志在于居民的投保率够不够高。新冠疫情的出现，不仅提高了居民健康保障意识，而且也改变了保险行业的销售模式。原银保监会数据显示，截至 2020 年 12 月底，全国保险公司有登记执业信息的销售人员共有 842.8 万人，2021 年底下降至 590.7 万人，2022 年上半年减少至 521.7 万人，较 2020 年底下降 38.1%。在健康保障需求不断增长的前提下，各大保险机构纷纷从以往的"人海战术"，推动销售队伍向专业化、职业化转型。因此，保险机构也有更多动力，使用最新的科学技术，加快普惠金融向数字化转型，进一步丰富保险服务的供给。《2023 年中国保险业数字化转型研究报告》显示，约 94.4% 的保险机构已开始积极探索全链路数字化转型，并认为"业技数"（业务、技术、

数据）融合将成为保险机构数字化转型的趋势。

三、新质生产力助推数字普惠保险的关键要点

数字普惠保险投保门槛低、投保条件宽、覆盖范围广，是能够大大提升保险普及率，但要保证数字普惠保险得到可持续发展，必须注意统筹好以下三种关系：

（一）把握好“普惠”与“收益”的关系

普惠保险具有较高的政策性，因此，开拓数字普惠保险业务必须得到政府部门的支持。一方面，保险机构要多向当地政府汇报，得到政府部门的认可，并借助政府部门的组织启动、费用补助，加快数字普惠保险在人民群众之间的推广。政府支持的力度越大，数字普惠保险发挥的作用就越大。另一方面，保险机构开展数字普惠保险需要使用费用，包括系统研发、产品推广等，保证一定的利润有利于自身的积累和产品的优化，也符合经济市场发展规律。保险机构在制定产品定价时不宜过高，必须充分考虑当地人民群众的收入水平，确保困难群众有能力，也有意愿购买。

（二）把握好“线上”与“线下”的关系

当前，“80 后”“90 后”“00 后”已陆续成为社会的中坚力量，这一代人伴随着互联网共同成长，乐于接受新鲜事物，善于使用各项科技工具。但老年群众与这个年轻群体存在一定的“数字鸿沟”，很多老年人不懂安装微信、不会扫二维码，更不会线上购买保险。普惠保险的数字化容易将这一群最需要保障的群体边缘化，特别是在偏远的乡镇地区。因此，各家保险机构在加大“线上”服务投入的同时，也要投入专项资源搭建一支“线下”服务队伍，努力把保险服务送到人民群众的身边。

（三）把握好“合作”与“分工”的关系

政府是政策制定者，擅长把握发展方向，明确任务路径，并能够提供

完成目标的资源支持；但因为已承担较多的社会管理职能，所以没有足够精力统筹参与数字普惠保险业务推广。保险机构的优势是管理机构遍布“省—市—镇”各个市场，有成熟的销售队伍，贴近消费者，能随时根据市场反馈调整业务推广策略，但不足之处在于缺乏顶层设计能力，数字普惠保险推广意愿与公司考核相挂钩，更加需要来自政府部门的评估和监督。因此，双方要清楚各自的优势和劣势，加强协调合作，共同推进数字普惠保险提质扩面。

四、新质生产力赋能粤西地区数字普惠保险的时代价值和困难堵点

粤西地区位于广东省西部沿海，主要包括湛江、茂名、阳江等 3 个地级市，本土文化以高凉文化为代表，发源于古代高凉郡及高州府。2023 年，粤西三个地级市生产总值超过 9000 亿元。

（一）新质生产力赋能粤西地区数字普惠保险的时代价值

1. 有利于全面加快落实“百千万工程”。2023 年 11 月 30 日，广东省人民政府办公厅印发的《关于金融支持“百县千镇万村高质量发展工程”促进城乡区域协调发展的实施方案》提出，要“构建层次分明的金融服务体系”“创新支持绿美生态县域建设的金融服务”“培育县域地区有效金融需求”，到 2027 年，“农业保险深度达到全国领先水平”。保险机构要坚持金融工作的政治性和人民性，发挥好保险社会“稳定器”和经济“助推器”功能，加大对乡镇市场的资源投放，不断提升对乡镇居民的保险服务能力，以普惠保险为小切口，运用最新数字金融工具，实现对所有镇、乡、村等行政区域的 100% 覆盖。

2. 有利于增强当地居民对抗风险能力。新质生产力是加快推动保险数字化的关键因素。根据统计数据，粤西地区常住人口超过 1500 万人，而且人口规模仍处于稳步增长阶段，但与人口基数息息相关的保险密度（见图 1）和保险深度（见图 2）均落后于全省甚至全国的平均水平。在数字

化技术的支持下，我们能够利用大数据分析广大人民群众的消费偏好，准确把握市场需求，开发出更多低门槛、高保障、易理赔的保险产品，让更多消费者享受到数字普惠保险带来的便利。

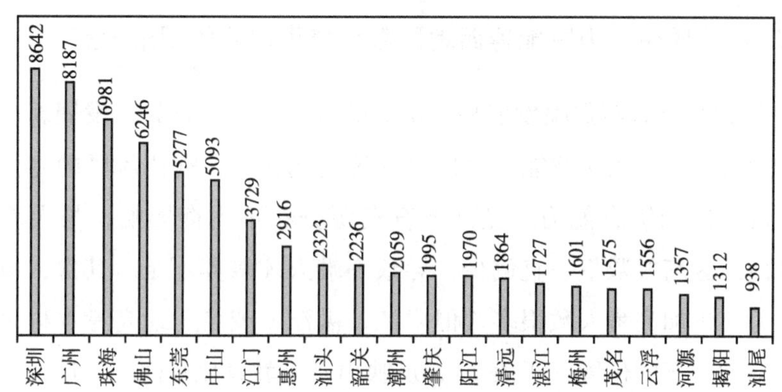

图1　2022 年广东省各地市保险密度（元）

资料来源：2022 年广东省各地市保险密度，茂名市保险行业协会。

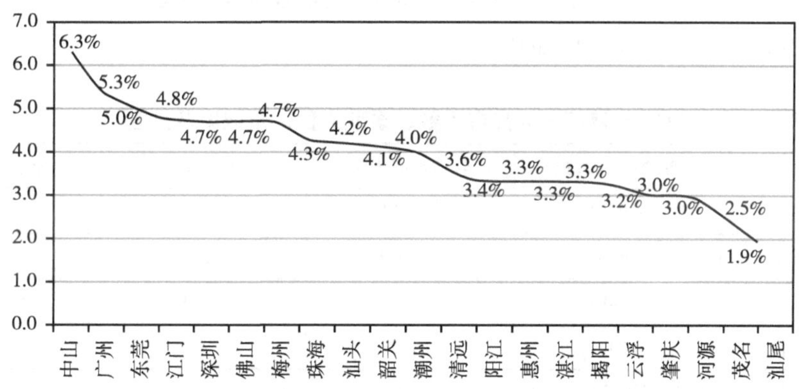

图2　2022 年广东省各地市保险深度（%）

资料来源：茂名市保险行业协会。

3. 有利于提高保险服务的覆盖面。城市化进程向纵深发展，进一步加剧农村人口向城镇人口转移，三四线城市人口向一二线城市人口转移的流动趋势。同时，3 年新冠疫情的冲击造成主城区销售队伍减少，县域地区保险服务网点萎缩的局面。数字技术的快速发展可以让传统的保险服务能够更加快速、有效地触达消费群体，无视物理空间和时间的限制。独特的计算法则还能够针对每位消费者，筛选出个性化信息和产品，充分弥补传统金融服务的不足，拓宽保险服务边界，为加快人民群众保险保障提供有力支撑。

（二）新质生产力赋能粤西地区数字普惠保险的困难堵点

1. 加快数字普惠保险发展缺乏足够的人才支持。首先，发展新质生产力涉及通信工程、人工智能、软件设计等高端科学，需要深厚的专业知识和跨学科应用的综合能力。受到教育资源分布不均衡影响，与大湾区相比，粤西地区高校数量一直偏少，导致高端人才培养不足。其次，虽然粤西地区每年参加高考人数很多，但阳江、湛江、茂名三地高考本科录取率均排名全省后五的位置（见表1），反映出基础教育比较薄弱，居民数字经济素质整体参差不齐。最后，因为当地产业资源较单一，主要以农业、旅游、石油、水产、预制菜等产业为主，缺乏精高端企业，人均收入不高，对数字信息技术人才吸引力有限，当地保险企业难以招募合适的人才，进一步约束了新技术的推广应用。

表1　2023年粤西地区高考人数、录取人数、录取率及排名

地区	夏季高考人数	本科录取人数	本科录取率	全省排名
全省	636221	310251	48.76%	—
阳江	16287	5909	36.28%	17
湛江	50489	17051	33.77%	18
茂名	60413	19626	32.49%	19

资料来源：2023年粤西地区高考录取率．广东院校信息通．https：//mp.weixin.qq.com/s?__biz=MzI5MjI5ODM2OQ==&mid=2247498948&idx=1&sn=4c819611b8e5a854d26d451e7009f5e3&chksm=ec01372adb76be3c7aea4a6ffecbdb9e935625b751181a8e555bea3eb9f61af8e747a90f9977&scene=27.

2. 数字普惠保险的推广面临数据安全和个人隐私问题。一是随着金融业将业务数据和客户资料进行数字化，大量敏感信息容易成为竞争对手或者电脑黑客的攻击对象。一旦核心数据被窃取，并公之于众，容易导致声誉风险或信任危机。因此，保险机构必须与时俱进，定期优化升级数字安全技术，有效防止或减少数据泄露风险。二是消费者对个人隐私问题越来越重视，保险机构要及时建立长效机制，在开展业务时明确告知消费者收集个人数据的目的和意义。特别是在不同地区或国家上市的保险机构，必须充分遵守当地法律法规，切实保障用户数据的安全性和合法性。

3. 数字普惠保险的普及需要更加完善的基础设施。数字普惠保险发展离不开稳定高效的互联网基础设施，从而确保广大用户随时随地可以使用数字服务。根据工信部发布《关于2023年千兆城市建设情况的通报》，全省共有5个地级市尚未入围“千兆城市”，而湛江属于其中1个；在入围“千兆城市”的16个地市中，阳江、茂名平均每万人拥有5G基站数分别达到17.22个、12.82个，均落后于全省平均水平（见表2）。互联网基础设施建设的落后，在一定程度上延缓了数字普惠保险的推广进度。

表2　2023年全省平均每万人拥有5G基站数

全省	阳江	茂名
22个	17.22个	12.82个

资料来源：2023年全省平均每万人拥有5G基站数．工业和信息化部办公厅关于2023年千兆城市建设情况的通报．https：//www.miit.gov.cn/jgsj/txs/wjfb/art/2024/art_bd8e009c44af411d898194052ea09322.html.

五、新质生产力助推粤西地区数字普惠保险的对策与路径

“科学技术是第一生产力”。发展新质生产力为加快发展粤西地区普惠保险带来了新的机遇。保险机构要尽快适应新质生产力的需要，强化转型升级和业务调整，促进数字普惠保险与实体经济的深度融合，持续走稳走好高质量发展之路。

1. 加大培养力度打通数字人才来源通道。一是实施“订单式”数字人才培养模式。密切与高校的合作，当地高校根据科技发展趋势和企业招聘标准设置学习课程，为保险机构培育符合新质生产力要求的数字金融复合型人才，逐步解决数字人才的来源问题。二是重视数字人才后续培训。保险企业和金融科技机构要结合实际情况，制订人才培养计划，借助轮岗轮训、跨部门学习等模式，尽快熟悉业务知识，并加强与大疆、

华为、腾讯等企业合作，将数字人才队伍统一送到这些先进科技公司进行学习，充分吸取优秀地区的推广经验，反哺粤西地区普惠保险数字化转型。三是鼓励项目创新与实践。建立实践基地，为在校学生、社会专业人士提供项目实践机会，并通过设置奖学金、科研基金扩大创新项目的影响力。

2. 营造数字普惠保险发展的安全良好环境。首先，当地政府部门要结合发展主要目标，出台支持政策，持续丰富服务内容，提高服务水平，为加快数字普惠保险发展打下坚实基础；其次，制定相关法律法规，规范市场准入机制和监管范围，增强行业发展信心，确保数字普惠保险沿着正确的方向前进。监管单位要加强行业的合规管理，出台管控措施，定期对保险企业进行检查和评估；再次，要加大处罚力度，严惩数据滥用和信息泄露的行为，确保业务运行安全稳定。保险机构要遵守当地的政策法规，使用、分析用户数据，并加大财务投入定期更新内部系统、网络设备，充分杜绝敏感信息泄露的可能性；最后，要加强干部员工培训，提升全员风险意识，严格控制数据接触权限和人员数量，守好“安全责任关”。

3. 全力加快数字普惠保险服务下沉。一是做强核心乡镇网点。农村地区是数字普惠保险建设的薄弱地带。保险机构要加强县域、农村网点布局，重点加强人口多、经济强的乡镇网点建设，并借助核心网点提升对周边乡镇的服务覆盖率，满足农村居民数字普惠保险服务需求。二是加大宣传力度。借助“7·8 全国保险公众宣传日”“普惠金融推进月”的主题，组织“五进入”宣传活动，让广大群众了解最新数字普惠保险政策和信息；深入县域、乡镇举办“智慧助老”活动，促进老年群体掌握数字工具，把数字普惠保险送到最需要保障的群众当中。三是畅通“线上”和“线下”渠道。针对线上服务，保险机构要根据用户反馈，定期优化服务功能，提供更便捷的操作方式，并进一步简化理赔流程，提升理赔速度，增强客户服务体验；针对线下服务，以乡镇网点为中心开展驻村服务，通过进村入户的形式及时解答农村客户的咨询和问题，弥补线上服务的不足。

六、结束语

普惠保险兼具政策性和商业性，借助新质生产力助推粤西地区数字普惠保险发展，不仅符合保险行业未来发展趋势，也是实现高质量发展的重要途径。粤西地区传统保险企业更要主动拥抱时代的变化，积极跟上数字经济大潮，坚持科技创新培育新质生产力，为高质量发展注入更多新活力。

参考文献

［1］普惠保险：要平衡好“义”与“利”的关系［J］. 中国银行保险报 . 2024－04－19.

［2］数字金融服务实体经济发展新质生产力：路径、挑战与对策［J/OL］. 财会月刊.

［3］数字金融赋能新质生产力发展：理论逻辑与实现路径［J/OL］. 电子科技大学学报（社科版）.

［4］数字普惠金融发展与企业新质生产力［J/OL］. 兰州学刊.

科技金融赋能新质生产力发展路径探究

▶徐　浩

一、引言

党的二十届三中全会通过《中共中央关于进一步全面深化改革、推进中国式现代化的决定》（以下简称《决定》），指出要深化金融体制改革，构建“同科技创新相适应的科技金融体制”，以“加快形成同新质生产力更相适应的生产关系，促进各类先进生产要素向发展新质生产力集聚”。《决定》强调要“加强对国家重大科技任务和科技型中小企业的金融支持，完善长期资本投早、投小、投长期、投硬科技的支持政策。

2024 年 1 月 31 日的中央政治局第十一次集体学习中，习近平总书记对新质生产力给出了较为明确的定义：新质生产力，是创新起主导作用，摆脱传统经济增长方式与生产力发展路径，具有高科技、高效能、高质量特征，符合新发展理念的先进生产力。科技金融作为链接科技创新与金融市场的桥梁，其在加快发展新质生产中具有重要作用。因此，探索科技金融赋能新质生产力发展对于促进经济长期稳定增长具有重要意义。

二、科技金融对新质生产力的作用

科技金融是指与科技创新紧密相关的主体机构，涵盖政府、银行、市场等多方参与主体，提供全方位的金融支持与服务，在金融资本融入科技创新过程中，助力风险分散、价值挖掘与收益共享，实现风险与收益的均衡配置的一项错综复杂的系统工程。而新质生产力发展需要科技金融的赋能和支持，运用创新手段，为科技创新提供全链条高效服务，从研究到技术发明，再到生产环节，实现科技资源与金融资本的有效对接，进一步推进创新资源要素的高效配置。

首先，培育新质生产力，科技金融需要壮大长期资本。培育新质生产力离不开颠覆性技术和前沿技术的突破，科技型企业在研发过程中通常需要跨越行业周期和政策周期，具有高度不确定性。因此，需构建与之相匹配的新质生产关系，长期资本可以助力科技型企业走出困境，其较高的风险容忍度，能避免因短期波动导致的资金供给。其次，培育新质生产力，需要完善多元化的投融资渠道。单一的投融资模式难以满足新质生产力发展的多样化需求，需构建包括债权融资、股权融资、天使投资、私募投资等在内的多层次投融资渠道，全面支持科技创新和新质生产力的发展。

三、科技金融在我国发展现状

金融和科技创新具有天然联系，科技创新所面临的风险和不确定性需要金融制度来帮助化解。目前，我国政府发布了许多科技金融政策（见表1），以帮助构建科技投融资生态，夯实科技金融的发展基础。

表1　我国政府部门科技金融政策整理

政策/文件内容	内容概要	发布机构及时间
《关于进一步强化中小微企曼金融服务的指导意见》	单列小微企业、民营企业、制造业等专项信贷计划；支持符合条件的中小企业在主板、科创板等上市融资	人民银行、证监会、工业和信息化部等，2020. 05. 26
《关于设立科技创新再贷款的通知》	额度2000亿元，专项支持包括高新技术企业、“专精特新”中小企业等	人民银行、科技部、工业和信息化部，2022. 04. 28

续表

政策/文件内容	内容概要	发布机构及时间
《加大力度支持科技型企业融资行动方案》	重点支持初创期科技型企业，以股权投资为主、股贷债保联动	国务院常务会议，2023. 06. 16
《关于加强科技型企业全生命周期金融服务的通知》	规范建设科技金融专业或特色分支机构；支持单列科技型企业贷款规模	国家金融监督管理总局，2024. 01. 05

资料来源：笔者根据我国政府官网整理所得。

目前，我国的科技金融经历了不同的演化进程，从早期的银行信贷到资本市场、创新投资，对科技金融的认识和专业水平在不断提升。总体来看，我国已经基本搭建起包括国家科创产业基金和中央企业科技投资的国家科技资本，科创板和北交所搭建的资本市场，知识产权抵质押贷款和科技普惠贷款的风险投资和科技信贷等，各种立体式、广覆盖的科技金融模式蓬勃发展。主要体现在以下三个方面：一是科技金融顶层设计和政策体系逐步完善。目前，我国在新兴信息产业、生物产业、节能环保、新能源、新能源汽车、高端装备制造业和新材料等重点领域设立不同规模的国家产业基金，初步统计，共设立 25 类国家产业基金，初始投资规模数千亿元。二是财政货币政策精准发力支持科技创新产业。科技部门和金融监管部门联合设立多个科创金融改革试验区，加快探索科技金融新模式新业务。如中国人民银行设立 2000 亿元额度的科技创新再贷款；国家金融监督管理总局提出加强科技型企业全生命周期金融服务的 17 条措施；财政部门加大科技财政支出，并出台科技企业相关专项补贴和减税等政策，从科技财政支出金额看，2018 年的 8327 亿元到 2023 年的 10567 亿元，年均增长 6. 4%。三是科技投融资体系加快成型。一方面设立多层次资本市场，科创板和北交所大力支持科技企业上市，拓宽融资渠道。截至 2023 年 6 月末，超过 1000 家专精特新中小企业在 A 股上市，创业和私募股权投资基金规模近 14 万亿元；科创板上市科技企业超过 500 家，集中于新能源、生物医药和高端装备制造等领域，整体研发投入超过 10%，其中国家级专精特新“小巨人”企业占科创板上市公司总数的 29%。另一方面发挥商业银行信贷功能。国有大型银行制定专门科技金融发展规划，并列为重要发展战略，围绕国家高水平科技等领域发展贷、债、股、租、托等综合金融服务。统计显示，截至2023年6月，基础设施绿色升级产业、清洁能源产业贷款余额分别达到11.85万亿元、6.8万亿元，较2020年3月分别提升134.5%、135.1%（见图1）。

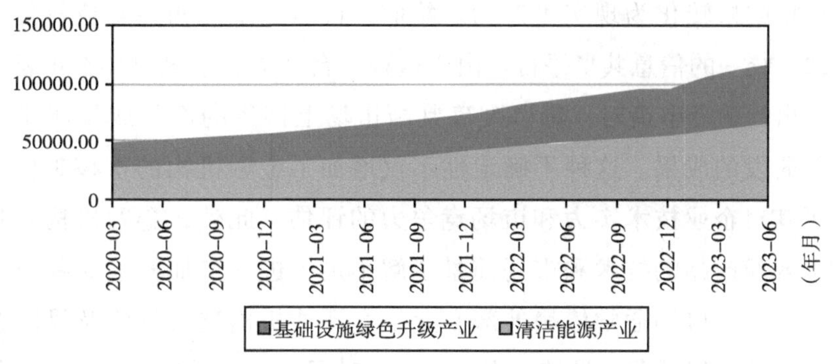

图1 我国绿色金融产业相关贷款金额（亿元）

资料来源：中国人民银行官网、Wind。

四、科技金融赋能新质生产力发展存在的问题

（一）科技金融政策体系有待完善

当前我国在金融扶持科技发展方面，虽然有一些政策，但政策体系尚存在诸多不足。这些不足主要体现在以下几个方面：一是对科技创新的资金支持规模相对较小，难以满足企业日益增长的研发资金需求；二是资金分配机制不够合理，导致一些具有重大创新潜力和市场前景的项目难以获得足够的资金支持；三是风险投资市场不够成熟，对创新项目的投资门槛较高，抑制了市场的创新活力；四是政策执行和监管力度有待加大，以确保资金的有效使用和项目的顺利实施。这些不足不仅制约了企业的技术创新和产品研发，还严重阻碍了我国科技实力的整体提升。

（二）科技金融机构与科技企业之间的信息不对称

金融机构与高科技企业之间的信息交互与反馈机制呈现显著的滞后

性，创新型企业和投资者之间的信息不对称问题严重阻碍了资金的有效流动。投资者难以获取企业的真实信息和准确评估其创新项目的潜在价值，导致许多有潜力的创新项目无法获得足够的融资支持。在科技金融领域，金融机构扮演着至关重要的角色，它们为科技创新提供必要的资金支持，推动科技成果转化为现实生产力。然而，目前金融机构在支持科技创新时，缺乏统一的信息共享平台。由于这种平台缺失，金融机构在审核科技企业提出的融资申请时，难以准确判断市场上销售的产品或发明是否为企业新研发的成果。这种不确定性不仅增加了金融机构的审核难度，还影响了其对企业技术实力和市场竞争力的评估。此外，金融机构对相关新技术或新产品的技术和市场前景了解不足，进一步加剧了这种信息鸿沟。因此金融机构通常依赖外部专业技术评估机构进行价值及风险投资的审定，这不仅耗费大量的人力、物力和时间，而且增加了审核流程的复杂性。

（三）科技金融风险防控能力尚需提高

一方面，我国的知识产权交易市场尚处于发展阶段。与传统产业相比，科技型企业通常将技术研发成果作为其核心竞争力。然而，由于当前知识产权评估体系和交易平台的局限性，这些企业往往难以通过无形资产在市场中获得必要的经济支持。一旦面临资金压力或逾期还款，科技金融机构由于缺乏有效的科技成果变现渠道，便难以迅速回笼资金。另一方面，当前多数贷款和投资机构在发展模式上呈现一定程度的单一化趋势。在日益多元化的技术创新活动中，这种单一化的发展模式使科技金融等机构在资金投放和配置上显得捉襟见肘，难以充分满足科技创新的多样化需求，无法满足科技企业在不同生命周期阶段的企业需求。

（四）综合性科技金融专业人才缺乏

随着科技金融领域的迅猛发展，对专业人才的需求与日俱增。当前金融科技教育和人才培育的短板，已成为制约科技金融服务品质和创新能力提升的关键因素。这种专业人才匮乏的现状，对科技金融的长期稳健发展构成了阻碍。高端科技专业人才是推动科技进步和技术革新的核心驱动力，唯有引进和培养具备技术与金融双重背景的复合型人才，方能更有效地促进科技与金融的协调发展。这些复合型人才不仅需要在各自的学科领域内拥有丰富的技术专业知识，更需要具备跨学科的视野，尤其是金融学的知识。

五、科技金融赋能新质生产力发展的对策建议

（一）加强科技金融政策制度建设

一是优化资金配置方式。通过改革资金分配机制，政府建立多元化的资金来源渠道，提高资金使用的效率。同时，政府应形成多元化的科技创新投融资体系，鼓励社会资本进入科技创新领域。二是加强政策宣传和培训。金融机构加大对科技金融政策的宣传和培训力度，提高政策知晓率和执行力。三是加强国际合作与交流。金融机构加强与国际先进国家在科技金融领域的合作与交流，学习借鉴他们的先进经验和技术，提升我国科技金融政策体系的国际化水平。此外，政府和相关部门应该加强对科技创新型企业的支持和引导，通过优惠的融资政策和措施，降低企业的融资成本，提高融资效率。

（二）建立金融服务科技信息共享平台

为了减少金融机构与科技企业之间的信息不对称问题，政府应构建一个统一、高效的信息共享平台。这个平台应该汇集科技企业的研发成果、技术专利、市场前景等相关信息，为金融机构提供全面、准确的数据支持。同时，该平台还应具备数据分析功能，帮助金融机构更好地评估知识成果的市场价值和企业的风险状况。贷款机构可以对这些信息进行全面的评估，以确保其符合自身的贷款审批准则。对于初步满足条件的企业，金融机构会指导其线下补充必要材料，以完成后续的审批流程，并最终

达成贷款协议。这种数据共享与交流机制极大地促进了高科技企业与金融市场间的信息流通，显著降低了投资机构在筛选合格企业时的投入成本。

（三）提升风控能力，构建新型风险管理模式

金融机构改革知识产权抵押贷款模式，纳入风险投资等多元化融资方式。传统的抵押贷款模式因为缺乏足够抵押物，往往难以满足高科技类型企业的融资需求，而知识产权作为一种重要的无形资产，有巨大的市场价值和融资潜力。因此，我们应当积极探索知识产权质押融资、知识产权证券化等新型融资方式，并鼓励风险投资机构加大对知识产权的投资力度，以支持高科技类型企业的技术创新和成果转化。政府优惠政策应当扩大科技金融服务的受众范围，金融机构通过整合海量的企业数据、市场数据和用户行为数据，能够深入理解企业的创新需求、风险状况和市场前景，从而为企业提供量身定制的金融解决方案，构建新型风险管理模式。

（四）培育复合型科技金融人才

在推动科技进步与发展的过程中，人才是关键。首先，复合型人才的培育，应设立金融与科技人才培育基地，汇聚不同领域的高水平人才，从而打造一个多样化、契合金融科技演进与服务需求的人才库。其次，为了持续激发技术领域人才的创新潜力，提升科技金融领域和科技创新企业的革新效率，金融机构应该建立一个将物质激励与精神激励有机结合的奖励机制。最后，在高校的科技金融人才培养模式上，国家应进一步革新培养模式。

参考文献

[1] 杨农．高质量推进我国科技金融生态体系建设［J］．清华金融评论，2022(08)：89－92.

[2] 新华网．习近平主持召开新时代推动东北全面振兴座谈会强调牢牢把握东北

的重要使命 奋力谱写东北全面振兴新篇章 [EB/OL]. (2023-09-09) [2024-03-31].

[3] 吕岩威，李禹陶. 科技金融赋能经济高质量发展了吗——基于创新动机视角的研究 [J]. 科学学研究，2024 (2).

[4] 曾刚，杨川. 科技金融——中国创新金融的实践 [Z]. 上海金融与发展实验室公众号，2024-03-12.

新质生产力赋能广东低空经济发展研究*

▶纪钇瀚　余茂祥　李燕飞

一、新质生产力与低空经济的理论基础

（一）新质生产力的概念与内涵

新质生产力是生产力现代化的具体体现，代表着先进生产力的演进方向。它是由科技创新交叉融合突破所产生的根本性成果。其基本内涵是以劳动者、劳动资料、劳动对象及其优化组合的跃升为主要内容。新质生产力的核心标志是全要素生产率的大幅提升，其本质是先进生产力，核心要素在于科技创新。同时，发展新质生产力不仅是推动高质量发展的内在要求和也是促进低空经济发展的重要着力点。

新质生产力以其高科技、高效能、高质量等特性，以其前所未有的力度推动着管理科学发生深刻变革。其涉及新一代信息技术、生物技术、新能源、新材料等多个领域，包括高端制造业、战略性新兴产业、未来产业、传统产业转型升级等产业分类。

---

* 项目基金：本论文为广东外语外贸大学南国商学院 2024 年省级大创项目《粤港澳大湾区低空经济发展现状、问题及对策研究》（项目编号 2024XJ83）阶段性成果。

（二）低空经济的定义与特征

1. 低空经济的定义

低空经济是以低空空域为基础，以通用航空航天产业为主导，涉及低空飞行、航空旅游、直线客运、农业灌溉、科研教育等诸多产业经济概念，是一项以低空空域为基础、具有强大辐射带动作用、产业链较长的综合性经济形式。从其定义上看，低空经济产业不仅覆盖传统的通用航空领域，同时还融合创新，拓展到无人机、eVTOL 等新型低空飞行器，为农业植保、旅游观光、交通运输、应急救援等多个领域提供便利，也带来了空前高涨的发展热潮。

2. 低空经济的主要特征

一是产业关联性强。低空经济涉及多个环节，比如，航空器研发制造、运营服务、保障维修等，还与旅游、物流、农业、应急救援等产业紧密相连，形成庞大的产业链。

二是创新驱动。无论是飞行器技术、低空通信导航技术，还是运营管理模式都在不断创新。例如研发电动垂直起降飞行器。

三是应用场景多元。低空经济可用于城市空中交通缓解拥堵、低空物流提高配送效率、应急救援快速响应、农业植保精准作业以及旅游观光带来全新体验等。

（三）新质生产力与低空经济发展的联系

1. 低空经济对新质生产力的推动作用

（1）推动产业结构优化升级。低空经济是以低空空域为依托的综合性经济形态，其涵盖范围包括低空制造、低空飞行、低空保障等多个行业领域，并提供综合性服务。低空经济在社会经济发展中起到了至关重要的作用，它不仅能够对传统产业布局进行优化，还能有效提升生产效率。此外，低空经济还催生出许多新颖的业态和商业模式，为社会经济的可持续发展增添了新的活力。

（2）提高资源配置效率。低空经济被视为新质生产力发展的新引擎。

同时，低空经济对提高资源配置效率有着重要作用。因此，在空域资源利用上，低空经济能够促使闲置的低空空域得到开发，如无人机配送可避开地面拥堵，运用便利的交通网络提高物流效率，实现高效的资源配置。同时，推动空域管理创新，利用智能系统来优化飞行路线。在产业协同方面，低空经济涉及多个产业，能够促进跨产业整合，形成完整产业链。在区域发展中，打破地理障碍，助力偏远地区资源开发与经济交流。其依赖的新技术可减少资源浪费，创新商业模式能够有效引导资源合理流动。

（3）激发创新创业活力。低空经济在新技术研发和跨学科融合上提供了技术创新的推动力，科技创新是低空经济促进新质生产力形成的重要驱动力。低空经济开辟了新的市场空间，不仅为创业者提供了新的商业机遇，还为新质生产力在市场需求上提供了牵引力。政府不断完善低空经济相关法律法规，为低空经济出台扶持政策，给予了政策环境的催化力。低空经济为新质生产力的创新创业提供了广阔的平台和强大的动力，激发了创新创业者的活力，进而推动经济结构的优化和升级。

（4）推动区域协同发展。低空经济通常需要跨区域的空域管理和基础设施建设。这促进了区域间协同合作，打破了地域限制，实现了资源配置最优化。

2. 新质生产力对低空经济创新驱动发展的作用

（1）推动低空经济走向智能化、数字化。在新质生产力的推动下，低空经济正逐步向智能化、数字化方向迈进。通过引入先进的技术支持，低空领域的运营效率得到显著提升，同时，也使运营成本大大降低。

（2）引导低空经济向高端制造、智能制造方向转型。随着技术的不断进步，传统的低空产业正面临着空前的挑战与机遇。新质生产力的融入，使低空经济能够紧跟时代步伐，实现产业结构的优化升级。这不仅有助于提升低空经济的整体竞争力，更将为相关产业链的发展带来新的增长点。

（3）催生低空经济的新业态。无人机物流、低空旅游等新兴产业的崛起，正是新质生产力与低空经济深度融合的结晶。

二、广东低空经济的发展现状

（一）多地企业聚集度高、产业链较完整

根据相关数据显示，截至2024年5月，广东低空经济相关企业数量位列全国第一，达到11316家。广州有4197家，深圳有4739家，两地企业数在全国城市中分别排第二名和第一名，广州、深圳、珠海等地已集聚全国30%以上低空经济相关企业。在产业链条方面，广东在低空经济产业链各环节均有布局，是少数可以完成当地产业链完整配套的地域之一。拥有大疆、亿航智能、小鹏汇天等龙头企业，在无人机、电动垂直起降飞行器等领域优势明显。

（二）低空物流、空中交通、电力巡检等应用场景持续拓展

低空物流方面，无人机配送产业链逐步完善，覆盖场景日渐全面，商业化落地进程加快。深圳市累计开通低空航线126条，建立无人机起降点89个，2023年实现无人机载货及综合飞行60多万架次。以美团、顺丰为主的企业使用无人机对低空物流开展业务探索。空中交通方面，通航短途运输航线不断拓展，无人驾驶载人航空器完成首飞，城市空中交通新业态逐步形成。电力巡检方面，广东电网公司在国内率先实现省级电网变电站无人机自主巡检全覆盖。此外，广东省逐步拓展空中文旅、智慧农业、低空应急救援等多领域应用场景。

（三）各级政府高度重视，不断释放政策红利

2023年底，中央经济工作会议将“低空经济”正式列为战略性新兴产业。党的二十届三中全会提出发展通用航空和低空经济。2024年1月，广东首次将“低空经济”写入政府工作报告，并提出支持深圳、广州、珠海建设通用航空产业综合示范区，打造大湾区低空经济产业高地。

广东省人民政府办公厅印发的《广东省推动低空经济高质量发展行动

方案（2024—2026年）》指出，低空经济是以民用有人驾驶和无人驾驶航空器在低空空域内的飞行活动为核心的综合经济形态。该方案提出了到2026年实现的一系列目标，包括管理机制运转顺畅、基础设施完备、产业规模突破等。

三、案例分析

（一）广州低空经济

广州低空经济在研发制造、飞行运营及基础设施等领域具备较为成熟的条件（见表1）。首先，广州积极培育龙头型企业和创新型企业，目前广州拥有小鹏汇天、亿航智能、广汽等致力于电动垂直起降和飞行汽车研发制造的全球龙头企业。此外，广州深度推动产业融合并拓展应用场景。在交通领域方面，广州已出现飞行汽车“旅航者X2”的试飞，以及无人机空中配送服务等应用场景。广州也积极推动低空经济与医疗领域结合，在广州开发区医院，无人机已用于医疗物资的运送，为医疗物资搭建起“空中生命线”。

在技术研发方面，广州还成功研制出全球首套深远海风电场无人机多模态智能巡检系统。该项目由南方电网电力科技股份有限公司牵头，在广州市规划和自然资源局支持下完成。项目构建了跨空间统一坐标系算法的深远海风电场4D数字孪生模型，提出了基于方位角与转速自适应动态识别的风机不停机巡检模式等，攻克了多项关键技术。这项技术的突破将会极大地提高低空飞行器的稳定性与智能性，从而更好地提高低空经济领域的生产效率及服务质量，也能够更好地推动新质生产力发展。详见表1。

表1　广州低空经济产业基础优势

领域	具体内容
研发制造领域	广州拥有小鹏汇天、亿航智能、广汽三家长期致力于电动垂直起降和飞行汽车研发制造的本土企业，在行业内处于领先地位。广州强大的汽车工业基础和实体经济支撑，围绕飞行汽车核心技术部署创新链和产业链，将推动广州低空经济与新能源汽车和新一代信息技术等新兴产业跨界融合，实现集群化发展

续表

领域	具体内容
飞行运营领域	白云机场 FBO 已成为全球领先商务航空基地，聚集十多家专业商务航空公司运营；合利智能正在申报电动垂直起降航空器运营许可，将打造成全国首批 eVTOL 运营企业；广州穗联通航、知行通航等公司在全国各地开展农林药物喷洒、电子巡线等作业；广州引入东部通航开展城市空中交通常态化运营
基础设施领域	广州正全力构建“4+9+N”（4 个大型起降枢纽，9 个中型起降场站，N 个小型起降点）的低空起降点布局体系，启动“低空飞行基础设施新基建项目”。目前已建成穗港澳出入境大楼 A2 类直升机场和 5 个飞行起降点，在新龙镇、联和街完成“一街镇一机库”布设试点。今年还推出了首批 10 条高效物流低空航线和全市首条城市医疗集团低空配送快线。此外，广州空港委与民航中南空管局在 2023 年底签署低空飞行服务站合作协议，双方计划合力推进广州低空飞行服务站建设，创新低空空域分类管理模式

资料来源：根据网上信息整理。

（二）深圳低空经济

2023 年 12 月深圳市发布《深圳市支持低空经济高质量发展的若干措施》（以下简称《若干措施》），以主动适应新一轮科技革命和产业变革，抢抓低空经济产业创新发展的战略机遇期。《若干措施》主要围绕引培低空经济链上企业、鼓励技术创新、扩大低空飞行应用场景、完善产业配套环境四个方面提出 20 项具体支持措施。

在政策引领下，美团、亿航智能、多翼创新、顺丰旗下丰翼科技等企业落地。美团在龙华建设了全国首个物流无人机整机制造工厂，多翼创新公司建设了无人机智慧空港。美团已在多地落地多个商圈和航线，完成大量用户订单。平安产险等保险公司推出了低空经济相关的保险产品，为低空经济的发展提供了保障。

深圳持续拓展低空经济应用场景，完善低空航行服务保障体系，不断催生新产业、新职业、新动能。据悉，深圳莲花山公园内的露营地附近设有无人机的降落点，游客在园内下单后，最快 9 分钟就能收到无人机投送的快递。莲花山公园是全国首家开通无人机配送服务的国家重点公园，如今这里的人们已经习惯了外卖美食“从天而降”。深圳是我国低空经济场景迅速拓展的一个缩影，除了空中通勤、物流配送外，低空经济还与城市治理、医疗保障、应急救援等各个领域结合，应用场景越发丰富。详见表2。

表2　深圳低空经济九大核心关键领域实力

优/劣势分析	具体内容
1个绝对优势	云台专利技术占据绝对优势，专利申请量、专利存量等各项指标，皆处于独一档，并且以一城敌一国，专利申请量超过有关国家
4个相对优势	在雷达、飞控系统、图传系统和多旋翼无人机四个领域，深圳则与北京长期处于伯仲之间，技术专利实力远高于国内其他城市
2个潜力领域	在视觉芯片和eVTOL两个领域深圳具备良好的发展潜力，其中视觉芯片领域伴随着半导体与集成电路和人工智能等产业的高质量发展，深圳前景可观；eVTOL作为近几年才新兴流行的领域，国内外均处于起步阶段，深圳作为低空空域管理试点城市，若借力电化学储能及无人机等已有产业优势，将来极大可能赢得先机
2个弱势领域	在碳纤和导航系统方面尚薄弱

资料来源：根据中商产业研究院资料整理。

（三）小结

政策层面，广州深圳都积极出台了相关的政策法律，为低空经济的发展提供了有力的撑持保证。在新质生产力的背景下，完善相关政策法律法规，有助于支持与规范低空经济的健康、良性及创新发展。

同时，低空经济的发展离不开企业与产业之间的联系与配合。吸引不同企业融入低空经济产业，培育低空经济企业与产业的协同发展。低空经济企业的重点培育在一定基础上不仅会促进低空技术的创新与升级，更是在众多产业中起到了一个带动协同的作用，形成了低空经济相关的产业链，上下游产业在低空经济园区范围中获得了区域资源、技术、资金的共享，有助于产业链中各环的良性配合与循环发展。

四、广东低空经济发展面临的机遇与挑战

（一）广东低空经济发展的机遇

1. 产业支撑基础扎实

目前，广东是我国无人机出口的主要区域，占了约90%，其中，消费

级无人机是主体，占全球70%的市场份额，大湾区城市群已经全部覆盖载人通航业务。2024年，广州、深圳、珠海是广东明确支持建设的通用航空产业综合示范区。《广东省制造业高质量发展“十四五”规划》提出广东以广州、深圳、珠海为依托，坚持以无人机关键技术为抓手，延伸拓展产业链，加强推动无人机在各种场景的创新应用。在发展低空经济产业上，广东研发制造优势明显，大疆、小鹏汇天、亿航智能等多家长期致力于电动垂直起降研发制造的头部企业都在广东，企业的集聚使大湾区具备了良好的低空经济产业基础。

2. 低空应用场景丰富

低空经济与生活场景结合之紧密，是广东的独特之处。当前，在出行、游览、运输和救援等多个领域，广东已具备发展低空经济的先发优势。在低空物流方面，无人机配送产业链逐步完善，覆盖场景日渐全面，商业化落地进程加快。深圳市累计开通低空航线126条，建设无人机起降点89个，2023年完成无人机载货及综合飞行60多万架次。以美团、顺丰为主的企业使用无人机对低空物流开展业务探索。在空中交通方面，通航短途运输航线不断拓展，无人驾驶载人航空器完成首飞，城市空中交通新业态逐步形成。在电力巡检方面，广东电网公司在国内率先实现省级电网变电站无人机自主巡检全覆盖。此外，广东省逐步拓展空中文旅、智慧农业、低空应急救援等多领域应用场景。

3. 政策红利支持

2023年底，中央经济工作会议将“低空经济”正式列为战略性新兴产业。党的二十届三中全会提出，发展通用航空和低空经济。2024年1月，广东首次将“低空经济”写入政府工作报告，并提出支持广州、深圳、珠海三市打造低空经济产业高地，建设通用航空产业综合示范区。广东省人民政府办公厅印发的《广东省推动低空经济高质量发展行动方案（2024—2026年）》指出，低空经济是以民用有人驾驶和无人驾驶航空器在低空空域内的飞行活动为核心的综合经济形态。该方案提出了到2026年实现的一系列目标，包括管理机制运转顺畅、基础设施完备、产业规模突破等。

广州市、深圳市先后发布促进低空经济产业发展相关政策法规，如

《广州市推动低空经济高质量发展若干措施》《深圳经济特区低空经济产业促进条例》《深圳市宝安区关于促进低空经济产业高质量发展的若干措施》等。

（二）广东低空经济发展面临的挑战

1. 空域管理复杂

目前，粤港澳大湾区机场较多，低空飞行路线复杂，增加额外的飞行空域将带来额外的管理成本。区域间政策和法律有别，空域申请流程与标准不同，跨区域飞行协调困难，且部分空域尚未开放，限制了低空应用场景的开拓。对于不同种的低空飞行器，其飞行范围各有不同，飞行器之间的航线是否会互相干扰有待于空域之间的合理分配。

2. 关键技术需求

虽然广东在技术创新方面已有一定基础，但推动低空经济创新发展依旧依赖先进技术，诸多关键技术尚待突破。空中交通管理的智能化、高效化有待提升。航空器制造领域也面临着材料、动力、控制等技术瓶颈。

3. 市场尚不成熟

广东低空经济发展目前处于起步阶段，在安全、技术、供求、场景应用、金融保险等方面尚不成熟、产业培育力度不够。公众认知度和接受度低，这也导致应用场景难以形成规模效应。

4. 政策法律待完善

虽然国家已经围绕低空经济出台了一系列专项政策法规，但还需要进一步细化和完善，如怎样确保飞行安全和有效的空中交通管理、如何在发展低空经济的同时保护生态环境等种种问题都需要政策法规来为低空经济的发展保驾护航。

5. 人才培养体系滞后

低空经济的快速发展对专业人才的需求日益增长，但是当前的人才培养体系难以满足这一需求。高校及研究机构在航空专业人才培养方面滞后，课程设置与教学内容与行业需求脱节。

五、新质生产力赋能广东低空经济创新发展的对策

（一）科技创新赋能产业发展

推动低空经济高质量发展，首先要加大科技研发投入，将新质生产力所蕴含的关键要素如人工智能、大数据、量子科技等融入低空经济。同时，可以利用人工智能来提升无人机与飞行器的稳定性、智能性、智能决策能力，通过大数据优化低空飞行航线规划和提高物流配送效率，借助量子科技提高通信的安全性和稳定性。

（二）加强产学研合作

推动高校与科技机构围绕低空经济与新质生产力开展前沿技术研究，相关企业可以提供就业机会、实践场景及市场需求反馈，共同推动创新成果孵化。例如：多方合作开发基于新质生产力的低空数字化管理，利用数字经济相关技术实现对低空飞行器的高效管控，进而提高低空飞行的安全性。

（三）鼓励企业培育新型创新主体

鼓励企业利用新质生产力进行商业模式创新，拓展低空经济应用场景。如打造智能化低空旅游服务，提供个性化、沉浸式体验。同时，为创新型企业提供政策支持和金融扶持，利用政策和资金的支撑作用进一步去激发低空企业的创新活力。在创新的同时也要考虑大众市场需求，开发大众应用场景，在大众基础上扩张其他商业模式。

（四）完善低空经济创新生态

加强知识产权保护，激发创新活力。举办低空经济创新大赛等活动，培养低空经济专业人才，吸引国内外创新资源汇聚广东，形成广东低空经济研究圈。利用人才与资源的聚集效应推动低空经济与其他新兴产业融

合，发挥新质生产力的协同效应，实现新质生产力与低空经济相互配合，共同创新发展，共同开拓新的市场空间。

（五）出台相关法律政策保驾护航

制定专项产业扶持政策，加大对低空经济领域科研项目的资金支持，为参与低空项目与新质生产力融合基础设施建设的企业提供税收减免、财政补贴和货款利息优惠等支持措施，降低企业成本负担，激励其加大研发投入与创新力度。建立全面的低空经济与新质生产力融合的基础设施建设标准体系，涵盖技术规范、安全要求、运营流程等各个方面，加快通用机场建设，构建低空智能网，推进数字低空建设，以标准化推动行业健康发展，确保项目建设的安全、可靠和高效。

六、结论

新质生产力以科技创新为核心，为低空经济带来了前所未有的发展机遇。新质生产力促使低空经济产业链不断优化升级，从而加速了产业集群的形成，吸引了众多相关企业集聚，实现了资源的高效整合和协同创新。基于新质生产力发展背景下，推动广东低空经济创新驱动发展，着重于科技创新赋能产业发展、加强产学研合作、鼓励企业培育新型创新主体、完善低空经济创新生态四个创新驱动路径。加强技术创新的投入力度和科技研究活力，带动产业发展。同时，利用产业与企业之间的联系配合，打造低空经济创新生态，聚集人才与资源，在政府政策红利的支撑作用下实现低空经济技术与产业的协同发展。

参考文献

［1］廖小罕，徐晨晨，叶虎平．低空经济发展与低空路网基础设施建设的效益和挑战［J］．中国科学院院刊，2024（10）．

［2］盛如旭．广东省低空经济产业发展现状、存在问题及对策建议［J］．现代工业经济和信息化．2024，14（09）．

[3] 孔得建，袁泽．低空经济政策法律体系的现状、经验与展望［J］．中国航空航天大学学报（社会科学版），2024，37（05）．

[4] 柳卓楠．广州为低空经济立法拟推动空中通勤等新业态［N］．羊城晚报，2024－10－24（A03）．

[5] 路铁晨．各地发展低空经济百舸争流［N］．中国电子报，2024－10－22（002）．

[6] 许宁宁．探索通感一体低空经济等新应用场景［N］．南方日报，2024－10－17（A06）．

[7] 首次写入政府工作报告——“低空经济”加速起飞，https：//www.gov.cn/yaowen/liebiao/202404/content_6943071.htm.

新质生产力赋能广东传统灯艺文创发展路径研究*

▶黄　意　肖蕊蕊　陈子晗
梁乐怡　吴楠昕　李燕飞

一、引言

灯具，作为人类文明的载体之一，自古便承载着照明与文化的双重使命。中国传统灯具艺术有着悠久的历史，在漫长的发展过程中出现了种类繁多的灯具。灯具在为人们提供光和热的同时，承载着满足人们精神需求的作用。从火、油到电，灯具的演变历程不仅见证了人类文明的进步，更蕴含着深厚的文化内涵与教育意义。

二、文献综述

在以 AI 为代表快速发展的当今，广东传统文化的传播迎来了新动力、新挑战和新机遇。张志安、吕伟松（2024）提出 AIGC（生成式人工智能）技术赋能中华优秀传统文化的新质生产力，主要体现在文化诠释沉浸式体验的高科技、文化价值内核具象感知的高效能、文化知识生产叙事优化的

* 本论文为广东外语外贸大学南国商学院 2024 年校级大创项目《中华传统灯艺文创设计与发展路径研究》（2024XJ129）阶段性成果。

高质量等三个层面。将 AIGC 在文创应用上，通过智能交互增加使用者的实践经验，能够丰富文化叙事传播的有效性和互动性。

传统灯具在教育领域具有独特的价值，通过与现代科学技术相结合实现创新性转化和创造性发展。2014 年教育部印发的《完善中华优秀传统文化教育指导纲要》（教社科〔2014〕3 号），要求各学科课程都应结合教学环节渗透中华优秀传统文化相关内容，鼓励各地各学校充分挖掘和利用本地中华优秀传统文化教育资源，开设专题的地方课程和校本课程。通过学习和研究传统文化，学生可以在实践中探索创新，提高自己的综合素质。传统灯具作为传统文化的重要组成部分，在创新传承方面发挥着重要作用。一方面，传统灯具的制作工艺和设计理念可以为现代灯具设计提供灵感和借鉴。罗婉莹（2021）认为在多元化时代，设计灯具时要深入理解传统特色文化，精准把握美学内涵，以打造独特的现代设计。通过学习和研究传统灯具，设计师可以在传统与现代之间找到平衡点，创造出既有传统韵味又符合现代审美需求的灯具作品。张耀引（2004）、秦燕（2013）认为现代中式灯具的创新关键在于技术革新。新材料、新工艺的运用，如塑料替代原竹、金属窄包边工艺等，使灯具设计更具现代感，成功实现了传统元素的现代演绎。同时，通过举办传统灯具展览、讲座等活动，可以让更多的人了解和认识传统灯具的文化价值和艺术魅力，从而促进传统文化的传承和发展。

习近平总书记 2020 年 9 月在湖南长沙马栏山视频文化产业园调研时强调，“文化和科技融合，既催生了新的文化业态、延伸了文化产业链，又集聚了大量创新人才，是朝阳产业，大有前途”①。在生产力发展的同时，文创产业追求经济效益与社会效益“双效统一”，新质生产力的出现为文化产业提供了更佳的创新生态，使得高质量发展不仅是文创产业的必然的要求更是目标。新质生产力沿着技术逻辑、业态逻辑与模式逻辑重塑文化产业的技术链、产业链和价值链，以智能创意工具提升生产效率，以新型文化业态优化产业结构，以价值共创模式改善创新生态。

---

① 《人民日报》2020 年 9 月 19 日。

三、广东传统灯艺文创产品分析

（一）以灯为核心的灯艺文产品

我国作为传统文化大国，“国潮”近几年成为各大品牌以及小众企业设计的心头好，同时也作为一种流行在各种行业中被高频次运用。“灯艺文创”通常分为两种途径：一种途径是以文化为核心注重于突出灯本身，另一种途径则是以灯作为外观设计的灵感注重于产品本身，以灯的“魂”融入具有数字化的产品中。

第一种以灯为核心的灯艺文创属于传统意义上的文创产品，它们共同的特点是通常购买者通过社会普遍认知，能够第一眼识别出：这是通过某种文化制作的灯。传统灯艺文创作品以灯本身为载体，“传统工艺”是这些产品的卖点，常见的有顺德鱼灯、走马灯、皮影灯等，这些灯具具有很强的趣味性，在这些灯具的发源地 DIY 手工工作室近几年正在蓬勃发展，通常配备有传统非遗手工匠人指导体验者完成灯艺制作。

另一种灯艺制作的存在形式是简易版灯艺手工套装。与传统的制作方式相比，目前市面上的这些传统灯艺产品普遍具有制作过程简单、适应性强、适用范围广、工业化的特点。简易版的灯艺手工包在运输和制作方面都会更加易于传承，结合手工包的制作视频和传统讲解，用户能够足不出户了解中华传统灯艺的制作工程和灯饰特点，感受传统文化中的美学与智慧。

（二）传统灯艺产品衍生物

第二种是以“灯”作为外观设计的灵感，注重于产品本身的实用性。此类产品是传统灯的衍生物，其本身已经具有价值，而灯的造型和寓意为这类产品赋予了其他价值。“灯”本身具有温暖、团聚的意思，以灯为原型设计的文创用品除了具有艺术性以外，部分产品还兼具了氛围和照明的功能，真正发挥了产品的实用性。与第一种传统灯艺相比，建立在传统基础上的灯艺外观文创使用范围更广也更容易被大众所接受。

为了保证灯艺的外形以及所具有的内涵，匠人们在灯艺上做了一个“加减法”，即在灯艺的发源地开展线上非遗文化传承课程、兴办 DIY 手工制作工作室。以顺德鱼灯为例，在顺德岭南和园内有一家传统鱼灯手作体验馆，非遗匠人们坚持使用青竹切条布裁片“以鱼为型，以竹为骨”指导体验者完成“通体透亮，摇曳生姿”鱼灯的制作。

（三）数字化技术背景下的灯艺产品

非遗制作的数字化视频在广泛传播后，DIY 手艺馆的数量在近几年随之如雨后春笋般增加，突破了灯艺产品只被用于民俗活动中的角色。它不仅是节日庆典、婚礼庆典和宗教仪式的点缀，更是承载和传递民俗文化的有力工具。而新质生产力通过在新文创创造创新中引入数字化设计、3D 打印等新技术，使传统手工艺能够实现更高效、更精准的制作过程，从而提高产品质量和生产效率。此外，数字化技术还可以将传统手工艺品的工艺过程进行数字化记录，实现对技艺传承的全过程监控和记录，防止技艺流失。新质生产力推动了手工艺产业的结构升级和转型升级，使手工艺不再局限于传统的生产模式，而是向高端化、智能化、绿色化等方向发展。这种转型升级不仅可以提升手工艺产业的竞争力，还可以为手工艺人提供更多的就业机会和创业机会。新质生产力的发展旨在推动新型劳动者通过新型发展资料与新型劳动对象在文化产业中进行全新的组合，推动各种灯艺的展示和衍生的产业的创新性转化和创造性发展，人们得以亲身体验和感知传统的魅力，从而增强了对民族文化的认同感和凝聚力。这不仅仅是“国潮”文化的兴起，同时也反映出年轻一代对数字化的追求以及对中华传统文化的认可。

与传统本味的继承相对应的是现代文创对灯元素的运用，既然是以灯为元素进行制作，那么文创产品在具有实用性的同时美观性也是必不可少的。以中国国家博物馆的创意灯具“大观园纸雕灯”为例，设计者将剪纸艺术结合光影效果，7 层高透光纸片精巧叠加，尽显层叠交错树影婆娑，同时采用激光雕刻工艺精致裁剪纸片。选材上整个相框使用 PVC 外框，纹理清晰并且绿色环保，灯串使用 LED 灯重现《红楼梦》经典梦幻场景。中国国家博物馆具有代表性的创意灯具分析见表 1。

表 1　　　　中国国家博物馆代表性创意灯具分析

灯具图片	名字	文化内容	目标人群	用途	材质	价格	营销模式	创新点
	溪山雨意书本灯	“山雨空濛绘明净秀雅，书灯掩映阅古今风华。”	当代年轻人、学生	摆件、小夜灯	进口特种纸 + 竹子	278 元/个	线上	将文化书籍与小夜灯结合
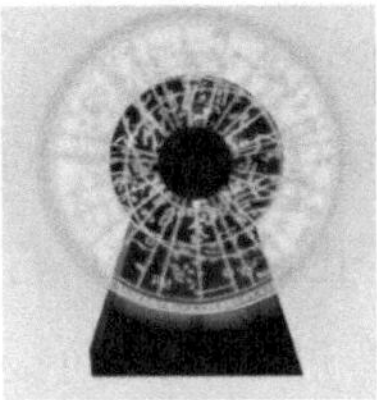	斗转星移星空灯	与宋代“天文图”相结合	当代年轻人、学生	摆件、生日礼物	亚克力、密度板、LED 灯条	119 元/个	线上	以小夜灯为载体展现宋代天文科技
	百鸟朝凤书灯	设计源于故宫藏品百鸟朝凤图围屏	当代年轻人、上班一族	摆件、婚庆礼物	纸、电子元件	258 元/个	线上	将故宫文化藏品的设计运用到生活中
	故宫猫木雕灯	以故宫建筑与小猫融合，结合现代木雕镂空艺术	当代年轻人	摆件、商务礼物	黑胡桃实木皮 + 优质椴木 + 有机玻璃	88 元/个	线上	将现代木雕镂空技术运用到灯艺中
	故宫千里江山图拍拍灯	设计灵感源自《千里江山图》	文创爱好者、书法爱好者	摆件、床头灯	亚克力 + 样木 + 电路板	198 元/个	线上	将《千里江山图》结合到灯艺中，予人光明前景的美好祝愿
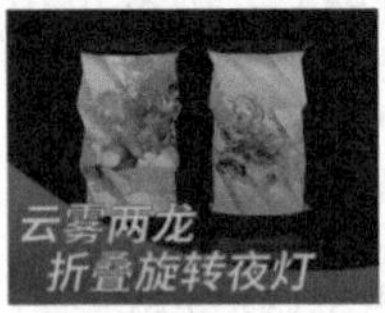	千里江山故宫文创旋转折叠灯	云雾两龙的古老图案祝贺新年	当代年轻人	摆件	复合木 + 特种纸	95 元/个	线上	全新工艺，可折叠的灯具

资料来源：根据相关资料整理。

除此类以外，还有各种以灯为原型制作的文创产品，例如宫灯发簪。它在保留灯型的基础上进行缩小，具有装饰性的同时能够作为饰品运用于日常的服装搭配以及多种生活化的场景中，是灯艺市场对年轻人市场的一次成功开拓。与饰品一样将灯艺产品进行缩小后再创意的还有文具，近年来以灯作为外型设计的书签不在少数，甚至一而再再而三地作为创作元素出现在毕业设计中，如《源于“忠信花灯”的非遗文创书签设计应用》中作者源于国家级非遗“忠信花灯”而创意设计了系列书签。取材状元灯、秀才灯、五福灯、龙凤灯等四款传统灯型，以其龙凤呈祥、五福临门、登科及第的吉祥寓意，加以富有层次感的镂空设计，体现出传统与时尚的融合（见图1）。

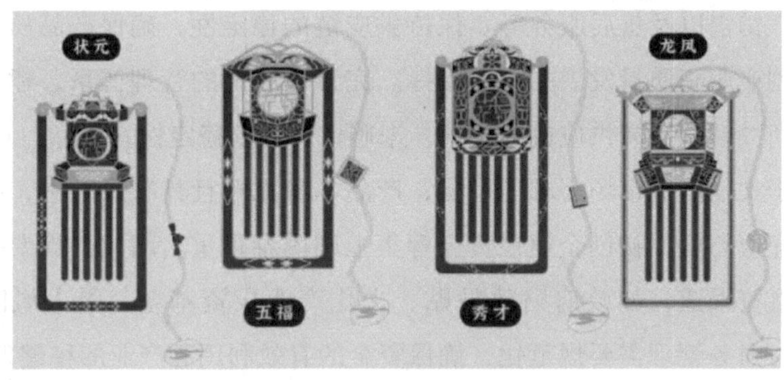

图1　传统灯型的书签

四、广东传统灯艺文创产业中存在的问题

（一）产品创新性与品牌认知度

文创市场，即文化创意产业市场，是指以文化为核心，通过创意转化，具有创造财富和就业潜力的产业，广东传统灯艺在文创市场中具有重要地位。近年来，随着消费者对个性化、文化性产品需求的增加，灯艺文创市场得到了快速发展。特别是在中国市场，传统文化的复兴与创新成为文创产业发展的重要方向。这也对文创企业提出了高度要求，不仅要深入

传统文化内涵，还要结合当代年轻人的审美观念和艺术风格进行创新转化，设计出糅合古今的文创产品。

对于新品牌来说，如何迅速提升市场认知度和消费者忠诚度，这也是一大难题。建立有效的营销策略和品牌建设对提升消费者对产品品牌的知晓度和了解程度具有重要意义，这也成为消费者在购买时判断产品品质和品牌形象的关键因素之一。维护好消费者与品牌之间的情感纽带，让其表现出重复购买该品牌产品的心理，并且有明确的购买意向。

（二）供应链稳定性与财务管理分配

灯艺文创产品的生产涉及多个环节，如市场调研、产品设计、生产制作、推广销售以及售后服务等。保持供应链的稳定性，确保产品质量，是推动文创产业高质量发展的重要支撑。完善供应链的管理体系，建立稳定的供应商关系，提高供应链的韧性，来确保产品的稳定性。

由于文创产业市场需求不稳定，产品本身无形且具有风险性，投资者往往持谨慎态度，初创企业在资金筹集上则困难重重。因此，需要探索多元化的融资渠道，如政府财政补贴、文化产业投资基金、引入风险投资等，同时财务管理需要规范化，确保资金的有效利用和产业的稳健发展。

（三）版权保护与市场竞争

灯艺文创产品的创意性容易被模仿和抄袭。在市场竞争日益激烈的情况下，版权保护成为文创企业面临的重要问题。企业需要加强版权意识，完善版权保护机制，通过法律手段维护自身权益，同时推动行业自律和版权保护环境的改善。

在当下文创市场中，文创产品出现同质化现象，千篇一律的冰箱贴、明信片、雪糕等，包装简陋，常浮现于表面，无法深入其中。广东灯艺文创企业需要深入了解市场需求和消费者偏好，坚持发展地域特色，制定符合自身特色和优势的特色产业，以区别于竞争对手，提高市场份额和竞争力。

五、新质生产力赋能广东传统灯艺文创产业发展路径

（一）新质生产力赋能广东传统灯艺文创发展的作用

在新质生产力的背景下，传统文化的创新路径呈现多元化和创新化的特点，其作用及影响至深。

1. 创新驱动的旅游发展。新质生产力强调创新驱动，通过制度创新、产品创新、技术创新、管理创新和组织创新，全面推动旅游进入高质量发展阶段。这包括创造旅游新需求、新市场，产生新的旅游形式，构建旅游新流程，形成资源与要素新能量，构建旅游发展的新环境，构建旅游组织新的生态圈，形成旅游新的产业链。广东灯艺通过携带地域元素扩大影响吸引游客主动了解广东文化思想，对广东旅游产业具有反哺作用。

2. 构建新经济体系。新质生产力的逻辑出发点是构建广东旅游新经济体系，这是旅游高质量发展的重心。这涉及加速广东旅游产业的转型升级，推动旅游产业的构成范围扩展，产业的微观构成基础发生根本的结构变化。

3. 传统文化的创造性转化和创新性发展。新质生产力为传统文化提供了一个新技术不断更新迭代的时代环境，为广东传统灯艺文化的传承与发展提供了诸多机遇。这包括立足保护、创新和引领三个层面，实现文化产业的高质量发展和国家文化软实力的提升。

4. 数字化和智能化的应用。新质生产力通过数字化和智能化技术，如物联网、大数据等，提高乡村旅游的管理水平和服务效率。这包括智能导览、AIGC 在线定制、智能交通等系统，提升旅游的舒适度和满意度。

5. 文旅资源的整合和优化配置。新质生产力通过引入先进的管理理念和模式，实现资源的整合和共享，提高资源利用效率。这有助于不同地区、不同企业之间的资源互通有无，形成合力推动文旅产业的发展。

（二）新质生产力赋能广东传统灯艺文创产业发展的具体路径

广州在传统文化创新实践方面采取了多元化的策略，以适应新质生产

力的发展背景。以下是广州传统文创文化发展路径的几个关键点：

1. 实施政策支持与设施建设。广州出台了多项政策，如《广州市公共图书馆条例》和《广州市公共文化设施布局专项规划（2020—2035 年）》，以完善文化设施的软硬件建设。此外，广州实施了博物馆倍增提质计划，并率先提出“公共文化共同体”建设，为现代公共文化服务的高质量发展提供了地方先行经验。

2. 开展文化品牌活动。“羊城之夏”广州市民文化季作为知名的群众文化品牌活动，通过丰富多彩的文化展示，赋能公共文化服务的高质量发展。活动包括百姓舞台、精彩大赛、岭南文化、时尚经典、书画展览等板块，旨在秀出岭南风华，展现羊城新风貌。

3. 传承与创新海丝文化。广州作为海上丝绸之路的重要发祥地，不断弘扬海丝文化，推动海丝申遗取得实质性进展。广州通过多种形式串联史迹点，未来将打造海丝“元宇宙”，进一步推广海丝文化。

4. 活化利用非遗文化物质。广州积极推动非物质文化遗产的活化利用，通过展览、教育、科技等多种方式，让非遗文化在现代社会中焕发新的活力。例如，广州非遗活化利用成果展通过 160 余件精美展品，展示了非遗跨界融合、资源融创的实力。

5. 文化与科技的有效融合。广州鼓励文化与科技的深度融合，利用数字化技术活化传统文化。例如，广州大西洲科技在虚拟空间构建、数字文化创新和数字文化成果转化等方面进行了积极探索。

6. 保护与活化传统村落。广州在保护传统村落的同时，通过创新产业赋能政策，焕发传统村落的“新”和“活”。例如，番禺区沙湾北村通过对山水环境、宗族空间、传统街巷的整体保护，打造沙湾文化品牌，创建“国家全域旅游示范区”。

7. 结合科技元素丰富消费者体验。在网络高速发展的现代，西方科技的进入对我国的传统手工工艺产生巨大冲击，这也要求灯艺文创的传承要用好“互联网 +”的形式主动向外进行交流与合作，积极寻找消费者的关注点与兴趣点，同时通过技术手段如 VR、AR 等，增强产品的互动性，提供更加丰富的用户体验，从而提升产品的吸引力和市场竞争力。将传统领域与互联网相结合，才能赋予中华传统灯艺发展的新生命。

六、结论

在新质生产力的背景下，中华传统文化的发展需要结合科技、文化、经济等多方面因素，形成多元化的发展模式。传统文创产品在乡村振兴和旅游发展中具有重要意义，它们不仅能够提升乡村的知名度和吸引力，还能够丰富旅游产品的种类和提升旅游体验的品质。广州市的案例表明，通过打造文化和旅游特色品牌，整合在地资源，构建产业集群，可以有效促进乡村经济和社会的全面发展。

在未来的发展中，应继续深入挖掘中华优秀传统文化丰富深邃的思想精髓，将其与现代科学思维相融合，推动社会生产力的持续创新与发展。同时，应注重优化旅游服务，增强文旅融合的“幸福味”，让游客有“回家”的感受，努力让更多的“头回客”变成“回头客”、“回头客”变成“老顾客”，奏响乡村“振兴曲”，助力群众增收致富。

参考文献

[1] 张志安，吕伟松．增强“虚拟现实”：AIGC 时代中华优秀传统文化的新质生产力［J］．青年探索，2024（05）：25－28.

[2] 罗婉莹．中国传统造物美学特质与价值分析——以中国传统灯具为例［J］．明日风尚，2021（19）：142.

[3] 张耀引．论中国传统灯具设计之“神性”［J］．南京艺术学院学报（美术与设计版），2004（02）：98.

[4] 秦燕．现代中式灯具设计现状及创新思路探索［J］．包装工程，2013（14）：51.

[5] 邵明华，高洋．新质生产力驱动文化产业高质量发展：理论逻辑、驱动路线与行动框架［J］．浙江工商大学学报，2024，9（05）：44.

[6] 黄秀丽，林佳楠，陈舒琳．《源于“忠信花灯”的非遗文创书签设计应用》［J］．上海纺织科技，2023（04）.

[7] 陈丽纳．地方图书馆立法实施效果观察——以《广州市公共图书馆条例》为样本［J］．图书馆，2021（10）：16.

新质生产力下推动广东省跨境电商高质量发展的研究

▶苏 颖 刘 远

一、新质生产力与跨境电商

（一）新质生产力

新质生产力是当代社会经济发展的重要驱动力，它源于技术革命性的突破、生产要素的创新性配置以及产业的深度转型升级。新质生产力不仅涵盖了劳动者、劳动资料、劳动对象等传统要素的优化组合，更在于这些要素在质变过程中所展现出的全新活力。全要素生产率的提升是新质生产力的核心目标，它反映了生产效率、资源配置效率以及创新能力等多方面的综合提升。新质生产力以科技创新为主导，注重高质量发展，强调在提升经济效益的同时，也要注重环境保护和社会责任。新质生产力还展现出极强的融合性，能够与其他产业、领域实现深度融合，共同推动社会经济的全面发展。

（二）新质生产力下的跨境电商

新质生产力的本质是科技创新推动产业创新，催生新业态，形成新动能，而跨境电商即是由产业创新催生而得以不断成长的新业态之一。在新质生产力的推动下，跨境电商迎来了前所未有的发展机遇。科技创新，如互联网、大数据、AI 等技术的广泛应用，极大地提升了跨境电商的运营效率和智能化水平。这些技术不仅优化了跨境电商的供应链管理，还提高了客户服务质量，增强了用户体验。而生产要素的优化配置和产业深度转型升级也为跨境电商的发展注入了新的活力，例如，海外仓和智能物流体系的建设，不仅缩短了跨境物流时间，还降低了物流成本，提升了跨境电商的竞争力。广东省跨境电商的发展模式更是与新质生产力紧密结合，形成了独具特色的跨境电商产业生态。

二、广东省跨境电商发展现状

（一）广东省跨境电商进出口规模

在全球化经济浪潮中，广东省凭借其独特的地理位置、完善的产业体系以及前瞻性的政策引导，已成为中国跨境电商发展的前沿阵地。据 7 月 25 日广东省商务厅跨境电商专题新闻数据显示，2024 年上半年广东省跨境电商进出口总额达到 4273.4 亿元，这一数字不仅彰显了广东在跨境电商领域的强劲实力，也预示着其在新一轮对外开放和数字经济转型中的领先地位。

2015 年广东跨境电商进出口额从 113 亿元，至 2023 年已突破 8433 亿元大关（详见图 1），历经 8 年实现了 75 倍的增长，年均增速高达 71.4%，

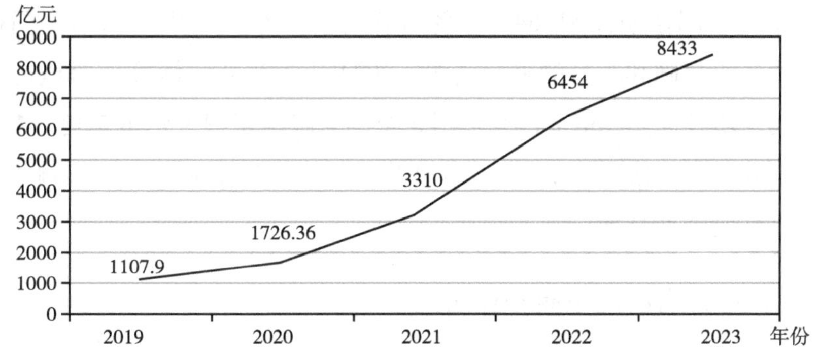

图 1　广东省跨境电商进出口额

资料来源：商务部。

这一增速远超传统外贸模式，成为推动广东省乃至全国外贸结构优化升级的重要力量。跨境电商在广东省外贸总量中的占比已超过10%，在全国跨境电商进出口总额中的比重超过三分之一，成为了广东经济高质量发展的关键引擎。这一系列数据不仅反映了广东跨境电商行业的蓬勃生机，也凸显了其在全球电商市场中的重要地位。

（二）广东省跨境电商综试区

广东省在推动跨境电商发展的道路上，不仅注重省级层面的战略布局，更致力于地市层面的差异化发展，形成了多点开花、齐头并进的良好局面。网经社全国跨境电商综试区地域分布图显示，广东省位于全国第一梯队，且是拥有最多综试区的省份。目前广东省已成功实现跨境电商综合试验区（综试区）的全省覆盖，共设立21个综合试验区，数量位居全国之首，展现了其在跨境电商领域的深厚底蕴和前瞻视野。其中广州、深圳、佛山三大城市凭借各自的优势，年跨境电商进出口额均超过千亿元大关，成为引领全省乃至全国跨境电商发展的排头兵。东莞、珠海、惠州、汕头等地也不甘落后，跨境电商进出口规模达到百亿级别，展现出强劲的发展势头。

广州市作为全国首批跨境电商综试区之一，自2016年获批以来，跨境电商进出口规模实现了从量变到质变的飞跃，9年间增长了136倍，进口规模连续9年稳居全国首位。2023年，广州市跨境电商进出口额达到2004.6亿元，同比增长51.54%；深圳作为另一个跨境电商城市，同样拥有雄厚的产业基础和丰富的平台资源，2024年上半年，深圳市跨境电商进出口额同比增长高达130%，其包括5个国家级电子商务示范基地、4个省级跨境电商产业园区以及25个省级公共海外仓，为企业提供了广阔的发展空间和良好的营商环境。

（三）广东省跨境电商产业园区

产业园区的建设和发展是广东跨境电商产业壮大的重要支撑。广州市已建立起24个跨境电商产业园，这些园区通过集聚效应，吸引了大量产业链上下游企业入驻，形成了集仓储、物流、运营、服务于一体的完整生态链，极大地提升了跨境电商产业的综合竞争力。深圳市在国家级电子商务示范基地和省级公共海外仓建设方面取得了显著成效，深圳企业建设运营的海外仓数量超过370个，总面积超过390万平方米，这些海外仓不仅为广东企业提供了便捷高效的全球物流体系，也为中国品牌走向世界搭建了坚实的桥梁。

三、新质生产力下广东省跨境电商面临的机遇与挑战

（一）机遇

1. 政策支持

广东省商务厅牵头制定了《电商中长期发展规划纲要（2016—2025年）》和《跨境电商园区规划建设意见》，出台了跨境电商高质量发展10条、电子商务B2B高质量发展9条、海外仓高质量发展11条、跨境电商持续稳定发展12条等政策。协同相关部门改革创新，打通跨境电商发展痛点堵点，跨境电商出口商品跨关区退货、进口退货、特殊区域跨境电商出口集拼模式等一系列改革试点落地。可见，广东省人民政府一直不断优化跨境电商的营商环境，完善政策支撑体系，为跨境电商企业“出海”提供了更多保障。

2. 市场环境的良性变化

随着全球消费者对进口商品的需求不断增加，跨境电商市场持续增长。广东作为中国的外贸重心，拥有庞大的卖家群体和丰富的产业链上下游支持，能够满足市场需求。阿里巴巴、速卖通、环球资源网、SHEIN、TEMU等电商平台不断扩展其跨境业务，为中小企业提供了前所未有的机会，这些平台简化了跨境贸易的流程，降低了交易成本的同时也为海外客户群体提供了更多元化的平台选择。而技术方面，人工智能、大数据和云计算等新技术的应用，提升了电商发展的效率和服务质量。这些技术有助于商家更准确地分析市场趋势、优化供应链、提升用户体验。此外，东南

亚、拉丁美洲等新兴市场也逐渐受到关注。近年来，东南亚逐渐成为世界最具经济活力的区域之一，随着“一带一路”高质量发展，中国与东盟互为最大的贸易伙伴，国家区域间合作不断加深，也为广东省跨境电商带来了新的机遇。

（二）挑战

1. 国际贸易环境不确定性

随着全球化日益加深，国际贸易环境的不确定性已成为影响各国经济发展的重要因素，广东省的跨境电商行业也面临挑战。国际贸易政策的不确定性，关税壁垒的增加，不仅直接提高了商品的成本，降低了本国产品市场竞争力，还可能导致消费者消费倾向的转向，转而寻找其他国家的替代品，从而进一步压缩了企业的利润空间。此外，美国政府频繁上调我国产品的进口关税，中美贸易摩擦的加剧，这对于主要出口市场为美国和东盟国家的广东省跨境电商来说更是一大考验。

2. 市场竞争加剧

随着跨境电商行业的蓬勃发展，越来越多的企业看到了这一领域的巨大潜力，纷纷涌入其中。然而市场的容量是有限的，当大量企业涌入时，竞争便愈发激烈。为了争夺有限的市场份额，一些企业不得不采取相对极端的竞争手段，如价格战、恶意评价等，这些行为不仅损害了行业的健康发展，还压缩了其他企业的利润空间，增加了跨境电商企业的运营压力。在这样的市场环境下，广东的跨境电商企业要想在市场中立于不败之地，就必须不断提升自身的竞争力，包括优化供应链管理、提升产品质量、加强品牌建设等，以应对日益激烈的市场竞争。

3. 监管环境趋严

随着政策的不断出台，跨境电商行业监管环境将不断优化，且对企业监管力度将不断增强。广东省商务厅发布了《关于做好跨境电商示范省建设事项项目入库工作的通知》，明确了支持方向和内容，如构建跨境电商产业生态圈、推进海外仓布局建设等，并给出了具体的入库标准、要求和负面清单。这些政策的出台，旨在推动跨境电商行业的规范化、标准化发展，提升行业的整体竞争力。然而，这也意味着企业将面临更加严格的监管和管理，需要更加注重合规经营，确保业务的合法性和安全性。同时，这也为那些能够积极响应政策、抓住机遇的企业提供了广阔的发展空间。

4. 技术创新压力

在技术创新方面，AI、大数据与物联网等技术的广泛应用，为跨境电商行业带来了前所未有的变革。AI 技术如数字人主播、AI 运营文案、语言翻译等，不仅提高了企业的运营效率，还极大地提升了用户体验。大数据与物联网技术则帮助企业进行精准营销和数据分析，为企业的决策提供有力支持。然而，技术创新也是一把双刃剑。随着技术的深入应用，数据安全和隐私保护问题日益凸显，成为跨境电商企业不得不面对的挑战。同时，相关应用技术的更新迭代速度较快，以及将不同领域的技术进行深度融合与创新，这也将是广东省跨境电商行业升级发展的一大挑战。

四、新质生产力下推动广东省跨境电商发展的建议

（一）深化政策创新，完善支撑体系

广东省应继续深化政策创新，构建更加完善的跨境电商政策支撑体系。在进一步推广跨境电商支持政策的过程中，广东省政府应结合当地经济发展水平和产业结构特征，在政策实施过程中吸收其他跨境贸易电子商务服务试点城市经验的基础上，及时改进、调整政策实施策略。同时，注意把握好政策实施的节奏，避免政策重叠导致的地区竞争和挤出效应，保证跨境电商对提升地区出口开放度的积极效应。一方面，要打通跨境电商发展的痛点堵点，简化通关流程，提高物流效率，降低企业运营成本。另一方面，要加强与国际电商平台的合作，推动跨境电商规则与国际接轨，提升广东跨境电商的国际竞争力。

（二）强化综合试验区建设，形成集聚效应

广东省应进一步强化跨境电商综合试验区的建设，推动形成跨境电商

的集聚效应。通过优化资源配置、完善基础设施、创新政策举措等方式，吸引更多的跨境电商企业和相关产业链上下游企业入驻试验区，提升跨境电商产业集聚和公共服务能力，形成完整的跨境电商生态圈。同时，要加强试验区之间的协同合作，实现资源共享、优势互补。

（三）推进“跨境电商 + 产业带”模式，培育新质发展企业

广东省应积极推进“跨境电商 + 产业带”的发展模式，将跨境电商与本地优势产业深度融合，培育一批具有全球竞争力的跨境电商链主企业。通过支持企业开展技术创新、品牌建设、市场拓展等活动，提升广东跨境电商的核心竞争力。同时，要加强与国内外知名电商平台的合作，推动广东产品走向世界。

（四）发挥粤港澳大湾区优势，构建全球跨境电商枢纽

广东省应充分发挥粤港澳大湾区的独特优势，构建全球跨境电商枢纽。通过加强政策协同、优化资源配置、完善基础设施等方式，推动大湾区内部市场的深度融合和协同发展。同时，要加强与国际电商平台的合作，拓展国际市场渠道，提升广东跨境电商的全球影响力。

（五）加强人才培养和引进，提升行业整体素质

广东省应高度重视跨境电商人才的培养和引进工作。通过加强校企合作、开展职业培训等方式，培养一批具备跨境电商运营、数据分析、市场营销等专业技能的高素质人才，积极引进国内外优秀的跨境电商人才和团队，为广东跨境电商的发展提供强有力的人才保障。同时，通过建立并完善多元化的跨境电商人才评价体系，强化市场对跨境电商人才评价的主体作用，打破唯学历、唯职称的评价模式，注重考察人才的实际工作能力、创新能力和专业技能。此外，健全跨境电商人才激励机制，完善新时代跨境电商人才薪酬待遇、职称评定、社会保障等政策，营造良好的跨境电商人才发展环境。

（六）推动绿色消费和可持续发展

在新质生产力的推动下，广东省跨境电商应积极推动绿色消费和可持续发展。通过加强环保宣传、推广绿色产品、优化物流体系等方式，降低跨境电商对环境的影响。同时，要积极探索跨境电商与绿色产业的融合发展路径，推动广东跨境电商向更加绿色、可持续的方向发展。

五、结论

本文阐述了新质生产力的内涵及其与跨境电商的关系，通过数据分析指出了广东省跨境电商发展整体现状，如广州、深圳等城市凭借各自优势，成为跨境电商发展的“领头羊”，同时，广东省产业园区的建设也为跨境电商产业提供了重要支撑。这些不仅彰显了广东跨境电商的强劲实力，也体现了其在全球电商市场中的重要地位。然而，广东省跨境电商在高质量发展的同时，也面临着国际贸易环境不确定性、市场竞争加剧、监管环境趋严和技术创新压力等挑战。为了应对这些挑战，本文提出了深化政策创新、强化综合试验区建设、推进“跨境电商 + 产业带”模式、发挥粤港澳大湾区优势、加强人才培养和引进以及推动绿色消费和可持续发展等建议。

综上所述，广东省跨境电商在新质生产力的推动下取得了显著成就，但也面临着诸多挑战。未来，随着广东省继续深化政策创新，完善支撑体系，加强与国际电商平台的合作，推动跨境电商向更加规范化、标准化、绿色化和可持续的方向发展，跨境电商将为实现广东省经济高质量发展贡献更多力量。

参考文献

［1］李和英．广东跨境电商“半年报”成绩亮眼［N］．中国商报，2024－08－01（007）．

［2］王立勇，张晨阳，袁小康．跨境电商产业政策对出口开放度的影响：来自合

成控制法的证据［J］. 国际贸易，2024（03）：42－57.

［3］曹孟熙. 新质生产力助力我国跨境电商发展增“数”提“质”的策略研究［J］. 商展经济，2024（17）：69－72.

［4］王磊. 新质生产力赋能跨境电商高质量发展研究——基于价值链重塑视角［J］. 湖北经济学院学报，2024，22（05）：110－118.

二、国际经贸规则与标准研究

印太繁荣经济框架发展影响与中国策略

▶黄斯琪　夏海霞

“印度—太平洋繁荣经济框架”（IPEF）作为美国在经济领域的重要延伸，旨在通过整合盟友、发展经济，进而增强印太地区的产业链联系，提升美国的经济实力，并间接削弱中国在亚太地区的经济影响力。IPEF 不仅是美国“印太战略”的关键组成部分，更是其应对中国这一“主要战略竞争对手”的地缘战略手段。值得注意的是，中国在 IPEF 的构建中被明确排除在外（Katada Saori，2022）。IPEF 的本质在于美国试图在经济层面重塑亚太地区的经济格局，通过美日韩等占据高标准领域，印度、印度尼西亚等国替代中国在中低端供应链的角色，从而削弱中国的产业链优势。面对这一挑战，中国需要积极研究应对策略，深化与周边国家的合作，推动区域一体化进程，强化多边合作机制，并进一步扩大制度型开放，以维护自身在印太地区的经济安全与利益。

一、印太繁荣经济框架

（一）印太繁荣经济框架的快速启动

“印太繁荣经济框架”从概念提出到正式启动的过程十分迅捷，该协议在正式提出后的短短一年内便得到了迅速完善。2022 年 5 月，美国携手澳大利亚、文莱达鲁萨兰国、斐济、印度、印度尼西亚、日本、韩国、马来西亚、新西兰、菲律宾、新加坡、泰国和越南共同启动了 IPEF。该框架围绕四个核心支柱展开：即互联互通的经济（贸易）、有韧性的经济（供应链）、清洁的经济（清洁能源）以及公平的经济（反腐败），旨在实现四大主要目标：优化供应链布局、扩大清洁能源应用、深化反腐败合作以及推动数字贸易的发展。

（二）印太繁荣经济框架的内容与合作伙伴

IPEF 的 14 个合作伙伴经济体 GDP 合计占全球的 40%，在全球商品和服务贸易中占据 28% 的份额，凸显了其在全球经济中的重要地位。该框架旨在构建高标准、包容性强、自由度高且公平的贸易承诺体系，并探索新的、富有创造性的贸易和技术合作方法，以支持印太地区乃至美国国内的持久繁荣。IPEF 的设计极具灵活性，允许各合作伙伴根据自身需求和利益选择参与其中的部分领域，而非必须加入所有四个支柱。例如，印度在参与 IPEF 时便选择了不参与贸易经济支柱的内容，这体现了 IPEF 在合作方式上的多样性和包容性。见表 1。

表 1　IPEF“四大支柱”主要内容

四大支柱	内容	参与国
贸易经济	在贸易经济领域，作为 IPEF 贸易模块最重要的组成部分，IPEF 在数字经济方面，将推动包容性数字贸易，同时促进和支持跨境数据的可靠安全流通，数字经济的包容性和可持续增长，新兴技术的负责任开发和利用	13 国（印度未参与）
供应链弹性	IPEF 重视供应链弹性，为了提高供应链物流的效率和质量，鼓励成员国加强供应链合作，提高供应链的透明度。供应链协议文本就各成员国应该怎么去提高供应链的安全性、多样性、透明度和可持续发展性使其各国供应链更具弹性、稳健性和整合型提出数项措施	14 国
清洁能源	IPEF 关注能源安全与转型，支持对碳排放技术的开发和对新兴国家的基础设施建设为目的而设置的，动员投资和可持续金融，加强民间资本和机构投资者的资金合作。推进安全多样、坚韧的清洁能源供应链。加强能源保障，增强和适应气候变化，推动情节经济转型的措施，以及为人们提供可持续的生活和高质量就业	14 国

续表

四大支柱	内容	参与国
税收和反腐败	遏制各成员国的偷税漏税和腐败运动，有效实施经济合作与发展组织，防止外国公务员行贿公约，促进经济公平。谈判也将关注反腐败，税务，支持能力建设与创新方面，以及合作，包容性合作和透明度方面	14 国

资料来源：作者根据 IPEF 协议内容整理。

（三）印太繁荣经济框架协议的特点

1. 低准入门槛与灵活谈判机制

印太繁荣经济框架协议展现出低准入门槛的特点，使得参与国家几乎无须满足特定条件即可加入。其谈判机制灵活多变，并非先制定规则后实施，而是允许国家先参与进来，再逐步展开谈判。在四大支柱领域，成员国可根据自身意愿和能力选择参与的数量，这种自助餐式的谈判方式充分尊重了成员国的自主性和选择权。

2. 模块化谈判与议题独立性

IPEF 作为一种全新的贸易协定模式，采用模块化方法进行谈判。其由贸易经济、供应链、清洁经济和公平经济四个独立支柱组成，与传统自由贸易协定显著不同。各议题之间保持独立，不强制成员国对所有支柱的协议内容进行谈判，赋予了成员国更大的自由度和灵活性。

3. 以美国利益为核心的战略目标

IPEF 作为美国“印太战略”的核心任务之一，其标准在数字经济、劳工、市场监管、环保、反腐等领域远高于部分东盟国家的国内法甚至国际公约。美国的潜在目标是通过 IPEF 补充其“印太战略”，并构建由美国主导的经济合作安排，而非真正意义的自由贸易协定，即相互开放市场准入和关税豁免。

（四）印太繁荣经济框架协议的发展展望

1. 深化贸易与投资合作

为实现印太地区的经济繁荣，美国需要与其他成员国展开深入对话与协商，确保框架能够充分反映各方利益与期望。在贸易、投资、技术转移等领域，美国可能需要作出一定让步，以换取其他国家的支持与合作。印太地区拥有丰富的市场和资源，加强贸易与投资合作是 IPEF 的核心目标。未来，通过减少贸易壁垒、促进投资便利化及提供商业机会等措施，IPEF 有望进一步推动印太地区的贸易与投资发展。

2. 完善协议内容与拓展合作领域

IPEF 的“四大支柱”作为框架的核心组成部分，其完善将促进成员国在基础设施建设、交通、能源、数字经济等领域的合作，推动互联互通的发展，提高经济活动的效率和规模。此外，IPEF 的发展还需关注创新和技术合作、人文交流和教育合作以及可持续发展和环境保护等方面。通过这些努力，IPEF 将促进印太地区的经济繁荣和可持续发展，实现成员国的共同利益和共赢局面。特别是在清洁经济方面，IPEF 致力于促进成员国之间的合作，共同应对气候变化、环境污染和资源保护等全球性问题，实现经济增长与环境保护的双赢局面。

二、IPEF 与主要区域协定的比较

（一）成员国分布与合作关系

印太繁荣经济框架（IPEF）的成员国与跨太平洋伙伴关系协定（CPTPP）、美国—墨西哥—加拿大协定（USMCA）、区域全面经济伙伴关系协定（RCEP）以及数字经济伙伴关系协定（DEPA）之间存在显著的交叉关系（见图 1）。IPEF 成员国之间的关系主要建立在共同的基础设施建设和发展目标之上，通过共享资源、技术和经验，以及在各类国际组织和论坛中的紧密合作，这些国家致力于共同提升全球基础设施的质量和水平。此外，IPEF 成员国还积极拓展与其他国家和地区的多层次、多领域合作，以实现更为广泛和深入的可持续发展目标。

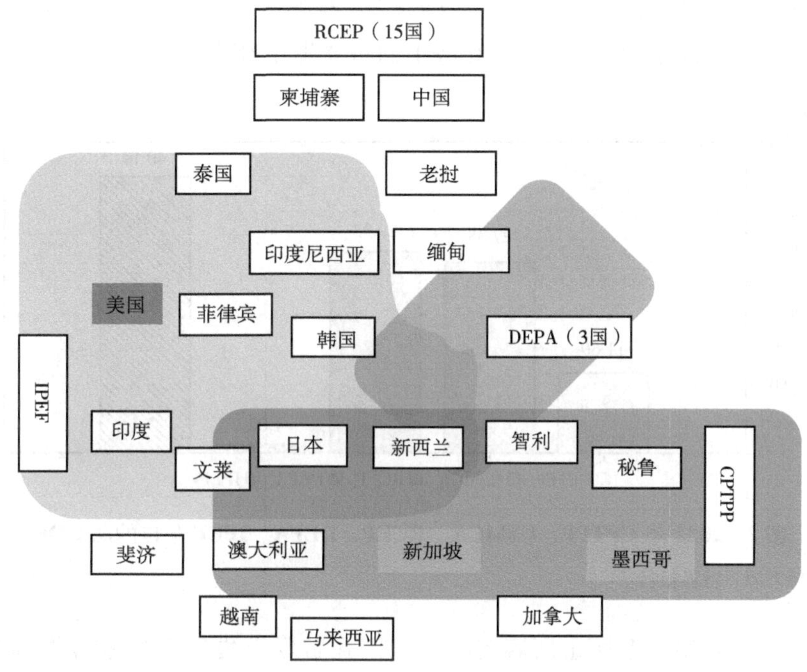

图1　各组织成员国比较

资料来源：作者根据 IPEF、CPTPP、USMCA、RCEP 和 DEPA 协议文本整理。

（二）成员国国内生产总值比较

DEPA 成员国的国内生产总值（GDP）总和约为 1.02 万亿美元，显示出其在全球经济中的一定影响力。CPTPP 则包括 11 个成员国，其在 2022 年的 GDP 总和高达 11.60 万亿美元，显示出该协定在亚太地区的广泛影响力和经济规模。USMCA 作为北美地区的重要贸易协定，其成员国美国、加拿大和墨西哥的 GDP 总和在 2022 年达到了约 27.38 万亿美元，进一步凸显了北美在全球经济中的核心地位。相较之下，RCEP 的成员国数量较多，共计 15 个，这些国家的总人口达到 22.7 亿人，GDP 总和为 29.33 万亿美元，显示出该协定在亚洲地区的广泛覆盖和深厚的经济基础。然而，与 IPEF 相比，RCEP 在 GDP 方面的体量仍稍显逊色。IPEF 在 2022 年的成员国总 GDP 高达 40.19 万亿美元，不仅超过了其他贸易协定，而且凸显了

IPEF 成员国在 GDP、贸易和人口方面的巨大规模和潜力（见图 2）。这一数据进一步印证了 IPEF 在全球经济中的重要地位和影响力。

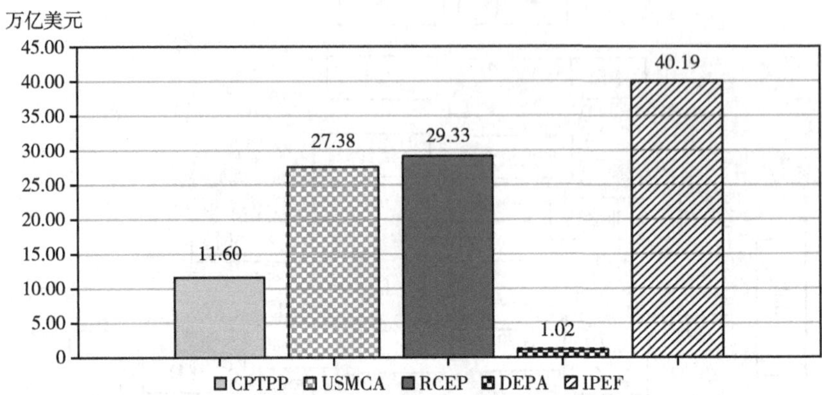

图 2　2022 年 CPTPP、USMCA、RCEP、DEPA、IPEF 各自的总 GDP

资料来源：世界银行。

这些国际组织及协定所涵盖的成员国在贸易、投资和技术合作等多个领域均呈现出不同程度的合作关系。具体而言，IPEF 与 RCEP 在地域覆盖上较为广泛，涉及的国家数量众多，从而在合作上呈现出多元化的特点。相比之下，CPTPP、USMCA 和 DEPA 则更聚焦于特定地区的国家，合作深度和紧密程度因地域特点而异。

（三）协议框架条款的比较分析

IPEF、CPTPP、USMCA、RCEP 和 DEPA 作为不同形式的贸易协定，其核心目标均在于推动成员国间的经济合作与发展。IPEF 作为美国退出 CPTPP 后的产物，旨在重新构建以亚洲为核心的多边经济战略框架。尽管这些贸易协定在成员国构成上存在一定的交叉性，但在协议内容方面，它们各自呈现独特的侧重点和差异性。CPTPP、USMCA、RCEP 和 DEPA 在涉及共同议题的同时，也在条款细节、合作机制及实施策略等方面展现各自的特点和优势。因此，在分析和比较这些贸易协定时，需要充分考虑其框架条款的异同及其对成员国合作关系的具体影响。

从协议条款内容来看，CPTPP 与 USMCA 在贸易自由化与便利化、数据跨境流动及存储、数字产品知识产权保护以及争端解决机制等方面所包含的条款呈现出高度的相似性，二者在这些关键领域均有所重合。然而，相较之下，RCEP、DEPA 以及 IPEF 则在协议内容上展现出了一定的独特性。RCEP 在条款中特别提出了透明度原则，并设置了电子商务对话的特殊条款，这些条款的设定反映了 RCEP 在推动成员国间电子商务合作与透明度建设方面的积极努力。DEPA 则聚焦于构建数字经济领域的先进规范，其目标在于促进数字时代经济与贸易的繁荣发展。通过制定一系列前沿且具有引领性的条款，DEPA 为成员国在数字经济领域的合作提供了坚实的制度保障。IPEF 在协议条款中强调了加强国际合作的重要性，并明确指出协议参与国将共同努力，通过共享最佳实践、技术和资源，以提高供应链的透明度和可追溯性。此外，IPEF 还特别关注环境保护和可持续发展问题，鼓励企业采用环保技术和绿色生产方式，以减少对环境的负面影响。

（四）协议侧重点的对比分析

1. 数据跨境流动规则的演变：从 CPTPP 到 DEPA 再到 IPEF

由美国和日本主导的 CPTPP，彰显了发达国家维护其竞争优势的深层次利益诉求。在数据跨境流动方面，CPTPP 制定了严格的规则，这些规则主要体现于第十四章电子商务的相关条款中。其中，第 14.11 条明确规定了数据跨境流动的方式，而第 14.13 条则涉及计算使用设备地理位置的限制，进而反映了数据本地化的要求。这些高标准的数据跨境流动规则，可能对中国国内监管自主权构成潜在挑战。

作为全球首个针对数字经济的重要规则安排，DEPA 对数据跨境流动等数字经济基本规则进行了详尽的规定。DEPA 着重强调个人信息保护的重要性，要求各缔约方依据数据收集限制、数据质量、目的规范、使用限制、安全保障、透明度等原则，构建法律框架以保护个人信息安全。同时，DEPA 允许各缔约方在跨境数据流动和计算机设施方面设定自主要求，鼓励信息的电子方式跨境传输，并反对强制要求计算机设施的物理位置。

相较于 CPTPP 和 DEPA，IPEF 在数据跨境流动方面并未明确制定具体规则。然而，IPEF 提出制定数字经济高标准路径规则，其核心目标在于确立跨境数据流动和数据本地化的标准化规范。随着全球经济的深入发展和数字化进程的加速，未来的自由贸易协定将愈发重视数据跨境流动问题，IPEF 在此方面的探索与尝试值得关注。

2. 环境保护规则的演进：从 CPTPP 到 RCEP 再到 IPEF

在环境保护方面，CPTPP 有较为全面的规定，涵盖环境影响评估、环境管理、环境监测、环境审计、环境法律与法规、环境信息公开等多个领域。这些规定旨在保障成员国在推进贸易自由化的同时，有效保护环境和促进可持续发展。

相比之下，RCEP 在环境保护方面的规则较为简化，并未将工人的权益、生态环境的维护、政府控股公司与市场垄断、规章制度的协同、竞争力提升与商业便捷性等前沿议题纳入协商范围。这种简化可能反映了 RCEP 成员国在环境保护问题上的不同立场和利益诉求。

IPEF 在环境保护方面的规则体现了美国在维护亚太地区经济影响力和争夺地区经济秩序主导权方面的战略意图。IPEF 的《清洁经济协议》着重强调在清洁能源、减排技术、碳交易市场等能源产业各环节加强技术、规则、标准的合作。该协议致力于推动可持续发展，通过促进可再生能源、能源效率和清洁技术的合作，助力低碳经济的发展。此外，IPEF 还关注绿色金融的发展，通过建立碳市场和碳信用认证标准，吸引私营部门投资，进一步推动环境保护和可持续发展的实现。

三、印太繁荣经济框架带来的潜在影响

（一）IPEF 对亚太地区贸易格局的潜在影响

IPEF 的成立将对亚太地区的贸易协定格局产生显著冲击。目前，亚太地区已有 CPTPP 和 RCEP 两大重要的区域贸易协定，它们已正式生效并发挥着关键作用。中国作为 RCEP 的主要参与者，其经济影响力在区域内持续增强。IPEF 的成员国总计占全球 GDP 的 39.7%（详见图 3），其推进将直接影响 RCEP 的运行，并可能削弱中国在 RCEP 框架内的影响力。

中国正积极寻求加入 CPTPP，以进一步拓展其国际贸易合作。在规则标准层面，IPEF 与 CPTPP 有着诸多相似之处，均主张在经贸领域实施高标准规则。从涉及的内容及成员国构成来看，IPEF 与 CPTPP 存在一定的替代性，这意味着 IPEF 的推进可能会对 CPTPP 构成潜在冲击，进而加剧印太地区经贸关系的碎片化趋势。

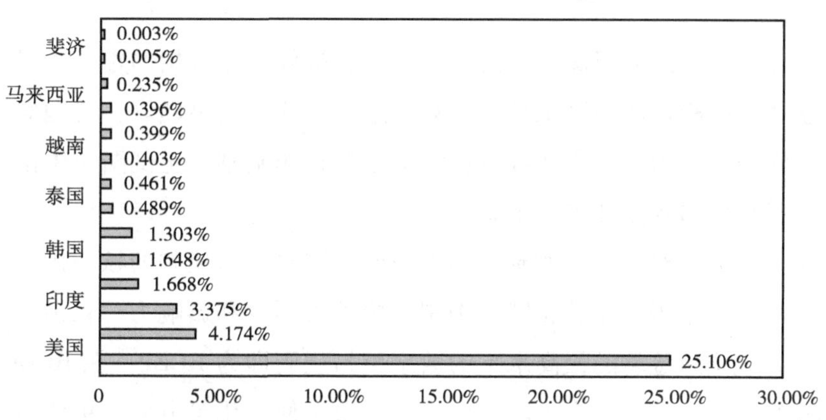

图 3　2022 年 IPEF 成员国 GDP 的全球占比

资料来源：世界银行。

然而，值得注意的是，IPEF 的地缘政治属性决定了其战略目的可能优先于提高贸易自由化水平和推进多边主义。IPEF 包含减少对中国资源依赖等“去中国化”的内容，这可能会阻碍亚太区域一体化进程，从而限制通过加强区域内经济合作推动世界经济增长的可能性。

（二）IPEF 对中国外交环境的潜在挑战

IPEF 作为一个旨在将中国排除在外的经济框架，其成立无疑加大了中国外交面临的阻力。美国试图通过构建针对中国的价值观同盟，并鼓动亚太国家与中国“脱钩”，以达到主导亚太经济、维护自身霸权、遏制中国的目的。

在这样的背景下，IPEF 的成员国可能会进一步改变对华利益认知，深化对华威胁认知，这将对中国与东盟国家、日本、韩国、印度、澳大利亚等地区成员之间的双边关系造成不同程度的负面影响。此外，中国与其他

周边国家和“一带一路”沿线国家在数字贸易、能源基础设施建设、科技合作、供应链安全等领域的合作也可能受到一定阻碍。更为重要的是，IPEF 的成立可能会对我国申请加入 CPTPP 及 DEPA 的谈判造成新的阻力，从而进一步限制中国在全球经济治理体系中的话语权和影响力。

（三）IPEF 对中国在区域数字经贸规则制定中的影响

数字经济在战略层面上不仅是驱动产业链供应链重构的重要力量，也是维护供应链稳定的关键工具。在数字经济与数字贸易领域，美国凭借其先前与东亚及东南亚国家在数字化经济上的合作基础，正试图对中国的数字经济扩展实施封堵和施压策略。

美国将数字经贸规则的制定作为与印太国家贸易谈判的核心内容，此举无疑将削弱中国在相关领域规则制定中的话语权和影响力。目前，在印太地区，我国所签署的最高水平的数字贸易规则即为 RCEP。在 RCEP 中，中国在数据跨境流动、个人隐私保护以及数字便利化等方面，更侧重于数字主权治理的主导模式，这与美国所崇尚的所谓自由、市场化治理模式存在显著差异。

随着印太地区数字经济的快速增长，如果美国政府能够抓住时间窗口，率先在印太地区数字贸易领域获得规则制定的主导权，那么美国就有可能利用这一优势打压我国的数字贸易和数字主权，削弱我国以国家控制为主的网络监管模式和限制性数字贸易政策在印太地区的影响力。这将对我国未来与印太地区国家在数字经贸规则谈判中造成不小的阻碍。

（四）IPEF 对中国高科技发展的潜在制约

美国通过推出 IPEF，利用其在贸易准则制订方面的主导地位及在全球供应链高端的有利位置，构建了一个多等级、多用途的“技术联合体”。这一举措旨在全球数字贸易规则建设中占据主导地位，从而限制中国在高新科技领域的进步。IPEF 的核心目标之一是深化针对中国的高科技产品和服务跨境贸易与投资的阻断机制，确保中国在科技领域与美国之间的差距得以维持，进而巩固美国在科技界的领先地位。此外，在高端技术行业所依赖的矿物资源供应链问题上，美国计划构建一个全球性的重要矿物资源供应网络，并设立相应的监测预警系统。一旦这一网络建成并完备，有可能对中国的全球重要矿产产业链布局造成干扰，进而对中国发展所需的高科技行业的关键矿物资源供给产生影响。这将对中国在高科技领域的持续发展和国际竞争力构成潜在的制约。

四、中国应对策略的深化与拓展

（一）深化区域合作机制与战略布局

在全球化深入推进的背景下，中国应继续深化与周边国家的战略合作，特别是在经济发展领域的全方位合作。中国应积极推进全球发展倡议与周边国家发展战略的对接，以构建更加紧密的战略信任与依存关系。这一合作不仅涵盖传统的贸易和投资领域，更应拓展至数字经济、绿色经济和海洋经济等前沿领域。中国应通过构建平等、均衡和普惠的发展伙伴关系，推动区域经济一体化和贸易合作便利化，为自身及周边国家开辟更广阔的发展空间。同时，中国应加快步伐加入 CPTPP 和 DEPA 等区域经济一体化进程，以更加开放和包容的姿态融入全球经济体系，积极参与全球数字经济规则的构建，为全球经济的稳定与发展贡献中国智慧和中国方案。

（二）扩大制度型开放与深化经济体制改革

面对国际经济环境的复杂多变，中国应坚定不移地推进制度型开放，以有效应对美国通过 IPEF 等机制对华施加的经贸压力。制度型开放不仅是推动中国经济高质量发展的内在要求，也是完善全球多边贸易机制的重要途径。中国应进一步深化经济体制改革，提升政策法规的透明度和可预见性，营造更加公平、开放、透明的营商环境。同时，中国应坚决反对垄断和不公平竞争，加强知识产权保护，为国内外企业提供更加稳定、可预期的投资环境。此外，中国还应积极申请加入 CPTPP 和 DEPA 等高标准经贸协议，展现中国扩大制度型开放的决心和意志，成为经济全球化的积极参与者和贡献者。

(三) 加强国际传播能力建设以塑造有利的舆论环境

在互联网时代，信息传播的速度和影响力前所未有，国际传播能力建设成为塑造国家形象和营造有利舆论环境的关键所在。中国应充分利用融媒体时代的传播新模式，以邻国易于理解的语言和方式，清晰地阐述和分析 IPEF 等国际经济议题。中国应通过录音、动画、影片、图像、文本等多种形式的表达，在多个媒体平台上积极阐述自己的观点和立场，加强与国内外读者的互动交流，实现思想共振和共鸣效果。这不仅有助于提升中国在国际舞台上的话语权和影响力，也有助于为中国的经济发展创造更加有利的国际舆论环境。同时，中国还应加强与国际媒体的合作与交流，提升中国媒体的国际传播力和影响力，为中国的国际形象塑造和舆论环境营造提供有力支持。

参考文献

[1] 董惠梅，刘丹，曹怡婷等．印太经济框架启动对华影响及政策建议——基于各成员国对中美贸易投资状况的对比分析［J］．全球化，2023（01）：63－74＋135. DOI：10.16845/j.cnki.ccieeqqh.2023－01－12.

[2] 房昱芳．RCEP 对我国服务贸易的影响及发展对策［J］．中国航务周刊，2023（25）：43－45.

[3] 顾宝志，郑梦婷，李卓宇．“印太经济框架”对我国影响及应对建议［J］．国际贸易，2022（10）：77－86. DOI：10.14114/j.cnki.itrade.2022.10.12.

[4] 李鸿阶．“印太经济框架”的意涵、影响及其前景剖析［J］．亚太经济，2023（01）：1－9. DOI：10.16407/j.cnki.1000－6052.2023.01.01.

[5] 欧定余，侯思瑶．美国“印太经济框架”的本质、影响及中国的应对策略［J］．东北亚论坛，2023，32（02）：36－48＋127. DOI：10.13654/j.cnki.naf.2023.02.003.

[6] 苏可桢，沈伟．从“印太经济框架”看美国小多边主义的滥觞与因应［J］．亚太经济，2022（06）；1－9. DOI：10.16407/j.cnki.1000－6052.2022.06.01.

[7] 王卓．介于 TPP 和 CPTPP 之间的印太经济框架——美国的另起炉灶、日本的追随与中国的应对［J］．东北亚经济研究，2022（05）：101－120. DOI：10.19643/

j. cn ki. naer. 2022. 05.

［8］张琳．美国“印太战略”延伸下的“印太经济框架”［J］．中国外汇，2022（12）：74－75. DOI：10. 13539/j. cnki. 11－5475/f. 2022. 12. 26.

［9］张明．面向 CPTPP 的数据跨境流动：规则比较与中国因应［J］．情报杂志，2022，41（11）：141－150.

［10］Dr Radika KUMAR. The Making of the Indo－Pacific Economic Framework for Prosperity（IPEF）［F］，ISAS NUS－KAS Japan Discussion Paper，2023.

［11］A. M P. Digital trade，digital economy and the digital economy partnership agreement（DEPA）［J］．Educational Philosophy and Theory，2023，55（7）.

［12］Don M. IPEF and the Reconfiguration of the East Asian Economic Order［J］．East Asian Policy，2022，14（04）.

［13］N S K. How Can the Indo－Pacific Structure Keep the United States Engaged and China Complaint?，Japan's Geoeconomic Challenges with the CPTPP and IPEF［J］．East Asian Policy，2022，14（04）.

［14］Park C S. Mega FTAs and the Indo－Pacific Economic Framework（IPEF）in the Asia Pacific Region：Will It Be Cooperation or Competition?［J］．INTERNATIONAl ORGANISATIONS RESEARCH JOURANAL，2023，18（2）.

RCEP 成员国家数字服务贸易影响因素研究

——基于 FGLS 估计的实证研究*

▶胡　萍

一、引言

世界正进入数字经济快速发展时期，呈现数字产业化、产业数字化趋势。随着算力提升和传输加快，以数据为生产要素、数字服务为核心、数字交付为特征的数字贸易正在成为数字经济的重要部分和全球贸易发展的重要趋势。在新冠疫情冲击下，数字贸易展现出了强大的韧性和活力，成为推动全球贸易复苏和服务高质量发展的重要引擎。据联合国贸易和发展会议测算，2020 年全球数字贸易出口增长 3.8%，占服务贸易的比重的 62.8%，服务贸易出口增长贡献率为 98.3%。世贸组织测算到 2030 年，数字技术将促进全球贸易量每年增长约 2 个百分点。数字贸易使贸易效率明显提升，并且扩大了现有服务贸易产品的范围，拓展了服务贸易的广度和深度。这主要是两个方面的原因，一是数字贸易通过数字技术和数字服务创新了各领域的新业态和新模式，为全球经济增长注入了新的动力；二是数字贸易通过数据流动强化了各产业间知识和技术要素共享，促使制造

* 基金项目：广东外语外贸大学南国商学院，国际经济贸易规则研究中心，主题名称：RCEP 贸易规则下的环境对话：实现双赢的经济增长和生态平衡（编号：23GJJM02）。

业、加工业、金融保险业、服务业等各产业密切融合，加快传统产业的转型。

在地缘政治冲击和新冠疫情持续的双重影响下，2022 年区域全面经济伙伴关系协定（简称 RCEP①）正式生效，其成员国经济总量大，资源禀赋各具优势，与中国产业结构互补性强，融合度高。为了建立建设“现代、全面、高质量、互利的自贸区”。在服务贸易方面，成员国承诺“实质性 RCEP 参与各国之间服务贸易的限制和或歧视性措施，所有部门和供应方式都在谈判范围内”。RCEP 成国员承诺关税减让立即降到零关税或是 10 年内降至零关税，如东盟各国对 RCEP 伙伴国家的进口平均关税由 2005 年的 4.9% 降至 2020 年的 1.8%。同时，RCEP 通过建立通用的原产地规则，减少非关税壁垒，进一步提升区域内的贸易自由度，给持续疲软的实体经济带来新增长动力。为了各方形成促进竞争、经济效益、消费者福利以及消减反竞争行为的合作基础，将照顾 RCEP 参与各方在竞争领域或国家制度和能力上的重要差异。

但是，新冠疫情之后，数字服务贸易的重要性凸显，并且加快了数字服务贸易的发展，购买商品和服务的在线平台的使用和开发呈指数级增长。此外，从已有文献中发现，有部分文献关注数字经济的影响或是数字经济对经济的贡献。Mandi Jiang，Peng Jia（2022）以全球 75 个国家数据为样本，运用 The global principal component analysis（GPCA）方法论证了数字化水平对一个国家数字服务贸易出口有着显著的影响。

然而，在专门关注数字服务贸易对 RCEP 国家经济影响因素研究方面，似乎存在差距。RCEP 中高收入国家在数字服务贸易具有比较优势，有较高的使用互联率比例以及较高的数字服务贸易占比；而低收入国家与此相反，因而本研究的目的是通过采用面板 FGLS 方法，评估 RCEP 国家数字服务贸易的影响因素，并采用分组方式验证模型的正确性。同时，提出针对性且具有现实意义的提高数字服务贸易出口的措施，从而促使各国数字

---

① RCEP 即“10 +5”，为东盟 10 国加上中国、日本、澳大利亚、新西兰、韩国组成的自贸区，覆盖 35 亿人口，占世界经济总量的三分之一。

服务高质量发展。希冀填补这一空白。

二、文献回顾

从国际文献资料来看，由于各国所处的经济发展阶段不同，发达国家和中国的数字贸易和数字服务贸易发展广度和深度都强于发展中国家，但是对于这一新生的事物，各国或经济组织对数字贸易和数字服务贸易研究成果不多，主要集中在概念的界定、规则制定和数字贸易统计及特征三个方面内容。

（一）数字贸易概念的界定

在此之前，数字贸易早已成为经济增长的新动力。疫情期间，数字贸易更是维系经济发展的重要途径。而后疫情时代，数字贸易发展对全球经济复苏依然发挥着重要推动作用。由电子商务到数字贸易，数字贸易发展经历三个阶段，即由传统商务与贸易阶段，发展到电子商务，此阶段特点商务活动的信息化；然后到跨境电子商务，主要特征是电子商务活动的跨境化；最后到数字贸易，主要特征是交易内容数字化。因而首要任务对数字贸易概念进行准确界定，然而到目前为止没有权威、统一的概念；不同机构及国家从不同角度给出自己的定义。梳理已有文献，定义如表1所示。

表1　关于数字贸易概念界定

出处	定义
2019年中国信通院发布了《数字贸易发展与影响白皮书》（2019）	是指信息通信技术发挥重要作用的贸易形式，其不仅包括基于信息通信技术开展的线上宣传、交易，结算等促成的实物商品，还包括通过信息通信网络（语音和数据网络等）传输的数字服务贸易，如数据、数字产品、数字化服务等贸易
《全球数字贸易白皮书》2021年公布	数字贸易是指贸易方式的数字化，即通过数字技术与贸易开展过程的深度融合，打通产业链的生产端、交易端以及供应链端的信息交互与响应通道，构建产业链的新型供需关系和协同关系，进而提升整个产业链的运转效率

续表

出处	定义
联合国贸发会	通过远程网手段实现的服务，包含了金融服务，知识产权费用，其他商业服务和视听等相关服务
美国《数字贸易的主要障碍》(2017)	数字贸易包含网上实现的货物与服务，以及在形成全球价值链中起关键作用的数据流、服务与智能制造的贸易相关活动，包括大量运用数字技术的平台和应用的跨境贸易交付
日本《通商白皮书》(2018 年)	数字贸易是指贸易行为通过互联网技术提供商品、服务与信息的经济活动
澳大利亚《数字贸易发展与影响白皮书》(2019)	数字贸易不仅包含线上平台上实现的货物和服务交易，还包含数据与信息的跨境流动
欧盟《数字单一市场战略》(2015)	数字贸易是通过数字技术手段向个人和企业提供数字产品和服务的贸易活动

从以上概念的界定来看，对数字贸易概念并没有形成统一的共识。但是却有 3 个共性的地方：一是都强调数字技术在数字贸易中的重要性。上述概念不同程度涉及互联网技术或是现代信息通信技术，数字贸易与传统贸易区别是数字技术的应用。二是数字贸易内容大体上趋于一致。如数字技术发挥重要作用的货物贸易；以数字化形式存在和传输的产品，如音乐、视频及游戏等，或是以搜索引擎、社交平台等数字化形式提供的服务；三是在实现智能制造和在形成全球价值链中，研发数据、消费数据是重要作用的生产要素或者产品。

（二）数字贸易规则或壁垒

随着全球数字服务贸易的快速发展，相关贸易壁垒也呈现出显著增长趋势。这些壁垒主要体现为：数字贸易关税的征收、进口配额限制、信息及通信基础设施建设滞后、跨境数据流动管制，以及知识产权领域的侵权行为（包括网络假冒伪劣商品销售、在线知识产权盗窃等）。根据 Wiley（2022）和世界经济论坛（2020）的研究表明，上述壁垒因素与数字服务贸易出口效益存在密切关联。从已有文献来看，对数字贸易规则和政策的研究，主要研究集中于四个方面：一是因为已有贸易协议没有涉及数字贸易或数字服务贸易规定相关内容。因而学者们从不同角度对现有的双边和多边贸易协定提出自己的观点。比如 Rolf Weber（2010）[1] 和 H. Gao（2018）[2] 认为 WTO 规则框架对数字贸易的规制不尽完善。Ines Willemyns（2018）论证服务贸易总协定（GATS）框架显然适用于数字服务，这意味着服务贸易总协定对数字服务贸易的适用性。并且具体中国、俄罗斯和美国三国的实施措施与 WTO 一致性，并对欠发达国家的数字服务贸易规则提出看法。Jeongmeen Suh，Jaeyoun Roh（2022）认为“当两个国家有一个包含数字贸易相关条款的贸易协定时，它们的数字贸易流量就会增加。当数字贸易协定包含更具体的规则时，这种趋势就会更加强烈。”中国学者龚柏华（2016）[3]、周念利（2018）[4] 等认为 WTO 有能力应对数字贸易带来的冲击并提出 WTO 应怎样改革才能适用于制定有关数字贸易的规则。伊万·沙拉诺夫、白树强（2018）[5] 认为国际服务贸易协定（TISA）必然会纳入 WTO 体系中。高媛、王涛（2018）[6] 提出因为当前各成员国有不同的利益诉求，国际服务贸易协定（TISA）由于利益局限性难以推进。弓永钦、王建（2016）[7] 解读了 TPP 中有关电子商务的规则。二是不同国家对数字贸易规则有不同的诉求。从已有文献来看，主要有“美式模板”和“欧式模板”和“中式模板”三种。李杨等（2016）[8]，周念利、陈寰琦、黄建伟（2017）[9] 在具体分析“美式模板”和“欧式模板”的基础上，提出“中式模板”的观点。三是国内学者们认为中国面对数字贸易的快速发展，提出如何从贸易大国转变为贸易强国中要重视数字贸易。张茉楠（2018）[10] 等人提出我国要在全球数字贸易规则框架的制定方面争取主动权，推动全球贸易规则框架的建立，特别是跨境数据流动的规则，并提出健全国内对数字贸易相关的法律法规的制定，填补跨境电商解决机制的空白。四是减少对数字贸易壁垒的措施。Marechal（2017）提出对数字服务征税，以弥补竞争力的损失。但目前征收数字税是否削弱国家竞争力还需要继续探讨。

（三）数字贸易测度及竞争力

纵观国内外文献，目前尚未形成的数字贸易测量的标准，没有统一的标准去准确地统计各国数字贸易的规模及它所产生的影响。“2017 年 OECD 为数字贸易制定了一个阶段性草案——《测度数字贸易：走向概念性框架》；同年 Gonzalez 等发表了关于《数字贸易 - 开发一个分析架构》的研究报告”[11]；美国商务部（2018）发表《北美数字贸易报告》，把数字贸易分为 ICT 服务和其他非数字贸易服务，并对美国与加拿大、墨西哥三个国家的数字贸易进行定量的描述。我国对此也有一些研究，如杨晓娟（2020）[12]，贾怀勤（2021）[13] 均对数字贸易统计进行探讨，并在此基础上编制了相关领域的标准化操作手册。

综上所述，学术界主要研究数字贸易方面的内容，而对数字服务贸易就少有研究。部分学者把数字服务贸易等同于数字贸易，如高晓雨（2021）[14]。而学术界对 RCEP 成员国数字服务贸易鲜有研究。本文利用 FGLS 研究方法，力图将数字服务贸易出口规模及从业人员、基础设施和国际贸易税收及投资环境等结合起来，以便更全面地评价 RCEP 域内国家数字服务贸易的发展状况及影响因素。

三、RCEP 各国数字服务贸易发展的现状

（一）数字服务贸易快速增长，占服务贸易的比重逐步提升

RCEP 成员国数字服务贸易和服务贸易规模总体都呈上升趋势，其中数字服务贸易规模由 2012 年的 6541.68 亿美元增长至 2021 年的 10640.32 亿美元，增长了 62.7%，年均增长率为 7%；服务贸易规模由 2012 年的 17146.40 亿美元增长至 2021 年的 19290.19 亿美元，增长了 12.5%，年均增长率为 1.4%。数字服务贸易规模占服务贸易总额的比重由 2012 年的 38.2% 增长至 2021 年的 55% 左右。相比较而言，数字服务贸易增速明显高于服务贸易。

参考2020年世界银行有关国家收入水平分组标准，本文将RCEP内15个成员国家分为高收入国家和中低收入国家。① 从国别数据来看，高收入国家是数字服务贸易的主体。数字服务贸易占比最高的日本，达到76%，其次是新加坡，达到65%；老挝、越南和柬埔寨占比排名均靠后，占比低于20%。与日本相比，相差6倍左右。成员国之间呈现发展不均衡的态势。从发展增速来看，RCEP成员国的数字服务贸易占比增速都相当，基本上维持在10%—30%，差距较小，如老挝和印度尼西亚分别增长了22%和23%左右，年增长率为1%—2%。其中日本增长近30%，增速为最高。而越南和泰国近十年间基本上没有增长，发展状况很不理想。疫情之后，部分国家如菲律宾、韩国呈现负增长。大部分国家的数字服务贸易没有受到太大的影响。具体数据见表2。

表2　2012—2021年RCEP成员国数字服务贸易与服务贸易占比　单位：%

国家	2012年	2013年	2014年	2015年	2016年	2017年	2018年	2019年	2020年	2021年
文莱	0	0	0.47	0.327	0.377	0.20	0.26	0.25	0.44	—
柬埔寨	0.11	0.12	0.14	0.10	0.08	0.08	0.08	0.08	0.19	0.13
印度尼西亚	0.40	0.37	0.36	0.37	0.37	0.36	0.35	0.34	0.57	0.63
老挝	0.06	0.08	0.04	0.04	0.03	0.05	0.05	0.05	0.14	0.28
马来西亚	0.38	0.34	0.32	0.33	0.34	0.32	0.33	0.35	0.52	0.51
缅甸	0.28	0.18	0.26	0.27	0.25	0.31	0.32	0.32	0.42	—
菲律宾	0.53	0.54	0.53	0.57	0.54	0.50	0.49	0.50	0.66	0.34
新加坡	0.51	0.53	0.53	0.55	0.56	0.57	0.56	0.57	0.65	0.65
泰国	0.29	0.28	0.29	0.28	0.29	0.25	0.27	0.28	0.49	0.26
越南	0.10	0.17	0.17	0.16	0.01	0.13	0.12	0.11	0	—
澳大利亚	0.28	0.29	0.29	0.29	0.27	0.27	0.27	0.28	0.46	0.49
中国	0.34	0.35	0.31	0.27	0.29	0.30	0.33	0.35	0.45	0.46
韩国	0.32	0.33	0.35	0.37	0.39	0.41	0.39	0.42	0.51	0.48

① 2020年，按照世界银行按人均收入对国家的分类，人均收入低于12534美元为中低收入国家；主要有印度尼西亚、中国、泰国、越南、老挝、柬埔寨、缅甸、菲律宾、马来西亚9个国家；人均收入高于12535美元的为高收入国家，主要有澳大利亚、文莱、日本、新加坡、韩国、新西兰6个国家。

续表

国家	2012 年	2013 年	2014 年	2015 年	2016 年	2017 年	2018 年	2019 年	2020 年	2021 年
新西兰	0. 34	0. 34	0. 32	0. 31	0. 32	0. 31	0. 32	0. 35	0. 50	0. 54
日本	0. 46	0. 50	0. 54	0. 57	0. 59	0. 58	0. 59	0. 62	0. 73	0. 76

备注：—表示缺失数据。

资料来源：WTO 数据库。

（二）高收入国家是数字服务贸易出口的主体，具有较强的竞争力

从国别结构看，2020 年，中国是数字服务贸易出口规模最大的国家；其次是新加坡，日本排在第三位；排在最后三位的是老挝、柬埔寨和越南。这三个国家的出口与排在前三位国家出口相比，相差近 2300 多倍。差距非常大。

从收入分类来看，高收入国家是数字服务贸易的主体，由 2012 年的 1649. 56 亿美元增长至 2020 年的 3043. 82 亿美元，增长了 84. 5%左右，年均增长率为 9. 39%。占整个区域内数字服务出口总额的 58. 8%。中低收入国家由 2012 年的 1217. 34 亿美元增长到 2020 年的 2132. 27 亿美元，增长了 75. 2%，年均增长率为 8. 35%。占整个区域内数字服务出口总额的 41. 2%。明显要低于高收入国家出口规模。详见表 3。

表 3　2012—2020 年 RCEP 成员国数字服务贸易出口总额　单位：亿美元

国家	2012 年	2013 年	2014 年	2015 年	2016 年	2017 年	2018 年	2019 年	2020 年
澳大利亚	156. 99	160. 65	161. 36	145. 55	145. 93	162. 35	171. 38	182. 79	187. 22
日本	640. 85	674. 35	872. 96	863. 12	971. 83	1017. 91	1073. 68	1180. 55	1149. 83
韩国	247	268. 19	326. 35	323. 59	350. 42	373. 87	393. 84	424. 9	438. 67
新加坡	568. 85	657. 29	745. 82	817. 91	840. 05	956. 6	1158. 98	1251. 35	1225. 92
新西兰	34. 77	34. 54	34. 78	33. 21	37. 04	39. 69	40. 97	41. 71	39. 32
文莱	1. 10	1. 12	0. 46	0. 15	0. 19	0. 08	1. 07	1. 99	2. 86
印度尼西亚	112. 76	98. 96	90. 54	71. 12	73. 32	78. 99	102. 47	97. 79	80. 79
柬埔寨	2. 62	3. 35	3. 58	2. 17	1. 66	1. 72	1. 85	2. 60	2. 86
中国	736. 55	825. 48	990. 24	933. 14	937. 04	1025. 67	1321. 66	1435. 68	1543. 75
老挝									
东帝汶	0. 39	0. 85	0. 51	0. 46	0. 32	0. 39	0. 31	0. 62	—
马来西亚	117. 55	121. 40	109. 47	94. 22	96. 27	102. 80	111. 77	118. 29	113. 93

续表

国家	2012年	2013年	2014年	2015年	2016年	2017年	2018年	2019年	2020年
缅甸	2.48	3.87	7.46	8.41	7.20	9.59	10.48	16.99	17.50
菲律宾	147.75	170.16	185.47	218.24	214.10	218.63	232.74	241.98	236.76
泰国	91.66	96.45	104.28	101.96	125.23	110.59	128.05	135.35	136.68
越南	5.58	9.92	10.07	11.43	12.06	12.90	13.42	13.51	—

（三）数字服务贸易各门类增长迅速，电信、计算机和信息服务增长领先

从增速来看，2012—2020年，各门类数字贸易都有所增长，其中最快的是电信、计算机和信息服务。出口增长了1.82倍，年均增长为20.2%；其次是个人、文化和娱乐服务，出口增长了1.21倍，年均增长为14.5%。保险和金融服务业也增长较大，年均增长为12%左右。知识产权服务费用和其他商业服务增长速度稍慢一点，年均增长约7%。再看各门类发展状况。以2020年为例，其他商业服务占整个数字服务出口总额的38.89%；电信、计算机和信息服务占28.58%；这两个门类的出口占整个数字服务出口总额的67.47%，其他部门出口，如知识产权费用（12.01%）、个人、文化和娱乐服务（19.18%）、金融（13.81%）及保险（3.75%）仅占整个数字服务出口额的32.53%。特别是保险业，仅占3.75%，严重出口不足。从目前数据来看，出口主要集中在中国和新加坡两个国家。而缅甸从2013年之后，该门类的数据为0，同时，文莱和柬埔寨也仅不到1000万美元。由此可见，RCEP域内各门类之间发展呈现不均衡特征。具体数据见表4。

表4　各门类数字服务贸易出口总额　单位：百万美元

年份	养老和保险服务	金融服务	知识产权服务	个人、文化和娱乐服务	电信、计算机和信息服务	其他商业服务
2012	7745	29324	41148	3404	37669	165334
2013	9161	33170	41604	3289	40881	182528
2014	11651	39523	48923	4260	45952	212390

续表

年份	养老和保险服务	金融服务	知识产权服务	个人、文化和娱乐服务	电信、计算机和信息服务	其他商业服务
2015	12361	40604	54163	4842	52908	196705
2016	12451	43977	55968	5214	59849	203165
2017	13438	47758	63580	5399	64895	215197
2018	16202	52910	69670	6171	89264	240989
2019	15776	58696	72078	6944	99191	260607
2020	16452	61335	69077	7850	106225	255472

资料来源：WTO 数据库。

四、数字服务贸易影响因素的实证模型

（一）模型设定与资料来源

本文参考 Mandi Jiang，Peng Jia（2022）和服务贸易竞争力测度选取的因素和，然后综合考虑 RCEP 域内国家数字服务贸易发展的实际情况及数据的可获得性，选取影响数字服务贸易出口规模作为因变量。自变量参考综合 Richard Mulenga and Moses Mayondi（2022）、殷凤、陈宪（2009）[15]、王恕立、刘军（2011）[16]、姚海棠、方晓丽（2013）[17]、宋加强、王强（2014）[18]，岳云嵩（2021）[19]、毛冰（2021）[20]等专家学者的研究成果，选择影响一国的数字服务贸易出口的因素如下：人均 GDP、服务贸易、服务贸易从业人员、外资、税收、互联网、法律。为了实现研究的目标，使用了一系列的计量经济学技术。在本节中，我们将在讨论中的估计和结果。由于减少了可能的异方差和数据波动，模型中的所有变量都采用对数处理。可很大程度上可以减少变量的差异，使得模型估计较少受到异常值的影响。本文构建的计量模型如下：

$$\begin{aligned}\ln Exportit = b0 + b1\ln PERGDPit + b2\ln PERSEVERit + b3\ln PEREMPit \\ + b4\ln PERTAXit + b5\ln FDIit + b6\ln SCIit \\ + b7\ln NETUSERit + b8\ln LAWit + ui + rt + eit \quad (1)\end{aligned}$$

其中，i 代表出口国，t 代表年份，β 为待估参数，ui 为国家固定效应，rt 为时间固定效应，εit 为随机扰动项。

以下为变量说明和描述性统计：

其中，因变量 Exportit 为各国数字服务贸易出口总额。WTO 中关于服务贸易中“通过信息通讯网络跨境交付的所有服务贸易”，基于此，整理出数字服务贸易出口的数据。

自变量中，PERGDP 为人均 GDP，反映一国经济发展水平。人均 GDP 的提高可以显著促进服务贸易的发展（弗朗索瓦出版社，2001 年）。

PERSEVER 为服务贸易占 GDP 比重，服务业是一国经济增长的主要动力，这个指标主要反映一国服务贸易发展状况及在国民经济中的作用。PEREMP 为服务贸易从业人员占就业人员的比重，反映一国服务贸易从业规模；服务业中很大比例的从业人员有利于促进数字服务贸易的发展。Melvin（1989）提出，服务贸易与资本和劳动力禀赋密切相关。

PERTAX 为国际贸易税占国内生产总值的百分比，表示该地区税负水平的高低。国际贸易规模扩大，增加一国的税收，但是国际贸易税率过高，不利于一国贸易的发展。FDI 表示外商直接投资反映一个国家的吸引外资的能力，投资有利于当地经济和贸易的发展。SCI 为科技期刊，科技期刊是科技知识，成果，信息的重要载体和媒体，在科学研究中具有基础作用、导向作用和促进作用，能够推动科学技术社会化进程，加速科技成果转化为现实生产力。在发展科技事业，推动经济发展和社会进步中的作用是不可低估的。鉴于 RCEP 部分国家的科研投入或是科研人员数据缺失，因此采用科技期刊文数据作为科技评价指标。NETUSER 为互联网使用率，主要反映一个国家数字基础设施水平，是数字贸易发展的基础。Rodríguezcrespo 和 Martinez - zarzoso（2019）提出互联网的使用会加快贸易的发展。

LAW 为法律权利力度指数，它是衡量营商环境一个重要指标，可以为社会提供一个客观的衡量指标，防止局部地区营商环境倒退、恶化。同时可彰显国家的软实力。Anderson and Marcouiller（2002）认为腐败和不完善的合同执行严重减少了国际贸易，来自进口国的不良机构阻碍了国际贸易。因而健全的法律制度为经济发展带来了长期稳定的合作环境，它可吸引外国资源参与，促进与其他国家的贸易交流，建立长期的合作关系。法律权利力度指数分值为12分，分值越高，表示法律权利力度越大。反之则弱。一般认为指数越高，治理水平越高，越有利于数字贸易的发展。

资料来源：RCEP国家数字服务贸易数据主要来自WTO数据库（https://stats.wto.org），外商直接投资的数据主要来自联合国贸易与发展会议数据UNCTADstat（United Nations Conference on Trade and Development Statistics）。互联网使用率资料来自电信联盟；其他资料来自世界银行数据库。样本选取RCEP的15个国家2005—2020年的数据。具体数据见表5。

表5　变量描述性统计

变量缩写	变量描述	样本	均值	标准差	最小值	最大值
Export	数字服务贸易出口总额（百万美元）	240	20865	32065	8	154375
PERGDP	人均GDP（美元）	240	18286	19714	216.3	68157
PERSER	服务贸易占GDP比重（%）	240	0.195	0.214	0.0289	1.135
PEREmp	服务贸易从业人员（占就业人数比重%）	240	54.93	20.20	7.560	84.69
PERTAX	国际贸易税占收入百分比（%）	240	5.324	5.918	-15.84	22.19
FDI	外商直接投资（百万美元）	240	231757	365251	680.8	1.919e+06
Sci	科技期刊文章（篇）	240	65386	129969	23.81	602485
NETUSER	互联网使用率（%）	240	49.41	31.00	0.0652	96.51
LAW	法律权利力度指数（0表示最弱，12表示最强）	240	6.504	2.805	1	12

（二）模型的选择

在作面板回归分析之前，为了避免伪回归，需要对各个变量做单位根检验以确保序列的平稳性，本文使用的面板数据为长面板，通过比较检验，采用固定效应模型（FE）更优，且随机扰动同时存在组间异方差，组内自相关和组间同期相关，因此采用全面 FGLS 更为合理。为了论证实证结果是否与理论结果相一致，我们通过世界银行的国民收入分类的标准，将 RCEP 中的 15 个国家分为高收国家和中低收入国家，采用长 FGLS 方法分别对两组国家进行回归。然后，我们分析了不同组的数字服务贸易出口影响因素。

（三）实证结果分析

为了实现研究目标，本文运用 Stata16 的进行模拟，根据 FE 和长 FGLS 回归结果，各影响因素估计系数显著性和符号基本保持一致，因此回归结果较为稳健。表 6 汇总回归估计结果。

1. 整体回归及按收入水平分组的估计结果

第（1）列为 RCEP15 个国家整体回归，结果显示：8 个指标均通过 1% 的显著性检验，并均产生了显著的影响。其中人均 GDP，服务贸易占比和互联网普及率对数字服务贸易出口产生显著正影响。具体来说，人均 GDP 和服务贸易占 GDP 比重分别增长 1%，数字服务贸易出口分别增长 0.781% 和 0.518%；互联网普及率增长 1%，数字服务贸易出口增长 0.166%，明显要低于人均 GDP 和服务贸易占比。然而，其他指标均产生显著负面的影响。具体来说，服务贸易从业人员占增长 1%，数字服务贸易出口下降 0.113%；国际贸易税占比增长 1%，数字服务贸易出口下降 0.063%；法律权力力度指数增长 1%，数字服务贸易出口下降 0.318%；对外直接投资增长 1%，数字服务贸易出口下降 0.273%；科技期刊文增长 1%，数字服务贸易出口下降 0.354%。

说明在 RCEP 成员国家，人均 GDP 的增长，刺激数字服务贸易的出口的增长，并通过服务业发挥作用。这与岳云嵩（2022）的研究结果不一致。同时互联网使用率产生了显著正影响，可能是因为互联网普及有利于降低贸易的交易成本，使信息间的交流更加流畅。互联网普及率离不开互联网技术，它是数字服务贸易发展的重要力量，是提升数字服务贸易竞争力的基础，并一定程度影响数字贸易服务的出口。而服务贸易从业人员占比却产生显著的负影响，这可能是以如电信、计算机服务、金融和保险服务、咨询、代理、财务和法律等知识密集型行业在服务出口中未占据主导，且吸纳较少拥有高素质、良好教育背景的高技能人才，且高端人才流动也存在较多限制；同时，以旅游、餐饮、运输等劳动密集型行业存在较大吸附潜能，目前大量的劳动力流向这些传统产业，因此，从短期来看，服务业从业人员多寡并不会对数字服务贸易的出口产生显著正的影响。这与崔猛（2010）观点不同。而国际贸易税占比对数字服务贸易出口有着显著的负效应，说明一国降低国际贸易税收水平可以有效地提高数字服务贸易的出口。外商直接投资说明一国吸引外资能力并不能对一国数字服务贸易出口产生正的影响。而法律权利力度指数对数字贸易的出口产生显著的负影响，说明较高的法律保护水平可能会抑制数字服务贸易出口。这与宋加强、王强（2014）结论类似。

第（2）列为高收入国家。人均 GDP、服务贸易占比、互联网使用率、外商直接投资、科技期刊文和法律权利力度指数 6 个指标均通过 1% 的显著性检验。且前三个指标产生显著为正的影响，说明随着人均 GDP 水平提高、服务贸易规模扩大和互联网普及率提高，增加人们对数字服务业的需求，进而显著地提高数字服务贸易出口。后三个指标产生显著为负的影响，说明高收入国家国内资本比较充裕、主要依赖资本在国内的聚集，对外商直接投资依赖较小，因此外商直接投资对数字服务贸易出口产生显著负的效应。

法律权利力度指数为负相关关系表明，严格的法律控制将加强出口管制，比如对科学技术或高端技术人才流动限制越大，对知识产权保护程度越高，在一定程度上反而抑制数字服务贸易的出口。在目前宽松的法律环境下，政府适当减少对企业的控制，保护数字服务企业，更有利于企业服务产品出口。

服务贸易从业人员占比通过 10% 的显著性检验，具有负效应，说明数字服务业主要是现代服务业，对人员要求较高，是一个知识型密集型行业，所需从业人员有限。因而从目前情况来看，服务业从业人员占比未能真正促进这个国家的数字服务贸易出口。而国际贸易税收占收入百分比不通过检验。这说明国际贸易税收占比越高，越不利于数字服务贸易的出口。降低国际贸易税率，有利于数字服务贸易的出口。

第（3）列是中低收入国家。结果显示，中低收入国家模拟的结果不太理想，仅有人均 GDP、服务贸易占比和国际贸易税收占比通过 1% 的检验。前两个指标产生正的影响；国际贸易税收占比呈现为负影响。外商直接投资和互联网使用率通过 5% 的检验；并且分别产生正的影响和负的影响；互联网使用率是影响高收入国家数字服务出口的显著正的影响，但是对于低收入国家的影响并不显著，并且出现负的影响。

服务业从业人员占比、科技期刊文和法律权利力度指数均不通过检验，与数字服务贸易出口没有相关性。这说明对于“中等水平陷阱”的中低收入国家，短期内难以实现数字服务贸易出口的增长。因此这类国家可能需要更宽松的法律环境，减少对人员或技术流动的限制。

表 6　按收入水平分类的 RCEP 国家数字服务贸易影响因素回归结果

变量	Rcep 整体国家 （1）	高收入国家 （2）	中低收入国家 （3）
	固定效应	固定效应	固定效应
lnPERGDP	0.781*** （25.98）	0.466*** （4.59）	0.601*** （5.18）
lnPERSER	0.518*** （23.29）	0.449*** （6.71）	0.615*** （5.87）
lnPEREMP	−0.113*** （−3.47）	−0.624* （−1.76）	−0.017 （−1.17）
lnPERTAX	−0.063*** （−11.69）	−0.022 （−1.00）	−0.240*** （−4.71）
lnFDI	−0.273*** （−9.95）	−0.352*** （−3.69）	0.136** （1.97）
lnSci	−0.354*** （−15.11）	−0.316*** （−5.37）	0.108 （0.89）
lnNETUSER	0.166*** （12.15）	0.247*** （6.69）	−0.891** （−2.32）

续表

变量	Rcep 整体国家 (1)	高收入国家 (2)	中低收入国家 (3)
	固定效应	固定效应	固定效应
lnLAW	-0.318 *** (-16.16)	-0.277 *** (-7.06)	0.275 (1.59)
Constant	-142.750 *** (-25.59)	-175.053 *** (-7.36)	-128.790 *** (-6.02)
Individual effect	YES	YES	YES
Time effect	YES	YES	YES
Wald chi2 (23)	46796.78	2630.55	14251.90
P	0.000	0.000	0.000
Observations	240	135	90
Number of ID	15	9	6
COUNTRY FE	YES	YES	YES
YEAR FE	YES	YES	YES

注：z-statistics in parentheses。*** $p<0.01$，** $p<0.05$，* $p<0.1$。

2. 基于各部门数字产品出口分组的模拟结果

表 7 是将各部门数字服务贸易出口作为因变量的模拟结果。

第（1）列是养老和保险金服务。除了服务业从业人员占比和互联网使用率两个指标没有通过显著性检验，其他都通过 1% 的检验。其中人均 GDP 和服务业占比产生显著为正的影响，说明一国人均 GDP 水平的提高和服务业规模的扩大有助于养老和保险金服务贸易出口。其他指标均产生显著负的影响，说明吸引外商直接投资能力并不能增加一个国家养老和保险金服务出口；法律保护程度越完善反而阻碍养老和保险金服务的出口；国际贸易税收占比收越低，越有利养老和保险金服务贸易的出口。同时服务业从业人员占比与互联网普及率不通过检验，可能这行业保险是属于资本密集型行业，即使服务业从业人员少及互联网使用普及率低也不影响养老和保险金服务贸易的出口。

第（2）列是金融服务出口。除了法律权利力度指数没有通过显著性检验之外，其他指标均通过检测。说明健全的法律保护，反而抑制金融服务的出口。人均 GDP、服务业占比和互联网普及率均通过 1% 的显著性检验，产生正的影响。如大力普及互联网有利于提高金融服务的触达能力。但是与服务贸易从业人员产生负的影响，说明金融服务的出口主要是受人员素质影响，而不是从业人员的多寡。

第（3）列是知识产权使用费用。人均 GDP、服务贸易规模、科技期刊文及互联网使用率四个指标通过 1% 的显著性检验，并且产生正的影响。说明国家人均收入水平的提高，第三产业的发展有助于知识产权使用费用的提高。同时互联网的普及率的提高有可能促进了知识和技术的外溢，使得从互联上获得知识和文化增多，加快了知识产权使用费用的出口。然而法律权利力度指数没有通过检验，说明国家的法律保护阻碍知识的传播，不利于此产品的出口。

第（4）（5）列分别是电脑、计算机和电信服务和其他商业服务。所有指标全部通过 1% 的显著性检验。与数字服务贸易出口结果类似。两列的区别在于服务贸易从业人员对其他商业服务产生显著正的影响，而对电脑、计算机和电信服务产生显著负的影响。这说明从业人员多寡以及吸引外商直接投资能力也直接影响到其他商业服务的出口。然而吸引外商直接投资能力对电脑、计算机和电信服务出口却产生显著负的影响。这可能是外商海外直接投资建设的本身与计算机、电脑和信息相关服务。本国生产本国消费，也就不存在出口。从实际数据来看，RCEP 成员国家的电脑、计算机和电信服务出口量占全球比例也是相当少的，主要是经济体发达国家向发展中国家出口，如美国等。

第（6）列是个人、文化和文娱服务。除了国际贸易税收占比没有通过 1% 的显著性检验外，其他指标均通过 1% 的显著性检验。这可能是因为是个人、文化和文娱服务本身的出口量不大，没有形成规模经济，因而国际贸易税率高低对此行业影响不是很大。

通过对六大部门出口模拟的结果进行比较，得知如下 3 点规律：第一，在控制了各种因素之后，一个国家的经济发展水平高低和服务业规模对细分的各部门的数字服务贸易出口影响比较显著的正向促进作用，说明要促进各部门数字贸易的出口，得加快提高一国的收入水平和加大服务业的规模及增加服务业的增加值。第二，降低国际贸易税率，对各部门的数字贸易出口有促进作用；目前来看，法律保持程度越好，反而抑制数字服务出口。第三，吸引外商直接投资对各部门的数字贸易各部门出口并没有促进作用。因而数字服务出口需要大力发展技术或是引进技术和人才。

表7　按出口服务部门分类的估计结果

变量	(1)	(2)	(3)	(4)	(5)	(6)
	养老和保险服务	金融服务	知识产权服务	电信、计算机和信息服务	其他商业服务	个人、文化和娱乐服务
lnPERGDP	0. 646 *** (9. 71)	0. 473 *** (13. 81)	0. 393 *** (40. 99)	1. 664 *** (44. 77)	0. 842 *** (38. 11)	0. 607 *** (15. 89)
lnPERSER	0. 856 *** (15. 53)	0. 677 *** (33. 16)	0. 547 *** (126. 85)	1. 808 *** (65. 39)	1. 469 *** (78. 65)	0. 697 *** (19. 23)
lnPEREMP	0. 024 (1. 15)	-0. 207 *** (-7. 05)	-0. 053 *** (-14. 55)	-0. 422 *** (-52. 42)	0. 039 *** (5. 70)	-0. 070 *** (-6. 74)
lnPERTAX	-0. 458 *** (-19. 77)	-0. 170 *** (-9. 46)	-0. 094 *** (-11. 68)	-0. 222 *** (-18. 97)	-0. 350 *** (-43. 15)	0. 016 (1. 00)
lnFDI	-0. 470 *** (-8. 19)	-0. 255 *** (-7. 51)	-0. 212 *** (-32. 10)	-0. 766 *** (-34. 87)	0. 156 *** (8. 24)	-0. 667 *** (-23. 57)
lnSci	-0. 403 *** (-7. 68)	-0. 072 ** (-2. 49)	0. 073 *** (5. 51)	-0. 973 *** (-44. 58)	-0. 238 *** (-18. 84)	-0. 229 *** (-10. 88)
lnNETUSER	-0. 044 (-1. 31)	0. 212 *** (10. 54)	0. 067 *** (6. 67)	0. 248 *** (14. 69)	-0. 123 *** (-8. 96)	0. 279 *** (13. 05)
lnLAW	-0. 255 *** (-7. 82)	0. 013 (0. 67)	-0. 008 (-0. 80)	-0. 439 *** (-25. 96)	-0. 288 *** (-19. 37)	-0. 363 *** (-26. 86)
Constant	-133. 537 *** (-11. 74)	-100. 216 *** (-12. 78)	-149. 605 *** (-65. 40)	-252. 966 *** (-36. 50)	-86. 279 *** (-32. 04)	-234. 333 *** (-40. 52)
Observations	240	240	240	240	240	240
Individual effect	YES	YES	YES	YES	YES	YES
Time effect	YES	YES	YES	YES	YES	YES

续表

变量	(1) 养老和保险服务	(2) 金融服务	(3) 知识产权服务	(4) 电信、计算机和信息服务	(5) 其他商业服务	(6) 个人、文化和娱乐服务
Wald chi2	12327.86	35290.01	476269.44	93667.14	801619.71	98594.68
P	0.000	0.000	0.000	0.000	0.000	0.000
Number of ID	15	15	15	15	15	15
COUNTRY FE	YES	YES	YES	YES	YES	YES
YEAR FE	YES	YES	YES	YES	YES	YES

注：z - statistics in parentheses； *** p <0.01， ** p <0.05， * p <0.1。

五、结论与建议

随着数字经济的全球化发展，如何推进本国数字服务贸易出口成为各国关注的焦点，本文采用 RCEP 内 15 个成员国的面板数据，对数字服务贸易出口的特点进行了研究，并采用 FGLS 方法检验了数字服务贸易出口的影响因素。本文通过计量结果分析可得出如下结论：

第一，RCEP 成员国数字服务贸易出口发展不平衡，高收入国家的出口占整个区域的 50% 以上。各部门数字服务贸易发展迅速，其中电信、计算机和信息服务增长领先。

第二，高收入国家和中低收入国家数字贸易出口影响因素有较大差异。高收入国家中，国际贸易税收占不通过显著性检验。服务贸易从业人员占比通过 1% 的检验，其他指标均通过 10% 的检验，并产生显著的影响。影响因素最大的是服务贸易占比。

第三，随着技术水平的提高，服务业人员的素质对数字服务贸易的出口的影响大于服务业人员的数量。而对于中低收入国家，服务业从业人员占比、科技期刊文及法律权利力度指数均不通过显著性检验。国际贸易税收却通过了 1% 的显著性检验，这与高收入国家呈现完全相反的结果，高收入国家更倾向于数字化服务，而中低等收入国家正处于第一产业的发展阶段，倾向于传统的服务业，他们对传统服务业的需求更大。中低收入国家发展需要宽松的法律环境，减少对人员或技术流动的限制。适当地降低国际贸易税收有利于当地数字服务贸易的出口。

第四，分部门数字贸易估计显示，人均 GDP、服务贸易占比和科技期刊文对各部门服务出口的影响最为显著。数字服务业从业人员占比、互联网使用普及率对保险和养老服务业出口不通过显著性检验；国际贸易税收占比对个人、文化和娱乐服务不通过显著性检验，说明影响较小；法律指数对金融服务业和知识产权费用服务不通过显著性检验。而电脑、计算机和电信服务和其他商业服务两个部门影响因素高度相似性。

通过以上研究提出如下建议：

第一，着力构建包容共赢的国际规则体系。目前，RCEP 成员国数字服务贸易发展极为不平衡，各国对数字服务贸易规则诉求存在较大差异。高收入国家主张高度开放的国际贸易环境，中低收入国家主张适度的保护以保障本国产业有足够成长空间。另外目前 RCEP 和现行的高标准数字规则存在一定差距。各成员国要加强数字贸易之间的对话。因此中国应积极参与数字服务贸易国际规则谈判，推动构建包容共赢的数字服务贸易全球治理体系，确保规则谈判公开、民主、透明。我国可把国内数字贸易规则与国际规则对接，以避免口径不一致形成贸易壁垒。有条件的地区，可先建立数字化自贸区，使区域数字贸易向自由方向发展。

第二，成员国要加快数字基础设施建设。数字服务贸易发展离不开数字基础设施的建设，而目前来看，中低收入国家互联普及率及基础设施均不理想。因此，需要进一步推动数字基础设施的建设，如加大数据高速流动平台、基站建立、光纤等建设力度，积极推进农村地区互联网普及程度，支持数字技术在服务贸易的发展和应用，进一步降低数字基础设施使用成本，缩小行业数字鸿沟和国家数字鸿沟。

第三，在 RCEP 框架下，加快落实数字服务贸易举措。RCEP 框架协议包含了“电子商务、海关程序和服务自由化、市场准入及贸易便利化、”等内容。各成员国要促进数字贸易发展，加快融入 RCEP 数字贸易市场网络，拓展同 RCEP 成员国在金融、保险、医疗和文化等特色领域合作，推进特色服务贸易发展。在促进跨境电商扩容发展方面，鼓励电子商务平台企业全球化经营，完善仓储、物流、支付等全球电子商务基础设施建设，支持企业借助跨境电商平台、数字营销及社交营销工具拓展国际市场。加快推进各成员国之间的物流、资金流、信息流和人流的充分流动。因此我国可利用这契机，出台利好企业的政策，助力融入全球价值链。

参考文献

[1] Weber R H. Digital trade in WTO – law – Taking stock and looking ahead [J]. Asian J. WTO & Int'l Health L & Pol'y, 2010 (5): 1.

[2] Gao H S. Regulation of digital trade in US Free Trade Agreements: From trade regulation to digital regulation [J]. Legal Issues of Economic Integration, 2017 (45): 47 – 70.

[3] 龚柏华. 论跨境电子商务/数字贸易的“eWTO”规制构建 [J]. 上海对外经贸大学学报, 2016, 23 (06): 18 – 28.

[4] 周念利, 陈寰琦. 数字贸易规则“欧式模板”的典型特征及发展趋向 [J]. 国际经贸探索, 2018, 34 (03): 96 – 106.

[5] 伊万·沙拉法诺夫, 白树强. WTO 视角下数字产品贸易合作机制研究——基于数字贸易发展现状及壁垒研究 [J]. 国际贸易问题, 2018 (02): 149 – 163.

[6] 高媛, 王涛. TISA 框架下数字贸易谈判的焦点争议及发展趋向研判 [J]. 国际商务 (对外经济贸易大学学报), 2018 (01): 149 – 156.

[7] 弓永钦, 王健. TPP 电子商务条款解读以及中国的差距 [J]. 亚太经济, 2016 (03): 36 – 41.

[8] 李杨, 陈寰琦, 周念利. 数字贸易规则“美式模板”对中国的挑战及应对 [J]. 社会科学文摘, 2016 (12): 58 – 59.

[9] 周念利, 陈寰琦, 黄建伟. 全球数字贸易规制体系构建的中美博弈分析 [J]. 亚太经济, 2017 (04).

[10] 张茉楠. 全球数字贸易战略: 新规则与新挑战 [J]. 区域经济评论, 2018 (05): 227.

[11] 张佳宁. 中国、美国、印度数字贸易国际竞争力及影响因素比较研究 [D]. 东华大学, 2021.

[12] 杨晓娟. 数字贸易的概念框架与统计测度 [J]. 统计与决策, 2022 (01):

5－10.

［13］贾怀勤，高晓雨，许晓娟，方元欣．数字贸易测度的概念架构、指标体系和测度方法初探［J］．统计研究，2021（12）：35－40.

［14］高晓雨．数字贸易测度的融合比法：从构念到实测［J］．科技创新 2021（10）：13.

［15］殷凤，陈宪．国际服务贸易影响因素研究与我国服务贸易国际竞争力研究，［J］．国际贸易问题，2009（02）.

［16］王恕立，刘军．外商直接投资与服务贸易国际竞争力——来自 77 个国家的经验证据．［J］．国际贸易问题，2011（03）.

［17］姚海棠，方晓丽．“金砖五国服务部分竞争力及影响因素实证分析，［J］．国际贸易问题，2013（02）.

［18］宋加强，王强．现代服务贸易国际竞争力影响因素研究——基于跨国面板数据［J］．国际贸易问题，2014（02）：96－104.

［19］毛冰，佘群芝．数字服务贸易发展对经济增长影响研究．［J］．南宁师范大学学报，2021（07）：19－36.

中韩自由贸易协定竞争政策研究

▶钟 威 钟立国

20 世纪 90 年代以来，为保证贸易投资自由化的目标不为各类私人反竞争商业行为所侵蚀，竞争政策议题被越来越多的自由贸易协定纳入规范范围，成为其重要议题之一。2015 年 6 月签订的《中华人民共和国政府和大韩民国政府自由贸易协定》（以下简称中韩自贸协定）涉及货物贸易、服务贸易、投资、电子商务、竞争政策、知识产权、环境与贸易、经济合作等方面的内容，也将竞争政策议题纳入其中，第 14 章“竞争政策”用专章共 13 条的篇幅制定了竞争政策规则。

一、中韩自贸协定竞争政策条款在中国自贸协定中的地位

与世贸组织其他成员相比，中国签订自由贸易协定的时间要晚得多，将竞争政策议题纳入自由贸易协定则更晚。

（一）中国自由贸易协定竞争政策条款的演化

我国在自由贸易协定中纳入竞争政策议题的时间可分为以下三个阶段：第一阶段，2009 年之前，在与东盟、中国香港和中国澳门、智利、巴基斯坦、新西兰、新加坡签订的自由贸易协定中，均未纳入竞争政策议题；第二阶段，2009—2010 年，在与秘鲁、哥斯达黎加签订的自由贸易协定中，用一个条款就竞争政策合作的问题作简单的规定；第三阶段，自

2013 年起，在与冰岛、瑞士、韩国、格鲁吉亚签订的自由贸易协定中，用专章的形式制定竞争政策规则。①

2009 年 4 月、2010 年 4 月与秘鲁、哥斯达黎加签订的自由贸易协定分别在第 11 章“合作、贸易关系促进与提升”第 126 条和第 12 章“合作”第 159 条就竞争政策合作和技术援助问题作了规定，但未缺乏具体安排。2013 年与冰岛、瑞士签订的自由贸易协定提升了竞争政策议题的地位，用专章的形式规范竞争政策议题，虽然也只有一个条款，但内容却要丰富得多，分别就竞争政策的目标、国内竞争法的实施、竞争执法合作及争端解决问题作了规定，具备了自由贸易协定竞争政策规则的基本内容，只是相关规则较为概括，缺乏可操作性。

2015 年 6 月签订的中韩自贸协定在采用专章形式规范竞争政策议题的前提下，极大地扩展了我国之前签订的自由贸易协定竞争政策的内容。中韩自贸协定第 14 章“竞争政策”共 13 条，除第 13 条属定义条款外，其他 12 个条款就竞争政策的目标、竞争法的国内实施、成员间的执法合作和争端解决等问题作了具体规定，是迄今为止我国签订的自由贸易协定中，竞争政策条款最多、内容最为丰富、规则最具可操作性的一项协定，为其后我国在自由贸易协定中规范竞争政策议题建立了良好的模板。从自由贸易协定规范竞争政策议题的角度看，对中国而言，中韩自贸协定具有里程碑式的意义。

（二）中韩自贸协定重视竞争政策议题的原因

中韩自贸协定之所以将竞争政策议题纳入协定规范的范围并用较大篇幅予以规范，主要有两个原因。

从竞争政策产生的历史来看，竞争政策与竞争法是一国国内的基本经济政策与法律规则，但随着全球贸易与投资自由化程度的不断加深，世界经济一体化趋势不断强化，竞争政策不再被认为是纯粹的国内政策，对私人反竞争商业行为规制的国际合作无可避免。[1] 经合组织贸易与竞争联合

---

① 其中，2015 年 6 月签订的中澳自由贸易协定未采用专章的形式规范竞争政策议题，而是在第 16 章“一般条款与例外”中用一个条款规定了竞争合作问题；而 2017 年与马尔代夫签订的自由贸易协定、2020 年与柬埔寨签订的自由贸易协定未纳入竞争政策议题。

工作小组指出，“贸易及投资的扩大使许多反托拉斯案件有了重要的国际成分，关税的降低使境内扭曲贸易的政策及非政府的反竞争行为的贸易障碍的影响力提高，贸易与投资障碍的降低使公司更容易从事反竞争行为以保护市场，从而使贸易自由化的成果越来越多地受到竞争法所管辖的限制性商业惯例的侵蚀”。[2] 因此亟须各国开展竞争政策的合作与协调。中韩自贸协定竞争政策规则即是两国政府加强此方面合作的表现之一。

自 20 世纪 90 年代之后，竞争政策议题已成为自由贸易协定规范的重要议题之一。为保持与世贸组织多边贸易纪律一致性与兼容性，各国纷纷签订“WTO - Plus”型的自由贸易协定，越来越多的自由贸易协定将竞争政策议题纳入其规范的范围。如在欧盟签订的 36 项自由贸易协定中，有 26 项对竞争政策作出了规定，约占总数的 72%。① 中韩自贸协定是一项贸易投资自由化水平较高的自由贸易协定。从总体开放水平看，除属高度敏感产品，中国 91% 的产品将对韩国实现零关税，覆盖中国自韩国进口总额的 91%；而韩国 92% 的产品将对中国实现零关税，覆盖韩国自中国进口总额的 95%。[3] 双方还在服务贸易、知识产权保护方面作出了较世贸组织多边贸易协定更高的承诺，同时还将投资纳入协定规范范围。中韩自贸协定如果不对私人反竞争商业行为进行规制，上述贸易投资自由化成果很容易受到侵蚀，因此需要有良好的竞争政策规则作为保证。

二、中韩自贸协定竞争政策的目标

尽管措辞各有不同，但几乎所有纳入竞争政策议题的自由贸易协定都明确规定了竞争政策的宗旨，即制定竞争政策规则所欲达成的目的。中韩自贸协定在第 14 章开篇第一条即对此作出了明确规定。

（一）竞争政策目标在自由贸易协定中的发展

自由贸易协定竞争政策的根本目的，在于防止私人反竞争商业行为减

---

① WTO, RTA database, http://rtais.wto.org/UI/PublicMaintainRTAHome.aspx, visited on 9 Jan. 2018.

损签订自由贸易协定所产生的贸易、投资自由化利益。实证研究表明，自由化的贸易政策并不能取代竞争法，在提升贸易、市场准入、全球经济的效率及消费者福利方面，两者起着相互补充的作用，而自由化的投资政策与竞争政策之间也存在着重要联系。① 自由贸易协定的各成员国意识到，私人特别是跨国公司的反竞争商业行为会阻碍自由贸易协定贸易投资自由化目标的实现，因此需要适用竞争规则以避免协定产生的利益被反竞争商业行为抵销或减损。最早将竞争政策议题纳入自由贸易协定的《北美自由贸易协定》第 15.1 条即规定成员应承担制定或维持各自的反托拉斯法、在发生反托拉斯行为时应采取适当的措施、就各成员反托拉斯法的有效性进行磋商等三项义务，以保证《北美自由贸易协定》得到有效的实施，保证该协定贸易投资自由化利益得以实现。《北美自由贸易协定》的这一规定得到了其后签订的自由贸易协定的承继，成为自由贸易协定纳入竞争政策议题的核心目标。

近十年来，随着自由贸易协定贸易投资自由化水平不断提升，使得贸易与竞争政策、消费者保护之间的关系表现得越来越明显，提高市场的有效竞争与强化对消费者的保护，成为维护市场经济健康的必要措施。[4] 增进消费者福利也成为自由贸易协定竞争政策的目标之一。2014 年 4 月签订的《澳韩自由贸易协定》第 14.1 条即规定，缔约各方承认，就相互间涵盖事项进行合作，就潜在限制双边贸易与投资的反竞争行为进行规制，对实施竞争政策以促进竞争及提高经济效率和消费者福利，都具有重要意义。该协定竞争政策的目标从保证贸易投资自由化利益得到实现扩展到促进竞争、提高经济效率和增进消费者福利等方面。

（二）中韩自贸协定的具体规定

中韩自贸协定关于竞争政策目标的规定也反映了自由贸易协定的上述发展。该协定第 14 章“竞争政策”第 1 条规定，各缔约方认识到，禁止

---

① Trudi Hartzenberg, *Competition Policy in SADC* 4, available at https://www.tips.org.za/research – archive/annual – forum – papers/2002/item/244 – competition – policy – in – sadc, visited on 9 Jan. 2018.

经营者的反竞争商业行为，实施竞争政策，针对竞争问题开展合作，有利于防止贸易自由化利益受损，有利于提高经济效率和增进消费者福利。该协定“竞争政策”一章赋予中韩两国三项义务，即实施竞争政策、禁止私人实施反竞争商业行为、针对竞争问题进行合作，通过履行此三项义务，达到防止贸易自由化利益因私人反竞争商业行为而受损、提高经济效率和增进消费者福利等目的。

中韩自贸协定竞争政策的目标包括确保签订自由贸易协定所产生的贸易利益不被私人反竞争商业行为所损害、提高经济效率、增进消费者福利等三项，这与包括《澳韩自由贸易协定》在内的其他自由贸易协定的规定高度一致。不同之处在于，中韩自贸协定没有将限制投资的反竞争商业行为明确纳入竞争政策的合作领域，虽然投资也是中韩自贸协定规范的重要对象之一。

三、中韩自贸协定竞争政策的特点

中韩自贸协定第 14 章“竞争政策”共 13 条，分别就竞争政策的目标、竞争法的国内实施、缔约双方竞争执法的合作及争端解决等方面的问题作了具体规定。与其他国家自由贸易协定竞争政策规则相比，该协定表现出自身的特点。

（一）强调竞争法的国内实施

竞争法的国内实施是中韩自贸协定“竞争政策”一章的核心内容之一，该协定对此作了非常具体的规定。协定第 14. 2 条首先要求缔约各方应维持、实施国内竞争法，保持设立一个或多个竞争机构负责其本国竞争法的执法工作，以促进和保护市场竞争。这是自由贸易协定对缔约国实施竞争法最基本的要求，无论是美式还是欧式自由贸易协定；[①] 其次，协定第 14. 3 条、第 14. 4 条规定了竞争执法应遵循的透明、非歧视和程序正义三

① *US – Korea FTA*, *Article* 16. 1; *EU – Korea FAT*, *Article* 11. 1, 11. 3.

大原则。透明度原则要求各缔约方应以网络等方式公开其包括调查程序规则在内的有关竞争政策的法律法规，应确保所有认定违反竞争法的最终行政决定以书面形式作出并提供作出该决定的事实和法律依据，除包含商业秘密信息或按照法律规定不宜公开的信息外各缔约方应根据其法律法规尽量公开决定和命令；非歧视原则要求在竞争执法过程中，各缔约方给予非本方相对人的待遇应不低于本方相对人在同等条件下享有的待遇；程序正义原则要求各缔约方应确保调查相对人享有的正当权利。

在协调成员国国内竞争法方面，中韩自贸协定既没有像《北美自由贸易协定》对反竞争商业行为不作任何解释，也没有如《欧韩自由贸易协定》直接协调成员国竞争法规制的对象，而是通过定义“反竞争商业行为”概念明确了缔约双方竞争法规制的对象。协定第 14. 13 条指出，反竞争商业行为是指对一缔约方境内市场竞争产生负面影响的商业行为或交易，列举了垄断协议、滥用市场支配地位、经营者集中等三项典型的反竞争商业行为。[①] 通过定义的方式对缔约双方国内竞争法进行协调，既防止了两国竞争法规制对象出现较大差异，又避免了对成员国立法主权的限制。

（二）重点规范国内竞争执法的合作

成员间竞争执法合作历来是自由贸易协定竞争政策的重要内容。第一次将竞争政策议题纳入其规范范围的《北美自由贸易协定》就明确规定，各成员竞争执法机构相互间的合作与协调对竞争法在自由贸易区内的有效实施具有重要意义，各成员应在竞争法的实施政策方面进行合作。[②] 此一规定为其后有关自由贸易协定所承继，如《跨太平洋伙伴关系协定》即用两个条款就成员间竞争执法合作问题作了较详细的规定。[③]

成员间的执法合作是中韩自贸协定“竞争政策”一章另一核心内容，共用了 6 个条款即该章一半的条款制定竞争执法合作的具体规则。与其他

---

① 此一定义与我国《反垄断法》第 3 条的规定高度一致。

② *North America Free Trade Agreement*, Article 1501. 2.

③ *Trans – Pacific Partnership Agreement*, Article 16. 4, 16. 5.

自由贸易协定相比，中韩自贸协定关于竞争执法合作的规定，更细致、具体，更具可操作性。缔约双方认识到在竞争领域的合作与协调对促进有效竞争执法具有重要意义和开展消费者保护相关事务合作的重要性，双方为此将在竞争领域和消费者保护领域开展合作。缔约一方如果认为其执法活动可能对另一缔约方重要利益产生实质性影响，则应通过其竞争机构向另一缔约方竞争机构通报其执法活动。在不违反一方竞争法且不影响任何正在进行的调查的情况下，开展调查的缔约方应尽量在调查的早期阶段履行其通报义务；为促进缔约双方相互理解，或为处理“竞争政策”一章在执行过程中出现的特定事项，缔约一方可请求与缔约另一方进行磋商；应另一缔约方请求，一缔约方应尽力提供相关信息，只要不影响正在进行的调查且符合有关法律法规。如果一缔约方请求另一缔约方提供有关特定商品、服务、市场的竞争法豁免和免责的公开信息，并提出证据表明该豁免或免责可能会妨碍缔约双方间的贸易自由化，另一缔约方应当向其公开相关信息；为了提高缔约双方执行竞争政策与竞争法的能力，双方将通过经验交流、以培训项目实现的能力建设、举办研讨会、科研合作等方式开展技术合作。

（三）第一次规范国有企业问题

国有企业问题一直是美式和欧式自由贸易协定竞争政策规范的重点问题。①《北美自由贸易协定》即用竞争政策 4 个实质条款中的 2 个条款，分别规范指定垄断与国有企业；《跨太平洋伙伴关系协定》进一步提升了国有企业的地位，用单独一章共 15 个条款专门规范国有企业与指定垄断问题。

由于国有企业在我国经济、社会中所具有的特殊地位，我国在签订自由贸易协定时对国有企业问题一直采取避而不谈的态度。[5] 在我国签订的涵盖竞争政策议题的 7 项自由贸易协定中，除中韩自贸协定外，都只涉及

---

① 根据有关国家签订的自由贸易协定，竞争政策所指的国有企业其实包括两类企业，即“国有企业”与“指定垄断”。

竞争法的国内实施与竞争执法的合作两个问题，均未规范国有企业。

与其他国家签订的自由贸易协定不同，中韩自贸协定没有使用“国有企业”与“指定垄断”的概念，而是使用了“公用企业”与“享有特殊权利或排他性权利企业”的概念。该协定没有界定何谓“公用企业”，没有解释“公用企业”与“国有企业”之间的关系。根据我国国家工商行政管理局于1993年12月24日颁布的《关于禁止公用企业限制竞争行为的若干规定》第2条，“公用企业”是指涉及公用事业的经营者，包括供水、供电、供热、供气、邮政、通信、交通运输等行业的经营者。由此可见，“公用企业”是“国有企业”的一部分，只是与一般国有企业相比，公用企业具有一定的公益性和社会福利性质，且在某一经营领域具有法律赋予的独占经营地位。根据协定第14.5条第3款的注释，“享有特殊权利的企业”的“特殊权利”，是指缔约一方指定或限定两个或更多企业享有提供商品或服务的权利，而此指定并非按照客观、成比例和非歧视标准确定的，或者一缔约方授予某些企业法律上或法规上的优势，而此优势将影响其他企业提供相同商品或者服务的能力。由此可见，享有特殊权利或排他性权利的企业，其实就是其他国家签订的自由贸易协定中所指的“指定垄断”。

中韩自贸协定并不妨碍一缔约方创立和保持公用企业，或者赋予企业以特殊权利或排他性权利；对于公用企业以及享有特殊权利或排他性权利的企业，缔约任一方均应禁止上述企业实施反竞争商业行为，并对此类行为应采取相应措施；缔约双方应保证上述企业受本国竞争法的约束，但不应在法律上或事实上阻碍上述企业执行指派给该企业的特殊任务。中韩自贸协定的规定保证了缔约双方的公用企业与指定垄断仍受缔约一方国内竞争法的规制，其反竞争商业行为应被禁止，这有利于为其他企业与此类企业的竞争创造中立的环境。

（四）未规定竞争政策争端的解决办法

在竞争政策争端解决方面，中韩自贸协定采取了类似于《北美自由贸易协定》的做法，即明确规定排除自由贸易协定一般争端解决机制的适用，但有关争端如何解决，协定未作出具体规定。

中韩自贸协定第14.12条名称即为“争端解决”，该条共2款。该条第1款是关于缔约双方就在缔约一方境内发生的反竞争商业行为如何处理发生争议时的规定。如果一缔约方认为，某一行为持续影响本章所指双边贸易，该方可以要求在联合委员会进行磋商，以促进该问题的解决。如果在缔约一方境内发生的反竞争商业行为持续影响到双边贸易，另一缔约方可以要求在联合委员会框架下进行磋商，即对该反竞争商业行为如何处置进行协商，这其实是在其他区域贸易协定中规定的“积极礼让原则”。[6]只是中韩自贸协定采取了更为委婉的方式，不允许缔约一方直接请求缔约另一方采取必要的措施，而是要求在联合委员会框架下通过磋商来解决问题。

该条第2款是关于“竞争政策”一章在执行过程中发生争议时处理方法的规定。该款规定，对于该章项下产生的任何事项，任何一缔约方不得诉诸该协定第20章“争端解决”。此规定排除了在“竞争政策”一章框架下发生的争议适用中韩自贸协定第20章规定的一般争端解决程序的可能性，但对具体采用何种方法解决相关争议则未作规定，此类争端的解决办法实为空白。

四、对未来中国自贸协定竞争政策的启示

随着我国社会主义市场经济体制日趋完善、国内反垄断执法经验日益丰富及自由贸易协定贸易投资自由化水平不断提升，竞争政策议题在我国未来签订的自由贸易协定中的地位必将更为重要。我国在中韩自贸协定中所获得的经验，对未来如何在自由贸易协定框架下结合自身国情制定竞争政策规则会有诸多启示。

（一）根据经济一体化目标选择适当的竞争政策规范模式

不同类型的区域贸易协定关于竞争政策议题的具体规定千差万别，但概括起来，这些协定的竞争政策条款可归为四种模式。一是集中体制，区

域贸易协定制定了在成员国统一适用的竞争政策规则，这些规则具有直接效力而在成员国直接适用，且建立了专门的机构负责竞争规则的具体实施；二是部分集中体制，区域贸易协定制定了统一的、具有直接效力的竞争规则，区域机构有权受理申诉和发起独立调查，但必须与成员国的竞争机构和法院进行合作以处理相关案件；三是部分分权体制，即在区域层面上制定了统一的反垄断法，但并没有设立区域机构负责统一实施，而是交由成员国自行实施、执行；四是分权体制，区域贸易协定没有制定统一的竞争实体规则，也没有设立统一的区域机构，而是强调成员国间在竞争政策领域的合作与协调。在这四种模式中，前三种模式都在区域层面上制定了统一的竞争规则，只是在执行与实施的方式上存在差别，采用这三种模式的区域贸易协定的一体化目标都较高，包括关税同盟、共同市场和经济同盟。[①] 自由贸易区只需要在成员国之间实现贸易投资的自由化，并不以建立统一市场为目标，不要求商品、人员、劳务和资本在成员国之间的全面自由流动，对竞争政策的要求远不如共同市场那么高，因此几乎没有自由贸易协定制定统一的竞争规则。[②]

从上文对中韩自贸协定竞争政策规则的分析不难看出，协定没有制定统一的竞争实体规则，只是要求维持、实施各自的反垄断法，强调两国间通过通报、磋商、信息交换、技术合作等方式开展竞争执法合作；没有建立专门的机构负责实施，也排除了一般争端解决程序的适用，因此该协定竞争政策一章显然采用了分权体制这一模式。

对我国而言，迄今为止签订的所有22项区域贸易协定均属于自由贸易协定，正在谈判和正在研究中的区域贸易协定，包括《区域全面经济合作伙伴关系协定》，均采用自由贸易协定的形式，以在成员国之间建立自由

---

① 国际货币基金组织将区域贸易协定分为自由贸易区、关税同盟、共同市场和经济同盟四大类。Naheed Kirmani，Nur Calika，Richard T. Harmsen，Michael P. Leidy，Arvind Subramanian，Peter Uimonen，International Trade Policies：The Uruguay Round and Beyond，Vol. II，Background Papers，Washington，D. C.，Feb. 8，1995：90.

② 《澳新更紧密经济关系协定》是个例外。虽然依该协定的规定，澳大利亚与新西兰旨在两国间设立自由贸易区，但由于两国间特殊的地理位置与经济关系，该协定所确立的贸易投资自由化规则高于一般的自由贸易协定。

贸易区为目标，因此不需要采用集中体制、部分集中体制与部分分权体制。在我国未来与他国签订自由贸易协定时，应充分利用在中韩自贸协定中获得的经验，坚持在分权体制此一模式下设计相关竞争政策规则。

（二）进一步优化国内竞争法实施规则

中韩自贸协定虽是中国自由贸易协定竞争政策内容最丰富的协定，但有些规定仍不够完善，特别是竞争法的实施规则。我国未来与他国签订自由贸易协定时，需进一步优相关规则，以确保贸易投资自由化目标得到充分、有效的实现。

我国未来签订自由贸易协定时，可首先考虑对竞争执法中的程序正义原则作更具体、详尽的规定，使规则更具可操作性。中韩自贸协定在第 14. 3 条规定了缔约各方竞争法国内实施时应遵循透明、非歧视和程序正义三大原则。协定第 14. 3 条为程序正义原则确立了两个标准，一是允许行政相对人提出相关证据，二是对当事人应提供行政复议或司法复审的机会。此两条标准是程序正义原则最核心的内容，但并不是全部内容，要保证程序正义原则得到充分尊重，还需要其他措施加以保证。此方面可借鉴《美韩自由贸易协定》的规定。依该协定第 16. 1 条，缔约各方应确保行政相对人享有以下权利：有提交证据并在听证会上出示的机会；有合理机会对任何出席听证会的证人进行交叉询问；对任何作为裁决基础的证据或其他资料，有权进行评论、驳斥；为相关当事人就裁决结果或可获得的救济提供司法复审的机会。中韩自贸协定与《美韩自由贸易协定》相关规定的差别体现在三个方面：其一，中韩自贸协定只规定行政相对人有权提出证据为自己辩护，但没有明确规定缔约方应确保相对人提出的这些证据可以在听证会上出示；其二，中韩自贸协定没有规定当事人有合理机会对证人进行交叉询问；其三，中韩自贸协定没有规定当事人有权对相关证据进行评论、驳斥。补充上述三个方面的规则，对程序正义原则的实现具有重要意义，有利于提高缔约各方依国内法发起的反垄断调查程序的公正性，也有利于提高具体反垄断措施的合法性。

我国未来签订自贸协定时，还可考虑补充保护消费者的相关规定。中韩自贸协定第14.1条虽指出增进消费者福利是其竞争政策的目标之一，但并未就如何增进、保护消费者利益作出任何具体规定。《美韩自由贸易协定》关于规范竞争政策的目标的规定与中韩自贸协定非常一致，但前者还在第16.6条中就跨境消费者保护制定了非常具体的规则。该条规定，缔约双方应在消费者权益保护法的实施和共同关注的案件等方面进行合作，特别是应就消费者保护政策进行磋商、就消费者保护法的立法与实施交换信息，应强化调查和阻止欺诈消费者的商业行为领域的合作，就如何减少跨境违反消费者保护法进行磋商，并支持实施经合组织2003年保护消费者免受跨境欺诈商业行为指南。我国可借鉴《美韩自由贸易协定》的做法，在竞争政策一章中设立专门的消费者保护条款，制定具体规则促使缔约双方在消费者保护领域进行有效合作，打击跨境商业欺诈行为，使消费者权益得到充分、有效的保护。如果要求缔约方修改相关国内法以促进消费者保护法的实施要求过高的话，在消费者权益保护法领域就立法与执法进行合作还是非常必要的。

（三）逐步强化国有企业与指定垄断规则

是否将国有企业与指定纳入竞争政策议题规范范围，如何合理规范国有企业与指定垄断，是我国与贸易伙伴商签自由贸易协定时面临的难题之一。中韩自贸协定虽在此方面迈出了第一步，制定了公用企业与指定垄断规则，但并未被其后签订的自由贸易协定所承继，因此我国的态度仍然非常模糊。鉴于规范国有企业与指定垄断有助于逐步推进国有企业改革，未来可结合我国国有企业改革的进程及商签自由贸易协定的重要性，在有关自由贸易协定中制定国有企业与指定垄断规则。

从国内层面来看，深化国有企业改革一直是党和政府的重要目标，中共中央、国务院于2015年8月24日发布的《关于深化国有企业改革的指导意见》即要求进一步加强国有企业改革，完善相关立法。党的十八届三中全会后，我国国有企业改革的目标之一，就是尽可能减少政府给予的非商业性援助和支持，这与《跨太平洋伙伴关系协定》强调的竞争中立规则和国有企业规则框架方向一致。[7]我国在竞争政策规则中接纳透明度义务、商业考量义务和非商业性资助义务，有助于我国国有企业改革目标的实现。

从国际层面来看，国有企业与指定垄断是我国在未来的自由贸易协定谈判中无可回避的谈判议题。我国目前正在参与谈判的《区域全面经济合作伙伴关系协定》就包含竞争政策议题。[①] 该协定的谈判国日本、澳大利亚、新西兰、新加坡等都参与了《跨太平洋伙伴关系协定》的谈判，韩国虽然没有参加，但早已与美国签订了自由贸易协定，这些国家接纳以《跨太平洋伙伴关系协定》国有企业规则为样板的谈判条款，应该没有太大的难度。这意味着在《区域全面经济合作伙伴关系协定》的谈判中，我国需要同意对国有企业进行较高水平的规制。

在未来商签自由贸易协定时，我国可将国有企业问题纳入谈判的范围，通过谈判制定合理的国有企业规则，并在透明度、非歧视待遇方面制定较详细、具体的规则；而在商业考量、非商业性资助方面，考虑到国有企业改革的渐进性，可使用宣示性语言制定较抽象的规则，以减少我国履行此方面义务的负担。

（四）制定适当的争端解决规则

对竞争政策争端如何解决，区域贸易协定的规定各不相同。一体化程度较高的、以建立共同市场为目标的区域贸易协定，通常设立统一的争端解决机制；一体化程度较低的自由贸易协定，通常明确排除协定一般争端解决机制的适用，但如何解决此类争端，则有两种处理方法。一些自由贸易协定如《北美自由贸易协定》，未就此作出任何规定；一些自由贸易协定如《美澳自由贸易协定》，规定由协定双方通过磋商解决。《跨太平洋伙伴关系协定》的规定发生了重大变化。协定第 16 章“竞争政策”关于争端解决的规定与《美澳自由贸易协定》的规定一致，第 17 章“国有企业与指定垄断”除规定相关争议可采用磋商的方法予以解决，还因实施第

---

① Department of Foreign Affairs and Trade, Guiding Principles and Objectives for Negotiating the Regional Comprehensive Economic Partnership, available at http: //dfat. gov. au/trade/agreements/rcep/Documents/guiding - principles - rcep. pdf, visited on 10 Jan. 2018.

17.4 条“非歧视待遇和商业考虑”、第 17.6 条“非商业性资助”而产生的争端，必须适用协定第 28 章“争端解决”的规定予以解决。这突破了此前竞争政策条款争议不得适用自由贸易协定一般争端解决机制的规定。

中韩自贸协定似乎沿用了韩国的习惯做法，在排除协定一般争端解决机制适用的基础上，对争端解决方法不作规定。在竞争政策一章内容得到丰富与发展后，争端解决方法的空缺无疑会妨碍该章规则的有效执行。

随着我国综合国力的不断提升，我国未来签订的自由贸易协定贸易投资自由化的水平将不断提高，这需要更为完善的竞争政策规则作为协定有效实施的支撑；而我国市场经济体制的不断完善与国内竞争政策执法经验的日益丰富，也为在自由贸易协定中制定更为完善的竞争政策规则包括争端解决规则打下了良好的基础。在未来签订自由贸易协定中，可在排除协定一般争端解决机制适用的前提下，增设磋商条款，规定就竞争政策一章的解释、适用发生的争议采用磋商的办法予以解决。① 之后，随着自贸协定贸易投资自由化水平的不断提高，可借鉴《跨太平洋伙伴关系协定》的做法，对竞争政策规则中就成员国核心义务所发生的争议，考虑适用自由贸易协定设立的一般争端解决机制，促使成员国更好地履行相关条约义务。而核心义务的范围，可结合不同协定贸易投资自由化的水平、竞争政策的目标及相关义务的重要性而有所变化。

参考文献

［1］Sung－joon Cho，GATT Non－Violation Issues in the WTO Framework：Are They the Achilles' Heel of the Dispute Settlement Process，Harvard International Law Journal，Vol. 39，No. 2，1998：327.

［2］Ignacio De Leon，The Dilemma of Regulating International Competition Under the WTO System，European Competition Law Review，Vol. 18，No. 3：162－177.

［3］商务部国际司：《中华人民共和国政府和大韩民国政府自由贸易协定 50 问》，中国自由贸易区服务网，2015 年 6 月 2 日，http：//fta. mofcom. gov. cn/article/chinako-

① 值得注意的是，这一点在 2016 年与格鲁吉亚签订的自由贸易协定中得到了体现。参见《中国格鲁吉亚自由贸易协定》第 10 章第 10 条、第 11 条的规定。

rea/koreanews/201506/21923_1. html，2018 年 1 月 9 日访问。

［4］L. Sylvan，Activating Competition：the Consumer – Competition Interface，12（2）Competition & Consumer Law Journal191 – 206（2004）.

［5］漆彤，窦云蔚．论《跨太平洋伙伴关系协定》国有企业透明度规则［J］．武大国际法评论，2016（02）：171.

［6］王晓晔，吴倩兰．国际卡特尔与我国反垄断法的域外适用［J］．比较法研究，2017（03）：144.

［7］罗长远．从 TPP 看中国国企改革［N］．东方早报，2016 – 12 – 27（09）.

RCEP背景下我国海运口岸通关便利化水平评价体系研究

▶高　洁

RCEP（区域全面经济伙伴关系协定）于2022年1月1日正式生效。它覆盖了全球约30%的人口和GDP，是全球规模最大的自由贸易协定之一，对促进东亚、南亚地区通关便利化具有重要的意义。随着RCEP缔约国贸易关系的推进，进一步深化通关便利化改革、提升成员国间的贸易便利化水平，对促进形成区域一体化大市场具有重要意义。

目前，国际上对通关便利化的定义尚无清晰界定，但普遍认为其是贸易便利化衍生概念。虽然不同的国际组织对贸易便利化的界定各有侧重点，但一般应包括在贸易活动中，改善边境行政程序，特别是简化海关手续及对“边境后措施”的改变等。通过对相关国际组织和我国《海关法》等梳理，本文将通关便利化的内涵界定为通过对通关程序的简化、适用法律和规定的协调、基础设施的标准化和改善，为外贸经济创造协调、透明、可预见的环境，即对外贸货物通关程序的简化与协调。

一、研究现状及评述

（一）关于贸易便利化的研究

Wilson等（2003）研究了亚太地区贸易便利化水平，采用计分法测算了各国的贸易便利化程度，分别从港口效率、监管环境、海关环境和电子商务使用四个方面进行考量，认为贸易环境较好的国家通过增强贸易便利化水平可以提高进出口效率，进而扩大整体的进出口贸易规模。胡加祥（2016）通过研究表明《贸易便利化协定》的实施可以提高通关的便利程度，更有利于稳固中国世界贸易大国的地位，促进通关口岸治理走上更加现代化发展的道路。张亚斌（2016）通过研究表明贸易便利化会比贸易自由化带来的更大的经济作用，更能提升社会的整体福利水平。赵鑫（2015）分析了我国服务贸易出口情况，认为贸易便利化对于促进中国服务贸易出口起到了正面的促进作用，与经济总量和人口水平相比，贸易便利化对于推动我国服务贸易的发展起到更显著的作用，已成为推动我国服务贸易出口的中坚力量。李波等（2017）通过构建 DID 模型，并对产业集聚的外部性进行分析，得出贸易便利化会促进地区产业增长的结论。

（二）关于通关便利化的研究

钟敏（2017）结合世界贸易发展形势，深入研究中国海关通关便利化情况，对阻碍通关环节问题进行了详细阐述，并提出了合理化建议和对策。林炎君（2020）结合拱北海关通关便利化新模式，提出了实施通关便利化新模式的具体策略。马惠兰（2013）针对中国农产品出口上海合作组织国家的障碍，从通关便利措施、通关流程及模式、海关工作时间、绿色通道、电子口岸、配套服务及物流仓储 6 个方面探讨了中国农产品向西出口便利通关的影响及对策。李晨阳（2010）以云南省的海关为研究对象指出海关的口岸基础设施规划与建设落后，软环境发展与通关便利化要求不相适应，通关政策制度与国际要求也不契合，通关便利化措施与外方对接困难，口岸基层部门人员编制紧张。杨素琳（2015）对东盟的研究中指出各成员国的通关监管存在差异，并且重复性监管增加了通关成本，通关手续复杂。姚陈敏（2016）研究“一带一路”倡议下我国口岸的发展，指出口岸不仅基础设施建设滞后，口岸的协调管理机制也存在一定的问题，口岸的调控存在政府与市场的矛盾。

（三）关于 RCEP 背景下提升贸易便利化及通关便利化对策的研究

贾紫薇（2022）以 RCEP 为大框架，充分运用具体规则，深入对 RCEP 通关便利化规则的分析。她认为要充分实施 RCEP 规则，完善现代化海关制度，优化口岸通关协同机制，并制定符合国际标准的跨境电子商务规则，以提升通关效率，促进贸易发展，并缩小与 RCEP 标准的差距。闫晗等（2024）通过对 RCEP 贸易便利化规则进行系统剖析，通过借鉴新加坡等国先进口岸经验，探讨如何通过改革创新，打造高效、便捷、安全的国际一流口岸营商环境，为优化我国口岸营商环境、缩小我国口岸贸易便利化水平提供政策建议和实践经验。詹金良（2024）基于 GTAP 模型对跨境货物通关时间成本进行量化研究，模拟 RCEP 成员国降低货物通关时间的相关影响，得出了降低跨境货物通关时间对提高 RECP 缔约方福利水平、扩大进出口、促进劳动力就业、提高资本净回报率等方面具有显著的拉动作用。

现有研究主要是针对贸易便利化的研究，特别是在构建影响因素及评价体系方面的研究较为成熟，一般是基于 Wilson 等（2003）构建的指标体系，采用《全球竞争力报告》数据进行测算，但是关于通关便利化的研究还多停留在政策或定性研究方面，极少有涉及通关便利化指标体系的研究。RCEP 生效后，对海关和贸易便利化、电子商务等条款作出了一些新的规定，对口岸通关提出了新的要求和挑战。本文在比较 TFA、CPTPP 和 RCEP 的相关条款变化的基础上考量影响通关便利化水平的主要因素，并构建 RCEP 背景下通关便利化水平评价体系，为进一步探究 RCEP 背景下我国及部分东亚、南亚国家通关便利化水平研究提供前期理论基础。为推进口岸通关体制，提升口岸高水平发展和国际竞争力提供决策依据。

二、TFA、CPTPP、RCEP 关于通关便利化的规定

TFA 旨在通过简化和标准化国际交易程序来促进全球贸易的效率，降低成本，并创造就业机会，也是世界贸易组织（WTO）的一个里程碑式的协定。TFA 于 2017 年 2 月 22 日正式生效，这是 WTO 自 1995 年成立以来达成的首个多边贸易协定，由三个大部分构成，总共 22 条，主要内容包括提高跨境贸易的效率、增加透明度、利用新技术，以及鼓励成员国之间的合作等。CPTPP 于 2018 年 12 月 30 日正式生效，旨在促进成员国之间的商品、服务和技术、人才、资金、数据等要素的自由流动，以及经济的共同发展。CPTPP 协议文本第五章“海关管理和贸易便利化”规定成员国保证其海关程序以可预测、一致和透明的方式施行，从而促进贸易便利化。RCEP 协议文本第四章“海关程序和贸易便利化”规定，提供与进口、出口或过境手续和程序相关的额外的贸易便利化措施。由此可见，三大贸易协定都注重贸易便利化，从而促进国际贸易往来。

RCEP 第四章“海关程序和贸易便利化”通过 21 个条款，设定 15 个成员国简化海关程序、提高效率、降低成本的政策和措施。与 TFA 和 CPTPP 相比，RCEP 关于海关程序和贸易便利化的规定更加完善。一是 RCEP 提出执法一致性问题，一般要求缔约方应当保证海关法律法规在其关税领土内一致实施和适用。二是 RCEP 预裁定条款为通关提供可预测和确定性，明确可申请预裁定的范围除归类及原产地以外，还将用于确定完税价格方法或标准纳入预裁定范围，预裁定规定期限一般为 90 天，有效期至少 3 年。三是 RCEP 对进出口企业的法律救济渠道进行了明确规定，特别是海关不应因为企业提起复议或诉讼而对企业今后正常的进出口经营行为实施不公平对待。四是 RCEP 进一步明确了海关程序中的时间要求，一般货物尽可能在货物抵达后和提交所有海关通关所需信息后 48 小时放行，易腐货物尽量 6 小时内放行。见表 1。

表 1　　　　RCEP、CPTTP、TFA 通关便利化规定比较

指标	TFA	CPTPP	RCEP
透明度	公布信息； 为利害关系人提供评论机会； 法律法规生效前尽早公布	公布信息； 为利害关系人提供评论机会（60 天）； 提前公布其拟采用的法律法规； 尽可能使用英语公布信息	列明详细信息内容； 为利害关系人提供评论机会； 法律法规生效前尽早公布； 信息公布的语言没有要求
一致性	未作规定	保证其海关程序一致	保证缔约方海关法律法规在关税领土内一致
贸易咨询点	建立咨询点； 鼓励免费咨询	建立咨询点； 在线提供咨询	建立咨询点
装运前检验	禁止使用与税则归类和海关估价相关的装运前检验； 鼓励不再采用新的装运前检验要求； 允许以卫生和植物卫生为目的的装运前检验	未作规定	禁止使用与税则归类和海关估价相关的装运前检验； 鼓励不再采用新的装运前检验要求； 允许以卫生和植物卫生为目的的装运前检验
抵达前处理	允许货物抵达预先提交进口信息； 酌情规定以电子格式提交单证	允许货物抵达前以电子格式预先提交进口信息； 允许货物在提供担保的情况下（有条件）提前放行； 允许货物在抵达地放行	允许货物抵达前以电子格式预先提交进口信息； 允许货物在提供担保的情况下（有条件）提前放行； 未规定是否允许货物在抵达地放行
海关预裁定	预裁定内容包括税则归类、原产地，鼓励对海关估价、关税减免、配额等提供预裁定； 公布作出预裁定的期限； 公布预裁定有效期	预裁定内容包括税则归类、原产地、海关估价及其他事项； 申请人是否在当地注册无规定； 作出预裁定期限尽可能在 150 天内； 有效期至少 3 年	预裁定内容包括税则归类、原产地、海关估价及其他事项； 申请人须在当地注册或有法人代表； 作出预裁定期限 90 天内； 有效期至少 3 年
审查和上诉机制	稽查中获得的信息可用于行政或司法程序	有权进行行政复议及司法审查	有权行政上诉或复议及司法上诉或审查

续表

指标	TFA	CPTPP	RCEP
风险管理	设立风险管理制度 避免歧视或限制； 高风险货物的集中监管和低风险货物快速放行； 允许随机挑选货物进行风险管理； 通过选择性标准的风险评估进行风险管理	设立风险管理制度； 查验集中于高风险货物及简化低风险货物通关	设立风险管理制度； 避免歧视或限制； 高风险货物的集中监管和低风险货物快速放行； 允许随机挑选货物进行风险管理； 通过选择性标准的风险评估进行风险管理
口岸信息化	允许选择以电子方式支付海关费用	使海关用户可使用电子系统； 使用电子化或自动化系统进行风险分析和定向； 努力使进出口数据实行共同标准； 酌情考虑通过 WCO 相关方法便利政府间电子数据共享； 努力使进出口商在单一接入点通过电子方式完成标准化的要求	基于国际标准，应用信息技术以支持海关运行； 使用可以加速货物放行的海关程序的信息技术
税务征管	避免在处罚和关税的认定和收取方面发生利益冲突； 将货物放行与关税、国内税及其他费用的最终确定相分离	每一缔约方应保证维持措施以避免在课征和收缴罚金和关税时出现利益冲突； 不得将政府官员报酬的任何部分计为所课征的任何罚金或征收的任何关税的固定份额或比例	延迟支付关税、国内税、规费及费用
通关时间、	易腐货物在最短时间放行； 其他未作规定	一般货物 48 小时； 易腐货物未明确放行时间； 快运货物 6 小时	一般货物 48 小时； 易腐货物 6 小时； 快运货物 6 小时
无纸化	共同边境程序和统一单证可使用电子方式提交或办理； 不得要求对已采用电子格式的单证提供纸质单证		努力将电子文件与纸质版有同等法律效力； 加强国际合作以提升电子文件的接受度

三、海运口岸通关便利化评价体系构建

口岸通关便利化不仅包括通关手续的简化与协调，还包括制度和举措上的改革创新。因此本文在考察口岸通关便利化的影响因素时从制度和实体两个维度出发，既考量 RCEP 规则及海关法等相关制度涵盖的影响因素，又考量各口岸的创新举措及国际货运企业、报关行等企业在通关过程中遇到的困难和实际需求。

（一）评价指标设计的原则

1. 科学性原则

指标体系的构建以及指标的选择应当符合科学性原则，能够客观真实地反映出 RCEP 背景下海运口岸经济、社会、政治等各个方面的特点和状况。指标覆盖应当全面、具体，不能过于烦琐，也不能过于简单，导致目标信息遗漏，不能反映客观事实。

2. 系统性原则

主要是指 RCEP 背景下货物通关的相关程序和手续的系统和全面性，特别是通过以上比较分析，指标体系要能体现 RCEP 规则的变化，同时还能兼顾实体经营者的需求。

3. 层次性原则

指标体系的构建应考虑层次性原则，指标的选择应当从小到大，从微观到宏观层层深入。选择一级指标和二级指标相结合，每个一级指标包含一组二级指标。因此，在设置四个一级指标后，根据这四个方面又细分出 17 个二级指标，对这四个一级指标能够更加准确地体现通关便利化建设的不同影响。

4. 代表性原则

必须保证每个指标都具有典型代表性，要紧扣 RCEP 的背景，且与口岸的通关实践相结合，尽可能反映每个维度的具体特征，数据也要易于获得和计算，从而确定最后的分析结果真实可信。

（二）评价指标体系构建

本文采用层次分析法，以前人研究成果为基础，初步归纳出关键指标并对其进行针对性的修改和调整，并且补充一些创新指标。基本指标确定之后，构建层次结构模型。其中：一级指标包括口岸效率、制度环境、海关环境、便利化措施4个；二级指标包括口岸信息化程度、物流运输质量、港口设施、通关时间、检验检疫服务质量、税务征管、政策透明度、法规一致性、贸易咨询点、装运前检验、抵达前处理、预裁定、服务投诉机制、风险管理、绿色通道、无纸化通关和单一窗口17个。

根据所构建的评价指标体系，设计调查问卷，然后邀请相关领域专家、学者提供宝贵意见，邀请专家对各个指标的相对重要程度进行打分，按照打分构建判断矩阵，综合运用和积法开展归一化处理，获得判断矩阵的特征向量和最大特征根，对其进行一致性检验，得出各级指标的组合权重，按照正序排列即可得到各个指标对于跨境电商贸易便利化的影响程度，完成评价指标体系的初步构建。

根据初步构建的评价指标设计调查方案，调查从两个维度展开：一是从经济制度维度，对海关进行调研，包括政策透明度、法规一致性、服务投诉机制、征税管理、风险管理等，重点调研各项指标对通关便利水平影响的权重。二是从实体经济维度，广泛调研国际货运、外贸、报关等企业，包括口岸通关设施、信息化程度、物流运输水平、检验检疫服务水平、装运前检验、抵达前处理、预裁定等方面的建设，通过调研获取相关企业的对通关便利化影响因素及影响程度的真实反馈。通过实地调研及问卷星调研，实际收回有效问卷数量为33份，在发放的问卷中，要求专家对备选指标进行确认并打分。见图1。

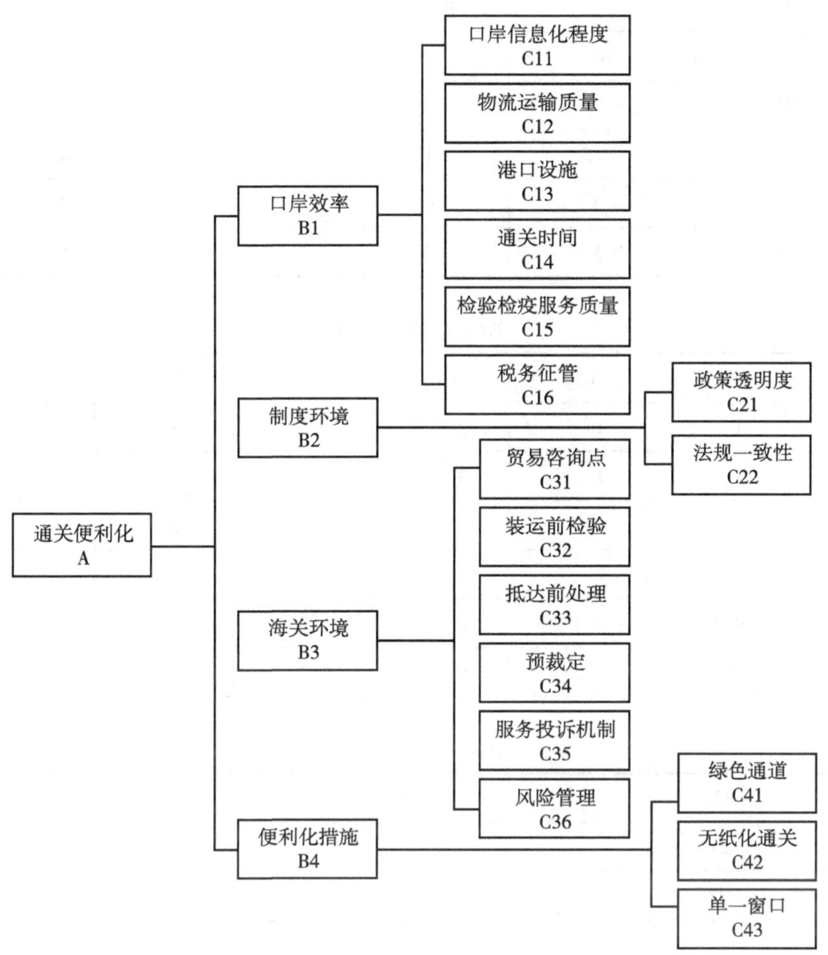

图1　通关便利化评价指标

四、通关便利化水平评价体系的实证分析

（一）构建判断矩阵

在确立各级评价指标的基础上，对回收的33份有效问卷进行统计，计算各指标平均分形成各级判断矩阵，进一步计算各指标权重值，建立A—B判断矩阵（见表2）和B—C判断矩阵（见表3至表6）。

表 2　　A—B 判断矩阵

A	B1	B2	B3	B4
B1	1	4	5	2
B2	0. 25	1	2	0. 25
B3	0. 2	0. 5	1	0. 25
B4	0. 5	4	4	1

表 3　　B1—C 判断矩阵

B1	C11	C12	C13	C14	C15	C16
C11	1	1	2	0. 5	3	4
C12	1	1	2	0. 5	3	4
C13	0. 5	0. 5	1	0. 333	2	3
C14	2	2	3	1	4	5
C15	0. 333	0. 333	0. 5	0. 25	1	2
C16	0. 25	0. 23	0. 333	0. 2	0. 5	1

表 4　　B2—C 判断矩阵

B2	C21	C22
C21	1	3
C22	0. 333	1

表 5　　B3—C 判断矩阵

B3	C31	C32	C33	C34	C35	C36
C31	1	0. 333	0. 25	0. 5	0. 1667	0. 2
C32	3	1	0. 5	2	0. 25	0. 333
C33	4	2	1	3	0. 333	0. 5
C34	2	0. 5	0. 333	1	0. 2	0. 25
C35	6	4	3	5	1	2
C36	5	3	2	4	0. 5	1

表 6　　B4—C 判断矩阵

B4	C41	C42	C43
C41	1	0.5	1
C42	2	1	2
C43	1	0.5	1

（二）计算特征向量、权重和最大特征值

$$\bar{A}_{ij} = \frac{A_{ij}}{\sum_{k=1}^{n} b_{kj}} \tag{1}$$

$$W_i = \frac{1}{n}\sum_{j=1}^{n} \bar{b}_{ij} \tag{2}$$

$$\lambda_{max} = \frac{1}{n}\sum_{i=1}^{n} \frac{\sum_{j=1}^{n} a_{ij} W_j}{W_i} \tag{3}$$

（三）一致性检验

计算一致性指标 CI 和一致性比率 CR。

$$CI = \frac{\lambda_{max} - n}{n - 1} \tag{4}$$

$$CR = \frac{CI}{RI} \tag{5}$$

对表 2 至表 6 的数据进行一致性检验，检验结果见表 7 至表 12，均通过一致性检验。

表 7　　平均一致性指标 RI

阶数	1	2	3	4	5	6	7	8	9
RI	0	0	0.52	0.89	1.12	1.26	1.36	1.41	1.46

表 8　　B1—B4 权重及一致性检验

指标	特征向量	权重	最大特征值	CI	CR	一致性检验
B1	1.9220	0.4805	4.0892	0.0297	0.0334	通过

续表

指标	特征向量	权重	最大特征值	CI	CR	一致性检验
B2	0. 4716	0. 1179				
B3	0. 3100	0. 0775				
B4	1. 2965	0. 3241				

表 9　　　　C11—C16 权重及一致性检验

指标	特征向量	权重	最大特征值	CI	CR	一致性检验
C11	1. 2331	0. 2055	6. 0575	0. 0115	1. 2400	通过
C12	1. 2331	0. 2055				
C13	0. 7360	0. 1227				
C14	2. 0469	0. 3412				
C15	0. 4571	0. 0762				
C16	0. 2938	0. 0490				

表 10　　　　C21—C22 权重及一致性检验

指标	特征向量	权重	最大特征值	CI	CR	一致性检验
C21	1. 500	0. 7500	2	0	0	通过
C22	0. 5	0. 2500				

表 11　　　　C31—C36 权重及一致性检验

指标	特征向量	权重	最大特征值	CI	CR	一致性检验
C31	0. 2606	0. 0434	6. 1227	0. 0245	1. 2400	通过
C32	0. 6146	0. 1024				
C33	0. 9625	0. 1604				
C34	0. 3929	0. 0655				
C35	2. 2763	0. 3794				
C36	1. 4930	0. 2488				

表 12　　　　C41—C43 权重及一致性检验

指标	特征向量	权重	最大特征值	CI	CR	一致性检验
C41	0. 75	0. 25	3	0	0. 52	通过
C42	1. 5	0. 5				
C43	0. 75	0. 25				

根据计算得到各级指标的权重值，据此构建通便便利化水平评价指标体系，如表 13 所示。

表 13　　　　通关便利化（100%）

一级指标	二级指标	三级指标	权重
通关便利化（100%）	口岸效率 48.5%	口岸信息化程度	9.97%
		物流运输质量	9.87%
		港口设施	5.89%
		通关时间	16.39%
		检验检疫服务质量	3.67%
		税务征管	2.35%
	制度环境 11.79%	政策透明度	8.84%
		法规一致性	2.95%
	海关环境 7.75%	贸易咨询点	0.34%
		装运前检验	0.79%
		抵达前处理	1.24%
		预裁定	0.51%
		服务投诉机制	2.94%
		风险管理	1.93%
	便利化措施 32.41%	绿色通道	8.1%
		无纸化通关	16.2%
		单一窗口	8.1%

五、对策建议

（1）贯彻 RCEP 提出的通关时间标准，即普通货物 48 小时内、易腐和快运货物 6 小时内完成清关，优化和细化进出口货物的通关时间统计方法。对于不同的运输方式、商品类别和关键流程（例如易腐商品的检查过程），设定明确的时限标准。在确保基本通关时间控制的同时，考虑各种影响因素和企业的实际需求，综合考虑不同地区、运输方式、商品特性和企业需求等多元要素对通关时间的影响，提高监管措施的精确性和有效性，以适应不同情况下的具体需求，有针对性地提供差异化解决方案，有效提升通关效率。

（2）以打造“智能化海关、现代化边境、便捷化联通”为核心，致力于提高科技在海关工作中的应用水平。重点加快智能化海关的建设步伐，在适宜的口岸推广区块链等先进技术的试验与应用，深化货物、数据、资金和视频流与实体流的融合，实现对物流、资金流、仓储和运输等环节的全程追溯与监管。同时，进一步增强“单一窗口”的功能，构建集贸易服务和跨境贸易大数据于一体的“一站式”平台，促进贸易服务生态系统的健康发展，推动口岸服务的数字化升级。此外，加快各类口岸管理系统的整合与优化，加强监管设备的研制，提升检查系统和执法设备的技术水平，以实现更智能化、精准化和高效率的海关监管。

（3）完善物流体系建设，提升物流运输质量。统筹沿海港口综合利用，提升口岸基础设施服务能力，提高口岸现代化专业化规模化水平。推进物流智慧化改造。加强生产、贸易、仓储、物流等行业合作，推进智慧仓储、智慧物流、智慧工厂与智慧口岸建设融合，实现传统模式向数字化转型；深度应用第五代移动通信（5G）、移动互联网、人工智能等技术，分类推动物流基础设施改造升级，加快物联网相关设施建设，提升清关速度；发展智慧物流枢纽、智慧物流园区、智慧仓储物流基地、智慧港口、数字仓库等新型物流基础设施；鼓励智慧物流技术与模式创新，拓展智慧物流商业化应用场景，促进自动化、无人化、智慧化物流技术装备以及自动感知、自动控制、智慧决策等智慧管理技术应用；深入推进物流领域节能减排，加快标准化物流周转箱推广应用，推动托盘循环共用系统建设；推进国际通道网络建设，高效衔接口岸通关和物流作业，加强双向信息交互，提升物流运行效率；鼓励大型物流企业开展境外港口、海外仓、分销网络建设合作和协同共享，推进跨境物流单证规则、检验检疫、认证认可、通关报关等标准衔接和国际互认合作。

（4）口岸港口在业务形态上的创新需趋向多元化与开放化。中国应强化“单一窗口”标准版与地方特色应用集成，深化“通关 + 物流”“贸易 + 金融”建设，覆盖跨境贸易全链条业务。立足资源禀赋、区位优势和产业基础，推进“智慧口岸 +”特色加工、专业市场、商贸物流、边民互市、边境旅游等，促进口岸经济发展。推动服务贸易数字化，建设边（跨）境经济合作区服务平台，更好联通“两个市场、两种资源”；支持国家加工贸易产业园、沿边临港产业园、国际陆港发展，推动跨区域信息资源共享和产业链衔接，促进中西部地区有序承接产业转移；加强口岸与产业腹地、港区间、园区间智慧化协同联动，扩大“异地货站”“组合港”“联动接卸”“离港确认”试点，拓宽货物运输通达性。

参考文献

［1］林丽完．跨境电商贸易便利化影响因素评价体系之构建［J］．北方经贸，2022（10）：18－20.

［2］付立娇．高水平开放下中哈边境口岸通关便利化水平测度及推进研究［D］．新疆农业大学，2022.

［3］郝涵宇．RCEP 成员国贸易便利化对中国跨境电商出口贸易的影响［J］．对外经贸实务，2023（15）：77－87.

［4］陈章喜，吕多鑫．广东货物贸易通关便利化创新：自由贸易港视角中国发展 2019（04）：31－38.

RCEP 争端解决机制：应对 WTO 上诉机构停摆的路径

▶谢金鹏

一、WTO 及其上诉机构停摆危机

（一）WTO 的发展与当今国际发展的逆全球化趋势

1. WTO 的历史与发展

世界贸易组织（WTO）作为全球贸易规则制定与执行的核心机构，在促进国际贸易自由化、解决贸易争端等方面发挥着至关重要的作用。自1995 年成立以来，WTO 致力于构建公平、开放、非歧视的全球贸易体系，并通过多边谈判推动贸易规则的完善。截至 2021 年 10 月，WTO 拥有 164 个成员，涵盖了全球 98% 的国际贸易。

WTO 同时面临着诸多挑战。贸易保护主义的抬头、发展中国家对现有贸易规则的不满、贸易争端解决机制效率低下等问题都亟待解决。为了应对这些挑战，WTO 需要不断进行改革和完善，以适应全球贸易发展的新趋势。中国于 2001 年加入 WTO，这对中国的对外开放和经济发展产生了深远的影响。中国在加入 WTO 之后的 20 年内经济增长飞快，2001—2019 年 GDP 年均增长率达到 9%，居全球第一位。中国 2001 年加入 WTO 的时候，出口额占 GDP 的比重是 20%，加入 WTO 五年后，这一占比迅速上升到 36%，这可能与加入 WTO 有关，也可以说是一次性的效应。自那以后，中国的出口额占 GDP 比重基本上是一路下降，到 2019 年新冠疫情暴发前，降到 18%左右，回到了加入 WTO 前的水平。① 综上所述，WTO 在全球贸易中发挥着不可替代的作用，但也面临着诸多挑战。中国作为 WTO 的重要成员国，将继续积极参与 WTO 的改革和发展，为构建更加开放、公平、包容的多边贸易体系贡献力量。②

2. 逆全球化发展趋势

逆全球化是指一种趋势，即某些国家和地区开始采取措施，限制国际贸易、投资和移民，以保护本国经济和就业机会。这种趋势可能包括提高关税、取消贸易协定、实施贸易壁垒、推行民粹主义政策等。逆全球化的出现部分是由于一些国家对全球化带来的影响感到不满，并认为其造成了本国的经济问题，导致失业率上升和收入差距扩大。因此，这些国家开始采取保护主义政策，试图减少对外国商品和服务的依赖，以期恢复本国的经济繁荣和就业机会。

逆全球化趋势可能对全球经济产生负面影响，因为它可能导致贸易摩擦加剧、全球价值链受阻、经济增长放缓等问题。此外，逆全球化还可能削弱国际合作和多边贸易体系，对世界各国的经济发展和繁荣构成挑战。然而，也有人认为逆全球化并非完全消极，因为一些国家可能通过这种方式重塑本国的经济结构，提高国内产业的竞争力，从而实现经济再工业化。不过，需要注意的是，逆全球化趋势也可能引发更多的贸易争端和不确定性，需要进行谨慎评估和应对。

（二）WTO 上诉机构停摆僵局

近年来，世界贸易组织（WTO）上诉机构的存废成为国际法学界关注的重要议题。美国通过阻挠上诉机构成员的连任和选任，以一己之力使上

---

① 资料来源：https：//www.yicai.com，查询时间：2024 年 6 月 4 日.

② 黄欣.WTO、经济全球化、知识经济与我国反垄断立法关系研究［J］.政法论坛，2001（05）：13－21.

诉机构陷入“停摆”。①

WTO 上诉机构，作为 WTO 争端解决机制的核心支柱，承担着对成员之间贸易争端进行最终裁决的关键职责，并确保成员之间履行 WTO 规则。然而，当前 WTO 上诉机构陷入停摆状态，其裁决功能陷入停滞。这一危机的根源在于美国长期拒绝任命新的上诉机构成员，导致成员数量不足，无法形成合法的裁决团队。此外，部分成员对上诉机构的裁决效力提出质疑，认为其过于强势，损害成员国主权。WTO 上诉机构的停摆不仅阻碍了争端解决机制的有效运作，更对全球贸易秩序的稳定性构成严峻挑战。上诉机构的裁决作为 WTO 争端解决体系中的最高级别，其决定具有强制力。上诉机构的瘫痪将导致争端解决体系陷入严重困境，进而威胁全球贸易的健康发展。

二、RCEP 争端解决机制的运用

（一）与 WTO 争端解决机制的比较

1. 争端解决方式

RCEP 和 DSU 在争端解决方式的规定没有太大的差别，它们都规定了斡旋、调解、调停和专家组等解决争端的方式。由于友好协商制度一直是在国际上备受推崇的，因此，与 WTO 相似，RCEP 也将磋商作为申请设立专家组的前置程序。因为 RCEP 不设置上诉程序，所以 RCEP 的争端解决机制具有更为高效的不同点。WTO 上诉机构受理了众多案件，但上诉机构成员人数不足，而导致办案效率一般。且由于上诉受理审查权的缺位，案件进入上诉程序后败诉方会恶意利用上诉程序，增加胜诉方负担，提高谈判筹码。因此，为提高效率，RCEP 直接废除了上诉机构，并规定专家组的裁定和决定应当具有终局性，而且对争端当事方都具有约束力，这就是 RCEP 和 WTO 在争端解决机制上最大的差异。

---

① 梁意．论上诉机构存废背景下的 WTO 争端解决机制改革［J］．法学，2022（12）：175－192.

2. 斡旋、调解或调停程序

在WTO的争端解决机制中，如在接到磋商请求之日起60天内开始斡旋、调解、调停，那么起诉方在申请设立专家组之前，应当给予被诉方收到磋商请求之后60天的期限。然而，RCEP的争端解决机制却没有这样的规定。另外，WTO总干事可以依据自己的职权进行斡旋、调解、调停，以便帮助各成员之间的争端得到妥善解决。由于WTO是一个独立于联合国的永久性国际组织，而RCEP只是由15个国家（又称15方成员）制定的协定，两者性质不同，因此，RCEP并不设有总干事这个职务，更不存在由总干事依职权提供斡旋、调解、调停的情况。

3. 上诉程序

在专家组作出最终报告、裁定或决定后，对最终报告、裁定或决定的终局性，RCEP与WTO也有不同规定，即RCEP和WTO的专家组结论是否为终局性不同。DSB设有一常设上诉机构，负责对专家组的上诉案件进行审理。关于常设上诉机构的设置，这个机构的组成人员有7人，每一个案件应该由其中3人任职。在上诉机构的组成人员方面，上诉机构应当被公众认可，由在国际贸易、法律和各种协定所涉的主题方面具有专门经验和知识的人员组成。他们不能隶属于任何政府，且上诉机构的工作人员不应参加可能产生利益冲突的争议的审议。关于上诉主体的范围限制，DSU也作了相关规定。只有争端当事方才能就专家组的报告进行上诉。第三方要想进行上诉，必须符合对专家组审议的事项有实质利益并且已经通知DSB的条件，才可以向上诉机构提交书面陈述。由此可以看出，WTO的争端解决机制为两审终审制，由专家组负责一审，上诉机构对二审负责，也是终审。在争端解决机制中，上诉机构起着举足轻重的作用。①

方可以就具体时限另行商定。RCEP与DSU的不同之处在于RCEP不设置上诉程序，专家组的裁定和决定就是终局裁定，并且可执行，无须再等待最多60天被表决是否接受。

---

① 丁可．RCEP争端解决机制研究［D］．北京：北京外国语大学，2022．

（二）RCEP 争端解决机制的特色与创新

1. 强调磋商在解决国际争端时的运用

根据区域全面经济伙伴关系协定（RCEP）第十九章第四条第四款的规定，成员国被鼓励进行充分的交流与相互理解，在遵循善意原则的前提下，尽可能通过协商一致来解决贸易争端。在将特定国际贸易纠纷提交专家组审理前，有关各方需先与对方进行磋商。RCEP 特别强调争端当事双方的善意磋商义务，包括但不限于以下几点：首先，被诉方应认真考虑和对待起诉方的磋商请求，确保磋商的有序开展；其次，提出磋商请求的一方应明确其请求的理由，清晰界定争议措施，并阐明事实和法律依据，确保在有效对话的基础上推进措施；再次，磋商各方应遵循诚信原则，提供充分信息以便全面审视争端事项，包括措施如何影响协定的执行或适用；此外，磋商过程中获取的保密或财产信息应得到保密，并承诺此类信息的披露不会影响未来程序，以促进磋商各方坦诚交流；最后，磋商各方应确保参与磋商的人员具有相应事项的主管政府部门或处理能力，以真诚沟通为原则。

值得注意的是，RCEP 的磋商程序并非完全封闭，其他认为磋商对其具有实质性贸易利益的缔约方可以作为第三方加入磋商，但需在收到磋商请求副本后 7 天内通知争端各方，并抄送协定其他各方。经争端各方同意，第三方可以参与磋商。

2. 自治性

RCEP 在区域全面经济伙伴关系协定（RCEP）的争端解决机制中，缺失了上诉机构的审查环节，使其更倾向于基于契约原则的国际仲裁制度。为了避免世界贸易组织（WTO）上诉机构因个别成员阻挠而停滞不前的问题，RCEP 在构建其争端解决机制时，特别强调了当事方的自主性和效率，以减少其他缔约方的干预。

首先，根据 RCEP 第十九章第五条第三款的规定，当事方有权决定是否将特定争端纳入 RCEP 的管辖，这体现了国际争端解决中的 opt - out 模式，允许当事方基于共同意愿选择解决争端的机构，这一做法借鉴了国际商事仲裁中的契约原则。其次，根据 RCEP 第十九章第五条第一款，当国际贸易争端同时属于 RCEP 和其他国际争端解决机构如 WTO、CPTPP 的管辖时，RCEP 允许先提起申诉的当事方选择解决争端的平台，从而赋予了当事方选择诉讼地的自由。再次，只要当事方达成一致，他们可以在任何阶段选择通过斡旋、调停、调解等替代性争端解决方式来解决争端，这不仅强调了效率，也增强了程序的灵活性、自主性和便利性。

此外，在专家组审理过程中，当事方拥有较大的自主权，包括就专家组的职能范围、专家资质、成员组成以及解决争端的时限等方面达成一致。这些特点共同构成了 RCEP 争端解决机制的核心，体现了其在国际经济法领域中对传统争端解决方式的创新和发展。

3. 高效性

根据 RCEP 协议的条款，特别是第十九章关于争端解决的具体规定，专家组的裁决具有终局性，并对争端当事方具有法律约束力（RCEP，第十九章第十五条第一款）。这种设计确保了争端解决过程的权威性和最终性，从而提高了法律确定性和可预测性。

RCEP 的争端解决机制采用了单一审级制度，即专家组的裁决为最终裁决，不设立上诉程序（RCEP，第十九章第十五条第二款）。这种一审终审制度有助于加快争端解决的速度，因为它减少了诉讼环节，避免了上诉程序可能带来的延迟。

这种机制的效率提升是通过简化争端解决流程和减少程序性拖延来实现的。由于不需要额外的上诉程序，RCEP 的争端解决机制能够在较短时间内作出最终裁决，这对于维护成员国之间的贸易流畅和减少不确定性至关重要。

RCEP 争端解决机制的时限性体现在对专家组审理案件的明确时间限制上。例如，专家组通常需在案件成立后 150 天内提交报告（RCEP，第十九章第十二条第三款），这一规定确保了案件能够迅速得到处理，从而提高了整个机制的效率。

综上所述，RCEP 争端解决机制的设计体现了对效率的重视，通过取消上诉程序和设定审理时限，确保了争端能够在短时间内得到有效解决。这种设计不仅符合大多数成员国的利益，而且有助于维护区域内的贸易稳定和可预测性。

4. 衔接性

争端解决机制主要分为三个阶段：第一阶段是磋商。一缔约方有权提出磋商请求，而另一缔约方应在收到请求后 7 日内作出回应。在紧急情况下，磋商应在提出磋商请求后的 15 天内进行；其他情况下，则应在 30 天内进行磋商。第二阶段是申请成立专家组。如果在规定时间内，被诉方未对磋商请求作出回应、未进行磋商或磋商未能解决争端，起诉方可以通知被诉方，并要求成立专家组。第三阶段是成立专家组。一旦起诉方提出成立专家组的申请，专家组应按照 RCEP 规定的程序成立；通常情况下，专家组由 3 名专家组成。在紧急情况下，专家组需在 90 天内发布中期报告；一般情况下，则需在 120 天内发布中期报告。从中期报告发出的之日起 30 天内，专家组应向争端各方提交最终报告。专家组的裁定和决定具有终局性，不能上诉，且对各方具有约束力。①

这一过程与国际经济法领域的传统争端解决机制有显著差异。根据 Bhala（2015）的研究，RCEP 的争端解决机制在效率上进行了优化，特别是在专家组成立和报告发布的时限上，相较于 WTO 的争端解决机制有了明显的提升。此外，Cortés（2018）指出，RCEP 的专家组程序更加注重当事方的自主性与合意，这在一定程度上反映了国际仲裁中当事人主导原则的影响。然而，正如 Matsushita 等（2019）所警告的，这种自主性和效率的提升可能会牺牲掉一些程序上的透明度和公众参与度，这对于确保争端解决机制的合法性和可信度是一个挑战。因此，RCEP 的争端解决机制在实践中是否能够平衡效率与公正，还有待进一步观察和分析。

---

① 张建．RCEP 背景下国际贸易争端解决机制的创新与完善［J］．中国政法大学学报，2022（02）：216－229．

三、RCEP 争端解决机制的完善

（一）透明度

RCEP 争端解决机制在透明度方面的不足可能对公众对争端解决过程的理解和信任度产生负面影响。首先，公开听证会和书面陈述的透明度不足可能限制公众获取案件相关信息，从而影响公众对争端解决过程的理解。根据 RCEP 第十九章第十七条第二款，听证会应向公众开放，但具体的实施细节和操作程序尚不明确，这可能导致公众无法充分了解案件进展和裁决依据。

其次，RCEP 争端解决机制的书面陈述可能未能充分公开，限制了公众对各方观点和论据的了解。根据 RCEP 第十九章第十七条第三款，各方提交的书面陈述应予以公开，但具体的公开方式和时间限制尚不明确，这可能导致公众无法及时获取相关信息。

此外，RCEP 争端解决机制的透明度不足也可能影响公众对裁决公正性的信任。根据 RCEP 第十九章第十七条第四款，专家组的报告和裁决应予以公开，但具体的公开方式和时间限制尚不明确，这可能导致公众对裁决的公正性产生质疑。

为提高 RCEP 争端解决机制的透明度，可以借鉴其他国际争端解决机构的做法。例如，WTO 的争端解决机制被认为是国际争端解决中的典范。WTO 通过其官方网站提供了一个专门的争端解决数据库（Dispute Settlement Database），其中包含了所有的案件文件、专家组报告、上诉机构报告和实施裁决的监控记录。这些信息的公开使得 WTO 的争端解决过程具有高度的透明度，便于各方利益相关者和公众获取信息。

通过提高透明度，RCEP 争端解决机制可以增强公众对争端解决过程的理解和信任，从而提高其合法性和有效性。同时，这也有助于促进成员之间的合作与对话，推动区域内的贸易和谐与稳定。①

① 吕宁宁，蒋欣．比较视角下的 RCEP 争端解决机制研究［J］．国际法学刊，2023（04）：131－154＋157－158．

（二）执行力度

RCEP争端解决机制在执行力方面的不足可能影响其有效性和权威性。尽管RCEP设有裁决执行的监督机制，但对于不遵守裁决的行为的制裁措施仍有限，可能导致裁决无法得到有效执行。

根据RCEP第十九章第二十一条第二款，专家组的裁决具有终局性和约束力，但具体的执行措施和监督程序尚不明确。这可能导致当事方在裁决执行过程中缺乏明确的行为准则和约束，从而影响裁决的执行力度。

此外，RCEP争端解决机制对于不遵守裁决的行为的制裁措施有限。根据RCEP第十九章第二十一条第三款，若当事方未能在合理期限内遵守裁决，另一方可以请求专家组进行仲裁以确定适当的赔偿。然而，这一措施可能不足以迫使当事方遵守裁决，特别是在涉及重大经济或政治利益的情况下。

为提高RCEP争端解决机制的执行力，可以借鉴其他国际争端解决机构的做法。例如，世界贸易组织（WTO）的争端解决机制允许当事方在未遵守裁决的情况下对违约方实施报复性措施，以迫使违约方遵守裁决。RCEP可以考虑引入类似的报复性措施，以增加对不遵守裁决的行为的制裁力度。

通过加强执行力，RCEP争端解决机制可以确保裁决得到有效执行，从而提高其权威性和有效性。同时，这也有助于增强成员国之间的信任和合作，推动区域内的贸易和谐与稳定。

（三）上诉机制

在评估RCEP的争端解决机制是否需要引入上诉机制时，必须权衡一审终审制度带来的效率与可能产生的法律不确定性。一审终审制度确实提高了争端解决的效率，但同时也增加了错误判决的风险。缺乏上诉机制或复审程序，可能导致裁决的公正性和正确性受到质疑。

首先，一审终审制度的效率优势在于其能够迅速产生具有约束力的裁决，从而减少了诉讼时间和管理成本。然而，这种速度上的优势可能以牺牲裁决的深度和准确性为代价。在没有上诉机制的情况下，一旦专家组作出裁决，即使存在法律或事实上的错误，也没有直接的纠正机制。这可能导致当事方对裁决的公正性和正确性产生怀疑，从而影响 RCEP 争端解决机制的整体信誉和接受度。比如，欧盟—生物燃料补贴案（EU—Biofuels），在这个案例中，上诉机构推翻了专家组关于欧盟生物燃料补贴政策的裁决。上诉机构指出，专家组在评估证据和适用法律标准时存在错误。这个案例展示了上诉机制在纠正事实和法律错误方面的作用，有助于确保裁决的公正性和正确性。①

其次，上诉机制的缺失可能使得 RCEP 的争端解决机制与国际上的其他争端解决机构相比处于不利地位。例如，世界贸易组织（WTO）的争端解决机制允许对专家组的初步裁决提出上诉，由上诉机构进行复审。这种两审制度有助于确保裁决的准确性和一致性，从而提高了整个机制的法律效力。

最后，上诉机制的引入可以作为一种重要的纠正错误机制，有助于维护法律的稳定性和可预测性。通过允许对专家组的裁决进行上诉，可以减少因个别裁决而产生的法律不确定性，确保 RCEP 的规则和条款得到一致和正确的解释和适用。

综上所述，RCEP 的争端解决机制引入上诉机制是有益的。这不仅能够提高裁决的公正性和正确性，还能够增强机制的整体合法性和可信度。同时，这也有助于维护 RCEP 规则的一致性和稳定性，促进区域内的贸易和谐与稳定。

四、结语

目前，全球化和多边主义正处于至暗时刻，WTO 的争端解决机制也因为上诉机构的停摆而陷入危机。值得欣慰的是，RCEP 的争端解决机制为解决 WTO 上诉机构停摆贡献了一个路径。RCEP 争端解决机制，在内核上

---

① https：//energy. ec. europa. eu/topics/renewable – energy/bioenergy/biofuels_en.

注重磋商方式和平解决争端，在价值取向上兼顾公平和效率，在具体制度设计上吸收了 WTO 争端解决机制的经验和教训，重塑了发展中国家与发达国家之间的信任。① 尽管 RCEP 争端解决机制仍处于发展阶段，但其核心理念和制度框架为 WTO 提供了宝贵的借鉴和启示。RCEP 机制强调磋商的重要性，注重效率和当事方自治，并确保各阶段之间衔接顺畅，这些特点与 WTO 多边贸易体系的目标相符，展现出其在解决国际贸易争端方面的潜力和优势。基于此，我们有理由相信 RCEP 争端解决机制能够成为 WTO 上诉机构停摆下解决争端的有效替代方案之一。RCEP 机制的成功实践为 WTO 改革提供了宝贵的经验，如在争端解决方式、程序设计、效率提升等方面，WTO 可以借鉴 RCEP 的成功经验，进行全方位的改革，构建一个更加公平、高效、透明的争端解决机制，从而推动全球自由贸易体系的重构和多边主义的伟大复兴。

参考文献

[1] 黄欣．WTO、经济全球化、知识经济与我国反垄断立法关系研究［J］．政法论坛，2001（05）：13－21.

[2] 梁意．论上诉机构存废背景下的 WTO 争端解决机制改革［J］．法学，2022（12）：175－192.

[3] 李思源．WTO 多方临时上诉仲裁机制的现状检视、问题反思与实践策略［J］．河南财政税务高等专科学校学报，2023，37（04）：48－54.

[4] 丁可．RCEP 争端解决机制研究［D］．北京：北京外国语大学，2022.

[5] 张建．RCEP 背景下国际贸易争端解决机制的创新与完善［J］．中国政法大学学报，2022（02）：216－229.

[6] 李诗娴．论 WTO 争端解决机制改革的价值取向与规则构造：以 RCEP 为参照样本［J］．暨南学报（哲学社会科学版），2024，46（01）：97－111.

[7] 石静霞．WTO《多方临时上诉仲裁安排》：基于仲裁的上诉替代［J］．法学研究，2020，42（06）：167－185.

① 李诗娴．论 WTO 争端解决机制改革的价值取向与规则构造：以 RCEP 为参照样本［J］．暨南学报（哲学社会科学版），2024，46（01）：97－111.

［8］胡建国．多方临时上诉仲裁安排第一案对 WTO 争端解决机制改革的意义［J］．武大国际法评论，2023，7（03）：115－137．

［9］吕宁宁，蒋欣．比较视角下的 RCEP 争端解决机制研究［J］．国际法学刊，2023（04）：131－154＋157－158．

数字贸易规则不一致对跨国公司的影响

▶郭　烨

一、引言

在全球数字经济的浪潮中，数字贸易以其高效便捷的特性，成为推动全球经济增长的新动力。然而，不同国家和地区在数字贸易规则上的差异，如数据保护、隐私、知识产权、跨境数据流动等方面的规定，给跨国公司的全球运营带来了前所未有的挑战。本文旨在探讨这些挑战，为跨国公司提供应对之策。

二、文献回顾

在全球范围内，数字贸易规则呈现出多样性与复杂性（UNCTAD，2020）。例如，欧洲联盟通过《通用数据保护条例》（GDPR）建立了严格的数据保护标准，而美国更倾向于行业自律与消费者保护法（Taylor，2019）。中国的《网络安全法》和《数据安全法》则强调数据的本地化存储与国家安全，这一点与许多西方国家的开放数据流动原则形成鲜明对比（Zhang & Li，2021）。这种规则的不一致性，为跨国企业在不同市场运作时带来了显著的合规挑战。

数字贸易规则的不一致导致跨国公司必须遵循多套法律体系，增加了合规成本（Evenett & Fritz，2017）。同时数据的本地化要求迫使跨国公司在多个国家建立数据中心，增加了 IT 基础设施投资和维护费用（Baldwin & Forslid，2021）。规则不一致促使跨国公司要调整其市场进入方式和扩张战略。跨国公司也可能需要重新考虑供应链布局，以避免数据流动限制，或是开发符合特定地区隐私规定的定制产品（Kroes et al.，2018）。严格的数字贸易规则可能限制跨国公司在某些市场的创新活动，特别是涉及大数据、人工智能等前沿技术的应用（Schneider & Png，2016）。跨国公司需在遵守当地规定与保持全球竞争力之间找到平衡。比如，不一致的规则加大了企业面临的法律风险和操作风险（Mann & Plummer，2019）。数据泄露或违反隐私法规可能导致巨额罚款，损害企业声誉。

总之，数字贸易规则的全球不一致性给跨国公司带来了诸多挑战，影响其成本结构、战略规划、创新能力及风险管理。通过强化内部合规、技术应用、积极参与国际规则制定等策略，跨国公司可以缓解这些影响。

三、数字贸易规则不一致对跨国公司的影响

数字贸易规则不一致对跨国公司的影响是多方面的，数字贸易规则的多样性和复杂性给跨国公司的影响主要体现在四个方面：运营成本增加、商业战略调整、创新能力受阻、风险管理复杂化。

（一）运营成本增加

在当今全球数字贸易的复杂环境中，跨国公司面临的运营成本增加问题尤为突出，这主要归咎于全球范围内不一致的数字贸易规则。为了适应多套法律体系，企业不得不投入大量资源确保合规，这直接推高了运营成本。其中，数据本地化要求是最显著的负担之一。跨国公司为了满足不同国家的数据存储规定，不得不在全球范围内布局数据中心，这不仅仅是初始建设的高额资本支出，还包括随之而来的持续维护、更新升级费用，以及与之相关的能源消耗成本。

此外，法律咨询服务费用也不容小觑。由于不同国家的法规差异，公

司需要聘请当地的法律顾问来确保遵守各项规定，这无疑加重了财务负担。同时，员工培训成为另一项重要开支，企业需确保全球团队理解并能执行各地区的特定规则，这涉及大量时间和资金的投入。持续的合规监控同样耗资巨大，企业需采用先进的技术工具和专业人员来实时跟踪规则变化，预防违规风险，保障业务平稳运行。

综上所述，数字贸易规则的不一致性导致的合规成本增加，不仅体现在直接的硬件设施投入，还渗透到法律咨询、人力资源培训、合规管理等多方面，构成了跨国公司沉重的运营负担。因此，寻求国际规则协调与简化合规流程成为跨国公司降低成本、提升全球竞争力的关键。

（二）商业战略调整

面对全球数字贸易规则的不一致性，跨国公司不得不灵活调整其商业战略、市场进入方式和扩张策略，以应对多样化的市场环境。数据流动限制是影响跨国公司战略决策的关键因素之一。在这样的市场条件下，企业可能要重新配置供应链，确保数据存储和处理环节符合所在国家的严格规定，这不仅涉及物流与生产的重新布局，还可能意味着牺牲原有的成本优势。同时，为了遵守不同地区的隐私保护要求，企业还需开发定制化产品和服务，这一过程不仅延长了产品上市时间，还额外增加了研发成本。

此外，这些调整对供应链效率的影响深远，可能导致响应速度下降，影响客户满意度和市场份额。在快速变化的市场中，延迟可能意味着错失抢占市场先机，尤其是在高新技术产业，竞争对手可能借此机会迅速占领市场。因此，跨国公司需要在遵循地方法规与保持全球竞争力之间找到精细的平衡点，这一挑战要求企业具备高度的战略灵活性和创新能力，以最小化规则不一致带来的负面影响，最大化全球市场的机遇。

（三）创新与竞争力受阻

在数字贸易领域，严格的规则体系尤其是围绕数据保护与隐私的法规，对跨国公司的创新能力和全球竞争力构成了显著阻碍。

首先，数据流动的壁垒成为一大瓶颈，限制了跨国企业在全球范围内汇聚数据资源，这对于依赖大数据分析、机器学习及人工智能等先进技术的创新项目尤为不利。数据的跨境流动限制阻碍了跨国公司整合全球数据资源，影响了算法模型的训练和优化全球数据的碎片化导致算法模型无法充分利用全量数据进行训练，影响了模型的精确度和效能，进而减弱了产品与服务的竞争力。

其次，为了满足不同市场的合规要求，企业不得不设计和维护多套产品与服务版本，这不仅消耗了宝贵的科研与开发资源，还分散了原本可用于突破性创新的精力与资金。为了遵守不同市场的规定，企业可能需要开发多个版本的产品和服务，分散了研发资源，降低了创新效率和全球竞争力。定制化策略虽然有助于符合地区规定，但也可能导致创新速度减缓，无法快速响应全球市场变化，影响了企业在全球范围内的敏捷性和创新领导力。综上所述，数字规则的严格性与不一致性，虽然出于保护用户隐私与安全的初衷，却间接抑制了跨国公司在数字时代的创新步伐与全球市场的竞争优势。

（四）风险管理复杂化

数字贸易规则的不一致性，日益成为跨国公司在全球运营中面临的一项重大挑战，特别是在风险管理领域。这种不一致主要体现在各国和地区对于数据流动、隐私保护、网络安全以及数字知识产权等方面的规定大相径庭，给跨国公司的全球战略实施带来了复杂性和不确定性（Mann & Plummer，2019）。具体来说，这种影响主要表现在以下几个方面：

首先，法律风险显著增加。跨国公司在不同司法管辖区运营时，需要遵循各自特定的数字贸易规则，这导致合规成本急剧上升。例如，欧盟的《通用数据保护条例》（GDPR）对数据保护设定了严格标准，与之相比，其他地区可能采取更为宽松的监管方式。这种差异要求企业必须精准识别并遵守各地规则，稍有不慎就可能触犯法律，面临高额罚款和法律诉讼，如数据泄露事件不仅可能导致财务损失，还会引发公众对品牌的信任危机。

其次，操作风险复杂化。为了适应多样化的数字贸易规则，跨国公司不得不在内部建立复杂的合规体系和操作流程，确保在全球范围内的数据处理活动符合当地法规。这不仅需要大量的专业人才来解读和执行这些规则，还需要相应的技术支持来实现数据的跨境合规传输和存储。在此过程中，任何操作上的失误都可能演变成重大的合规事件，影响企业的日常运营乃至全球供应链的稳定。

再次，技术创新与合规的平衡难度提升。数字贸易规则的不一致限制了跨国公司在全球范围内自由部署最新技术和服务的能力，尤其是在涉及人工智能、云计算等前沿技术时。企业在追求技术创新以增强竞争力的同时，必须时刻警惕新技术应用可能带来的合规风险，这无疑增加了决策的复杂度和成本。

最后，战略规划的灵活性受限。面对不断变化且不统一的数字贸易环境，跨国公司难以制定长期稳定的战略规划，特别是在市场扩张和资源配置上。公司需要持续监测各地区的规则变动，灵活调整其市场进入策略和产品服务设计，以避免潜在的法律陷阱和市场准入障碍。

综上所述，数字贸易规则的不一致对跨国公司构成了重大的风险管理挑战，要求它们不仅要具备强大的合规能力和技术支撑，还要具备高度的适应性和前瞻性，以有效应对这一全球化时代的新常态。

四、应对策略

面对数字贸易规则不一致的挑战，跨国公司需采取综合性策略以优化运营效率，维护全球竞争力。

1. 建立全球合规体系，整合内部资源，利用技术如 AI 辅助合规软件，提高合规效率。整合企业内部的法律、IT、业务等部门资源，形成统一的合规管理机制。利用人工智能辅助的合规软件，自动化监控全球各地法规动态，及时预警合规风险，提高响应速度与处理效率，减少人为错误。

2. 积极参与规则制定，通过行业协会和国际组织，推动国际规则的协调与互认，降低合规成本。加入行业协会及国际组织，如 WTO、OECD 等，主动参与全球数字贸易规则的讨论与制定过程，推动规则的国际协调与互认，力求在源头降低未来合规成本，为跨国经营创造更稳定、透明的法律环境。

3. 灵活的供应链管理，建立模块化、可快速调整的供应链体系，适应不同市场的规则变化。构建模块化、灵活可配置的供应链体系，通过数字化工具实现供应链的可视化管理，快速适应不同市场的规则变动。例如，利用云平台和智能物流系统，根据目的地法规要求即时调整物流路径和存储策略，确保合规同时维持供应链效率。

4. 强化技术创新与合作，在遵守规则的同时，通过技术创新提升效率，与当地伙伴合作，共同开发符合市场需求的解决方案。在尊重和遵守各国法规的前提下，加大技术创新投入，利用大数据、人工智能等技术优化产品与服务，提升运营效率。同时，与当地企业或科研机构合作，共同研发符合当地市场特性的解决方案，既满足法规要求，又贴近消费者需求，促进市场渗透。

5. 风险管理与培训，定期进行风险评估，加强员工合规培训，提高对地方法律环境的敏感度。建立常态化的风险评估机制，定期审视全球运营中的潜在合规风险点，制定针对性的防控策略。加大对员工的合规培训力度，不仅限于管理层，也覆盖至前线员工，提升全员对国际法律环境的敏感度和应对能力，形成全员合规的文化氛围。

综上所述，跨国公司通过构建高效合规体系、积极参与国际规则制定、优化供应链灵活性、强化技术创新与本地合作，以及提升风险管理与培训，可以有效应对数字贸易规则不一致性的挑战，保障在全球市场的稳定运营与持续发展。

五、未来展望

展望未来，全球数字贸易的持续深化和加速转型，预示着国际社会对统一、协调数字贸易规则的需求将达到前所未有的高度。随着技术的不断进步和全球市场的深度融合，不一致的规则体系将越来越成为制约数字贸易发展的瓶颈。因此，国际组织和各国政府将在促进规则协调和标准化方面扮演更加关键的角色，推动建立一个更加统一、透明且具有前瞻性的数字贸易规则框架。这一框架旨在减少规则不一致性，促进数据自由流动，同时保护用户隐私和国家安全，为跨国企业提供明确的操作指南和稳定的商业环境。

跨国公司作为数字贸易的主要参与者，其适应与引领这一变革的能力将至关重要。主动拥抱变化，不仅意味着积极参与国际规则制定过程，通过行业协会和多边平台发声，推动形成有利于全球贸易的规则体系，也意味着在企业内部进行结构性和战略性的调整，如加强合规体系建设，提高数据治理能力，灵活应对不同市场的规则变化，以及强化全球供应链的韧性和可持续性。

同时，技术创新将成为跨国公司把握未来数字贸易先机的关键。通过人工智能、区块链、云计算等技术，不仅可以提升运营效率和风险管理水平，还能在保护数据安全和隐私的前提下，探索数据跨境流动的新模式，如数据沙箱、隐私保护计算等，开辟新的商业模式和服务。与之相辅相成的是，跨国公司应加强与本土企业的合作，结合本地市场特点和文化，共同开发适应性强、符合本地法律法规的数字化解决方案，促进互利共赢。

综上所述，未来全球数字贸易的前景在于规则的协同一致与技术创新的深度融合。国际组织的推动、跨国公司的主动适应与创新，以及全球合作的加强，将共同塑造一个更加开放、公平、安全且充满活力的数字贸易新时代，为全球经济增长和可持续发展注入新动力。长远来看，加强国际的合作与对话，推动规则协调，是促进数字贸易健康发展、实现共赢的关键。

参考文献

［1］ Baldwin, R. , & Forslid, R. Globalization and Digital Trade. Journal of Economic Geography, 2021, 21 (01): 1 – 22.

［2］ Evenett, S. J. , & Fritz, J. The Tide Turns? Digital Trade, Data Localisation and the WTO. World Economy, 2017, 40 (12): 2962980.

［3］ Kroes, M. , Mangolini, S. , & Wan der Zeeuw, A. Digital Trade and Cross – Border Data Flows: A Gravity Model Approach. Telecommunications Policy, 2018, 42 (10): 835 – 846.

[4] Mann, C. L., & Plummer, M. G. Digital Trade Rules for the 21st Century. Global Policy, 2019, 10 (01): 10116.

[5] Schneider, C., & Png, I. Data Protection Laws and International Trade in Services. Journal of International Economics, 2016, 99: 50 – 62.

[6] Taylor, C. US – China Data Governance Models and Their Global Impact. Journal of Cyber Policy, 2019, 4 (01): 21.

[7] UNCTAD. Digital Economy Report 2019. United Nations Conference on Trade and Development, 2020.

[8] Zhang, Y., & Li, Q. China's Data Security Law and Its Implications for Global Digital Trade. Chinese Journal of International Law, 2021, 20 (02): 441 – 463.

[9] WTO. E – Commerce Negotiations: Background and State of Play. World Trade Organization, 2021.

全球气候变化下中国进出口企业面临的挑战及应对

——基于企业对标绿色低碳贸易标准的角度

▶李燕飞　刘兰凤

一、中国进出口贸易现状

随着全球气候变化的加剧，极端天气事件频发，对中国进出口企业的运营带来显著影响。同时，国际气候政策的变化，如碳排放限制、绿色贸易壁垒的设立等，也对中国进出口企业的市场竞争力和出口产品结构提出了新的挑战。

由《2023 年国民经济和社会发展统计公报》可知，2023 年中国国内生产总值 1260582 亿元，货物进出口总额 417568 亿元，服务进出口总额 65754 亿元。货物和服务进出口依存度为 38.3%，货物和服务净出口向下拉动国内生产总值 0.6 个百分点。出口商品主要集中在钢材、纺织纱线、织物及制品、服装及衣着附件、鞋靴、家具及其零件、箱包及类似容器、玩具、塑料制品、集成电路、自动数据处理设备及其零部件、手机、集装箱、液晶显示板、汽车（包括底盘等）等产品。进口商品主要为大豆、食用植物油、铁矿砂及其精矿、煤及褐煤、原油、成品油、天然气、初级形状的塑料、纸浆、钢材、未锻轧铜及铜材、集成电路、汽车（包括底盘）等。主要贸易伙伴为东盟（出口 15.5%，进口 15.2%）、欧盟（出口 14.8%，进口 11.0%）、美国（出口 14.8%，进口 6.4%）、日本（出口

4.7%，进口 6.3%）、韩国（出口 4.4%，进口 6.3%）、中国香港（出口 8.1%，进口 0.5%）、中国台湾（出口 2.0%，进口 7.8%）、俄罗斯（出口 3.3%，进口 5.1%）、巴西（出口 1.7%，进口 4.8%）、印度（出口 3.5%，进口 0.7%）、南非（出口 0.7%，进口 1.2%），共计占总出口 73.5%，占总进口 65.3%。

二、中国进出口企业面临的挑战

（一）WTO 中与气候变化相关的贸易措施

世贸组织成员越来越多地采取与贸易有关的措施，作为实现气候目标的整体政策的一部分。2009—2019 年，向世贸组织通报的应对气候变化措施共 4355 项，从 2010 年的 220 项增加到 2019 年的 580 项。大多数与气候有关的措施是根据《补贴和反补贴措施协定》和《技术性贸易壁垒协定》提交的。其次是《农业协定》和《进口许可程序协定》。也包括数量限制（关贸总协定第十一条）、政府采购、贸易便利化、国营贸易协定、服务贸易总协定、保障措施、海关估价、与贸易有关的知识产权问题、卫生和植物检疫措施、区域贸易协定、关贸总协定第十八条 C 节等。

自 2009 年以来，100 多个世贸组织成员通报了至少一项与气候有关的措施，其中美国（1124）、欧盟（779）、中国（316）、澳大利亚（184）、加拿大（150）、日本（146）、中国台北（89）、智利（79）、泰国（72）和厄瓜多尔（69）10 个成员占比 70%。

EDB 的数据还显示，成员使用各种各样的贸易政策工具来解决与气候相关的问题，其中前 10 的成员的措施有技术规例或规范、拨款和直接付款、合格评定程序、税收减免、进口许可证、贷款及融资、反补贴措施调查、禁止、非货币性支持、出口许可证等。例如，冰岛在计算“生命周期成本”（GPA/144）时，公开招标可能包括“排放温室气体的成本和减少气候变化所涉及的其他成本”。其他 WTO 成员已颁布了各种合格评定程序，以认证能源效率和排放标准。根据 2019 年 NTMs14 国际分类进行分组和分析时显示，53%已通报的与气候有关的措施属于补贴和其他形式支持（第L章）类别，其次是36%的技术性贸易壁垒（第B章），9%的非自动进口许可、配额、禁令、数量控制措施和其他限制。

涉及的行业和产品类型包含了制造业（48%）和能源部门（32%），其次是化学品（10%）和农业（9%），受影响最小的行业是渔业（28项措施）和采矿业（100项措施）。就这些措施所涵盖的产品而言，大约2000项措施涵盖了HS第84章和第85章的制造业产品，包括核反应堆、锅炉、机械、机械用具、电机和设备。其他一些措施与HS第73章、第87章和第90章相关。

（二）全球及主要发达国家应对气候变化的举措

气候变化是全球面临的共同挑战。《联合国气候变化框架公约》是于1992年5月9日通过的一项公约，是应对气候变化的总体框架，终极目标是将大气温室气体浓度维持在一个稳定的水平，在该水平上人类活动对气候系统的危险干扰不会发生。目前有198个缔约方，中国的主要贸易伙伴国都属于缔约方。在这一框架下，1997年通过了《京都议定书》，该议定书只为发达国家确定了温室气体排放目标，并没有阻止全球排放量在过去20年中大幅增加。2015年通过了《巴黎协定》，所有国家对减排和共同努力适应气候变化作出了承诺，并呼吁各国逐步兑现承诺。将21世纪全球气温升幅限制在远低于工业化前水平2℃以内，各国纷纷提交国家自主贡献战略，提出减碳目标及采取相应的措施。将气温升幅限制在工业化前水平的1.5℃。

欧盟自2005年实施碳排放权交易以后，一直面临其自身的减排措施与其他国家不同而造成的竞争问题。为了对冲碳泄露风险及欧盟因率先减排在国际贸易中产生的不利竞争问题，2021年7月14日，欧盟公布了碳边境调节措施（CBAM）的立法建议。2022年3月，欧盟理事会基本同意了碳边境调节机制进行立法，2022年5月17日，欧盟议会的环境、健康和食品委员会也通过了碳边境调节机制的立法议案，同时提出几点重要修改意见：(1) 增加了法案适用的行业，从钢铁、铝、水泥、化肥和电力扩大到有机化工、塑料和氢，共八个行业；（2）将企业外购电力中的间接排放也纳入了碳边境调节的范围；（3）将碳边境调整措施的过渡期由3年缩减为2年，从2025年开始对进口产品进行实际调整。

美国《清洁竞争法案（CCA）》体现了不同于欧盟CBAM的一种新的碳关税设计。欧盟CBAM是针对进口产品的全部“内嵌排放”征收边境碳税。而CCA仅对超出美国产品的平均碳含量的进口产品的那部分征收边境碳税，不受各国碳价的影响。2022—2025年碳税征收的对象是一些能源密集型的初级产品，包括化石燃料、精炼石油产品、石化产品、化肥、氢气、己二酸、水泥、钢铁、铝、玻璃、纸张、纸浆和乙醇。从2026年起，产品开始向下游延伸，如果进口的加工产品中含有500磅的涉税初级产品，也要被征收碳税。到2028年这一门槛将降低到100磅初级产品。

据Western Standard新闻网在2021年8月8日刊登的一篇报告，加拿大联邦财政部在一份咨询文件中称，政府致力于确保加拿大向低碳经济过渡过程中，对加拿大公司和消费者公平。加拿大政府已在推进对从中国进口的由煤电提供电力的商品征收碳关税，但尚未确定实施日期。该报告解释说，通过对有关进口商品的关税调整，可以消除商家因碳价差异而将生产转移到另一个管辖区的动机，从而平衡国内和进口商品之间的竞争环境。

中国银保监会作过一个研究，假定欧盟和G7形成碳关税联盟，共同对中国的所有出口征收碳关税，影响的出口额大概是1.1万亿美元，大概占中国2019年出口总额的40%。如果形成了碳关税联盟，同时对所有中国出口当中的高碳产品征税，大概影响将至4500亿美元。即使仅对欧盟碳市场所覆盖的这些行业产品征税，也会影响2000亿美元出口额。西方国家形成碳关税联盟的可能性很大。

国际关于碳排放的相关标准也日益增加，主要有：ISO14061-2018（温室气体 第一部分 组织层上对温室气体排放和清除的量化和报告的规范及指南），ISO14062019（温室气体 第二部分 项目层级温室气体减排或清除增加的量化、监测和报告指南），ISO14062019（温室气体 第三部分 温室气体声明审定与核查的规范及指南），PAS 2060：2014（碳中性技术规范）、PAS 2050：2011（商品和服务生命周期温室气体排放评估规范）。

（三）中国应对气候变化的政策举措

2021年4月16日，在中法德领导人视频峰会上，中国国家主席习近平向国际社会作出庄严的承诺“中国将力争于2030年前实现二氧化碳排放达到峰值、2060年前实现碳中和，……用全球历史上最短的时间实现从碳达峰到碳中和”。这也是“十四五”时期乃至更长时期必须实现的目标。2021年10月，中国正式提交《中国落实国家自主贡献成效和新目标新举措》和《中国本世纪中叶长期温室气体低排放发展战略》。2021年发布的《关于完整准确全面贯彻新发展理念做好碳达峰碳中和工作的意见》和《2030年前碳达峰行动方案》两个文件，提出构建完成“1 + N”政策体系，明确了碳达峰碳中和工作的时间表、路线图、施工图。其中《2030年前碳达峰行动方案》的重点任务是将碳达峰贯穿于经济社会发展全过程和各方面，重点实施能源绿色低碳转型行动、节能降碳增效行动、工业领域碳达峰行动、城乡建设碳达峰行动、交通运输绿色低碳行动、循环经济助力降碳行动、绿色低碳科技创新行动、碳汇能力巩固提升行动、绿色低碳全民行动、各地区梯次有序碳达峰行动等“碳达峰十大行动”。

1. 国内与进出口贸易相关的法律和政策

关于对外贸易合规性要求的法规有：《中华人民共和国出口管制法》（中华人民共和国主席令〔2020〕58号）、《中华人民共和国对外贸易法》（2016年修订版）《中华人民共和国海关法》（2021年修订版）《中华人民共和国国境卫生检疫法（2018修正）》。

关于促进贸易高质量发展的指导性政策：《中共中央关于制定国民经济和社会发展第十四个五年规划和二〇三五年远景目标的建议》和《中华人民共和国国民经济和社会发展第十四个五年规划和2035年远景目标纲要》指导下，《“十四五”对外贸易高质量发展规划》明确构建绿色贸易体系的重点任务，推进建立绿色低碳贸易标准和认证体系。完善绿色标准、认证、标识体系，支持认证机构加快拓展绿色低碳贸易认证服务，促进国际合作和互认。推动国内国际绿色低碳贸易规则、机制对接。探索建立外贸产品全生命周期碳足迹追踪体系，鼓励引导外贸企业推进产品全生命周期绿色环保转型，促进外贸产业链供应链绿色发展。

2. 国内关于碳排放政策和标准

国内不断出台和完善碳排放政策和相关标准，目的在于规范企业在生产管理过程中的行为，提升企业环保意识和影响力。据统计，国内目前出台的相关标准主要有：《关于加快建立统一规范的碳排放统计核算体系实施方案》（发改环资〔2022〕622 号）、《关于开展气候投融资试点工作的通知》（环办气候〔2021〕27 号）、GB/T 31341－2014（节能评估技术导则）、GB/T 33760－2017（基于项目的温室气体减排量评估技术规范通用要求）、GB/T 32150－2015（工业企业温室气体排放核算和报告通则）、DB11T1370－2016（低碳企业评价技术导则）。

三、应对挑战的建议

气候变化是一项全球环境挑战，需要集体解决方案、多边合作和协调一致的行动，以符合国际社会对经济增长和可持续发展的更广泛抱负。贸易和贸易政策可以而且必须成为政策“工具箱”的一部分，以气候紧急情况所需的深度和速度实现共同的气候目标。贸易在向低碳经济和更绿色、更可持续的社会过渡中发挥着至关重要的作用。因此，作为贸易大国的中国，为了顺应新形势的要求，不管是考虑长远的可持续发展空间，还是短期的进出口企业经济利益，绿色低碳转型势在必行。

（一）政府或行业协会等积极制定绿色低碳贸易企业评价标准

制定并实施绿色低碳贸易企业标准，有助于引导企业绿色转型，推动产业可持续发展，成为新质生产力的重要推手之一。国内相关部门应积极制订绿色低碳贸易企业评价标准，让企业严格遵循环保法规和标准，从生产源头到贸易流通全程管控，降低碳排放，优化资源配置，确保与国际国内标准高度契合。

通过绿色低碳贸易企业标准的研制与实施，将达到以下预期效果：（1）深入贯彻党中央国务院关于推进贸易高质量发展的决策部署，全面落实有关促进绿色低碳发展的工作要求，加速企业实现节能、降耗、减污、增效的绿色低碳目标。（2）填补绿色低碳贸易企业的标准空白，全面总结我国外贸的实践成果，推进我国外贸高质量发展。（3）创新企业风险防控和经营管理制度，引导企业在更高层次上规范经营，推动相关政府部门出台有效的可操作可量化的监管和支持政策。（4）进一步明确细化绿色低碳贸易企业的内涵，建立绿色低碳贸易企业有效的绩效评价监测体系，通过节能、安全、环保、低碳、管理等评价指标引导企业产能优化。（5）促进绿色低碳贸易企业规范经营，树立良好的绿色低碳形象，增加消费者的认可程度，从而提高贸易企业及其产品的市场竞争力，提高国际竞争力。

（二）企业自身主动跟踪或学习国际标准的变化，提升对标国际标准的生产管理能力

绿色低碳贸易企业评价标准不只限于达到标准或者符合评价要求，而是通过评价活动促进企业在评价的过程中不断提高绿色低碳贸易能力。为有序落实和保持长久的绿色低碳贸易企业评价活动，贸易企业应将绿色低碳的贸易活动和管理纳入日常工作，自觉遵守绿色低碳相关的管理体系要求，持续不断地发现和解决相关问题，不断提高企业绿色低碳贸易水平。企业应积极对标国际标准，如 ISO9001、ISO14001、ISO5001、SA8000、ISO14064、ISO/IEC27001、ISO37000、ISO31000 管理体系的情况考核其内部管理能力。

为使绿色低碳贸易企业评价活动高效推进，需要将绿色低碳思想贯彻到贸易企业经营与管理全过程的每一个环节之中。一方面，绿色低碳贸易企业评价标准对企业内部管理企业文化、体系建设、风控能力等水平进行评价，促使企业管理层面形成绿色低碳相关执行和监督体系，建立相应的工作小组；另一方面，绿色低碳贸易企业标准评价的对象和内容广泛，从企业管理、企业支持力度、绿色低碳相关绩效等要求都包含在内，通过进行评价活动，可以使贸易企业、管理层、员工以及相关联企业对绿色低碳思想加强了解，使更多的人参与到贸易企业绿色低碳管理的决策中来，既可以提高决策的科学性，也可以获得政府部门、社会团体、公众和消费者

的支持与配合，树立良好的整体企业形象。

（三）根据绿色低碳贸易标准，企业积极实施绿色低碳贸易活动

实施绿色低碳贸易评估的情况，中国进出口企业应积极实施绿色低碳贸易活动，积极调整能源结构，推进绿色低碳发展，以实现可持续发展目标。

1. 加大清洁能源的使用比例

许多企业开始投资并安装太阳能发电设施，利用太阳能资源进行电力供应，减少对传统化石能源的依赖。同时，一些企业还利用风能、水能等可再生能源，通过风力发电和水力发电等方式，为企业提供稳定的清洁能源。在生产过程中注重节能减排。通过引进先进的节能技术和设备，优化生产工艺流程，降低能源消耗和污染物排放。例如，采用高效节能的电机、变频器等设备，提高能源利用效率；优化供应链管理，减少物流运输中的能源消耗和碳排放。

2. 积极参与碳排放权交易

通过购买碳排放权，企业可以获得一定的碳排放额度，从而鼓励企业进一步减少温室气体排放。同时，碳排放权交易也为企业提供了经济激励，推动企业加快绿色低碳转型的步伐。

3. 注重技术创新和研发

通过加大科研投入，引进和培养专业人才，企业积极研发绿色、低碳、环保的新产品、新技术和新工艺。这些创新成果不仅提高了企业的竞争力，也为全球绿色低碳发展贡献了中国智慧和中国方案。

4. 积极开展国际合作与交流

与国际先进企业、行业协会和科研机构等建立合作关系，共同研究绿色低碳发展的新技术、新方法和新趋势。通过分享经验、交流技术和合作研发等方式，企业不断提升自身在绿色低碳发展方面的能力和水平。

参考文献

［1］孙旭东．绿色低碳新兴产业成熟度评价方法研究［J］．中国工程科学，2020（02）．

［2］王雨霖．基于低碳经济背景下节能减排评价体系的构建策略研究［J］．环境科学与管理，2018（03）．

［3］中国工业和信息部．《绿色工厂评价通则》，https：//wap. miit. gov. cn/jgsj/jns/lszz/art/2020/art_8822a3e59a16454681742675d184323e. html.

上海自贸区贸易便利化发展研究

▶邵婉莹　王　炼

一、绪论

（一）研究背景和研究意义

2013年，上海自贸区正式成立，它是我国首个在指导思想、任务措施等方面与之前的经济特区有所区别，具有新的内涵的改革开放平台。在接下来的一年中，上海自贸区的总经营收入攀升至16000亿元，新注册的企业数量超过1万家。到2023年末，上海自贸区成立的这10年里，新设立的企业数量增加了8.4万家，这是前20年的2.3倍。在这10年间，上海自贸区蓬勃发展，成为全球经济的璀璨明星，引入更多国际先进经验，创新政策措施，使得自贸区的改革步伐更加坚实。与此同时，区内数字经济、科技创新等领域蓬勃兴起，为整个上海乃至国家经济注入强劲动力。上海自贸区的成功经验成为全国改革开放的典范，为其他地区的发展提供了宝贵经验。

作为一种综合性的全球贸易便利化手段，贸易便利化在2001年启动的多哈会谈部长级宣言中开始受到各国的关注，并获得了广泛的认同。多哈部长宣言也明确指出了相关议题，以及各会员国在简化程序方面所面临的具体需求和挑战。经过坎坎坷坷，谈判小组在此前后举行过11届会议，这表明有关贸易便利化这一主题，各当事方已经逐步接受把它作为今后可以深入谈判的一个重要组成部分，并且在各当事方持续努力和协调之下逐步取得进展。尽管贸易便利化已经取得很大的成绩，但是要持续深化本地区的贸易便利化仍然是一项艰巨的任务。

尽管我国在贸易便利化相关的政策和法规建设方面起步相对较晚，但其发展速度却非常迅猛。政府高度重视这一领域的进展，并已经发布了一系列旨在推动贸易便利化进程的政策和法律法规。在这 10 年的运营期间，上海自贸区大胆地进行了尝试和实践，特别是在贸易便利化改革方面取得了显著的突破，已经在全国范围内推广了超过 60 项的创新制度。

（二）文献综述

对于贸易便利化的概念，世界贸易组织（WTO）持有的观点是，贸易便利化的关键在于“简化和协调国际贸易流程”。在关税壁垒被逐步削减或取消后，各国政府都将重点转向降低关税，减少非关税贸易壁垒，从而达到提高效率、降低成本的目的。世界海关组织（WCO）持有的观点是，贸易便利化的关键在于简化海关流程并提高通关的效率。近年来，国际社会对贸易便利化进行了广泛而深入地研究，提出许多新观点和新策略，其中包括将贸易便利化纳入到国家战略中去考虑，强调在全球范围内实现自由贸易。世界银行（World Bank）详细解释并确定了贸易便利化的含义和范围，他们认为贸易便利化是一系列旨在消除复杂程序，提高成员国海关效率的过程复杂、成本较高的管理和体制改革，这些措施包括基础设施建设、港口效率、物流运输、海关环境等多个方面。

关于上海自贸区的贸易便利化建设目标，姚洪心（2016）对上海自由贸易试验区与美国自由贸易区在贸易便利化方面的差异进行了深入研究，并据此提出了一系列政策建议，包括加强基础设施的建设、优化商业环境以及改革政府的管理模式，以提高贸易便利化的整体水平。

二、上海自贸区贸易便利化的实施措施

（一）海关监管模式的创新

为了提高通关的便捷性，推动一线的开放性和二线的高效管理，上海

自贸区目前已经初步构建了一套既便捷又安全的海关监管体系。海关在提高口岸效率的同时也对现行海关监管机制进行改革。海关的监管制度创新涵盖了通关的便捷性、保税的监督、税务的管理等多个领域，并已经积累了一系列可以复制和推广的实践经验。

为提升通关便捷性，上海海关积累了一系列值得借鉴的实践经验。根据单据的先进性来建议报关，并完成货物的近岸和通关流程，然后再进行正式的申报，这大大降低了通关的成本和所需时间；利用电子信息技术，将传统的纸质报关单改为电子标签，使其具有唯一性、不可篡改性。

上海自贸区在企业管理上也实施了多项创新措施，如对企业注册登记制度进行改革，严格按照规定公开相关信息，并在发现违法行为时立即上报，这些都是为了强化事中和事后的监管，并为自由和公平的贸易环境打下坚实基础。

（二）国际贸易单一窗口

国际贸易的“单一窗口”策略已逐渐被视为推动国际贸易便捷化的关键途径之一，并受到众多国家和国际组织的密切关注。自 2014 年 6 月起，上海自贸试验区启动了国际贸易的“单一窗口”试验项目，目前所提供的服务主要涵盖了贸易物品的传输、船只信息的检索、进出口贸易额的结算以及进出口企业资格的核实等多个领域。随着改革进程的深入发展，“单一窗口”已无法完全适应当前外贸业务快速增长的要求。为了更有效地利用“单一窗口”在提高海关操作效率上的潜力，有必要持续扩充“单一窗口”的服务范围，并加强贸易监管功能。目前海关部门已具备完善的信息系统和先进的信息技术手段，能够实现货物申报数据与通关业务之间的无缝连接。

随着贸易环境的持续改善，我国可以直接采用信息技术平台，通过一个统一的窗口来满足进出口企业对监管部门审核报告的即时需求，这不仅帮助企业节约了宝贵的时间，还提高了政府的行政工作效率。此外，“单一窗口”还能让企业和政府部门之间建立起更密切的关系，加强双方的沟通合作。企业也应当主动地改变传统的信息处理模式，通过资源共享的综合平台来提升信息处理的效率，并降低错误发生的频率。

另外，“单一窗口”可以有效降低企业的交易成本，从而进一步推动我国对外贸易发展，使之成为中国经济新常态下实现产业转型升级、加快对外开放的重要举措之一。因此，在上海自贸区进行国际贸易“单一窗口”的试点具有非常重要的战略价值。通过这个“单一窗口”将企业和各个政府职能部门整合到一个统一的框架内，不仅提升了信息获取的便利性，还使得通关手续变得更为迅速和简洁。同时，企业还可以根据自己的实际情况选择不同类型的窗口来进行业务受理和监管。自贸试验区中“单一窗口”的持续深化和改革，预计将显著提高贸易的便捷性，并为各企业带来可观的经济回报。

在这一措施的影响下，与2017年相比较，2020年进出口通关时间大大减少，进口整体通关时间减少了41%，出口整体通关时间减少了18%（见表1）。而在2023年中国政府网发布会上，明确指出了“上海口岸的进口整体通关时间已经少于48小时，已经实现了低值类快件正常情况下6小时内放行”。这表明海关单一窗口、加强和境外海关开展AEO互认合作等措施大大减少了通关时间，完善流通体制是完全可行且必要的。

表1　上海自贸试验区2017年、2020年进出口整体通关时间比较

年份	进口通关时间（小时）	出口通关时间（小时）
2017	67.2	2.79
2020	39.66	2.28

资料来源：海关总署。

（三）缩减负面清单

所谓的负面清单，是指那些被国家明确禁止的经济领域，除了清单上明确列出的禁止区域外，其他所有行业、领域和经济活动都被允许进入。负面清单制度最早在美国实行，后逐渐被许多发达国家所采用并加以完善，目前已成为国际上通行的投资管理制度之一。这套制度的革新不仅使得外国投资者的投资流程变得更为简洁，同时也增强了工作效率。

到2020年末，自贸试验区负面清单的减负比例已经达到18.9%，而在金融领域，外资股比例限制已经被取消，相关的证券公司、证券投资基金管理公司以及期货公司等均受到相关政策制度的支持和保障。作为自贸区的重要举措，这一改变为上海自贸区制造业的发展提供了更加广阔的空间，进一步推动了转型升级的步伐（详见表2、表3）。

表2　2018年版中国（上海）自由贸易试验区部分投资准入特别管理措施（负面清单）

序号	领域	特别管理措施
		一、农、林、牧、渔、业
（一）	种业	1. 小麦、玉米新品种选育和种子生产的中方股比不低于34%。 2. 禁止投资中国稀有和特有的珍贵优良品种的研发、养殖、种植以及相关繁殖材料的生产（包括种植业、畜牧业、水产业的优良基因）。 3. 禁止投资农作物、种畜禽、水产苗种转基因品种选育及其转基因种子（苗）生产。
（二）	渔业	4. 禁止投资中国管辖海域及内陆水域水产品捕捞。
		二、采矿业
（三）	有色金属矿和非金属矿采选及开采辅助活动	5. 禁止投资钨、钼、锡、锑、萤石勘查、开采。 6. 禁止投资稀土勘查。开采及选矿。（未经允许，禁止进入稀土矿区或取得矿山地质资料、矿石样品及生产工艺技术。） 7. 禁止投资放射性矿产勘查、开发及选矿。
		三、制造业
（四）	印刷业	8. 出版物印刷须由中方控股。
（五）	中药饮片加工及中成药生产	9. 禁止投资中药饮片的蒸、炒、炙等炮制技术的应用及中成药保密处方产品的生产。
（六）	汽车制造业	10. 除专用车、新能源汽车外，汽车整车制造的中方股比不低于50%。同一家外商可在国内建立两家及两家以下生产同类整车产品的合资企业。
（七）	通信设备制造	11. 卫星电视广播地面接收设施及关键件生产。
（八）	其他制造业	12. 禁止投资宣纸、墨锭生产。
		四、电力、热力、燃气及水生产和供应业
（九）	核力发电	13. 核电站的建设、经营须由中方控股。
（十）	管网设施	14. 城市人口50万以上的城市燃气、热力和供排水管网的建设，经营须由中方控股。

来源：上海市人民政府官网。

表3　2019年版中国（上海）自由贸易试验区部分投资准入特别管理措施（负面清单）

序号	领域	特别管理措施
十、科学研究和技术服务业		
（二十三）	研究和试验发展	31. 禁止投资人体干细胞、基因诊断与治疗技术开发和应用。 32. 禁止投资人文社会科学研究机构。
（二十四）	专业技术服务业	33. 禁止投资大地测量、海洋测绘、测绘航空摄影、地面移动测量、行政区域界线测绘，地形图、世界政区地图、全国政区地图、省级及以下政区地图、全国性教学地图、地方性教学地图、真三维地图和导航电子地图编制，区域性的地质填图、矿产地质、地球物理、地球化学、水文地质、环境地质、地质灾害、遥感地质等调查。
十一、水利、环境和公共设施管理业		
（二十五）	野生动物保护	34. 禁止投资国家保护区的原产于中国的野生动植物资源开发。
十二、教育		
（二十六）	教育	35. 学前、普通高中和高等教育机构限于中外合作办学，须由中方主导（校长或主要行政负责人应当具有中国国籍（且在中国境内定居），理事会、董事会或者联合管理委员会的中方组成人员不得少于1/2）。）（外国教育机构、其他组织或者个人不得单独设立以中国公民为主要招生对象的学校及其他教育机构（不包括非学制类职业技能培训），但是外国教育机构可以同中国教育机构合作举办以中国公民为主要招生对象的教育机构）。 36. 禁止投资义务教育机构、宗教教育机构。
十三、卫生和社会工作		
（二十七）	卫生	37. 医疗机构限于合资、合作。
十四、文化、体育和娱乐业		
（二十八）	新闻出版	38. 禁止投资新闻机构（包括但不限于通讯社）。（外国新闻机构在中国境内设立常驻新闻机构、向中国派遣常驻记者，须经中国政府批准。外国通讯社在中国境内提供新闻的服务业务须由中国政府审批。中外新闻机构业务合作，须中方主导，且须经中国政府批准）。 39. 禁止投资图书、报纸、期刊、音像制品和电子出版物的编辑、出版、制作业务。（但经中国政府批准，在确保合作中方的经营主导权和内容终审权并遵守中国政府批复的其他条件下，中外出版单位可进行新闻出版中外合作出版项目。未经中国政府批准，禁止在中国境内提供金融信息服务）。

资料来源：上海市人民政府官网。

在上海自贸试验区的推动作用下，浦东新区成功地新增了 18691 个外资项目，累计的外资注册资本达到了 2172.74 亿美元，这一数字是上海自贸区成立前的 1.12 倍和 2.43 倍。在过去的 10 年里，上海自贸区负面清单数量从最初的 190 条减少到了目前的 27 条。这为外国投资者创造了更多的投资机会，降低了投资的限制，有助于增强市场的活跃性，推动公正的竞争，从而促进我国经济的高品质增长。

三、上海自贸区贸易便利化的发展障碍分析

（一）基础设施落后，且口岸管理协调成本高

首先，上海自贸区的基础设施不够完善，如码头设施落后、运输工具陈旧等。这些问题导致在通信、货物检验等方面无法满足经济发展的需要，从而进一步影响着货物的出入口时间，加重了物流环节和成本增加，对我国国际贸易的可持续发展也带来了不利的影响。

其次，由于货物通关的速度缓慢和基础设施的不健全，这直接导致了货物通关效率的降低，整个通关过程可能需要超过十天甚至半个月的时间。这种情况不仅对地区的经济增长产生了负面影响，限制了公司的进出口业务，而且还导致了通关效率的降低和货物在港口的严重滞留，进一步减少了公司的收益；对某些零散或急需的货物而言，这可能会导致它们无法按时到达，从而损害公司的声誉。

最后，上海自贸区的跨区域信息化建设不仅受到物理空间的制约，而且在整合和溯源管理各种信息方面也显得相对落后。例如，不同部门的数据信息格式存在差异，某些部门的信息更新延迟等，这大大降低了与其他部门合作的效率，还可能会形成新的“信息孤岛”现象。

（二）制度体系存在不足

海关不仅是推动贸易便利化的核心力量，也是制度改革的关键环节。制度的完善和服务质量直接影响到贸易便利化的水平，因此，在上海自贸

区的建设过程中，对海关便利化机制的深入研究仍然是不可或缺的。在上海自贸区，海关监管面临着“一线逐渐全面开放，二线高效安全管理，以及区内货物自由流通”的严格要求。为了让审批流程更为简洁和灵活，以便于货物的顺利流通，这就意味着需要削减海关的监管力度。因此，如何有效地管理二线成为该自贸区面临的一项重大挑战。

（三）国际物流产业发展缓慢

国际物流产业的发展对上海自贸区而言举足轻重。但是，上海自贸区与国外典型自贸区相比较还是有很大的差距，发达国家在航运物流、保税物流以及第三方物流的发展很迅速，已经进入较为成熟的阶段。而我国现代物流和国际物流发展缓慢，现状仍存在着一些问题。首先是基础设施建设不足，运输的能力不能满足运输的需求，两者相比仍有较大的差距。其次是专业人才的缺失。我国在国际物流方面的教育还比较不足，物流知识远远未得到普及，这就导致了从事国际物流方面的人员缺少专业知识与专业技能，不擅长管理。此外，企业对于这方面的人才也没给予足够的重视，甚至不认可国际物流相关的专业，对员工国际物流方面的培训仍是以短期培训为主。

四、对策建议

（一）加快港口口岸建设，简化海关程序

口岸的通关效率与其基础设施建设情况密切相关，基础设施的质量越高，货物的运输将越为便利快捷，因而货物通关效率也会得到显著提升。港口口岸通常是货运量最大的口岸，而上海自贸区应加强港口口岸基础设施建设，提高其性能与质量，有效提高通关效率。

对于港口口岸，上海自贸区应加速港口配套设施的建设进程，除了完善基础设施和提高集疏运体系的效率外，还要为港口口岸建设提供必要的软环境支持。此外，上海自贸区的贸易便利化基础设施建设不能局限在公

路、铁路、航空和港口的建设，而是更深入到交通网络体系的完善和建设中。同时上海自贸区还应注重对各区域内不同类型的交通网络进行整合利用，形成具有一定特色的网络格局。对于上海自由贸易试验区来说，基于现有的交通布局，有必要加强区内海关特殊监管区与港口，以及海关特殊监管区与港口之间的水路、陆路和航空交通网络体系的建设。

（二）完善流通体制，强化制度改革

上海自贸区在推进贸易便利化制度的过程中，应充分展现其开放、高效和便捷的特质，同时强调法治的重要性。为了建设开放度最高的自由贸易园区，上海自贸区必须以制度创新为核心任务，以风险防范为底线，大胆试大胆闯，包括确立以规范市场主体行为作为重点的事中事后监管制度、创新一级政府管理体制、加强改革经验复制推广等的制度创新改革。

（三）提高现代物流与国际物流水平

自贸区的深化改革和物流紧密相关，“自贸区＋物流”已经成为我国物流业发展的重要途径。上海自贸区应加大对交通、通信等基础设施的投资，逐步完善现代物流技术装备，对现代物流的认识水平应不断提高，为提高物流效率打下较好的基础条件。

首先是现代物流服务的拓展。上海自贸区的现代物流业应把加工、保税、仓储、金融、保险以及到报关、通关、商检、中转等从起点到终点的业务都统一起来，把整个商贸流通过程作为一个完整的领域来经营。其次是构建高效便捷智慧的对外综合交通体系。上海自贸区应围绕着“15 分钟到浦东枢纽、60 分钟到达虹桥枢纽、90 分钟到达长三角毗邻城市”的目标，加快推进轨道交通和枢纽建设，与国家交通运输大通道、长三角高速铁路网充分接轨。最后，上海自贸区应努力做好国际物流。确保在风险可控的条件下，实现最大限度的一线放开和区内自由，借助自由贸易区“一线放开”政策，促进国际物流、贸易、金融、信息等供应链要素的快速集聚，同时培育国际机构、跨国企业总部、高端产业、国际商贸等业态，构建国际中转、中转集拼、船舶登记、国际配送、国际采购等功能，以及畅

通、安全、便捷的全球供应链网络。提高供应链资源配置效率和能力，增强国际规则制定实力，加强物流和供应链资源的聚集与服务扩散效应，以提升上海自贸区乃至中国物流在全球资源配置上的竞争力。

参考文献

[1] 匡增杰. 加快推进中国（上海）自由贸易试验区海关监管制度创新：贸易便利化的视角 [J]. 经济体制改革，2015（04）.

[2] 刘甜. 上海自贸区的设立对区域内企业吸引外资的影响研究 [D]. 太原：中北大学，2023.

[3] 向赛. 上海自贸区的贸易便利化分析 [J]. 广西质量监督导报，2020（09）：26－29.

[4] 姚洪心，赵悦. 上海自贸区与美国自贸区贸易便利化水平的比较研究 [J]. 中国商论，2016（02）：99－104.

三、数字经济发展与规制研究

数字贸易背景下搭建跨境电商综合服务平台路径探索

▶刘 远

一、引言

受疫情和全球商品贸易量萎缩影响，全球贸易发展处于疲软状态。2024 年贸发会议发布的《全球贸易最新报告》显示，2024 年第一季度全球贸易趋势转为积极，商品贸易额环比增长约 1%，服务贸易额增长约 1.5%。WTO 表示，随着发达经济体通胀率降低和收入增加，实际工资提高，对商品的需求增加，预计 2024 年和 2025 年，全球贸易增长将逐步回升。作为世界大型发展中经济体的中国，想要加快推进贸易创新发展，提升出口质量，实现高质量引进来和高水平走出去，需要通过顺畅联通的国内国际双循环，推动建设开放型世界经济，形成更加紧密稳定的全球经济循环体系。而成本高昂、流程复杂、经验匮乏等问题长期制约着我国企业出口贸易发展。但近些年不断崛起的跨境电商平台则使得我国企业出口贸易迎来新机遇。大数据、云计算、5G 通信、AI 直播等数字技术与跨境贸易相结合，赋予了外贸业务数字化、智能化基因，改善了电商平台的服务方式，借助跨境电商平台，我国企业的备货、销售、报关、物流、收款以及结汇等环节的运行效率都得到极大提升。

阿里巴巴国际站、速卖通、敦煌网、洋码头等跨境电商平台作为数字贸易的先锋，从主要依托海外采购商提供订单、支付、物流等数字服务向包含采购、营销、仓储、国际运输、支付、金融、关检税汇等综合贸易平台转变，智能化的数字贸易服务已经成为影响跨境电商贸易服务质量的关键因素。此外，随着跨境电商的发展，像递四方、芒果海外仓、PingPong、Skyee、客优云、易仓科技、思亿欧、世贸通、卓志等跨境电商服务商助力跨境贸易企业或从业者一站式出海，但现阶段能为大中小企业服务的平台的综合服务能力欠缺，能一站式完成从采购、营销、仓储、国际运输、支付、金融、关检税汇，售后服务等综合服务平台相对较少，类似阿里巴巴国际站综合平台主要为自己站点的企业提供服务，同时还需抽取部分交易佣金，该模式大大压缩了中小企业的利润，此外，对于交易过程中出现的纠纷问题也难以借助平台进行有效处理，因此加快跨境电商综合服务平台建设，提升综合服务能力迫在眉睫。

二、跨境电商服务平台模式

（一）第三方跨境电商服务平台

第三方跨境电商平台是指独立于产品或服务的提供者和需求者，通过网络服务平台，按照特定的交易与服务规范，为买卖双方提供服务的平台。代表性平台包括亚马逊全球开店、eBay 全球交易平台、速卖通、Wish 等，其服务包含市场供求信息发布与搜索、交易的确立、支付、物流等。自 1999 年阿里巴巴国际站为代表的跨境电商平台成立，以网上展示、线下交易的外贸信息服务模式发展，我国第三方跨境电商服务平台进入 1.0 阶段，随着信息技术，大数据的不断成熟和政策的不断完善，敦煌网、速卖通、洋码头、天猫国际、京东国际、苏宁易购、SHEIN、TEMU 等平台迅速发展，同时随着行业“马太效应”加剧，一些中小平台逐渐被淘汰出市场，这种专业服务其他跨境电商的第三方服务平台，借助自己的优势使其具有较高的国际或国内知名度，因此能够较好地吸引到更多的国际和国内消费者，大中小企业通过入住平台以获得市场（见图 1）。

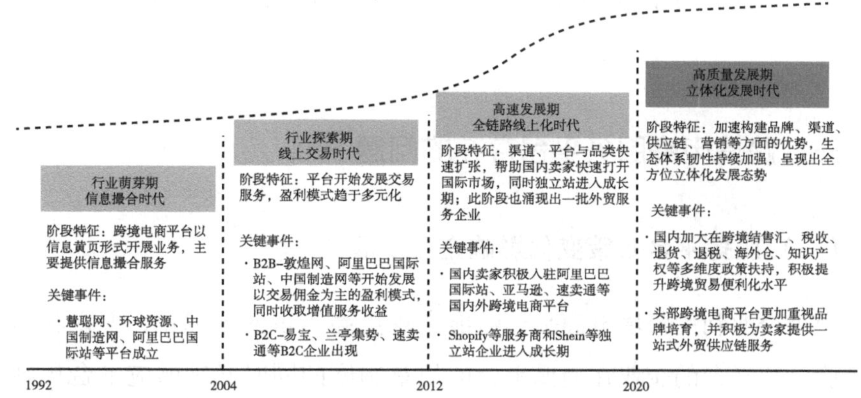

图1　中国跨境出口电商行业发展历程

资料来源：商务部：《中国跨境电商出口合规发展报告》；公开资料；艾瑞咨询；作者研究绘制。

（二）综合类服务平台

综合类服务平台是综合了多种服务，如物流、金融、通关、外汇、退税等服务的平台，为跨境电商的交易双方提供一个更加优越的环境，例如阿里巴巴一达通，通过整合各项外贸服务资源和银行资源，为中小企业提供专业、低成本的通关、外汇、退税及配套的物流和金融服务。这种模式对于跨境电商企业而言还需要借助第三方平台融合产品信息和订货信息才能实现跨境电商买卖的闭环，即综合服务平台的服务是依附于电商平台之上的整合企业服务需求的一种外贸解决方案。

（三）自营型跨境电商平台

自营型跨境电商平台主要是企业自身负责整个跨境电商业务的运营，包括采购、仓储、物流、销售等环节。企业通过建立自己的电商平台，在海外市场直接销售自己的商品。代表性企业包括兰亭集势、DX、米兰网、网易考拉、京东全球购、聚美优品、小红书等。自营型跨境电商平台一般商品可溯源，可控制供应链，自主选择供应商、管理库存，并控制产品质量和价格，决策灵活，能够根据市场需求和竞争情况，灵活调整产品定价、销售策略等，但自营型跨境电商要承担更多的成本，包括采购、仓储、物流、售后等各个环节的费用，进入门槛高，市场推广压力相对较大。

三、跨境电商服务平台存在的问题

（一）服务平台政策变化影响企业发展

中小企业利用跨境电商平台赋能实现更高质量的国际化，但入驻第三方跨境电商平台的企业在遵循平台的规章制度的同时必须顺应平台规则的变化，平台政策直接影响企业的正常运营。以亚马逊为例，2021 年亚马逊发起最大规模封店行动，卖家突然遭遇资金冻结且申诉困难，2024 年卖家被卷入 CPC 风波，账号被封、链接被下架，非官方推广评分或评价的调查对公司的业务等问题，导致中国部分企业业绩亏损，业务产生负面影响，企业海外申诉无门等。此外，国家政策直接影响第三方平台的服务，如中印边境冲突，印度禁止 SHEIN 通过其自有应用程序及第三方平台销售产品，TEMU 平台的低价销售策略受到对应国家的管制，对平台卖家的市场稳定性影响较大。可见，第三方跨境电商服务平台的不稳定性直接影响企业的稳定经营。

（二）综合服务能力薄弱

对外贸易流程如买卖产品信息、订货、结算、通关结汇、跨境运输、仓储、融资、售后服务等固有的多环节特点，以及业务之间的连贯性和一体化，使得跨境综合服务成为跨境电商企业急需的服务模式。而电商平台的作用不仅只发挥传统渠道中某些中介企业的作用，服务平台必须对处于不同国家的消费者和销售者提供保障双方权益的服务。但现阶段，我国跨境综合服务平台的服务分为物流类、支付类、SaaS 类、营销类和综合类，主要用于信息发布、营销推广、交易支付、物流服务，对于一些涉及较为复杂内容的跨境电商交易，现有的跨境电商服务平台仍难以满足整个产业链上节点企业服务需求，难以形成贸易全程协同解决方案，在一定程度上增加了跨境企业的外贸成本。

（三）服务平台缺乏系统规划和建设

跨境电商平台与传统外贸相比，尽管具有门槛低、利润高、渠道短等优点，但也将过去主要由进出口商所承受的交易风险“碎片化”地转移到每个参与其中的中小企业和普通消费者身上。跨境交易前期，平台对晚于48小时内发货的卖家降低平台曝光率，故要求卖家均处于备货模式，短期内卖家需对交易对象、交易标的、结算方式、物流服务等做出多阶段、多属性决策。如若不采用服务平台官方物流，跨境运输出现的退货问题进一步增加了卖家成本。当前我国绝大多数跨境电商平台的工作重心还放在丰富货品、扩大用户、抢占市场、增加盈利、完善支付和物流系统等基础服务方面，如Shopee新卖家需在规定时间内上传至少50个SKU才能开店，若需借助平台工具进行铺货，必须花钱购买软件，不同用处的铺货软件价格存在较大差异；同时平台引流方面需多次充值平台才会给予店铺流量，尚未真正从用户的角度，对平台的服务性、安全性和便利性进行系统规划和建设，因而所提供的平台服务难以做到规范化、便利化、流程化。

四、搭建跨境电商综合服务平台模型

随着信息技术的不断升级更替，信息交流传递成本不断下降。而随着跨境电商业务的多样化，跨境综合服务难以“一键式”协调各阶段业务活动，使得企业交易成本升高。电子商务环境是一个变化的过程，内外部环境的改变需要跨境电商综合服务平台适时调整政策和环境，以适应综合平台类各主体的协调发展，维护内部信息生态平衡。在数字贸易背景下，跨境电商的服务更需要硬件设施与软件平台实施虚实结合的服务，重点在于搭建能整合跨境电商全流程服务的一站式服务生态体系，从而帮助跨境企业或跨境从业者解决跨境贸易中遇到的阻碍，使得跨境业务完成数字化转型，减少企业贸易成本，提升跨境电商整体运营效率。

本部分搭建跨境电商综合服务平台模型（见图2），将境内外两端品牌商、制造商、终端客户、中间服务商以及政府行政机构按照信息的供需关系而连为一体平台，使得营销、金融、支付、关检税惠、售后服务等业务环节形成“一站式”服务生态网络。跨境电商综合服务平台主要围绕“搭建数字贸易生态圈”进行设计，其中囊括了跨境贸易中跨境电商平台、跨境物流、跨境支付、跨境第三方服务、跨境信息服务、跨境风险管控等板块，其中跨境平台板块主要涵盖 B2B、B2C、C2C 等业务成熟的第三方跨境电商平台，如阿里巴巴国际站、速卖通、敦煌网、SHEIN 等可提供数据选品服务到市场营销完整的流程平台；跨境物流板块主要为跨境电商企业提供合适的物流服务；跨境支付板块主要包含我国本土搭建的收款软件，如 PingPong、Skyee 等防止类似亚马逊突击冻结卖家账户损害卖家权益事件；跨境第三方服务板块主要涵盖通关、检验检疫、外汇和退税，如一达通、世贸通等企业；跨境风险管控板块主要为了帮助企业预警跨境贸易中遇到的交易风险、知识产权风险、跨境企业海外申诉等问题，协助企业解决跨境贸易困境；跨境信息服务板块主要为跨境电商提供相关行业资讯、政策、规则、新闻资讯以及竞争情报服务等信息，助力平台企业了解实时资讯，以更好地制定营销策略。在跨境电商综合服务平台中融合了政府、集群企业、多种服务平台形成完整跨境贸易产业链，因此无论是电商个

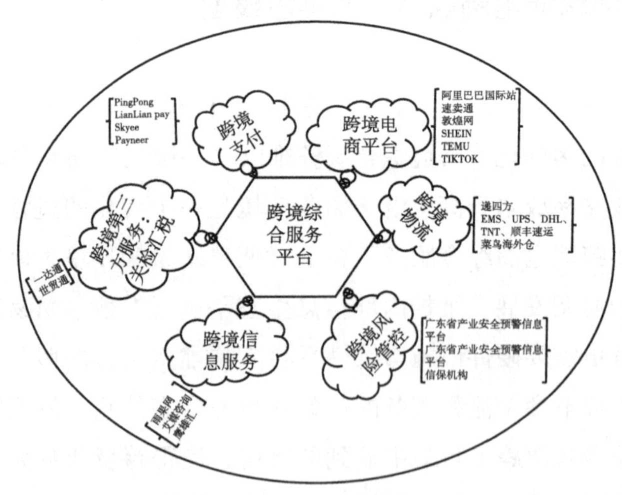

图 2　跨境电商综合服务平台模型

体、小型电商企业，还是基础薄弱的外贸企业、工厂、货运代理等，都能够实现数字化贸易运营。平台通过将生产端、流通端、采购端的诸多服务综合在一个平台上形成标准化的服务模块，各部门之间形成完整的合作机制，搭建智能贸易解决方案，服务于整个贸易链条，降低跨境贸易中的各项成本费用，为合作与交易方提供便捷，有助于跨境电商实现模化扩张，实现经济效益最大化。

五、提升跨境电商综合服务平台服务能力的路径

跨境电商综合服务平台服务能力的体现需要政府、协会、企业、平台等各方面的支持，具体路径如下：

（一）总体统筹规划，建立规范统一服务制度

首先，跨境电商综合服务平台涵盖的组织、机构较多，政府及跨境电商行业协会作为社会公共服务体系中的重要组织者在一定程度上影响着跨境电商综合服务平台的服务协调性和统一性，跨境电商行业协会应与政府部门相互辅助，建立一套统一的跨境电商综合服务制度。政府部门通过财政政策、税收等政策措施鼓励跨境电商平台降低平台费用为中小企业服务，进一步优化关检汇税步骤提升通关效率，跨境电商行业协会通过建立完善的行业自律性管理约束制度，协调规范跨境物流、跨境支付、跨境信息服务等主体的行为，为跨境贸易提供便捷化的服务。其次，政府应充分发挥其宏观调控职能，并通过制定相应法律政策来保障各平台的权益，解决各主体间的矛盾冲突和利益纠纷等问题。最后，政府应建立灵活有效的反馈机制来实现各主体之间的良性对话和交流。

（二）立足企业需求，提升综合服务能力

跨境综合服务平台涵盖跨境电商运营的各个环节服务链，各环节只有相互协作才能发挥综合服务能力水平，助力数字贸易快速发展。因此，为提高跨境电商综合服务平台能力，平台一方面应借助 5G 网络、大数据中

心、物联网、人工智能等数字技术提升跨境贸易主体信息化、智能化水平，实现跨境营销综合服务的全流程数字化生态建设，推动跨境综合服务平台的长效发展。另一方面，各平台应系统梳理交易服务的各个环节，查缺补漏，通过开展全方位、多层次的协同合作和资源优化整合，全面提升平台的综合服务能力。

（三）明确合作共赢理念，注重资源错配

跨境电商综合服务平台以提供全链路跨境服务为依托，通过协调和整合跨境服务资源最大限度地利用现有资源、对接优质资源、实现服务的最大化，推动数字贸易发展。以合作共赢理念推动跨境电商平台、物流、支付和信息服务四大板块主体间形成资源错配，避免同行业在综合服务平台中的恶性竞争，鼓励各板块平台开发特色化服务功能，为跨境电商流程提供差异化服务，实现跨境电商综合服务平台功能的最大化。

参考文献

[1] 丁伟．我国跨境电商服务平台建设研究［J］．改革与战略，2017，33（03）：152－155.

[2] 郭海玲．跨境电商平台信息服务协同模式构建研究［J］．贵州社会科学，2021（07）：139－147.

[3] 吕雪晴，周梅华．我国跨境电商平台发展存在的问题与路径［J］．经济纵横，2016（03）：81－84.

[4] 彭焘，史恩义．数字贸易背景下跨境电商服务平台化（PaaS）路径探索［J］．商业经济研究，2023（11）：124－127.

[5] 杨文婧，张越强．跨境电商平台对河北省外贸经济增长驱动作用探析［J］．商业经济研究，2019（01）：169－171.

新质生产力驱动下中国数字贸易的发展现状与优化路径研究*

▶李燕飞

一、引言

新质生产力作为突破传统经济增长范式的新型生产力形态，正在重塑全球经济发展格局。在数字经济蓬勃发展的背景下，数字贸易已成为驱动国际产业转型升级的关键力量。世界贸易组织研究显示，数字化技术将持续推动全球贸易增长，预计至2030年，每年可提升全球贸易量1.8—2个百分点，并使服务贸易占比从2016年的21%提升至25%。2010—2023年，全球数字服务出口规模从1.87万亿美元跃升至4.25万亿美元，2023年同比增长率达9%，展现出强劲的发展势头。

然而，当前世界数字贸易发展呈现明显的区域不平衡特征。美国、欧洲等发达经济体占据全球数字贸易主导地位，而发展中国家市场潜力尚未充分释放，导致全球数字贸易差距持续扩大。这一现状凸显了加强国际合作、促进数字包容发展的重要性，也为我国在数字贸易领域实现“弯道超车”提供了战略机遇。

* 基金项目：本文为“广东外语外贸大学南国商学院2023年校级一流课程《国际贸易学（双语）》（2023YLKC09）”的阶段性成果。

二、数字贸易理论基础

（一）数字贸易概念

数字贸易是数字经济时代催生的新型贸易范式，其本质在于通过信息通信技术的创新应用，重构传统贸易的价值链体系。这一贸易形态实现了三大层面的深度融合：一是实体商品的数字化交易；二是数字产品与服务的跨境流通；三是知识信息要素的全球化配置。从构成维度来看，数字贸易包含两个关键层面：一是贸易工具的数字化，它涵盖电子商务平台、电子支付系统、智能物流网络和数字化通关体系等基础设施；二是贸易标的的数字化，包括数字内容产品（如电子出版物、数字影音）、信息技术服务（如云服务、大数据分析）以及数字化解决方案等新兴领域。此外，在具体业态表现上，数字贸易主要呈现为三种形态：跨境电商（货物贸易数字化）；数字化供应链（产业链协同创新）；数字服务贸易（服务贸易数字化转型）。这种新型贸易模式不仅拓展了传统贸易的边界，更通过技术赋能推动了全球价值链的深度重构。

（二）数字贸易的特征

数字贸易的主要特征包括：数字化、虚拟化、平台化、个性化、全球化等。

第一，数字化。数字化可概括为两大类别：一是贸易方式的数字化，它是信息技术对传统贸易流程的全面渗透与深度融合。这种数字化不仅体现在贸易的全流程、全产业链的转型升级，如跨境电商、智慧物流、线上展会等新兴业态的崛起，还通过在线交付模式推动了服务贸易的多样化，特别是在文化、教育、研发、咨询等领域的跨境服务提供上。二是贸易对象的数字化，它聚焦于那些以数据形式存在的关键要素和服务。这些数字化对象在国际贸易中占据了举足轻重的地位，涵盖了信息通信技术（ICT）相关的服务贸易，如数字金融、数字教育、数字医疗、工业互联网等，以及具备商业价值的数据要素的跨国流通。

第二，虚拟化。虚拟化是数字贸易的一个重要特征，主要体现在生产过程的数字化和交易平台的虚拟化。虚拟化不仅使得生产过程更加灵活、高效，还降低了生产成本。并且交易平台的虚拟化为消费者提供了更加便捷、个性化的购物体验。

第三，平台化。数字贸易高度依赖数字化平台，这些平台不仅提供交易服务，还涉及支付、物流、评价等多个环节。平台化使得数字贸易更加便捷、高效，同时也促进了产业链上下游的协同和整合。

第四，个性化。个性化是数字贸易的重要优势之一，通过大数据分析和人工智能技术，数字贸易可以精准地把握消费者的偏好和需求，从而提供更具针对性的产品和服务。

第五，全球化。数字贸易以其跨越地域界限的特性，实现了全球消费者与商家间的无缝交易，极大促进了全球市场的互联互通。与此同时，全球化浪潮进一步推动了服务、生产、消费、投资以及数据等关键要素的全球配置与高效流动。

总而言之，数字贸易的这些显著特征使其在现代经济体系中占据越来越核心的地位，为全球经济的蓬勃发展注入了新的活力与动力。

三、中国数字贸易发展现状

（一）中国数字贸易实现跨越式增长

全球数字贸易总额达 7.13 万亿美元，我国数字贸易规模目前居全球前三位。全球数字贸易博览会组委会和国际贸易中心（ITC）联合发布的《全球数字贸易发展报告 2024》显示，全球数字贸易总额由 2021 年的 6.02 万亿美元增长至 2023 年的 7.13 万亿美元，年均增速高达 8.8%；欧盟、美国、中国的数字贸易规模居全球前三位，并保持稳健增长态势。

中国信息通信研究院发布的《中国数字经济发展研究报告（2024）》显示，我国数字经济规模呈现持续快速增长态势。2014—2023 年，数字经济规模从 16.16 万亿元跃升至 56.1 万亿元，年均复合增长率达到 14.7%。其中，2023 年数字经济规模较 2022 年的 50.2 万亿元增长 11.8%，展现出强劲的发展韧性。

数字贸易是数字经济中重要的组成部分。根据商务部最新统计数据显示，中国数字贸易规模呈现爆发式增长态势。2023 年，我国数字贸易总额达到 5.7 万亿元人民币，同比增长 15.6%，增速显著高于传统货物贸易。其中，数字服务贸易规模突破 1.5 万亿元，跨境电商进出口额达 2.38 万亿元，创历史新高。从增长动能来看，主要来源于：(1) 数字服务贸易保持强劲增长，其中信息技术服务、数字内容服务等重点领域增速均超过 20%；(2) 跨境电商持续领跑，通过海关跨境电商管理平台进出口的商品总值连续 5 年保持两位数增长；(3) 数字技术贸易快速增长，云计算、大数据等数字技术出口规模同比增长 18.3%。

表 1　2014—2023 年中国数字贸易规模

年份	数字贸易总额（万亿元）	同比增长率（%）	占数字经济比重（%）
2014	0.82	12.3	3.2
2015	1.05	28.0	3.5
2016	1.38	31.4	3.8
2017	1.76	27.5	4.1
2018	2.25	27.8	4.5
2019	2.83	25.8	4.9
2020	3.52	24.4	5.3
2021	4.31	22.4	5.7
2022	4.95	14.8	5.9
2023	5.72	15.6	6.2

数据来源：商务部《中国数字贸易发展报告》、中国信通院《中国数字经济发展白皮书》。

（二）中国数字贸易结构持续优化升级

中国数字贸易结构主要指的是中国在数字贸易领域中所涉及的各类商品和服务的组成及其相互关系，包括了数字内容、数字服务、电子商务等多个方面。

目前，中国数字贸易的结构在向多元化方向发展，2023 年，电信及 IT 服务业产值占比 28. 6% ，年增速保持 15. 2% ；跨境电商总额达 3. 58 万亿元，占数字贸易总额的 62. 6% 。除了电信、计算机和信息服务等传统领域外，旅游、运输等传统领域也在加快数字化发展，金融、保险、文化娱乐、商务服务等新兴领域的数字化水平也在不断提升。其中，2024 年第一季度，数字金融与保险服务，规模突破 6200 亿元，增速 27. 3% ；数字文化娱乐，出口额同比增长 34. 5% ，其中游戏出海增长 42. 8% ；云服务及大数据交易，占服务贸易比重升至 21. 3% 。这种多元化的趋势使得中国数字贸易的结构更加均衡，也为中国数字贸易的长期发展提供了更广阔的空间。

同时，高技术产品在数字贸易中的比重也在不断增加。以机电产品为例，近年来中国机电产品的出口增长势头强劲。根据国家统计局数据，2024 年前两个月，机电产品出口增长 11. 8% ，占出口总额的比重为 59. 1% 。这表明中国在高技术产品领域具有较强的竞争力和市场地位，也反映了中国数字贸易结构向高技术、高附加值方向发展的趋势。

从外贸主体结构上看，民营企业在中国数字贸易中的地位日益突出。海关数据显示，今年前 4 个月，具备进出口实绩的民营企业数量较去年同期增长了 8. 9% ，且其进出口总额在我国外贸中的占比超过五成，同比涨幅高达 4. 6 个百分点。这一显著增长不仅凸显了民营企业在外贸中的“稳定器”作用，更是我国外贸结构持续优化的一大亮点。当前结构优化表明，中国数字贸易正形成“基础支撑 + 新兴引领 + 传统转型”的三层产业架构，在全球价值链位势持续提升。

（三）中国数字贸易政策环境不断完善

《“十四五”数字经济发展规划》以及 2035 年远景目标纲要中明确提出要大力发展数字贸易，坚持数字赋能，加快数字化转型。数字经济新质生产力动能培育不断涌现，同时，国家相继出台《电子商务法》《网络安全法》等法律法规，规范了数字贸易的市场秩序，进一步保护消费者权益和数据安全。

以下是近几年来国家机关发布的一些关于数字经济的政策文件，可以看出我国数字贸易政策的环境在不断完善和优化，为数字贸易发展提供有力的支持。见表2。

表2　2018—2024年中国数字经济政策文件

政策文件	发布日期	发文机关	核心内容
《关于发展数字经济稳定并扩大就业的指导意见》	2018年12月31日	国家发展改革委	积极推动数字化、网络化、智能化的就业创业服务能力的提升，持续拓展就业创业的新领域和新空间，着力实现更高质量、更充分就业的就业机会
《"十四五"数字经济发展规划》	2022年1月12日	国务院	以数据为核心驱动力，将数字技术与实体经济的深度融合作为核心战略，持续加强数字基础设施建设，优化数字经济的治理结构，共同推动数字产业化和产业数字化的进程
《关于开展中小企业数字化转型城市试点工作》	2023年6月15日	财政部、工业和信息化部	准确把握中小企业在数字化转型过程中所遭遇的难题和挑战，充分调动地方积极性，整合各种资源以优化供应，降低转型的成本，以数字化转型为契机增强中小企业的核心竞争能力
《数字经济促进共同富裕实施方案》	2024年1月6日	国家发展改革委、国家数据局	推动数字技术和实体经济深度融合，不断做强做优做大我国数字经济，通过数字化手段促进解决发展不平衡不充分问题
《数字贸易创新发展行动纲要》	2024年5月8日	商务部	培育数字服务贸易出口基地（新增20个）；扩大跨境电商B2B出口监管试点；推动数字人民币跨境结算

资料来源：根据中国政府网资料整理。

（四）中国数字贸易国际合作不断加强

近年来，中国在数字贸易合作方面与多个国家展开了积极的合作，中国积极与全球主要贸易伙伴签订双边和多边合作协议。2023年10月18日，在第三届"一带一路"国际合作高峰论坛期间，中国与阿富汗、阿根廷等35个国家共同发布了《数字经济和绿色发展国际经贸合作框架倡议》，显示了中国在数字贸易领域的合作和积极态度。根据该倡议，发展中国家在弥合数字鸿沟和应对气候变化等方面面临着不同程度的资金、技术不足等问题，有必要加强跨区域、跨机制合作，发挥各自优势，抓住数字、绿色等新兴领域发展新机遇，提升经济社会发展水平。该合作框架包括数字领域经贸合作、绿色发展合作、能力建设、落实与展望等四个部分内容；通过营造开放安全的环境、提升贸易便利化水平、弥合数字鸿沟、增强消费者信任、营造促进绿色发展的政策环境、加强贸易合作促进绿色和可持续发展、鼓励绿色技术和服务的交流与投资合作等以促进35个国家在上述方面的合作与发展。

同时，中国也积极地参与全球数字技术的研发和应用，与全球各国共同推动数字技术的创新和发展。例如，中国与上海合作组织成员国如俄罗斯、吉尔吉斯斯坦、巴基斯坦等进行了数字贸易的交流和合作。在“一带一路”沿线国家中，中国与众多国家如印度、新加坡、东盟国家、中东欧国家等也在数字服务贸易领域取得了显著的合作成果。《数字经济伙伴关系协定》的签署可被视为是重要的例子，中国与新加坡、智利、新西兰努力探索跨境数字治理框架的最佳路径，积极开展多双边数字治理合作，为全球数字经济发展、贸易投资增长和经济复苏作出积极贡献。这些合作不仅加强了彼此间的数字贸易联系，也推动了相关规范和标准的建立。

四、中国数字贸易发展面临的挑战与瓶颈

（一）数字贸易统计监测体系还不够完善

当前，数字贸易统计监测体系需进一步完善，主要存在以下四个方面的问题：

第一，统计口径和资料来源问题。数字贸易涉及多个领域和行业，包括电子商务、云计算、大数据、人工智能等，不同领域和行业的数据统计口径和标准存在差异，导致难以准确衡量数字贸易的整体规模和结构。同时，数字贸易的资料来源也较为复杂，既有政府部门的数据，也有企业、第三方机构的数据，如何整合和利用好这些数据是一大难题。

第二，数据跨境流动问题。数字贸易具有跨国性和无界性的特点，数据跨境流动是数字贸易的重要组成部分。然而，数据跨境流动受到国际政治、经济、法律等多种因素的影响，数据的采集和监测难度较大，数字产品和服务的交易往往难以追踪和记录，如何保障数据跨境流动的安全、合规和高效，是数字贸易统计面临的重要挑战之一。

第三，技术和标准问题。数字贸易的统计需要借助先进的技术手段和标准，如大数据、人工智能、区块链等。然而，这些技术手段和标准的发展和应用还存在一些问题和挑战，如数据质量、数据安全、数据隐私等，需要进一步完善和规范。

第四，国际合作和协调问题。数字贸易是全球性的经济活动，需要各国之间的合作和协调。但是不同国家之间的数字贸易政策和规则存在差异，如何加强国际合作和协调，推动数字贸易统计的国际化和标准化，是数字贸易统计面临的又一问题。

（二）技术创新能力有待加强

技术创新能力不足体现在三个方面，核心技术突破不足、创新体系不完善以及创新成果转化率低。尽管我国在数字技术领域取得了显著进展，但在一些核心领域，如高端芯片、基础操作系统、关键工艺制造等方面，仍然存在与国际先进水平的差距。数字技术领域的研发需要大量的资金投入，包括硬件设备、人才培训、实验环境等。如果研发投入不足，就很难取得核心技术的突破。数字技术的创新不仅仅是技术本身，还需要与之配套的创新体系支持。这包括研发投入、人才培养、创新生态等多个方面。目前，我国在数字技术领域的人才储备和培养上还存在一定的问题，这大大限制了创新能力的提升。创新成果转化率低也导致许多优秀的数字技术研究成果并没有得到有效的应用和转化，这既浪费了研究资源，还制约了数字技术在实际应用中的发展。

（三）法律法规不健全

首先，随着数字贸易的快速发展，数据成为了重要的资产。然而，中国目前缺乏明确的跨境数据流动法律框架，导致数据跨境传输、存储和使用的合法性和安全性受到质疑。容易给企业带来法律上的不确定性，增加运营成本，没有明确的法律指引，企业在跨境数据流动时容易触碰法律红线，造成经济损失和法律纠纷。

其次，知识产权保护不足也会削弱企业的创新动力，影响数字贸易的健康发展，数字贸易中涉及的知识产权种类繁多，对于各类知识产权的保护标准和方式缺乏明确的法律法规条例。对于数字内容、软件、技术等的侵权行为，法律法规的惩罚力度不够，导致侵权行为频发，会损害到消费者的权益，降低市场信心。

最后，由于各国法律制度的多样性和复杂性，一个健全的争端解决机制对于数字贸易至关重要。然而，当前中国在数字贸易争端解决方面仍面临挑战，特别是在合同争议和知识产权纠纷等核心领域，缺乏高效快速的解决途径。现有的争端解决机制耗时较长、成本较高，无法满足数字贸易快速发展的需要。没有完善的争端解决机制，会阻碍数字贸易的顺利进行，增加企业的运营成本和风险，影响数字贸易市场的稳定性和可信度。

（四）在全球数字贸易规则制定上话语权较弱

与发达国家相比，我国数字服务贸易起步较晚，发展基础较薄弱。目前，数字贸易的国际规范框架仍在构建中，但西方国家如美国等已经积极通过移植国内标准，试图在国际舞台上占据主导地位和话语权。相比之下，中国在全球数字贸易规则的制定过程中的参与度和影响力相对较小，主要体现在以下三个方面：

第一，缺乏主导性议题设置。一些发达国家往往能够利用其经济和科技优势，提出并引导国际议题的设定，而中国在全球数字贸易规则的讨论和制定过程中，更多地处于响应和适应的状态，非主动塑造和引导规则的发展方向。

第二，技术标准和规则体系滞后。中国在数字贸易领域的技术标准和规则体系相对滞后，与国际先进水平存在差距，特别是在数据采集与管理、贸易业务开展、贸易监管与服务、贸易安全等领域，未能形成完善的数字贸易标准化体系。这导致中国在国际数字贸易规则制定中难以提供具有竞争力的技术标准和规则体系，难以在规则制定中发挥引领作用。

第三，缺乏专业人才和机构。数字贸易是一个跨学科、综合性的领域，需要既懂技术又懂贸易的复合型人才。目前中国在数字贸易领域的人才储备还不足，高端专业人才严重缺乏，中国的教育体系和培训机构在数字贸易领域的更新速度无法跟上技术的发展，以及缺乏具有全球影响力的专业机构和平台。这导致数字贸易人才的培养滞后于行业需求，无法满足快速发展的数字贸易市场的需要。

五、新质生产力背景下中国数字贸易的优化路径

（一）完善我国数字贸易政策体系和监管制度

第一，建立全面的数字贸易统计指标体系，包括数字产品贸易、数字服务贸易、数字技术应用贸易等方面的统计指标，以便全面和即时的反映数字贸易的发展状况。

第二，强化对数字贸易数据的采集和监测，包括进出口数据、数字产品销售额、数字服务收入等，以确保数据的准确性和完整性。

第三，探索和创新数字贸易统计方法和技术，如大数据挖掘、云计算等技术手段，以提高数字贸易统计的效率和准确性。

（二）加强数字技术创新，建设强大的数字贸易平台

第一，企业应增加对数字技术研发的投入，包括人工智能、大数据、云计算、区块链等前沿技术，提升企业在数字贸易领域的核心竞争力。

第二，国家要重视培养和引进数字贸易人才，包括数据科学家、软件工程师、数字营销专家等，为数字贸易平台的建设提供智力支持。

第三，优化数字贸易生态环境，完善相关法律法规、加强知识产权保护、推动数字基础设施建设。

第四，鼓励企业加快数字化转型，实现线上线下融合，提升传统贸易的数字化水平。通过数字化转型，降低交易成本，提高交易效率。

第五，在数字贸易平台建设过程中，数据安全和隐私保护无疑是至关重要的。为了筑牢这一防线，我们需积极采用先进的数据加密技术、隐私保护算法等尖端措施，确保用户数据的安全性和私密性。这不仅是对用户权益的尊重，也是提升用户体验、增强服务质量的必要举措。同时，我们还应不断优化数字贸易平台的用户界面和功能设计，使其更加便捷、高效，满足用户多元化的需求。

（三）加快完善数字贸易法律法规体系

完善中国数字贸易法律法规需要从多个方面入手：

第一，针对数字贸易领域出现的新问题、新挑战，要及时制定和修订相关法律法规，明确数字贸易的定义、范围、规则和监管要求，为数字贸易的发展提供有力的法律保障。

第二，要强化对数字贸易的监管和执法力度。加大对数字贸易违法行为的打击力度，维护市场秩序和公平竞争，以及加强法律的宣传和教育，提高公众对数字贸易法律的认识和遵守意识。

第三，政府应加强与国际上在数字贸易领域的政策沟通与协调，携手全球伙伴共同推动数字贸易的全球化步伐，通过深入的政策对话和协商，解决数字贸易领域的分歧和争议，促进数字贸易的顺畅进行。

第四，要积极投身于数字贸易规则的制定与完善工作，致力于构建一个公正、合理、透明的数字贸易规则体系，为数字贸易的可持续发展奠定坚实基础。通过参与国际组织、区域合作机制等渠道，共同推动数字贸易规则的国际化、法治化进程，为我国数字贸易的发展争取更有利的国际环境。

（四）积极参与全球经贸规则的制定

首先，中国坚持开放合作的原则，致力于与世界各国共同推动数字贸易规则的制定。数字贸易的发展离不开国际合作与协调，只有各国携手共进，才能共同应对挑战，分享发展成果。因此，中国需积极参与多边贸易谈判，推动数字贸易议题纳入全球贸易治理体系，为数字贸易的发展提供稳定的国际环境。

其次，中国应积极推动数字贸易规则的公平性和透明度。倡导建立公正、公平、非歧视性的数字贸易规则体系，反对任何形式的贸易保护主义和单边主义。坚持在数字贸易领域实施国民待遇和最惠国待遇原则，确保各国在数字贸易中享有平等的权利和机会。

最后，中国应注重加强与其他发展中国家的合作。发展中国家在数字贸易领域面临着更多的挑战和困难。因此，中国应与发展中国家分享数字贸易的发展经验和技术成果，帮助它们提高数字贸易的竞争力，共同推动全球数字贸易的繁荣和发展。

（五）加快健全人才培养机制

首先，明确数字贸易人才培养目标，通过分析数字贸易人才的类型和需求，包括数字营销、电子商务、大数据分析、人工智能应用等方面的专业人才，制定明确的人才培养目标，确保培养的人才能够满足当前数字贸易领域的实际需求。

其次，优化数字贸易课程设置，重视和提升与数字贸易相关的课程设置，包括电子商务、大数据分析、人工智能应用、网络安全等方面的课程，不断地进行课程内容的更新和升级，确保课程内容与实际需求相匹配。

最后，强化实践教学环节，增加实践活动，为学生提供更多的实践机会和平台。

参考文献

［1］张怡梦．数字贸易规则：全球发展与中国应对［J］．中国外资，2023（10）：114.

［2］张亮，李靖．国际数字贸易规则：主要进展、现实困境与发展进路［J］．学术研究，2023（08）：53－60.

［3］姜凡宇，康成文．RCEP 的数字贸易规则及数字贸易现状研究［J］．工信财经科技，2023（04）：100－111．

［4］马慧莲，康成文．我国数字贸易国际竞争力及其影响因素［J］．中国流通经济，2022，36（11）：60－71．

［5］徐金海，李銮淏．全球数字贸易发展趋势与中国应对策略［J］．学习与探索，2022（10）：149－156．

［6］国务院发展研究中心对外经济研究部、中国信息通信研究院课题组．数字贸易发展与合作：现状与趋势［J］．中国经济报告，2021（06）：53－64．

［7］郑小梅．我国数字贸易发展现状、问题及应对策略［J］．海峡科学，2021（09）：98－102．

［8］马玉荣．数字贸易推动全球服务贸易深刻变革——专访国务院发展研究中心对外经济研究部部长、研究员张琦［J］．中国发展观察，2021（17）：114．

［9］中国信息通信研究院．中国数字经济发展研究报告（2023）．［R］．2024－08. caict. ac. cn/kxyj/qwfb/bps/202408/P020240830315324580655. pdf.

跨境电商全托管模式对我国外贸企业的影响及其对策分析

▶蒋训林

一、引言

全托管模式由拼多多海外版 Temu 于 2022 年在北美市场率先推出，以“快、准、狠”的方式在海外消费市场迅速崛起，紧接着阿里巴巴旗下的全球速卖通等跨境电商平台陆续跟进，使全托管模式在全球跨境电商零售市场快速扩张，表现出了强大的市场渗透力和订单增长的助推力。所谓全托管模式，是指商家把货交给平台，由平台进行售卖，卖家只需要单纯地提供货物，具体的运营、物流、履约以及售后等工作皆由平台完成。全托管模式是跨境电商平台竞争日益激烈的产物，虽然部分跨境电商平台保留了店铺卖家自主经营模式，但无论是从销售额，还是从平台的重视程度上进行比较，全托管模式都超越了卖家自主经营模式。全托管模式的流行给跨境电商行业的生态体系和竞争格局带来了巨大的变革，也给大多数跨境电商和传统外贸企业的运营环境带来了深远的影响，在给供应链优势企业带来巨大发展机遇的同时，也给大多数外贸企业的经营带来挑战和考验。本文立足于外贸企业的发展角度，对全托管模式给企业造成的影响进行全方位分析，探讨外贸企业的应对措施。

二、全托管模式对跨境电商卖家企业的影响

（一）全托管模式为企业开拓海外市场提供了极大的便利，有助于降低成本和化解风险

在全托管模式下，原跨境运营的诸多烦琐环节如营销、仓储、物流、客服、结汇、退换货等均由平台包揽，店铺卖家只需负责提供产品和简单的上架，经营链路更简单，可释放出大量时间和精力，专注于产品开发和供应链资源的整合，通过全托管平台的信息指引或自身对海外市场的需求信息研判来提升产品开发效能，发挥供应链优势，提升产品竞争力。在传统的跨境电商店铺运营模式下，店铺卖家的自主经营要在营销广告投放、跨境物流、售后纠纷等环节承受风险，在全托管模式下，这些风险转移给了平台。随着日常运营和客服等环节由平台托管，企业可以减少人力资源配置，降低人力成本，特别是解决一直困扰跨境电商企业的运营人才招聘难的瓶颈问题，降低企业入局跨境电商的门槛，而零佣金、国内集货、时销时结等平台机制为企业出海降低了成本，增加了保障。从总体上来讲，全托管模式汇集了平台的流量资源与卖家的供应链能力这两大优势，平台与卖家各自负责所擅长的领域，建立共赢的跨境电商新格局。

（二）全托管模式使企业丧失大部分营销话语权和自主权，压缩利润空间，加剧价格竞争

全托管模式意味着跨境电商平台的话语权显著增强，原先负责自主运营的店铺卖家在身份上向平台的供货商转变，在流量由平台单方进行分配的机制下，店铺卖家在与平台的博弈中丧失了运营自主权，主要包括产品最终定价权和营销自主权。

在产品的定价环节中，平台决定商品的最终售价，并对店铺卖家报出的供货价进行最大程度的压价，对于相似的商品，平台会通过强大的算法机制对不同卖家的商品从价格、品质、视觉质量、曝光点击数据等多个指

标进行纵向与横向的比较，最终选择性价比最高的商品进行流量倾斜。在这种机制下，对于相同或相似的商品，只有报价竞争力极强的店铺卖家商品，才有可能在平台的算法海选中脱颖而出。这将迫使店铺卖家主动降低报价，压缩了企业的利润空间，在激烈的竞争下，产品供应链没有明显优势的企业将被淘汰出局。

营销自主权的丧失给企业的经营行为带来诸多不便，不同于店铺卖家在自主经营模式下可依托自动的广告投放来促成销量，在全托管模式下，店铺卖家商品的流量资源全由平台的算法决定，没有任何主动促进销售的操作空间，无法按照企业的外贸业务方案对某一国或某一产品进行重点推广。在营销自主权缺失的情况下，企业在跨境电商零售端的测款功能无法得到全面发挥，无法通过运营数据的分析来及时把握海外消费市场行情的变化。最重要的是，在原有的跨境电商运营模式下，店铺卖家可以通过订单和客服沟通掌握海外买家信息，从中挖掘和跟进较有价值的潜能客户，从而转化成自身的私域客户资源，有望实现后续高频次的重复下单，这也是多数外贸企业重视跨境电商布局的重要动因。而全托管的模式把卖家和买家进行“信息隔离”，阻断了卖家从订单中获得的交易价值向私域客户价值的延伸。

三、外贸企业应对跨境电商全托管模式的建议

（一）战略上重视，权衡利弊，及时调整经营布局

从战略上高度重视全托管模式流行对自身企业的全方位影响，充分认识到这种影响的不可逆性、长期性与全面性，结合自身的行业特征、产业链的位置来全面权衡利弊、因势利导，及时调整经营布局。对于工厂型企业或供应链优势企业，可积极对接全托管模式，借助跨境电商平台的品牌效应和流量优势，实现销售渠道的拓宽，通过提升生产效率和降低采购成本等举措夯实供应链优势，加大产品开发力度，通过丰富产品线来契合跨境电商平台的选品算法，提升全托管店铺爆款培育的概率。特别是对于生

产效率和品控能力较强的中小型制造企业，如果能把握好全托管的合作商机，将有可能实现企业销售额的高速增长，销售体量的增长将会反促生产工艺的提升和流程的优化改造，推动企业的数字化改造进程。对于供应链优势不足的跨境电商传统运营型企业或商贸类企业，必须正视全托管对于外贸中间环节的挤压效应，在产品不具备明显优势的情况下，果断放弃全托管模式，在行业选品或细分市场的选择上有所取舍，尽量避开全托管模式流行的品类和市场空间，把精力和资源集中在其他外贸营销渠道的拓宽上，在全托管模式影响作用较弱的某一品类或市场空间久久为功，持续创新，夯实营销优势。

（二）“差异化 + 主流性”的产品开发策略，夯实产品竞争力

外贸企业要善于从全托管平台的运营思路和竞价逻辑出发，在全托管浪潮中进行产品开发策略的调整与重构。在全托管合作模式下，平台方拥有绝对的主导权，对于同质化程度高的商品，出于利润最大化的追求，平台利用强大的算法在数量庞大的店铺卖家当中筛选出价格最具有竞争力的商品，这种同质化的竞价机制对店铺卖家的报价形成了绝对的压制效应，企业为追求可观的销量往往会被迫提供利润最小化的报价。更有甚者，部分企业为了实现规模效应而愿意以零利润或者微亏的报价水平来抢夺订单，形成恶性循环，吞噬店铺卖家利润。因此，除了极少数有生产成本绝对优势的工厂型企业，在全托管模式下，绝大部分企业应该避免运营同质化的产品，尽量增加产品的差异化程度。

“差异化 + 主流性”的产品策略是店铺卖家对抗全托管模式报价恶性化竞争的法宝，通过在款式、外观设计、功能、品牌口碑等方面对产品的竞争力进行差异化赋能，使其更容易在跨境电商市场激烈的竞争环境中脱颖而出。差异化属性减少了平台竞品算法的可类比样品数量，限制了平台类比压价机制功能的发挥，特别是对于有外观设计或功能专利的商品，能够发挥其排他性的竞争优势，提升店铺卖家对于平台的议价能力。

主流性是指产品在定价范围、外观设计、功能等方面符合所在类目的大众化需求。跨境电商全托管平台的运营理念都是“销量为王”，追求市

场份额的最大化覆盖，店铺卖家商品的“主流性”属性是符合平台爆品条件的重要前提之一，如果只具差异化优势而不符合主流性要求，该商品则无法实现较大规模的销售额，从而被平台的算法机制淘汰。企业唯有坚持“差异化 + 主流性”的产品开发理念，才能在全托管的合作模式中实现“量升价稳”，巩固自身在全托管模式供应链环节中的地位。

从逻辑上讲，在外贸产品的设计与开发实践中，主流性与差异化存在一定的矛盾性，要实现二者兼备，这对企业精准把握海外市场需求的商情资源和数据分析能力提出了较高的挑战。在这两者之间，主流性是基本要求，差异化是在满足了主流性要求前提之下的差异化。其分析思维一般采用“限定排除法”，即首先界定针对某一品类商品的主流需求范围，包括价位、款式、功能等，然后通过对目前市场相关在售商品的分析与排查，在这个主流需求范围里逐一排查目前市场上竞品较多的部分，而剩下的商品就是符合主流需求的商品。但目前市场上还没有较强供应的差异化属性符合“差异化 + 主流性”的要求。

（三）布局多元化外贸营销渠道，创新营销模式，增强企业的营销自主性

随着网络技术的发展和海外社交媒体的电商化，海外网购模式呈现出多元化、个性化的特征，消费者更加重视购物过程的体验感。尽管近两年来跨境电商全托管销售模式在海外主要国家实现了销售额的迅猛增长，但其所抢夺的市场份额多为国外中低收入人群的消费需求，难以撼动亚马逊等外国中高端 B2C 平台的市场地位，无法对发展日新月异的跨境直播等跨境新媒体营销起到有效的替代效应，也难以对中国品牌出海的外贸独立站模式形成有力的冲击。对于在其他外贸营销渠道有销售优势的外贸企业，全托管模式所带来的负面影响是有限的，但其影响的外溢不容忽视。因此，为了有效应对全托管浪潮的冲击，外贸企业应当加强营销模式的理念创新，积极拓宽外贸营销新渠道，推动多元化布局。

在全球化的新媒体时代，海外国家的网络消费市场正处于从传统电商模式向以内容电商为主流的新模式电商的转变过程中，外贸企业要突破传

统电商的店铺运营模式理念，积极探索跨境直播、海外短视频营销、达人营销、社交媒体营销等海外新媒体营销。海外新媒体营销的购物情境与全托管化的跨境电商平台之间有着割裂性，前者的购物情境很少出现传统电商店铺运营模式下的“商品比价”功能设置，因此在很大程度上能有效避免商家之间的价格倾轧，有助于外贸企业维持合理的利润率。企业在海外新媒体营销的过程中还应把海外吸粉、内容种草①与企业的海外品牌打造结合起来，推动出海品牌深入海外用户心智，重视外贸独立站在打造跨境电商私域流量池中的独特作用，积极推动外贸营销模式的数字化转型。

全托管模式对外贸企业的负面冲击的大小，基本上与外贸企业对全托管模式的依赖程度成正比，多元化的外贸营销渠道资源增强了企业的营销自主性，有利于企业在与全托管平台博弈过程中地位的提升，多元化的营销渠道布局也增强了企业有效应对外贸各种风险的能力。

（四）重视数字技术和人工智能对外贸营销的赋能价值，加快数字化转型

当今世界，数字技术重塑全球贸易流程，为外贸新动能的培育注入了新的活力。《国务院办公厅关于加快发展外贸新业态新模式的意见》提出“运用数字技术和数字工具，推动外贸全流程各环节优化提升”，随着人工智能技术的加速迭代升级，该技术与外贸深度融合的各种高价值应用正在不断地被挖掘和开发出来，AI 技术将成为推动数字贸易持续增长的重要引擎。

对于外贸企业而言，自身综合竞争力的强大是其抵御全托管浪潮负面冲击的基础，中国领先的产业链完整性赋予出口全球市场的广度和创新能力，通过数字化赋能，培育了中国外贸的新质生产力。数实融合、虚实融合是外贸新质生产力的坚实基础，面对数字化智能化的发展趋势，数字技术和人工智能技术的应用是外贸企业增强竞争力的两大利器，将会在从产

① 内容种草：指在新媒体营销的过程中通过持续地输出优质内容来吸引用户的注意和关注，增强用户黏性，进而使用户对产品或服务产生兴趣。

品开发、营销到客户智能管理等诸多环节对外贸企业起到全面的赋能效应。企业要主动拥抱变革，结合自身运营需求，积极探索数字技术和AI技术的应用挖掘，特别是要重视这两大技术在外贸营销实践中所发挥的应用价值，如虚拟数字人就是计算机人工智能技术应用在营销领域的一大成果。虚拟数字人是通过计算机图形学、人工智能和计算机仿真技术创建的高度逼真的虚拟人类实体，利用虚拟数字人技术打造出来的带有欧美脸孔的AI数字人，已经被开始应用到海外短视频营销、跨境直播、海外IP形象打造中。AI数字人的效果媲美真人水平，通过AI语言合成技术可根据方案内容输出流利、地道的外语，在外贸企业的海外新媒体营销实践中发挥了独特的功效。此外，由人工智能技术驱动的自然语言处理工具，如ChatGPT，能在协助企业进行营销文案创作和提升客户沟通效率等方面发挥更加积极的作用。

为了避开全托管模式引起的拼低价浪潮，外贸企业应当坚定地推进数字化转型和升级改造，利用数字技术和创新的方式，重新设计和改造其业务流程、组织结构、产品和服务，让数字化渗透到企业对海外市场的商情分析、产品开发、生产制造、运营管理、品质控制、外贸营销等环节，着力推动数据驱动决策、数字化整合营销、供应链流程数字化改造等数字技术工程，最终实现企业运营的全方位、全链条的数字化，提升企业的综合竞争力。

四、结语

随着过去十年以来的高速发展，跨境电商作为一种外贸新业态，成为中国企业拓展海外市场的重要渠道，平台的全托管模式是跨境电商业态发展到一定阶段的必然产物，是跨境电商平台企业整合国外市场资源和国内供应链资源的一项商业模式的重大变革与尝试，在这一两年海外市场的商业实践中表现出了市场适应性和活力，成为助力跨境电商出口交易额快速增长的重要推手。它在重构跨境电商价值链的过程中，势必会给整个跨境电商乃至外贸生态圈的各个商业主体带来利弊交织的不同程度的影响。在全托管浪潮之下，外贸企业要从战略上高度重视，权衡利弊，通过调整经营布局、优化产品开发策略和推进数字化转型来提升自身实力的“内功”，通过多元化营销渠道的布局与数字技术和人工智能的赋能应用来提升其海外市场拼搏的“外功”，通过内外兼修来提升企业的综合竞争力，坚持和强化营销自主权，方能化解全托管模式不利影响的冲击，实现外贸高质量发展。

参考文献

［1］黄炫洲．跨境电商“全托管浪潮”背景下我国外贸企业的应对策略［J］．西部学刊，2024（13）：14149.

［2］孙冰．出海四小龙大闹“黑五”中国跨境电商增长迅猛［J］．中国经济周刊，2023（24）：72－74.

［3］陈建松，林文璇．跨境电商平台全托管模式解析［J］．全国流通经济，2023（22）：40－43.

［4］王如玉，柴忠东，林家兴．全球供应链空间重构下的中国外贸“三新”：新格局、新动能与新质生产力［J/OL］．重庆大学学报（社会科学版），https：//link.cnki.net/urlid/50.1023.C.20240301.0933.002.

［5］黄国荣．虚拟数字人在高职教育中的应用［J］．数字技术与应用，2024（01）：36－38.

四、粤港澳大湾区经贸问题研究

粤港澳大湾区统一市场建设的法治进路：欧盟的经验与启示*

▶钟立国

一、问题的提出

从世界知名的纽约湾区、旧金山湾区和东京湾区这三大湾区的形成与发展过程不难发现，湾区经济具有产业的集聚性、分工的协调性、结构的开放性和生产要素的自由流动性等基本特征，其中生产要素自由流动性是湾区经济的一大表征，具体表现为人流、物流和资金流在湾区内的快速流动。受益于高度一体化的基础设施建设和市场机制建设，国际大湾区内部各城市间的行政壁垒相对较低，阻碍生产要素自由流动的各种显性壁垒和隐性壁垒也被削弱或消除，技术、人才、资本等生产要素得以在湾区各个城市自由流动，从而达到最优的配置。①

统一市场建设是粤港澳大湾区建设的重中之重，是构建大湾区发展格局的基础支撑和内在要求。2019 年中共中央、国务院印发的《粤港澳大湾区发展规划纲要》明确了粤港澳大湾区统一市场建设的具体目标和要求，

---

* 本文系国家社会科学基金项目“粤港澳大湾区统一市场建设法律制度研究”（19BFX160）和广东外语外贸大学南国商学院国际经贸规则与标准研究基地项目“粤港澳大湾区生产要素流动的制度壁垒及其破解研究”的阶段性成果。本文所用网络资源的最后访问时间均为 2023 年 8 月 27 日。

① 申明浩、杨永聪：《国际湾区实践对粤港澳大湾区建设的启示》，载《粤港澳大湾区建设理论与实践》，杨沐、李明波主编，华南理工大学出版社 2019 年版，第 4 页。

提出到2035年，大湾区内市场高水平互联互通基本实现，各类资源要素高效便捷流动。[1]2022年中共中央、国务院发布的《关于加快建设全国统一大市场的意见》对粤港澳大湾区统一市场建设提出了更高的要求，指出粤港澳大湾区应在维护全国统一大市场前提下，优先开展区域市场一体化建设工作，建立健全区域合作机制，积极总结并复制推广典型经验和做法。[2]

统一市场的形成对任何经济体的经济发展都具有重要意义，欧盟的经验充分说明了这一点。截至2022年，内部市场在欧盟层面上协调了超过3600项标准，标准的协调与相互认可使得企业可以在4.5亿多人口的内部市场销售其产品；障碍的移除也显著增加了欧盟内部的贸易，产品的出口额从1993年的6710亿欧元增长到2021年的3.4万亿欧元；内部市场也帮助欧盟成为世界最强大的贸易集团之一，2021年欧盟占全球出口额的14.7%，占进口额的13.9%，居中国、美国之后排第三位。① 欧盟经济的一体化消除了许多障碍，降低了产品价格，给了民众新的自由和机会，使消费者有了更多的选择，通过和平进程创造了世界最大的经济体之一，这是当今时代最成功的经济与政治试验。

虽然欧盟的内部市场建设是在其成员国之间展开的，与粤港澳大湾区统一市场建设是在一个主权国家之内进行有着重大区别，但由于香港、澳门特别行政区是以两个单独关税区的形式存在，在内地、香港、澳门三者之间，存在着与欧盟成员国边境限制相似的关境限制，大湾区统一市场建设需要解决欧盟内部市场建设需要解决的相似问题，因而其成功经验具有极高的借鉴价值。

二、粤港澳大湾区统一市场建设面临的挑战

《粤港澳大湾区发展规划纲要》明确指出，在“一国两制”下，粤港

---

① European Parliament，30 years of EU single market：benefits and challenges，https：//www.europarl.europa.eu/news/en/headlines/economy/20230112STO66302/30 - years - of - eu - single - market - benefits - and - challenges - infographics.

澳社会制度不同，法律制度不同，分属于不同关税区域，市场互联互通水平有待进一步提升，生产要素高效便捷流动的良好局面尚未形成。[3]因此，与纽约湾区、旧金山湾区、东京湾区这三大世界一流湾区相比，粤港澳大湾区最突出的特征是，在大湾区 5.6 万平方公里的地域范围内存在着两种不同社会制度、三个不同的法域和三个单独关税区，这成为大湾区统一市场建设的制度障碍，使粤港澳大湾区统一市场建设面临世界其他湾区所没有的挑战。只有首先消除了这些法律障碍所带来的不利影响，才可能建成粤港澳大湾区统一市场。

（一）制度差异导致协调困难

习近平总书记在党十九大报告中指出，“必须把维护中央对香港、澳门特别行政区全面管治权和保障特别行政区高度自治权有机结合起来，确保‘一国两制’方针不会变、不动摇，确保‘一国两制’实践不变形、不走样”；[4]党的二十大报告也特别强调，“‘一国两制’是中国特色社会主义的伟大创举，是香港、澳门回归后保持长期繁荣稳定的最佳制度安排，必须长期坚持。……保持香港、澳门资本主义制度和生活方式长期不变，促进香港、澳门长期繁荣稳定。”[5]因此，建设粤港澳大湾区并不是要弭平内地与港澳之间存在的“两制”差异，更不是要放弃“一国两制”，而是要在“一国两制”的框架内完成粤港澳大湾区的建设。

在“一国两制”架构下，香港、澳门与广东之间现存的制度差异主要表现为：第一，因社会、政治制度不同导致的制度差异，这是实行“一国两制”最核心的制度成本，几难消除；第二，因法律体系的类型不同而造成的制度差异，香港继受了英式普通法系法律制度，澳门继受了欧洲大陆法系法律制度，此种差异可以通过法律制度的协调逐步得到削减，但在具体实施时则存在较大的难度；第三，因社会发展水平不同而造成的制度差异，此类差异随领域不同而呈现差距不平衡的特征，随着内地经济社会的高速发展，范围正在逐渐缩小。

粤港澳大湾区建设涉及经济、科技、文化、环境等诸多领域，这需要广东省的 9 个城市与香港、澳门特别行政区进行密切的合作，协调彼此间的法律制度，实现规则对接与市场统一。但从实际情况来看，相关协调行动并不顺畅。以广深港高铁项目为例，为了确保高铁高速度、高效率这一优势得到充分体现，广深港高铁设计采用在西九龙站实行“一地两检”模式，但这在香港引起了极大的争议。虽然内地与香港特别行政区根据“一国两制”方针和香港特别行政区基本法以及各自权限，经反复协商、充分论证后，在2017年11月18日由广东省省长马兴瑞与香港特别行政区行政长官林郑月娥在香港签署了《内地与香港特别行政区签署关于在广深港高铁西九龙站设立口岸实施“一地两检”的合作安排》，并在2017年12月27日得到全国人大常委会的批准，香港立法会也于2018年6月通过了《广深港高铁（一地两检）条例》，规定高铁西九龙站实施“一地两检”，但香港一些媒体和政治人物却认为内地公安在港执法破坏了“一国两制”下香港执法权的完整性。为阻止“一地两检”得到实施，社民连梁国雄、青年新政梁颂恒、郭卓坚及吕智恒等人以不符“一国两制”、违反香港基本法及全国人大常委会的决定程序不合法为由向香港高等法院提出司法复核。[6]法院经审理裁定香港政府胜诉，指出全国人大常委会有权决定事情是否符合“一国两制”及基本法，在香港建立口岸并套用内地的司法管辖权及内地法律用作清关、入境及检疫，并无违反基本法的目的，香港有权立法在高铁西九龙站内设立受内地司法和法律管辖的内地口岸区。① 至此，“一地两检”之争才尘埃落地。

由此可见，在“一国两制”之下，中央政府与特别行政区政府的权限边界如何确定，仅依基本法的规定是难以明确的，需要在实践中，包括司法实践中逐步予以廓清。广深港高铁建设中所反映出的协调难问题，正是粤港澳大湾区统一市场建设中时常遇见的、亟须解决的问题。

（二）主体权限不一导致合作不畅

粤港澳大湾区包含香港、澳门和广东省下辖的广州市、深圳市、珠海

① 参见香港高等法院 HCAL 453，455，458 & 460/2017 判决书，https：//vlex. hk/vid/ – v — and – 862512511。

市、佛山市、惠州市、东莞市、中山市、江门市、肇庆市9个城市，11个城市依法享有的行政管理与立法权限各不相同，差别较大。

香港、澳门为依港澳基本法设立的特别行政区，属中央人民政府直接管辖，拥有高度的自治权，享有充分的行政管理权与立法权，除国防、外交和不属于特别行政区自治范围事项外，其余事项均可自行管理、立法。① 而广东省的9个城市享有的行政管理权、立法权远小于香港、澳门，且享有的权限各不相同。广州市为副省级城市、国家中心城市，深圳市为副省级城市、计划单列市和经济特区，珠海市为地级市、经济特区，其余六个城市均属于地级市，行政管理权限不一。同时，自2015年以来，广东自由贸易试验区共获得134项省级管理权限，这些权限超过了试验区所在的广州市、深圳市和珠海市；② 广东省在许多经济领域无权单独制定有关法规如税收法规，在外事方面亦无签署国际协议的权限。深圳、珠海经济特区除受《立法法》第八、九条规定的限制外，原则上不受立法事项的制约，但经济特区法规需要经过全国人大及其常委会的授权并报全国人大及其常委会备案。广州、佛山等设区的市立法权限更小，在许多与港澳合作的领域都没有相应的立法权，只能被动地依托省级立法权甚至是中央立法权进行协调。

因此，从粤港澳大湾区建设的实际需求来看，各主体现有的立法权限并不足以协调大湾区建设所涉事务。目前在中央层面设置的大湾区建设领导小组是具有中国特色的高规格议事协调机构，旨在将高层决策落到实处，但领导小组只能协调宏观的、原则性的合作问题，无法满足大湾区协调常态化的立法需求，使大湾区法治协调的立法资源无法有效利用，彼此的法律规则难以对接和整合。[7] 由于现有法律没有对区际合作中相关政府

---

① 参见《香港特别行政区基本法》《澳门特别行政区基本法》第2条、第13条、第16条、第17条。

② 参见《中国（广东）自由贸易试验区各片区管委会实施的第一批省级管理事项目录》（广东省人民政府令2015年第214号）、《中国（广东）自由贸易试验区各片区管委会实施的第二批省级管理事项目录》（广东省人民政府令2017年第232号）、《广东省人民政府关于将第三批省级管理权限调整由中国（广东）自由贸易试验区各片区管委会实施的决定》（广东省人民政府令2020年第283号）。

间的关系作出明确规定，跨域政府合作欠缺法治基础，粤港澳大湾区区际合作所涉城市政府其权限如何、共同发起的区域性议事协调机构是否具有法理上的合理性等问题都缺乏法律依据，这使得粤港澳合作的权威性得不到法律认可，合作效能大大降低。[8]

粤港澳大湾区统一市场建设需要消除生产要素流通的市场壁垒，需要实现市场规则的对接，实现内地市场与港澳市场的相互联通，需要市场运行的法律体制、监管制度和运行规则具有高度的一致性、稳定性。但从广深港高铁“一地两检”政策的落实过程来看，粤港澳大湾区统一市场建设中的规则对接问题，由于事涉港澳基本法和香港、澳门的自治权，法律关系复杂，协调较为困难，合作效率较为低下。

（三）政府角色不同导致大湾区建设措施难以在港澳落地实施

粤港澳三方是推进大湾区建设的平等责任主体，肩负着落实大湾区建设政策的属地责任，三地政府决策高效、政令畅通是确保大湾区建设政策能否落实属地责任的重要前提。从理论上讲，粤港澳三地政府内部的立法、行政和司法三权间可否结成协调配合的良性生态，这是保障三地政府决策高效、政令畅通的内生变量，对于大湾区建设战略的行稳致远有着至关重要的意义。[9]

从粤港澳三地政府的角色来看，在广东省，政府强势介入产业的发展，主导角色明显。但也存在政府干预过多的现象，市场在资源配置中扮演的角色需要加强；港澳地区则实行积极不干预政策，政府不直接参与经济活动，特别是香港奉行“小政府大社会”，政府奉行不干预政策，将经济贸易活动交由市场自发推动，由于市场力量的主导造成政府管理权力遭削弱，使得香港、澳门特别行政区政府缺乏能力引领产业的发展，面对市场失灵难以进行强力干预。正如有学者指出，粤港澳区域经济整合的症结在于停留在由市场力量自发推动的功能性整合，而不是由政府确定并组织执行的制度性融合。[10]这些症结仍是粤港澳大湾区建设不能忽视和回避的问题。

虽然香港基本法体现了行政主导的思想与架构，行政长官享有立法建议权，不过随着香港政治气候的变化，其立法建议在立法会受到诸多阻碍而难以成为法律，这使粤港澳大湾区建设在香港的推行受到阻滞。2019—2020 年间发生的修例风波，使香港社会秩序、法治秩序受到很大冲击，对香港的法治和营商环境带来了深远的影响。① 香港特别行政区政府在粤港澳大湾区建设的起初几年，曾一度出现立法机关对行政机关恶意“拉布”乃至消极对抗，导致诸多大湾区跨境治理工程和项目或议而不决，或决而不行，或执行中沦为“半拉子项目”。香港作为大湾区建设的重要责任主体，在参与跨境事务的协商和治理上显得力不从心，拖延了大湾区建设中粤澳其他两方责任主体的“施工”进度。[11]

值得注意的是，香港特别行政区政府已意识到这个问题，开始转变不干预政策。香港特别行政区财政司司长陈茂波在 2022 年 10 月 23 日发文表示，港府整体发展理念已从昔日的“积极不干预”“大市场小政府”，清晰而明确地转向“有为政府”和“高效市场”更好结合的方向。② 在粤港澳大湾区建设中，最理想的状态是“有为政府”与“高效市场”的有机结合：一方面，在需要政府引导时，政府要敢于引领、全力承担、加速推动；另一方面，在需要市场优势推动时，政府通过创造有利的环境和条件，让市场发挥力量。但要达到此种理想状态，仍需要粤港澳三地政府共同努力。

（四）单独关税区地位使大湾区市场被分割

在中国加入世贸组织之前，由于不受世贸组织最惠国待遇原则的约束，内地在贸易、投资等方面均给予香港、澳门以特别优惠待遇，使香港、澳门厂商在内地市场与外国厂商竞争时处于优势地位；但内地自获得世贸组织成员资格后受《关税与贸易总协定》第 1 条、《服务贸易总协定》第 2 条和《与贸易有关的知识产权协定》第 4 条有关最惠国待遇规定的约

① 朱国斌：《建设法治湾区的香港贡献》，大公网，http：//www. takungpao. com/opinion/233119/2022/1202/793192. html.

② 王小青：《陈茂波：港府从“大市场小政府”向“有为政府”转变》，财新网，https：//china. caixin. com/20210 – 24/101955030. html.

束，内地在货物贸易、服务贸易和知识产权保护方面给予香港、澳门的特别优惠待遇，都应当立即无条件地给予世贸组织的其他成员；《中国加入世贸组织议定书》第5条还明确规定，自加入世贸组织之时起，中国应取消与第三国和单独关税区之间的与《建立世界贸易组织协定》不符的所有特殊贸易安排，或使其符合该协定。这意味着中国政府在加入世贸组织之前给予香港、澳门的特殊贸易待遇，要么取消，要么依最惠国待遇原则给予世贸组织的所有其他成员。

因此，内地、香港、澳门作为世贸组织三个独立成员在经贸关系上形成了一种独特的现象：一方面，内地与香港、澳门同属一个主权国家，应当可以实行自由贸易；另一方面，内地与香港、澳门是世贸组织三个独立的成员，形成了三个单独关税区，相互间的经贸合作既受关境的阻碍，又受世贸组织多边贸易规则的约束，不能给予特别优惠待遇。粤港澳大湾区包括香港、澳门和广州、深圳、珠海等广东省9个城市，香港、澳门是两个独立的单独关税区，广东省的9个城市属于内地单独关税区，香港、澳门与广东省9个城市间的经贸往来，均受世贸组织多边贸易规则的约束。

由于内地与香港、澳门是分别以单独关税区名义加入世贸组织的，按世贸组织多边贸易协定的规定，三地应分别维持各自的关境措施，这使货物、服务在三地间的流动自然受到相关关境措施的阻滞，使贸易自由化受到不利影响。为了消除此种不利影响，内地与香港、澳门于2003年分别签订了《关于建立更紧密经贸关系的安排》，香港与澳门也于2017年签订了《关于建立更紧密经贸关系的安排》。这三项安排从性质上看属于《关税与贸易总协定》第24条所指的“自由贸易协定”和《服务贸易总协定》第5条所指的“经济一体化协定”；从内容上看，就是分别在内地与香港、内地与澳门和澳门与香港之间建立了三个自由贸易区。三项安排签订后，虽然消除了三地间贸易的关税，降低了非关税壁垒，扩大了服务的市场准入范围，但没有完全消除各种非关税壁垒，也没有完全放开服务业的市场准入限制，特别是香港、澳门；另外，三项安排在三地间建立了三个自由贸易区，但三个自由贸易区之间仍然存在着关境限制和贸易壁垒，生产要素在三地间仍然无法自由流动。

三、欧盟统一市场建设的法治进路

始于 20 世纪 50 年代的欧洲经济一体化取得了重大成功，其标志之一是欧盟内部市场的形成。内部市场的建成，使得货物、人员、劳务和资本得以在欧盟成员国之间实现自由流动。如何运用法治手段实现内部市场的建设目标，欧盟从四个方面进行了有益的探索。

（一）通过立法统一成员国法律

欧盟建设统一市场最重要的路径，是通过制定在所有成员国适用的法律实现规则、标准的一致性。从总体上看，这些法律包括《欧洲联盟条约》和《欧洲联盟运行条约》两部基础条约，以及依基础条约由欧盟立法机关制定的次级立法，包括对成员国具有法律约束力的条例、指令、决定和不具有法律约束力的建议与意见。① 两部基础条约，特别是《欧洲联盟运行条约》确立了内部市场建设的具体目标，次级立法则落实基础条约的规定，制定实现内部市场建设目标的具体措施。

以人员自由流动为例。《欧洲联盟运行条约》对人员自由流动的权利作了原则性规定。该条约第 20 条规定欧盟公民享有两部条约规定的包括在各成员国领土范围内自由迁徙与居住的权利，第 45 条进一步为劳动者设定了自由流动的权利；在次级立法方面，欧盟颁布了第 1612/68 号条例，规定欧盟公民有权自由在成员国之间流动和居住，无须获得居留许可或签证，在成员国就业时应享有与当地公民相同的就业条件和平等待遇，应受到社会保障的保护，包括享受就业保险、退休金和保健医疗等福利，并确保欧盟公民的家属也有权在欧盟内部自由移动和居住。② 为实施上述条例，欧盟还颁布了一系列指令，包括第 68/360 号指令、第 64/221/EEC 号指令、第 73/148 号指令、第 75/362/EEC 号指令、第 75/363/EEC 号指令、

---

① 参见《欧洲联盟运行条约》第 288 条。

② Regulation（EEC）No 1612/68 of the Council of 15 October 1968 on freedom of movement for workers within the Community，OJ L 257，19 October 1968：2－12.

第77/249号指令和第89/48/EEC号指令。这些指令为具有专业资格的人员在欧盟范围内的流动提供了便利条件，既促进了欧盟内部市场人员的自由流动，又推动了欧盟服务业的发展。

虽然有许多因素在欧盟统一市场的建设过程中发挥了作用，但欧盟基础条约是欧盟统一市场建设中最为重要的法律基础，它既为欧盟统一市场建设提供了宪政基础和基本的法律构架，同时也为包括欧盟机构在内的各类主体的活动提供了合法性；欧盟机关的立法为统一市场建设提供了具体的法律规则，为其他因素作用的发挥奠定了法律基础。制定统一的法律，通过多项条例和指令对内部市场进行法律规范，确保各成员国遵守相同的法律标准；统一标准与规则，通过强制性的标准化和认证流程规范各类产品和服务，为企业创造公平和竞争的市场条件；保护消费者不受欺诈和不公正行为的侵害，同时建立跨国机构维护欧盟市场的公平竞争。欧盟通过法律对单一市场进行规范，为各成员国在欧盟内部进行自由贸易和公平竞争提供了法律保障，为欧盟的经济一体化作出了积极的贡献。

（二）通过“相互承认”协调成员国法律

当难以通过统一立法的方式实现内部市场建设的目标时，作为补充，欧盟通过立法与司法确立了“相互承认原则”（the mutual recognition principle）以协调成员国相关法律，从而促进货物、人员、服务与资本在内部市场的自由流动。

在《罗马条约》设定的关税同盟目标实现后，随着内部关税的消除，各成员国技术法规、标准和合格评定程序之间的差异对货物自由流动的影响开始显现。制定技术法规、标准和合格评定程序的本来目的是保护消费者和环境，但事实上却经常被用来限制其他成员国同类产品进入本国市场，从而成为一种隐性的贸易壁垒，阻碍了欧洲内部市场建设。这些障碍可以通过统一立法实现标准与评定程序的一致，但当缺乏此类统一立法时，欧盟即通过“相互承认原则”弥补缺漏。

相互承认原则来源于《欧洲联盟运行条约》第34、35、36条的规定，在司法实践中由欧洲法院在1974年的达颂维案、1978年的卡西斯德第戎案的判决中明确，并最终得到次级立法的确认。相互承认原则的基本含义是：在欧盟一成员国合法生产或销售的产品原则上可以在欧盟成员国自由流动，即使该产品没有完全遵守目标成员国的技术规范；在第三国生产的、已合法投放在欧盟一成员国内市场上的产品，也可以在欧盟成员国自由流动；由于各成员国法律差异造成的贸易壁垒，只有以健康、安全或环境原因等限制贸易流动，且没有其他选择可以减轻贸易壁垒时才可接受。欧盟关于相互承认原则当前有效的法律是第2019/515号条例，适用于在另一个欧盟国家合法销售的所有类型的商品。该条例界定了当货物在另一个欧盟国家销售时政府当局和企业的权利和义务、在个别情况下拒绝相互承认时应提供的保障、国家产品联络点作为信息提供者及政府当局与公司之间的沟通点的作用，旨在改善相互承认原则在货物领域的应用和消除不合理的贸易壁垒以加强内部市场。①

相互承认原则首先适用于货物贸易领域。1985年《关于完成欧共体内部金融市场的白皮书》、1987年《上市公告指令》修正案以及1989年《第二银行指令》等三个法律文件的颁布，标志着相互承认原则作为一项新的举措在欧共体内部金融服务市场开始施行。对金融服务业而言，相互承认原则是指欧盟各成员国共同作出承诺，以监管标准的最低限度协调为基础相互认可对方成员国的金融监管规则，对跨境金融服务开放本国市场并适用母国监管规则，相应的监管责任也由母国予以承担。其基本精神是消除跨境金融服务的法律壁垒，并发挥市场机制的作用以促进管制竞争，从而自发地形成最优的监管标准。[12]现在，相互承认原则已经全面覆盖了金融服务业从市场准入、持续经营和市场退出监管到与审慎监管密切相关的消费者补偿等各个方面，成为欧盟金融服务法的一项基本原则。

（三）通过竞争法维护市场公平竞争秩序

欧盟竞争规则的基本目标是确保内部市场的正常运作，从本质上讲，

---

① Regulation（EU）2019/515 of the European Parliament and of the Council of 19 March 2019 on the mutual recognition of goods lawfully marketed in another Member State and repealing Regulation（EC）No 764/2008，OJ L 91，29 March 2019：18.

它确保企业有可能在所有成员国的市场上平等竞争，保证内部市场的整体性不被破坏。① 有效的竞争能激励企业不断努力，以尽可能优惠的价格为消费者提供更好的产品，推动创新和长期经济增长。因此，竞争政策是实现自由、有活力的内部市场和促进普遍经济福利的关键工具。

欧盟竞争政策最基本的法律框架由《欧洲联盟运行条约》第 37 条、第 101 至 109 条和第 345 条构成，分别对商业性质的国家垄断、企业限制竞争行为、国有企业和国家援助进行规制，此外还颁布了第 139/2004 号条例及其实施细则第 802/2004 号条例。为了建立内部市场，欧盟基础条约不仅以相当数量的条款规定货物、人员、服务和资金在联盟内部自由流动的规则，还用相当篇幅制定了竞争政策，以保证联盟内部货物、人员、服务和资金的自由流动不受人为限制。为了维护有效竞争，不仅需要消除成员国之间的关税壁垒和非关税壁垒，还必须消除成员国以及成员国企业的限制竞争行为。如果允许成员国对本国的出口产品给予补贴，或者允许成员国的私人企业建立出口卡特尔，通过成员国政府之间的谈判而开放了的欧盟市场就会因为这些国家的或者企业的限制竞争行为而重新被关闭。如果一个成员国内生产同类产品的企业相互结成了卡特尔，排斥外国的进口产品，这种卡特尔对成员国之间国际贸易所起的影响就如同国家间提高关税或者实行配额限制的效果一样。因此，建立一个统一的欧盟市场的前提条件是这个市场内部实现真正的有效竞争。竞争虽然不能代表欧盟市场，但是没有竞争就没有欧盟市场。[13]

严格和有效地执行欧盟竞争规则对于确保实现竞争政策目标至关重要，因此除制定较完善的实体规则外，欧盟法律还对竞争执法作了较细致的规定。欧盟委员会是负责确保正确适用这些规则的主要机构，拥有广泛的审查和执法权力。自 2004 年 5 月 1 日以来，在实施竞争政策方面，在《欧洲联盟运行条约》第 101 条和第 102 条的框架下，成员国竞争主管机构也承担了部分欧盟竞争执法职能，第 1/2003 号条例允许加强国家反垄断

---

① Renato Nazzini，The Foundations of European Union Competition Law：The Objective and Principles of Article 102. Oxford University Press，2011：26.

机构和法院的执法作用，第 2019/1 号指令加强了这一作用。在反垄断法领域，2014 年通过了《损害赔偿诉讼指令》（Actions for Damages Directive），以加强对被禁止协议的威慑作用，并为消费者提供更好的保护，这加快了因违反竞争法对个人或企业造成损害获得赔偿的进程。

（四）通过欧盟法院澄清、强化内部市场规则

在欧盟统一市场的建设过程中，欧盟法院发挥了无可替代的作用，不仅在于完善了欧盟相关法律，还在于它通过对欧盟法律的适用，有力地促进了内部市场的建立与维护。正因为如此，欧盟法院被称为“共同体一体化的发动机”。[14] 自 1952 年设立以来，作为欧洲联盟的司法当局，欧盟法院的任务一直是在解释和适用条约时确保法律得到遵守，确保欧盟法律的统一适用和解释，这包括审查欧盟机构行为的合法性、确保成员国遵守条约规定的义务以及应成员国法院的请求解释欧盟法律。①

在推动欧盟内部市场建设方面，欧盟法院首先是在其司法实践中，通过司法解释澄清基础条约的相关规定。在有关货物自由流动第一案达颂维案中，法院就《欧洲联盟运行条约》第 34 条、第 35 条中使用的“与数量限制具有同等效力的措施”一词作出解释，澄清了这一与货物自由流动密切相关的重要概念。法院认为，成员国制定的所有贸易规则，只要其能够直接或间接、实际或潜在地阻碍欧盟内部的贸易，都将被视为与数量限制具有同等效力的措施；一项措施具有相当于对进口的数量限制的效果，不仅指它使进口无法进行，还包括使进口更加困难或更加昂贵，即使它并不阻止进口；同样适用于本国产品和进口产品的贸易规则，原则上不构成《欧共体条约》第 30 条及其后各条所指的具有同等效力的措施。② 欧盟法

---

① 本文所指欧盟法院（the Court of Justice of the European Union）是指欧洲煤钢共同体、欧洲经济共同体、欧洲共同体和欧洲联盟的司法机构，随着欧洲一体化进程的发展，分别经历了欧洲煤钢共同体法院、欧共体法院和欧盟法院三个不同的历史阶段。欧盟法院现由两部分组成：法院（the Court of Justice），依《巴黎条约》的规定设立于 1952 年；普通法院（the General Court），依《单一欧洲法令》成立于 1988 年。2004 年曾设公务员法庭，在欧盟司法结构改革的背景下，其管辖权移交给普通法院，于 2016 年 9 月 1 日停止运作。

② See Case 8 - 74, Procureur du Roi v Benoît and Gustave Dassonvill, [1974] ECR 837.

院在该案中明确了“与数量限制具有同等效力的措施”的具体含义，并确定了成员国欲排除该条款适用时应满足的具体条件，有力地推动了货物自由流动目标的实现，产生了重大影响，成为欧盟法院被引用第二多的判例。①

在推动欧盟内部市场建设方面，欧盟法院还采用判例法的形式，填补法律空白，创立新的规则，以破除市场壁垒。基础条约确定了很多一般性目标，并建立了一个实现这些目标的制度框架，为此条约使用了一些内涵并不确定的法律概念，这为欧盟法院能够在众多领域发挥创新作用留下了空间。虽然欧盟基础条约规定了四大自由，一些次级立法也涉及保障市场自由，但一方面基础条约对四大自由的规定较为笼统，另一方面关于拆除贸易壁垒、保护市场自由的共同体立法进展缓慢，导致成员国基于各种理由采取限制市场自由、人员与资本流动的措施。

欧盟法院通过卡西斯德第戎案的判决确立了相互承认原则，从而有效解决了成员国之间双重标准的适用问题，为货物在成员国之间的自由流动创造了有利条件。在该案中，法院认为，商品一旦满足了生产成员国的法律要求，就自然取得了进入其他成员国的护照，生产成员国控制商品生产的有关法律被实际采用，其他成员国法律应承认其有效性。② 在当时，由于成员国之间就同一货物法律规定各不相同的认定标准而产生的纠纷大量诉请至欧盟法院，法院有意通过该案的判决降低双重标准对建立欧盟统一市场带来的消极影响。该案是在共同体缺乏统一的法律与标准的情况下解决货物在成员国之间自由流动的重要准则，填补了立法空白，有力地促进了货物在成员国之间的自由流动。

四、对粤港澳大湾区统一市场建设的启示

粤港澳大湾区统一市场建设有着与欧盟内部市场建设相同的目标，也

---

① Robert Schutze, “Re – Reading” Dassonville: Meaning and Understanding in the History of European Law”, EUI Working Paper 2018/09, https://cadmus.eui.eu/bitstream/handle/1814/53084/LAW_2018_09.pdf? sequence = 3.

② See Case 120/78, *Rewe – Zentral v Bundesmonopolverwaltung für Branntwein*, [1979] ECR 662.

面临着相似的处境，欧盟通过统一立法、引入相互承认原则、良好实施竞争政策及有效解决争端建设内部市场的成功经验，值得我们建设粤港澳大湾区统一市场所借鉴。

（一）运用立法手段建立统一市场的基本规则

欧盟内部市场建设的过程表明，内部市场并不能简单地依靠市场本身的力量自发地形成，也不能依靠市场自身的逻辑与力量来维护，而是在一定的政治与法律框架内进行，而法律是最重要、最有效的保障机制之一。[15]欧盟最成功的经验，就是运用立法手段，通过制定在成员国统一适用的法律，稳步推进欧洲经济一体化进程，逐步实现货物、人员、服务、资本和数据等生产要素在成员国间的自由流动，实现市场基本规则的统一。

欧盟之所以特别注重通过立法统一内部市场规则，其背后有着深层次原因。20 世纪 50 年代，法国、德国、意大利等六个西欧国家建立欧洲共同体（简称“欧共体”），启动了欧洲经济一体化的进程。欧共体的重要目的之一是建立一个共同市场，实现货物、人员、服务、资本在欧共体内自由流动，以促进经济贸易的快速发展。货物和生产要素的自由流动涉及关税、市场准入等多方面法律制度，如果此项政策不能得到成员国国内法的认可和支持，就很难在成员国得到执行。然而，欧共体成立之初所面对的却是一个复杂的法律局面：首先，共同体的成员国都是主权国家，有其独立的立法权、司法权和行政权，有自己成熟的法律制度；其次，成员国之间由于发展程度不同，经济结构有所差别，各成员国的法律制度，尤其是经济法律制度之间的差别非常明显；再者，在共同体建立的同时，通过成员国缔结的条约形成了独立于成员国法律制度的共同体法律制度，在共同体内部并存着两种相互独立、互不隶属的法律制度，因此欧洲经济一体化面临诸多法律上的矛盾需要解决，而解决方法就是使成员法律、成员与共同体法律趋于一致。为此，《建立欧洲共同体条约》第 3 条明确规定，为了达到本条约所确立的目标，按照规定的条件和时间表，共同体的活动应包括在共同市场运行所需限度内，使成员法律趋于一致。

粤港澳大湾区统一市场建设也面临着当初欧共体共同市场建设相似的问题。由于香港、澳门回归之后，中国政府只是收回了治权，内地法律除列入港澳基本法附件三者外，均不在香港、澳门特别行政区施行，两个特别行政区的原有法律，除同港澳基本法相抵触，或经特别行政区立法机关作出修改者外，均予以保留，继续有效，因此三地关于市场经济的法律规定并不统一，市场规则并不一致。要从根本上解决此一问题，内地、香港和澳门特别行政区必须要制定在三地统一适用的法律。需要特别指出的是,《粤港澳大湾区发展规划纲要》并没有提出通过“国家立法”手段达到推动大湾区法律整合的条款，而是透露“尊重两制”及“协同及合作”的推进思路；而观察近年来粤港澳合作的相关举措，粤港澳合作的重点主要集中在产业与平台建设等方面，法律协调虽有提及，但尚未上升到政策和操作层面。[16]毫无疑问，通过统一立法破除粤港澳三地制度性障碍是建设粤港澳大湾区统一市场的必由之路，但由于香港、澳门特别行政区存在“一国两制”的特殊性，统一立法过程中会遇到如欧盟统一立法进程中一样的困难。

考虑到由于港澳基本法的特殊性而难以修改，利用内地与香港、澳门签订的 CEPA 制定统一市场规则、再由三地分别转化为本地法律予以执行是最具可行性的方法。可以将 CEPA 视作欧盟的基础条约，在其中规定粤港澳大湾区统一市场建设的目标和基本要求，再通过签订分协议的方式，如欧盟的条例、指令一样，制定具体的规则。

（二）引入相互承认原则协调相关法律

通过统一立法实行法律趋同化，统一粤港澳大湾区 11 个城市的市场规制法律，可以有力地推进统一大市场的建设，但鉴于不太可能在短期内通过立法手段统一内地、香港与澳门的相关法律，因而引入欧盟的相互承认原则，在统一立法不可行时作为补充，运用此一原则协调粤港澳大湾区内的法律制度就显得尤为必要。

根据欧盟关于相互承认原则的立法与司法的实践，相互承认原则具有三大优势：第一，当在某些领域统一立法在短时期内缺少可行性时，采用相互承认原则将会使欧盟内部市场得以更快、更容易地建立起来；第二，最低协调基础上的相互承认制度作为一种政治性交易，为货物出口商、服务提供者带来了法律的确定性与操作上的便捷性；第三，相互承认能够促使欧盟成员国审视各自的规制方案，使其关注“什么是必须监管的”。①

相互承认原则适用灵活、简单和有效，在欧盟建设统一的内部市场过程中发挥了重要作用。对于处在与欧盟相似情况的粤港澳大湾区而言，如果能将相互承认原则写入 CEPA，无疑可以极大地推动粤港澳大湾区统一市场的建设。事实上，内地与澳门特别行政区在实践中已经开始采用相互承认原则处理资格的互认问题。2023 年 2 月，公安部与澳门特别行政区政府签署《内地与澳门关于互认换领机动车驾驶证的协议》，实现内地与澳门驾驶证免试互认换领，该协议已于 2023 年 5 月 16 日正式生效。根据协议，内地与澳门承认对方核发的有效驾驶证，一方准许持有对方驾驶证的人员直接驾车或者免试换领驾驶证，澳门永久性居民可以持准驾车型符合要求的正式澳门驾驶执照以及身份证明原件、身体条件证明、照片，直接免试换领内地相应准驾车型驾驶证，持准驾车型符合要求的内地驾驶证人员，在入境澳门 14 日内可以凭内地纸质驾驶证直接驾驶规定车型，入境超过 14 日需继续驾车的，经澳门治安警察局交通厅登记后一年内可以在澳门直接驾驶规定车型。② 内地与澳门驾驶证互认换领，将大大便利粤港澳大湾区居民往来，这是相互承认原则的有益尝试，对推进粤港澳大湾区建设具有重要意义。建议在 CEPA 中将相互承认原则适用于标准、资质和监管措施互认等领域，促进大湾区内货物、服务的自由流动。

（三）充分利用竞争政策规范市场秩序

欧盟竞争政策是各成员国为了保证建成内部市场而部分让渡国家主权的结果，欧盟竞争政策的首要任务是推动建立统一的共同体市场。随着成

---

① 王丽娜：《欧洲联盟法中的相互承认：一项创新性原则》，《中国欧洲学会欧洲法律研究会 2008 年年会论文集》，第 216 页。

② 新华社：《内地与澳门驾驶证互认换领协议 5 月 16 日正式生效》，中国政府网，https：//www. gov. cn/govweb/lianbo/bumen/202305/content_6857802. htm.

员国的不断增加，统一市场成为欧盟竞争政策的主要特征，欧盟竞争政策的目标明确为维持市场的竞争性以及统一的内部市场，促进消费者福利以及与之相关的分配效率。① 经过欧洲经济共同体设立后几年时间的发展，竞争政策成为这个法律体系的核心内容，竞争政策成为其“支柱”，常被用来打破贸易壁垒，为经济发展创造条件。[16]欧盟委员会和欧盟法院用它来推动一体化进程，尤其是在政治动机弱化的时期。

从欧盟竞争法在欧盟内部市场建设过程中所发挥的巨大作用来看，粤港澳大湾区统一市场建设也需要强有力的竞争政策来拓展市场并维护市场公平竞争秩序。从目前来看，虽然内地、香港与澳门特别行政区各自都制定有竞争法，但这些法律只在各个单独关税区内有效，对跨越关境的反竞争行为则无能为力，因此需要借鉴欧盟的成功经验，制定在粤港澳大湾区内统一实施的竞争政策。目前最有效的办法，是将竞争政策纳入内地、香港、澳门签订的 CEPA，如此既有利于大湾区高水平互联互通市场的建设，又有助于保障 CEPA 贸易投资自由化目标的实现，还有利于增进消费者福利和保障自由公平的贸易秩序。内地、香港、澳门签订的 CEPA 均规定，一方不对原产于另一方的进口货物采取反倾销措施，并在遵守《建立世界贸易组织协定》附件 1A《补贴与反补贴措施协定》及《1994 年关税与贸易总协定》第 16 条规定的同时，承诺一方不对原产于另一方的进口货物采取反补贴措施，但三项 CEPA 没有制定竞争政策规则以填补取消反倾销措施、反补贴措施后在维护公平贸易秩序方面留下的空白，因此需要在 CEPA 中用专章的形式制定竞争政策规则，保证在取消反倾销、反补贴措施后，内地、香港和澳门之间的贸易与投资，不因各种反竞争行为的影响而受到扭曲，保障粤港澳大湾区市场的公平竞争秩序。

（四）注重争端解决机制在统一市场建设中的重要作用

在欧洲一体化进程中，法律的地位是明显的，通过法律实现经济一体

---

① 何仁平：《竞争法和贸易救济法功能定位之厘清——以〈欧盟外国补贴白皮书〉为核心》，载《国际经济法学刊》2021 年第 4 期，第 12 页。

化。而欧盟的法律规则，按照学者的理解，是一套共享的程序，是一套在超国家机制的法官和国家法院之间的对话机制。[17]此种理解可以解释为法官，或者司法机构，或者争端解决机制在经济一体化进程中的地位与作用。事实上，作为欧洲经济一体化的发动机，欧盟法院通过其造法功用、司法功能维护了欧盟法律整体性，为内部市场作出了重要贡献，发挥了无可替代的作用。

粤港澳大湾区存在的“一国两制三法域”的现象与欧盟因由众多成员国组成而存在多法域的情形非常相似，欧盟的缔造者从一开始即非常重视争端解决机制的作用，《巴黎条约》设立了欧洲煤钢共同体法院，《罗马条约》设立了欧洲经济共同体法院。他们意识到，随着经济一体化进程的深入，争端的发生是无可避免的，因此设立了一个司法机构解决成员国之间履行条约义务而发生的争端。由于《粤港澳大湾区发展规划纲要》并没有从顶层设计大湾区的争端解决机制，而大湾区的现有经贸合作争端解决机制的制度来源于内地、香港、澳门签订的 CEPA。① 三项 CEPA 均规定设立“联合指导委员会”，由其通过协商一致解决 CEPA 执行过程中可能产生的争议，关于争端解决的规定非常简陋，而且只规定了磋商此一争端解决程序，不像欧盟是设立法院，通过司法机构解决相关争端，因此并不能保证 CEPA 框架下争端的有效解决。② 建议在 CEPA 框架下，另行设立专门的争端解决机构，可称之为“仲裁庭”或“专家小组”，由其运用法律手段解决各方的贸易争端。在经内地、香港、澳门协商后维持一份名单，名单的候选人应在法律、国际贸易和 CEPA 所涉领域具有权威的专业知识和丰富的经验，并能保持客观、公正和独立。当争议发生后，从名单中推选 3 人或 5 人组成仲裁庭或专家小组，由其作出对争端各方具有约束力的裁决。

完善 CEPA 的争端解决机制，在粤港澳大湾区建立起一套切实可行的经贸合作争端解决机制，是在“一国两制”前提下对多种法域之间争端解

---

① 参见《内地与香港关于建立更紧密经贸关系的安排》《内地与澳门关于建立更紧密经贸关系的安排》第 19 条及《香港与澳门建立更紧密经贸关系的安排》第 30 条。

② 钟立国：《内地与香港更紧密经贸关系安排法律问题研究》，法律出版社 2007 年版，第 378 页。

决模式的探索，这是在经贸合作争端解决机制方面对“一国两制”的重大发展。面对“一国两制三法域”造成的制度差异，以及法律法规、诉讼程序、法治理念、法律文化等方面的差异，必须探索适当的争端解决机制，在确保国家统一的前提下，充分协调粤港澳大湾区各方的利益，从法律上保障粤港澳大湾区统一市场的形成。

五、结论

发轫于1957年《罗马条约》的欧洲单一市场，经过欧洲1992计划和2007两大政策调整阶段，最终建成了统一的欧盟内部市场。欧盟运用统一立法与相互承认两大工具，取消进出口关税、数量限制等关税措施，消除各种非关税壁垒，废除阻止货物、人员、劳务和资本自由流动的各种障碍，同时建立完善的竞争政策以保证共同市场中的竞争不被破坏，并应用一些程序使成员国的经济政策能够得到协调。借鉴欧盟的成功经验，对粤港澳大湾区统一市场的建设无疑大有裨益。

自20世纪80年代改革开放以来，粤港澳融合的趋势不断加强，但由于阻碍要素自由流动的制度因素没有完全消除，因而未能形成统一的大市场。要建设粤港澳大湾区，就必须采取措施消除阻碍要素自由流动的制度因素，化关境于无形，为粤港澳大湾区统一市场的形成创造条件，促进粤港澳经济一体化的实现。

CEPA是破解制度障碍不可或缺的制度性平台，粤港澳大湾区的建设离不开CEPA的支撑。要实现《粤港澳大湾区发展规划纲要》确立的建设目标，就必须依靠CEPA打破世贸组织多边贸易规则对内地与港澳经贸往来的束缚，突破内地、香港、澳门之间存在的关境障碍，协调三地法律，实现规则对接，从而强化11个城市群之间的经贸合作，促进粤港澳大湾区经济的发展与繁荣。

参考文献

[1]《中共中央 国务院印发〈粤港澳大湾区发展规划纲要〉》，中国政府网，ht-

tps：//www. gov. cn/zhengce/2019 –02/18/content_5366593. htm#1.

［2］《中共中央 国务院关于加快建设全国统一大市场的意见》，商务部网，http：//topic. mofcom. gov. cn/article/zcfb/zcwg/202210/20221003360100. shtml.

［3］《中共中央 国务院印发〈粤港澳大湾区发展规划纲要〉》，中国政府网，https：//www. gov. cn/zhengce/2019 –02/18/content_5366593. htm#1.

［4］习近平：《决胜全面建成小康社会夺取新时代中国特色社会主义伟大胜利——在中国共产党第十九次全国代表大会上的报告》，求是网，http：//www. qstheory. cn/dukan/qs/2017 –11/01/c_1121886256. htm.

［5］习近平：《高举中国特色社会主义伟大旗帜 为全面建设社会主义现代化国家而团结奋斗——在中国共产党第二十次全国代表大会上的报告》，中国政府网，http：//www. gov. cn/xinwen/20210/25/content_5721685. htm.

［6］大公报：《“一地两检”司法覆核政府胜诉》，大公网，http：//www. takungpao. com/news/232109/2018/1214/219799. html.

［7］冯泽华，杜承铭．粤港澳大湾区行政法治协调的立法进路［J］．法治论坛，2021（01）：131 –147.

［8］朱孔武．粤港澳大湾区跨域治理的法治实践［J］．地方立法研究，2018，3（04）：2 –10.

［9］杨爱平．粤港澳大湾区跨境治理中的包容性府际关系［J］．学术研究，2022（10）：59 –66.

［10］王鹏．构建粤港澳跨行政区域创新系统的驱动因素与制约因素分析［J］．广东科技，2011，20（11）：41 –46.

［11］李仁真，刘轶．论欧盟金融服务法中的相互承认原则［J］．法学评论，2006（04）：77 –84.

［12］王晓晔．多元化目的——欧共体竞争法目的和任务评述［J］．国际贸易，2001（09）：47 –50.

［13］张学哲．欧洲法院在欧洲一体化中的作用——对欧洲法院有关公司法裁决的分析［J］．比较法研究，2008（01）：38 –52.

［14］程卫东．欧洲市场一体化：市场自由与法律［M］．北京：社会科学出版社，2009.

［15］文雅靖．如何协调粤港澳大湾区法律制度体系［J］．开放导报，2019（02）：56 –60.

[16]〔美〕戴维·格伯尔. 全球竞争：法律、市场和全球化［M］. 陈若鸿，译. 北京：中国法制出版社，2012.

[17]〔德〕乌尔里克·霍尔特. 通过法律实现一体化. 载〔英〕安特耶·维纳、〔德〕托马斯·迪兹主编. 欧洲一体化理论［M］. 朱立群，等，译. 北京：世界知识出版社，2009.

粤港澳大湾区数字经济发展与跨境数据流动问题研究

▶林　晨

一、粤港澳大湾区数字经济发展现状

粤港澳大湾区具备数字经济发达和产业基础雄厚的叠加优势，在中国数字经济版图中占据重要位置，是数字广东建设的主抓手和粤港澳大湾区数字化发展的主战场。2023 年，粤港澳大湾区进入信息基础设施互联互通 2.0 时代，人员、信息、资本、技术流动更加便捷，数字经济发展保持强劲韧性和活力，数字产业化基础持续巩固，数字技术与实体经济加快融合，数据要素市场化向纵深推进，跨境政务服务持续优化，数字贸易繁荣发展，“数字湾区” 正加速形成。

（一）“数字湾区” 建设进入全面实施新阶段，湾区高质量发展“稳定器”“加速器” 作用愈加凸显

广东作为国家改革开放的试验田和排头兵，近年来数字经济呈现较快增长势头。2022 年广东数字经济规模达 6.41 万亿元，同比增长 8.6%，连续 6 年超 GDP 增速；数字经济规模占 GDP 的比重为 49.7%，占比连续 6 年提高。由此，数字化作为广东乃至整个粤港澳大湾区经济社会高质量发展新引擎的地位更加稳固。

从地区和行业分布来看，深圳数字经济优质企业数量最多，有 27598

家，占湾区优质企业总数的 47.55%，在数字经济全赛道均处于湾区领先地位。广州数字经济优质企业数量次之，有 15740 家，智能网联汽车、数字创意领域优质企业数量在湾区中占据首位，软件与信息技术服务业、区块链与量子信息产业仅次于深圳。东莞数字经济优质企业数量在湾区排在第三位，有 5225 家，在高端装备制造、智能机器人、超高清视频显示、新一代电子信息等领域表现突出。佛山居第四位，智能家电领域优质企业数量占比相对较高。此外，中山、珠海、惠州分别以 2152 家、1712 家、1385 家数字经济优势企业数量分列第五至七位。江门、肇庆的数字经济优质企业相对偏少。

（二）数字技术创新平台建设稳步推进，数字产业化基础持续巩固

粤港澳大湾区作为中国数字经济发展的领先地区，围绕“做大平台、做强产业、做优生态”，加快推进数字技术创新平台建设，实施省重点领域研发计划，对接国家重大科技任务，体系化攻克数字经济“卡脖子”技术，支撑新一代电子信息、软件与信息服务、智能机器人等数字产业集群高质量发展，构建良好数字产业生态。

人工智能产业高质量发展按下“加速键”。2023 年 11 月，广东出台《关于加快建设通用人工智能产业创新引领地的实施意见》（以下简称《实施意见》），为粤港澳大湾区通用人工智能产业发展保驾护航。《实施意见》还特别强调粤港澳三地间的协同发展，提出要发挥四大合作平台的桥头堡、试验田功能，探索打造“数据特区”。此外，粤港澳大湾区深度对接国家“东数西算”战略，推动国家算力总调度中心加快落地建设，加快建设与发展鹏城实验室、人工智能与数字经济广东省实验室等各层级实验室，持续推进广州、深圳两大国家超级计算中心建设，并加大智能超算中心等数字基础设施的投入力度。人工智能应用加速落地，产业集聚效应显现。除了科研院所，粤港澳大湾区内还形成了以华为、腾讯、大疆等龙头企业为引领，以云从科技、云天励飞、佳都科技等骨干企业为支撑的人工智能产业生态体系。腾讯、阿里、唯品会、小米、科大讯飞等数字经济龙头企业陆续在琶洲算谷的核心片区落地。

集成电路产业增长动能强劲。粤港澳大湾区是国内半导体集成电路产品的集散中心、应用中心和设计中心，在全国有着举足轻重的地位。为补齐粤港澳大湾区集成电路产业链发展不平衡的短板，广东实施“强芯工程”，围绕新能源汽车、人工智能等新兴产业，大力构建包括制造、封装、设备、材料等环节在内的体系完整的集成电路产业链，加快打造集成电路产业第三极。粤港澳大湾区在模拟特色工艺、先进智能传感器、显示驱动、化合物半导体、封装测试、关键核心材料等领域布局了一系列项目，集成电路产业政策环境、创新氛围、生态环境明显优化，已经形成以广州、深圳、珠海为核心的集聚发展区。根据省工业和信息化厅的数据，2023 年，广东集成电路产量 685. 74 亿块，同比增长 23. 8%，跃居全国第二位。

（三）产业数字化转型提速，数实深度融合进程加快

粤港澳大湾区制造业“家底”殷实，在推进数字经济和实体经济融合发展上的优势显著。近年来，粤港澳大湾区利用互联网新技术、新应用，对传统产业进行系统性改造，加速数字技术与产业场景的融合应用突破，成为增强产业韧性、激发经济活力的新引擎、新动能。

粤港澳大湾区以工业互联网示范区建设为抓手，以产业集群数字化转型为重点，培育跨行业、跨领域、特色型、专业型工业互联网平台，致力于打造有梯次的产业链赋能平台成长体系。代表全球制造业智能制造和数字化最高水平的“灯塔工厂”是“数字化制造”和“工业化 4. 0”的示范者。2023 年，大湾区有 8 家企业入选“灯塔工厂”名单。从行业分布来看，粤港澳大湾区“灯塔工厂”主要贴近面向终端消费者的产业链下游，大多属于以电子设备、消费品、家用电器等为代表的离散型制造行业。值得一提的是，2023 年 12 月新入名单的广汽埃安智能生态工厂是全球唯一的新能源汽车“灯塔工厂”，代表着全球新能源汽车制造的智能化趋势。

（四）数据要素市场化向纵深推进，交易市场愈加活跃

当前，数据流动正在逐步超过传统的跨国贸易和投资，成为驱动全球

经济增长的新动能。数据要素正在推动生产方式、生活方式和治理方式深刻变革，伴随数据要素系列政策的出台，数据要素创新活力被进一步激发，数据要素产业化、市场化建设提速，数据交易迎来新一轮发展浪潮。

为进一步培育数据交易市场，粤港澳大湾区开展了以数据产品为标的的交易工作。粤港澳大湾区互联网企业和民营企业较多，行业场景覆盖面广且数据需求大，数据交易市场的基础设备及技术储备较为完善，高供给、高需求双向驱动粤港澳大湾区数据交易市场迅速发展。据麦肯锡研究报告，预计到2025年，数据跨境流动对全球GDP的贡献价值将达到11万亿美元。2022年，广州数据交易所、深圳数据交易所相继挂牌成立，全年累计交易额超过17亿元。根据《2023年中国数据交易市场研究分析报告》，粤港澳大湾区的数据交易市场强势发展，数据交易额在全国的占比为14.4%，仅次于长三角地区。粤港澳大湾区未来发展的重点方向在于数据交易凭证、统计核算等方面的技术提升。

（五）深化数字政府改革创新，跨境政务服务持续优化

广东充分运用数字技术优化政府治理流程、开展模式创新、提升政府履职能力，全面推动数字政府建设，形成“大平台、大数据、大服务、大治理、大协同”优势。2023年，广东数字政府建设已进入场景驱动的服务理念创新、服务模式重构的深层次改革阶段，更加强调围绕业务协同实现业务场景的横向打通与纵向穿透，注重服务体验和场景化主题式应用。比如，“粤商通”平台持续推动广东涉企政务服务“一站式、免证办”，推出“广东省稳市场主体诉求响应平台”“粤财扶助”、法人数字空间等特色服务平台，助力营商环境优化。2023年5月，全国首个集政务云应用服务、网络运营服务、统一身份认证、电子印章等公共支撑能力于一体并面向各级政府部门及企事业单位的新型基础设施智能管理平台——“粤基座”平台正式上线，该平台可为用户提供基础设施资源线上全流程闭环管理服务，实现基础设施资源可视化监控、告警信息实时预报、资源统计分析等功能，初步实现广东数字政府基础设施的统一管理、统一运营、统一支撑，有效夯实集约化“大底座”。

积极探索跨境政务服务数据应用，深入推进粤港澳政务服务一体化。2023 年 11 月，粤港两地签署《粤港政务服务“跨境通办”合作协议》，标志着“数字湾区”建设向粤港政务领域深入。加快健全线上线下联动的政务服务体系，促进各类要素便捷流动，持续提升湾区居民享受公共服务的便捷性。一是推进“社保通”。启用“粤澳社保一窗通”横琴专窗、南沙专窗；建成“湾区社保通”服务专窗 237 个、港澳地区社保服务网点 85 个；粤港澳三地居民可通过广东政务服务网、“粤商通”App、“粤省事”小程序等实现 53 项广东社保高频服务“网上办、掌上办、指尖办”。二是推动湾区通办服务互信互认。粤港两地创新建立粤港在线身份互认体系，在国内首次实现内地政务系统对香港市民身份的在线认证。通过政务通办体系，推动湾区民生事项便捷办理。政务服务“一网通办”平台枢纽作用，实现“大厅办、网上办、指尖办、自助办”，全方位完善湾区政务服务体系。

（六）跨境电商等贸易新业态发展迅猛，数字贸易繁荣发展

粤港澳大湾区加快建设全球贸易数字化领航区，推进广州、深圳全面深化服务贸易创新发展试点和广州服务业扩大开放综合试点。在福布斯中国“2023 全球数字贸易行业企业 Top100”榜单上，腾讯、华为、欧派家居集团、鸿粤集团、广铝集团等企业来自湾区。作为数字贸易的重要表现形式之一，跨境电商在粤港澳大湾区持续高速发展。根据海关总署发布的《中国跨境电商贸易年度报告》，广东 2023 年跨境电商进出口总额 8433 亿元，同比增长 25.2%，广东跨境电商进出口总值在全国跨境电商进出口总值中的占比达 42%，稳稳占据首位，领先排名第二的浙江近 30 个百分点，为中国稳外贸提供了重要支撑。2024 年上半年，广东跨境电商进出口总值达 4273.4 亿元，占全国跨境电商进出口总值的比重达四成，电商相关企业超 130 万家。近年来，广东数字贸易额常年保持两位数增速，占全国数字贸易额的四分之一。其中，网络游戏、数字娱乐、远程教育、数字医疗等新业态已形成具有较强国际竞争力的数字内容产业集群。

二、粤港澳大湾区数字经济发展面临的问题与挑战

受制于数据跨境流动、数实深度融合、数字科创研发、数字产业集群联动、中小企业数字化转型等方面的突出问题，粤港澳大湾区数字经济发展仍面临较大挑战。

（一）突破行政边界的数据跨境流动机制有待健全

粤港澳大湾区具有制度特殊性，具备探索数据跨境流动规则的有利条件，拥有庞大的数据跨境流动应用场景和基础设施，但粤港澳三地不同的法律框架对数据跨境流动的规制具有不同要求，存在显性或隐性的制度壁垒，尚未形成成熟有效的协调与衔接机制，粤港澳大湾区内数据跨境流动依然面临体制机制对接困难、制度规则衔接不畅等问题。目前虽已建立常设机构统筹安排涉及湾区建设的事务工作，但其无法处理特定规则下的数据协同治理和数据跨境流动问题，不利于形成数据跨境流动的规则机制。

（二）数实深度融合发展亟待充分发力，示范效应发挥不充分

虽然粤港澳大湾区的数字技术综合创新能力及应用水平不断提升，但数实融合关键技术“卡脖子”问题尚未得到根本解决，一些较世界先进水平存在的明显短板出现在核心技术层面，一些关键零部件依赖外国进口，且受制于外国企业及算法的垄断，数字技术应用场景缺乏创新，应用相关标准缺失，特别是粤港澳大湾区高端芯片自给率仅为 14%，面临严重的“缺芯少核”问题。此外，不少企业由于受技术、人才、资金的制约，并未普及大数据、企业云等数字技术应用，核心数字技术供给不足、数据采集困难，对大数据的开发应用主要集中在精准营销等有限场景，未能深层次挖掘数据资产的潜在价值，阻碍了数实深度融合的整体发展进程。

（三）全球性数字科创研发与应用平台不多，人才难题亟待破解

粤港澳大湾区数字科创研发与应用平台无法满足数字经济发展的现实

需求。例如，深圳数字经济相关科研成果转化率领先全国，拥有腾讯、华为等头部数字企业，但科研实力雄厚、创新能力强的大学和科研平台发展滞后；广州科技教育资源丰富，数字经济创新平台众多，但缺乏大型数字企业，企业技术创新能力相对较弱；香港拥有丰富的高教科研资源，在前瞻性基础研究领域优势明显，但缺乏制造业支撑，产业链条缺失，不利于数字化转型实践。同时，粤港澳大湾区高校、研究机构及企业之间的创新协同机制尚待完善，掌握人工智能、量子计算、高端芯片等前沿技术的顶尖人才不足，在一定程度上加深了资源稀缺程度。面向数字经济的人才培养体系尚未有效建立，人才引进、培养、评价、激励和保障等政策尚不完善，无法满足数字创新人才不断增长的需求。

（四）数字产业集群协同联动发展不足，信息共建共享有待加强

数字产业集群是数字经济发展的高级形态，是经济体向“群体合作共赢”转换的全新模式，具有高共享性、高协同性、高创新性等特征。但粤港澳三地缺乏统一的数据交易和监管标准，隐私计算等数据控制技术及区块链、人工智能等新兴技术还不成熟，导致数据交易的平台和技术保障不足，信息共建共享有待加强。大湾区重点产业赛道在九市发展水平不一。在新一代电子信息领域，深圳优质企业数量占湾区比例超 50%，领先优势明显。广州、东莞分列第二、三位，优质企业占湾区比例分别达 21.5%、13.35%。湾区其他城市较深广莞差距较大，且没有实力也没有能力做好配套服务。

（五）中小企业数字化转型生态环境有待优化，正确引导与精准帮扶有限

粤港澳大湾区在企业数字化转型方面具有基础优势，越来越多中小企业借助“双跨”平台融入数字化浪潮。但专业互联网平台和技术服务体系赋能中小企业数字化转型的力度有待加大，中小企业数字化转型基础薄弱、抗风险能力差，受自身人才、资金、技术等限制，无法负担数字化转型的成本，仍面临“不会转”“不能转”问题。现有的行业互联网平台和

技术服务体系难以为每个中小企业的数字化转型提供有针对性的解决方案和具体指导，多数中小企业还处于数字化转型的初级阶段，数字技术的应用程度不高，数字化转型核心技术欠缺，数字化基础相对薄弱，亟须正确引导与精准帮扶。

三、推动粤港澳大湾区数字经济加快发展的对策建议

粤港澳大湾区要进一步推动数字经济发展壮大，需充分考虑“一国、两制、三法域”的制度差异和市场差异，构建开放型区域共同体，培育形成高质量数字产业集群，发挥智慧城市群的辐射和联动作用，打造全国数字科创“新高地”、数字交易“大平台”和数字治理“样板间”。

（一）构建跨境数据要素流通与交易市场的协同治理体系

法随时而变。形势在发展，事物在变化，法律法规必须与时俱进。强化顶层设计，构建粤港澳大湾区数据合作协调机制，加强规划指导和区域层面的合作协调，引导数据跨境流通合规运行和数据全产业链平衡发展。以前海、横琴、南沙、河套地区等自贸片区和重点平台为抓手，推动跨境数据的安全有序流动，再逐步拓展到粤港澳大湾区其他区域。积极探索数据要素确权与定价评估机制，推进不同类型数据的基础产权、衍生产权的分级分类确权授权使用，形成易复制、易推广并涵盖数据行业、类型、级别、用途等维度的数据质量评估标准。积极争取数据跨境流动特别授权，面向港澳进行更大力度、更深层次、更大范围的授权，建立闭环风险监管机制和跨境协同管理机制。建设粤港澳大湾区数据要素统一大市场，培育数据经纪人、数据商及第三方专业服务机构等产业生态，提升粤港澳大湾区在数据交易、数据服务等方面的资源集聚水平，打造全球数字交易权威平台。

（二）推动新一代数字技术与实体经济深度融合发展

1. 制定分类推进数实深度融合的路线图

重点围绕广东的战略性产业集群，优先选择规模体量大、转型升级需

求迫切的实体经济领域，规划数实深度融合实施路径。鼓励工业互联平台和服务商开展面向不同行业和场景的应用创新，发挥重点行业和标杆企业的示范效应，协同带动集群中小企业融合发展，促进上下游的协同生产和数据对接，构建跨界融合的新型产业供应链体系。探索以专业镇为主要载体的传统产业集群数字化转型路径，引导集群企业应用系统解决方案“上云上平台”，探索符合行业特色和中小企业需求的数字化转型路径。

2. 健全数实深度融合生态体系

结合实体经济应用场景和行业服务需求，加快物联网云平台、工业互联网、数字医疗、数字金融、数字能源等领域的数字化转型，推动形成行业性公共服务平台。支持“链主”企业带动上下游中小企业以及供应链企业“上云上平台”，支持既有产业服务能力又有互联网创新基因的 IT 企业或平台服务商搭建产业集群数字化基础平台。统一公有云平台，大幅降低企业按需使用公有云资源的费用，统一协调电信运营商，降低工业企业网络使用成本。构建以行业需求为导向的复合型数字化人才培育机制。多层次加大数字化技能人员培训力度，支持行业协会与联盟等围绕行业特点开展多类型的人员培训。加快数字化人才培育与交流合作，在部分高校、科研院所等机构设置人工智能、云计算、大数据等与数字化转型相关的专业与招生目录。

3. 着力提升数字技术自主可控能力

以建设粤港澳大湾区数据枢纽为核心，充分发挥深圳前海、广州南沙、珠海横琴、河套深港四大合作平台的新型空间载体功能和示范引领作用，发挥“广州—深圳—香港—澳门”科技创新走廊等重大合作平台的政策优势，鼓励科研院所、企业结合工业互联网、大数据、云计算、人工智能等领域联合开展数字核心技术攻关，集中力量突破一批基础通用技术和颠覆性技术。争取组建一批制造业数字技术国家实验室、国家智能制造创新中心，建设一批国家重大数字科技项目。引进培育一批数字经济领域的领军企业，鼓励企业通过投资并购、知识产权合作、联合运营等多种方式开展创新合作。加大以数字化转型为重点的技改投入力度，发挥政府专项技改基金的杠杆作用，支持传统产业集群和战略性产业集群内的各类企业开展智能化改造和技术创新。

（三）建设具有国际竞争力的数字产业集群

1. 协同打造前沿数字产业集群

聚焦电子信息制造、软件与信息服务、半导体与集成电路、高端装备制造、智能机器人、区块链与量子通信、新能源等战略性新兴产业重点领域，发挥香港、澳门、广州、深圳等数字经济中心城市的科研资源优势和高新技术产业优势，基于不同地域的产业类型进行数字资源的规划和算力的调配，联合打造一批产业链条完善、辐射带动力强、具有国际竞争力的数字产业集群。

2. 加快推动传统产业集群数字化转型

推进大数据、人工智能、云计算、物联网、区块链、5G 等数字技术嵌入粤港澳大湾区传统产业链各环节，提高关键流程的智能化、网络化、柔性化水平，推动研发、制造、营销、物流等核心环节的模式变革，特别是提升中端制造环节的附加值及产品质量，实现全产业链价值创造。深入实施工业互联网创新发展战略，推动数据共享以及行业间的数据集成，形成产业链协同、服务化延伸等价值共创能力，重构传统制造业生态系统，进一步提升粤港澳大湾区产业数字化水平。鼓励数字技术和移动互联网、北斗卫星导航等新技术在服务业的创新应用，促进粤港澳大湾区“数字＋服务”新业态、新模式发展壮大。

（四）全面深化“数字政府”改革建设

以“湾区大脑”为主要抓手，统一各城市的数据通用标准和协议，持续推进数字政府信息基础设施建设和数据资源价值挖掘，将数字治理与城市管理、公共卫生管理、教育政策等方面的公共事务紧密结合，加大湾区内部各城市数据源跨部门、跨区域安全管控力度，实现普惠便捷的民生服务和高效精准的城市治理。加快推进粤港澳大湾区智慧城市建设，鼓励各市建设“城市大脑”，依托数字孪生与智能技术打造全场景城市智能体，加快推进智慧教育、智慧交通、智慧医疗、智慧旅游、智慧城管等智慧应用示范，实现“全域感知、数据共享、交叉指挥、精准反馈”。

作为数字经济大国，如何推动数据跨境流动制度体系建设，以更好顺应数字经济高质量发展趋势、更好适应我国更高水平对外开放与安全需要，成为信息时代掌握发展主动权的必答题。希望粤港澳大湾区在数字经济这条赛道能够行稳致远，建设好一流湾区。

参考文献

［1］朱金周，方亦茗，岑聪．粤港澳大湾区数字经济发展特点及对策建议［J］．信息通信技术与政策，2021（02）：15－21．

［2］曹佳斌，胡晓珍．2023 年粤港澳大湾区数字经济发展报告［M］．北京：社会科学文献出版社，2024：357－389．

［3］余宗良，张璐．我国数据跨境流动规则探析——基于粤港澳大湾区先行先试［J］．开放导报，2023（02）：86－93．

粤港澳大湾区港口经济高质量发展研究

▶梁咏琳　李燕飞

一、引言

粤港澳大湾区作为中国经济发展的重要区域，其港口经济的高质量发展直接关系到粤港澳大湾区城市群的竞争力，是粤港澳大湾区与国内、国际城市群竞争的关键。2023 年 4 月，习近平总书记在广东考察时强调"使粤港澳大湾区成为新发展格局的战略支点、高质量发展的示范地、中国式现代化的引领地"，为推进粤港澳大湾区建设指明了前进方向。而"一国两制、三区三币"的独特格局，在粤港澳大湾区港口经济发展中兼具优势与劣势的双重属性。对于如何精准把握这一格局中的优势元素，同时有效化解劣势的影响，以提升大湾区港口群在国际航运市场的竞争力，是大湾区港口高质量发展的关键。

二、文献综述

（一）国外相关研究

国外在港口经济研究方面起步较早。英国学者 Bird（1963）是首个研究港口群演化进程的学者，在此基础上，Mayer（1978）从经济学原理视角，对港口发展时建设规模经济与港口群演化发展进程的影响进行研究。在研究港口群发展趋势上，Yeo（2019）把东北亚地区港口作为研究对象，使用因素分析法分析发现在港口群的发展进程中，港口群有着集中演化的趋势，同时分析了港口群内影响港口间竞争关系的主要因素。在港口群评价上，CHEN J 等（2020）通过分析港口吞吐量和进出口等影响粤港澳大湾区港口系统发展的内外部因素。但随着经济的不断发展，单凭港口吞吐量已难以反映如今港口的真实运营情况。港口与区域经济联系以及环保方面的研究同样是外国学者的研究热点。Hu 等（2021）认为港口与城市经济的互动发展有利于推动区域经济。在港口与城市经济的互动中，TARKOWSKI M S（2021）等认为研究港口腹地时空演变问题有助于了解港口与内陆腹地的动态分布和供应链价值，可为港口的相关管理层提供决策参考。Venkatesh 等（2020）从技术基础设施要求、绿色能源生产和环境管理系统出发，提出绿色港口倡议和港口可持续发展战略。

（二）国内相关研究

随着国际贸易规模的不断扩大及陆海运输通道的建设和完善，港口经济的高质量发展成为众多国内学者广泛关注的对象，对其研究也在不断深入。

从宏观上看，港口作为物流体系中的关键枢纽，正经历从传统货物集散与中转功能的单一角色，向具备集群化、层级化和多元化特征的综合性物流服务中心转变的深刻转型过程。王启凤等（2020）认为粤港澳大湾区港口经济的发展对于提升该区域城市群的整体竞争力具有举足轻重的作用，是其在国内外城市群竞争中占据优势地位的关键所在。而在港口群评价中，港口吞吐量常被作为衡量发展水平的重要指标。栾和涛（2021）研究我国港口企业持续发展需以先进的科技作为支撑，秉承从根源解决问题的思路，通过根据自身以及市场选择研发方式，合理运用研发资金，实现企业可持续发展。

港口与区域经济联系以及环保方面的研究也是我国港口经济研究的热点。港口与区域经济紧密相关，港口群作为区域经济的重要引擎，其发展不仅为区域经济的注入活力，推动其持续健康发展，还有助于优化区域资源的配置，因此，深入探索并妥善协调港口与区域经济之间的互动关系，对于促进区域经济的持续健康发展具有重要的现实意义。张蒙（2021）通过构建面板向量自回归模型，并辅以方差分析等检验技术，对港口繁荣与区域经济间的动态联系进行了实证剖析，发现港口物流与区域经济发展之间存在着明显的正向互动效应。而王启凤等（2020）在湾区港口间存在着激烈竞争且缺乏有效的协调机制背景下，对湾区港口群发展与治理提出建议。然而，随着港口生产量和贸易量的不断增加，其高能耗和高污染对海洋和陆地的环境影响日益突出。减少船舶污染排放，打造绿色港口已经成为国内外港口行业发展的普遍共识。关坤（2021）等针对煤炭码头绿色港口建设问题从污染防治、节能减排、智能制造三方面来进行论述，为打造绿色港口提供参考依据。

综上所述，在国内外学者的研究中都对港口经济的发展、港口与区域经济联系以及环保方面有深入细致的研究，产生了比较丰富的研究成果，但是，对于如何实现港口经济高质量发展的研究还是比较欠缺的，以粤港澳大湾区为例进行港口经济高质量发展的研究更少。在经济全球化的推进中，港口应通过什么形式进行转型来适应全球供应链的整合和可持续发展的要求，怎样进一步促进区域合作以及如何增强国际竞争力，在研究港口经济高质量经济发展就显得尤为重要。

三、粤港澳大湾区港口经济发展现状

（一）粤港澳大湾区经济发展概况

粤港澳大湾区位于中国华南地区，由香港、澳门两个特别行政区及内地珠三角九个城市组成，总面积 5.6 万平方公里，人口达 8630.11 万人，2022 年 GDP 达到 129177.147 亿元。该湾区地理位置优越，拥有完善的交通网络和产业体系，且政策支持经济发展，已初步形成以广州港为综合枢纽港、深圳港为核心枢纽港、惠州港、东莞港、珠海港为沿海干线港，佛山港、江门港、肇庆港、中山港为喂给港的发展模式。粤港澳大湾区是中国开放程度最高、经济活力最强的区域之一，是世界四大湾区之一。

（二）粤港澳大湾区与世界主要湾区竞争力存在差距

根据表1所示，与世界同类湾区相比，粤港澳大湾区在GDP方面位列第三，且与排在前列的两个湾区差距较小；此外，大湾区港口货柜吞吐量远超其他三大湾区，这充分展现了粤港澳大湾区在经济发展与物流运输领域的强劲实力。

但粤港澳大湾区的人均GDP及第三产业占比远低于其他三大湾区，表明粤港澳大湾区的经济发展效率仍有较大的提升空间。此外，粤港澳大湾区的科研经费占比也低于其他三大湾区，反映出大湾区在科技创新方面处于落后状态。总的来说，粤港澳大湾区竞争力与其他三大湾区仍存在差距，但发展潜力大。

表1　　2020年四大湾区经济状况

项目	粤港澳大湾区	旧金山湾区	纽约湾区	东京湾区
本地生产总值（万亿美元）	1.68	0.76	1.77	1.80
人均生产总值（万美元）	2.32	9.90	8.80	4.10
GDP占全国比重（%）	12.50	4.00	9.30	41.40
第三产业占GDP比重（%）	65.60	82.80	89.40	82.30
港口货柜吞吐量（万TEU）	6600.00	227.00	465.00	766.00
科研经费占GDP比重（%）	2.10	2.80	2.80	3.70

资料来源：中国国家地理。

（三）粤港澳大湾区港口空间分布以内港与外港为主

港口空间分布特征主要分为内河港区和海港区，其中内河港区主要分布在珠江三角洲地区，而海港区则分布在沿海地区。各港区及码头均有自己的特点和优势，服务于不同类型和需求的货物运输。其中，广州港作为中国南方的交通枢纽，拥有内河港区、黄埔港区、新沙港区和南沙港区等多个港区。这些港区相互协作，使得广州港成为华南地区最大的综合性枢纽港之一。

此外，随着以广州、深圳为核心的国际航运网络的不断完善，粤港澳大湾区港口群国际集装箱班轮航线基本覆盖世界主要贸易港口。其中，2022 年深圳港较 2021 年底的国际班轮航线多增加 4 条，而在同一航线上，同时挂靠深圳港两个不同港区码头的航线有 12 条。总体较 2021 年底大幅增加的航线有北美航线、欧美航线、印度航线、澳洲航线。而海铁联运作为一种降本增效、安全性高、污染排放少的物流方式，广州港与深圳港海铁联运的开通，打破了大湾区港口间的空间壁垒，加强了大湾区区域内部及外部地区的互联互通，进一步推动粤港澳大湾区经济的高质量发展。详见表 2、表 3。

表 2　　粤港澳大湾区港口空间分布特征、主要港区及码头

港口	空间分布特征	主要港区及码头
广州港	内港—外港	内河港区、黄埔港区、新沙港区、南沙港区
深圳港	东港—西港	南山港区、大铲湾港区、大小铲岛港区、宝安港区、盐田港区、大鹏港区
珠海港	内港—外港	西区以高栏区为主，东区以桂山港区为主，市区以九州、香洲、唐家斗门港区为主
佛山港	内港—外港	三山、三水、九江、高明、容奇、北滘、勒流、禅城
东莞港	内港—外港	麻涌港区、沙田港区、沙角港区、长安港区、内河港区
惠州港	内港—外港	东马港区、惠东港区、东江内河港区
江门港	内港—外港	广海湾、恩平、新会三个沿海港区主城；开平、台山、鹤山四个内河港区
中山港	磨刀门水道—横门水道	中山港区、马鞍港区、小榄港区、神湾港区、黄圃港区
肇庆港	西江—北江—绥江—贺江沿岸	三榕、高要港区、肇庆新港、四会港、德庆康州港
香港港	内港—外港	葵青货柜码头、内河货运码头
澳门港	内港—外港	内港、九澳码头

资料来源：中国港口。

表 3　　2022 年粤港澳大湾区部分港口航线情况

港口	外贸集装箱航线（条）	内贸集装箱航线（条）	海铁联运班列（条）
深圳港	294	60	30
广州港	260	106	35
珠海港	30	24	—
汕头港	23	15	—

资料来源：广州市港务局、深圳市交通运输局、珠海市交通运输局、汕头市交通运输局。

（四）粤港澳大湾区港口货物、集装箱吞吐量大

粤港澳大湾区港口在集装箱吞吐量方面表现出色，占全国总量的 1/3 左右，展现了其在国内物流体系中的重要地位。此外，粤港澳大湾区的集装箱航线密度在全国名列前茅，已开通的外贸集装箱航线数量超过 400 条，形成密集的航线网络。这一优势不仅提高了该区域的物流效率，也为其在全球航运市场中的竞争力提供有力支撑。

通过对比图 1 与图 2 所示，广州港、深圳港、香港港在集装箱吞吐量以及货物吞吐量中均占绝对优势。通过上海航运交易所显示，2022 年集装吞吐量居世界前 20 位的港口中，深圳港、广州港、香港港，分别居第四位、第六位和第九位。而广州港在 2022 年港口货物吞吐量居世界前 20 位的港口中，居第五位，是粤港澳大湾区唯一一个进入世界港口前 20 位的港口。

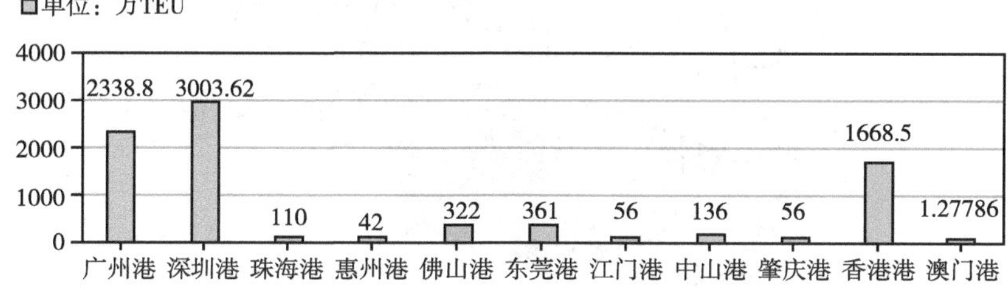

图 1　2022 年粤港澳大湾区集装箱吞吐量

资料来源：2023 年中国港口年鉴、中国港口。

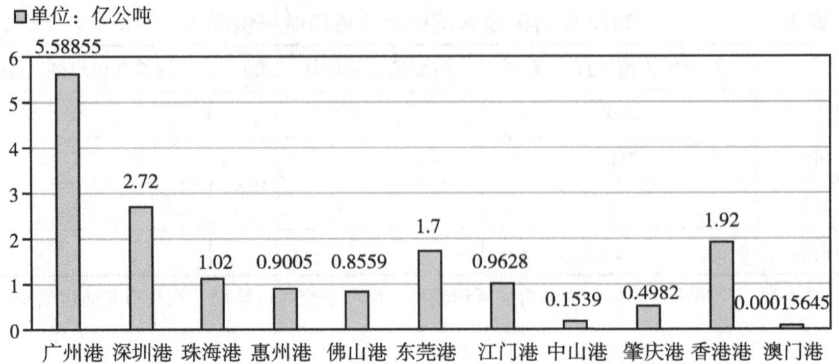

图 2　2022 年粤港澳大湾区货物吞吐量

资料来源：2023 年中国港口年鉴、2023 年江门市国民经济和社会发展统计公报。

四、粤港澳大湾区港口经济高质量发展的条件保障

（一）制度层面

粤港澳大湾区的发展离不开政府强有力的制度支持。粤港澳大湾区门户网显示，自《纲要》出台后，各级政府到2024 年4 月已出台648 个涉粤港澳大湾区相关政策的文件和通知。根据图 3 所示，排在前三位的关注领

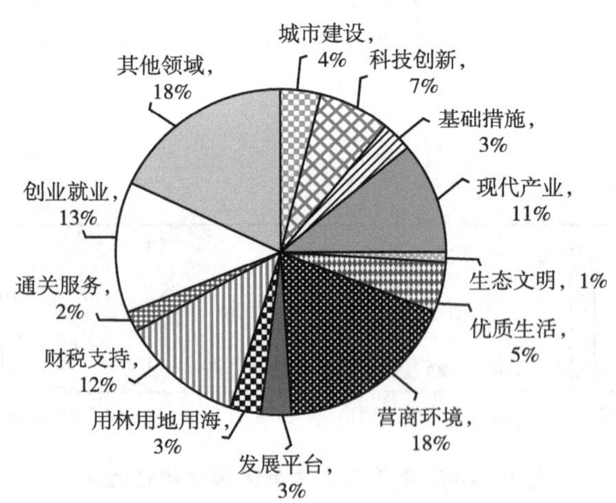

图 3　涉粤港澳大湾区相关政策占比

资料来源：粤港澳大湾区门户网。

域是营商环境、创业就业、财税支持。

此外，为贯彻落实习近平总书记关于港口发展的重要指示精神，进一步推动港口经济发展，我国各部门陆续推出相关政策，比如，广东省人民政府办公厅于 2022 年 6 月出台了《广东省港口布局规划（2021—2035 年）》、香港特别行政区政府于 2023 年 12 月出台了《海运及港口发展策略行动纲领》等。

（二）经济层面

粤港澳大湾区在经济建设中有较强的互补优势。香港是全球最自由经济体之一，有明显的金融优势，澳门是作为世界旅游休闲中心和中国与葡语国家商贸合作服务的平台，而珠江三角洲是内地外向度最高的经济区域，经济活跃度高。2022 年大湾区 GDP 达到 129177.15 亿元，增速达到 4.08%，占全国 GDP 总量的 11%，是全国经济最活跃的地区之一。

衡量一个城市经济发展最关键指标是生产总值，而衡量一个港口的发展规模最关键指标是该港口的货物吞吐量[①]，如图 4 所示，广州、深圳、

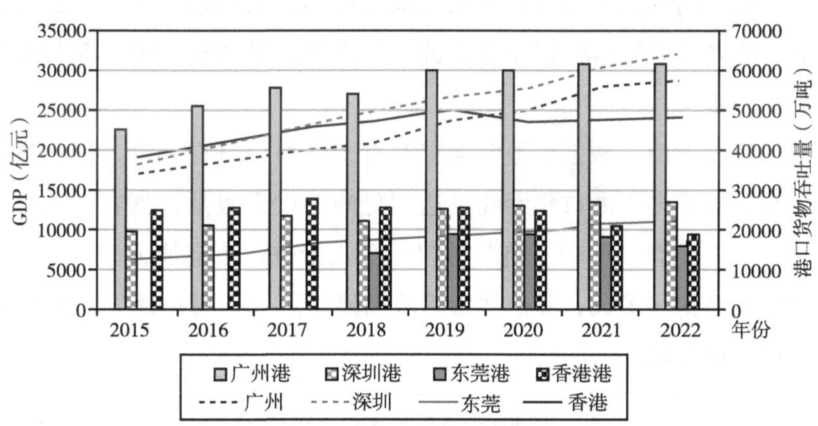

图 4　粤港澳大湾区部分港口货物吞吐量及部分市生产总值

资料来源：中国港口、香港特别行政区政府统计处、广州市统计局、深圳市统计局、东莞市统计局。

① 国家统计局主要统计指标解释。

东莞、香港的 GDP 与当地港口货物吞吐量总体呈正比例增长，这说明港口的发展对当地经济起到积极的推动作用。而港口作为物流枢纽，其吞吐量的增加会吸引更多企业投资，带动相关产业发展，如物流、制造业和服务业等。这些产业的发展不仅为当地创造更多就业机会，还增加了政府的税收收入，更好地促进当地经济的繁荣。

（三）区位层面

粤港澳大湾区基础设施建设加快，交通设施逐渐完善，逐渐形成“一小时交通圈”。2022 年，广东省在中欧国际物流领域取得了显著进展，固定班列线条数量增至 6 条，达到 17 个欧亚国家，提升了国际物流的效率。此外，根据 2020 年批复实施粤港澳大湾区城际铁路建设规划所示，预计到 2025 年，开通运营 800 千米的规划线路，全面覆盖大湾区中心城市、节点城市和广州、深圳等重点都市圈。①

航运建设方面，发达的航空运输能力是世界级湾区的核心增长极之一。目前，粤港澳大湾区拥有 7 座运输机场。2023 年 11 月，顺丰航空有限公司实现了国产大型动力锂电池首次通过国内航司运输出口，这标志着中国航司危险品航运运输保障能力进一步发展，是体现物流行业高质量发展的重要一步。

港口建设方面，珠三角地区拥有上百个港口，且广州港、深圳港、珠海港、东莞港等多个港口年吞吐量达到亿吨，世界级港口群在大湾区加速形成。此外，随着“一带一路”倡议的深入推进，粤港澳大湾区作为国际自由贸易港已初步形成，其航线覆盖范围涵盖了“一带一路”沿线国家的主要港口。详见表 4。

表 4　　粤港澳大湾区重大交通项目

交通新设施	预计开通时间	特点
深中通道	2024 年	在“深莞惠”与“珠中江”两大城市群之间，唯一的公路直连通道

① 《广东年鉴 2023》。

续表

交通新设施	预计开通时间	特点
黄茅海通道	2024 年	将改变粤西沿海地区与大湾区核心区域之间通道单一的现状
广州白云国际机场三期扩建工程	2025 年	建成后将加强与公路、铁路（城轨）衔接快速通达其他大湾区城市
深圳港盐田港区东作业区集装箱码头工程	2025 年	大湾区重要基础设施工程，增强现代航运业综合服务能力

资料来源：粤港澳大湾区门户网。

（四）科技层面

粤港澳大湾区作为中国经济最为繁荣且开放程度领先的区域之一，其在科技创新方面展现出极强的竞争力，而科技创新是港口经济发展的重要驱动力。粤港澳大湾区拥有国家重点实验室超 50 个，新建 10 家粤港澳联合实验室。其中各大高校的全国重点实验室就有 37 个，国家工程（技术）研究中心 14 家。《2023 年全球创新指数》[①] 显示，在全球科技集群 100 强排名中，“深圳—香港—广州” 连续四年蝉联全球第二位，仅次于“东京—横滨”。

粤港澳大湾区内的科研赋能当地经济高质量发展的同时，对促进港口业务发展具有高度相关的关系。例如，广州南沙港从自动化设备硬件到信息化系统采用全新一代自动化集装箱码头技术路线，打造首个自动化码头，综合服务能力、航运枢纽能级得到大幅提升，降低港口的运营成本。

五、粤港澳大湾区港口经济高质量发展存在的问题

（一）港口协调性不足，同质化竞争激烈

粤港澳大湾区贸易总量逐步提高，但由于其独特的地理位置，聚集了

---

① 全球创新指数（GII）：该指数旨在尽可能全面地反映创新情况，包括约 80 个指标，包括每个经济体的政治环境、教育、基础设施和知识创造的指标。GII 提供的不同指标有助于监测绩效，并针对同一地区或收入组别的经济体制定发展基准。

众多的港口。这些港口地理上位置相近，区位条件相似，使得它们各自的经济腹地、业务范围存在重叠和交叉，导致湾区内的港口在经营业务上容易产生竞争，特别是对于货源的争夺。

此外，不同港口的外贸物流成本存在差异，价格竞争激烈，对外贸物流服务质量的提升也产生影响。例如，香港与澳门港口实行国际化管理模式，税收优惠多元化，多数贸易免征关税，通关效率高；而内地城市港口实行传统的港口管理模式，通关费用高，且效率低。资源配置的不合理，港口协调性的不足，导致大湾区港口群现代化建设进程缓慢。

（二）多式联运不完善，湾区交通连通不畅

多式联运需要不同交通方式间的无缝衔接，粤港澳大湾区内的交通基础设施尚不完善，部分地区的交通网络建设存在滞后的情况，不同交通方式间的衔接存在瓶颈，导致货物转运不畅，影响运输效率。例如，在珠江口两岸的交通不畅问题上，虽然珠江口东西跨江通道总共有13条，其中已经建设5条，建设中4条，规划中4条，但珠海与深圳的联系依然落后，主要通道承载压力巨大，尤其在节假日拥堵常态化，影响交通的通达性。

在铁路网络布局上，铁路建设重点主要集中在干线网络上，而对支线铁路建设的重视程度不够，使干线与支线之间的衔接不够顺畅，影响铁路运输的整体效率。在交通配套基础设施上，铁路入港率偏低，众多港口面临“最后一公里”的通达性难题，导致铁路与码头的衔接不顺畅，需借助汽车短驳作为运输的补充手段，从而增加了整体运输时长与成本，影响物流效率及经济效益。

（三）人力资源管理体系滞后，综合型人才缺乏

随着大湾区经济的快速发展，港口业务量持续增长以及技术的迭代，对综合型人才需求日益增加。然而，目前港口具备多种专业技能的综合型人才较为稀缺，尤其在高端管理、技术应用等关键领域，导致港口运作效率低下，服务质量不高，影响了港口的创新能力和市场竞争力，制约了港口经济的发展。

此外，由于大湾区涉及不同行政区域，不同港口间的福利待遇存在差异，导致人才流动受到一定限制，这不仅影响了人才的职业发展，也制约了港口行业的整体发展。

（四）环境问题突出，绿色港口建设水平低

目前，许多港口都有绿色发展意识。比如，广州港绿色高效的海铁联运通道、首个5G低碳智慧港的深圳蛇口妈湾港等，但大湾区港口发展水平存在差异，在具体落实上仍存在差距，分港口由于基础设施老旧落后、相应的污染防治措施不到位、港口规模超出环境承载能力，对环境造成了污染。

港口在生产活动时，在装卸、运输、堆放等过程中产生的粉尘和有害气体，导致空气质量恶化。例如，香港每年有大约60%的悬浮颗粒物排放来自船舶。同时，港口的开发如填海、占地等会对周边土地和生态造成破坏。而到港船舶产生的油污水、生活污水等污染物直接排放也会污染水体。根据《广东省海洋环境质量公报》所示，珠江口海域的污染问题较为严重，部分监测点的水质为劣四类或更差。

（五）智慧港航建设缓慢，国际竞争力不足

港口作为物流运输链条上重要的一环，也正面临着智慧化的挑战。虽然大湾区各港口都在朝智慧港航努力建设，比如，广州港南沙港区四期全自动化码头的运行、深圳妈湾港的无人驾驶自动化堆场设备、深圳赤湾港的AI识别场景潜在风险等。但由于大湾区各港口在智能化技术选择和应用上存在差异，导致设备、系统之间的兼容性问题以及操作流程的不一致，给整个区域的港航协同工作带来困难，导致不同港口间的信息共享和互联互通受到阻碍，影响整体效率。

此外，信息安全风险是智慧港航建设中不可忽视的问题。随着港口信息化程度的提高，海量数据需要得到有效的保护。然而，黑客攻击、数据泄露等风险也随之增加。粤港澳大湾区港口和航运企业需要重视信息安全防护，确保数据的安全性和完整性。

六、优化粤港澳大湾区港口经济高质量发展的建议

（一）加强顶层设计，统筹港口群协调发展

政府相关部门制定相关统筹港口群协调发展的政策措施，激励港口间的协同发展，避免恶性竞争和资源浪费。大湾区各港口应充分发挥自身优势，实施错位发展和差异化竞争策略。例如，广州港可聚焦于集装箱运输的发展，深圳港可专注于高端物流和金融业务的拓展，珠海港则可重点发展石油化工和粮食运输等。通过错位发展模式，可以减少港口间的同质化竞争，实现互利共赢。同时，相关部门应加强对各港口的监管力度，确保其合法合规经营，维护港口经济市场秩序的稳定。

（二）完善交通链接，提高区域连通效率

为提高区域的连通效率，大湾区应推进多式联运体系建设的进程。强化基础设施建设，深化港珠澳大桥、广深港高铁等现有项目运营，推动深中通道、深江铁路通道等在建项目进展，强化大湾区内部交通联系。同时，优化港口、机场、铁路等交通枢纽功能，提升综合交通服务能力。此外，大湾区间加强区域合作与协调，建立紧密合作机制，打破地区壁垒，加强信息互联互通，优化资源配置，实现资源共享，推动交通基础设施建设和运营管理协同发展。与此同时，在加强区域连通时应重视科技创新，利用新技术推动交通智能化发展，建设智慧交通系统，提升决策科学性。

（三）打造多元主体伙伴关系，培养综合型人才

打造多元主体伙伴关系，培养综合型人才是港口实现高质量发展的重要途径。在打造多元主体伙伴关系方面，港口应主动与地方政府、航运企业、物流企业等建立紧密的合作关系，形成利益共同体。同时，港口应重视人才培养和引进工作，通过校企合作、产学研结合等方式，培养综合型人才。此外，加强人才的国际交流与合作，吸引更多国内外优秀人才为港

口发展贡献力量。

在培养综合型人才的过程中，港口应注重实践能力的培养。通过设立实训基地、组织技能竞赛等方式，提升从业人员的就业素质。同时，港口还应营造良好的人才成长环境。通过完善激励机制、加强企业文化建设等方式，激发人才的积极性和创造力。

（四）优化能耗结构，推动绿色港口建设

首先，大湾区各港口应严格执行国家和地方有关环境保护的法律法规，对违法排污等行为进行严厉打击，确保港口环境的可持续发展。其次，加大区域港口资源的整合力度，全面开展老旧码头设施的加固改造，优化港口资源配置，形成港口联盟，从而有效减少能源消耗。再次，各港口应推广环保技术，例如，在港口装卸、运输、堆放等过程中，采用环保技术、清洁能源等，以减少粉尘和有害气体的排放。最后，应对港口产生的污水、废弃物及船舶油污水等进行有效处理，确保达标排放，减少对水体的污染。

（五）建设智慧港航，打造国际性枢纽港

首先，智慧港航的建设是未来发展的必然趋势，通过运用大数据、物联网、云计算等技术建设港航有利于优化物流效率，降低运营成本，提高服务质量，推动粤港澳大湾区成为世界级影响的港口。实现信息与资源共享是建立智慧港航关键之一，大湾区要建立统一的信息平台，这有助于打破港口间的信息壁垒，从而提高湾区港口的运营效率。其次，注重科技创新和研发。通过政策引导和市场机制，激励企业增加研发投入，积极探索新技术在港航业中的融合应用，以促进产业的技术升级与转型发展。例如，利用人工智能、物联网等技术提升港口自动化水平，优化航运物流路径，降低运营成本。再次，智慧港航涉及大量数据的传输、存储和处理，因此信息安全至关重要。建立完善的信息安全体系，包括数据加密、访问控制、安全审计等，确保港口和航运企业的数据安全。最后，加强网络安全监测和应急响应能力，及时发现并应对网络攻击和威胁。

参考文献

[1] 邓剑虹，徐传谌，周维良．双循环新发展格局下港口腹地时空演变机理——以粤港澳大湾区港口群为例［J］．中国流通经济，2022，36（01）：20－32.

[2] 关坤，刘磊磊，洪宁宁等．专业化煤炭码头绿色港口建设路径研究［J］．交通节能与环保，2021，17（06）：37－40.

[3] 苗勃然，周文．经济高质量发展：理论内涵与实践路径［J］．改革与战略，2021，37（01）：53－60.

[4] 张蒙．港口繁荣与区域经济发展的关系研究——基于面板向量自回归模型的实证分析［J］．调研世界，2021（09）：58－64.

[5] 张新放，吕靖．中国沿海港口经济发展演变特征与空间层次划分［J］．上海海事大学学报，2020，41（04）：15－21.

[6] VenkateshS，Sriraman V. A NOTIONAL RESEARCH ON IMPLEMENTING GREEN PORT STRATEGY AT THE NEW MANGALORE PORT TRUST［J］．International Journal of Management，2020，11（10）：1210－1220.

粤港澳大湾区企业数据跨境路径及规则研究

▶周浩扬

2022年12月2日发布的《中共中央、国务院关于构建数据基础制度更好发挥数据要素作用的意见》（简称“数据二十条”）指出，鼓励探索数据跨境流动与合作的新途径和新模式，发挥好自由贸易港、自由贸易试验区等高水平开放平台作用，积极参与数据跨境流动国际规则制定，探索加入区域性国际数据跨境流动制度安排。2023年6月29日，网信办与香港特区政府创新科技及工业局签署《关于促进粤港澳大湾区数据跨境流动的合作备忘录》（以下称“备忘录”），在国家数据跨境安全管理制度框架下，建立粤港澳大湾区数据跨境流动安全规则，促进粤港澳大湾区数据跨境安全有序流动，推动粤港澳大湾区高质量发展。[①] 2023年9月28日，网信办发布关于《规范和促进数据跨境流动规定（征求意见稿）》公开征求意见的通知；2023年11月1日，全国信息安全标准化技术委员会秘书处组织编制了《网络安全标准实践指南——粤港澳大湾区跨境个人信息保护要求（征求意见稿）》。2023年12月14日，为促进落实备忘录实施，网信办联合香港创新科技及工业园发布《粤港澳大湾区（内地、香港）个人信息跨境流动标准合同实施指引》（以下称《湾区标准合同指引》）。

① 谭志清．构建开放银行：粤港澳大湾区金融创新发展的战略举措［J］．南方金融，2019（05）：73－81．

近年跨境数据治理新规不断增多，我国数据跨境规则纷繁复杂，面对数字经济发展的迫切需求以及国际区域性数据跨境规则提出的挑战，立足我国现行法律法规，借鉴 RCEP、CPTPP 两个跨区域贸易协定中的数据跨境规则，在湾区建立企业数据跨境流动安全体系，对全国数据市场发展和我国加入其他国际区域性贸易协定具有重大意义。

一、企业数据的界定

企业数据是指在企业进行商业活动中产生的数据，包括但不限于客户信息、交易记录、库存信息、物流信息等。这些数据通常被企业用于分析市场趋势、优化业务流程、提高决策效率等方面。企业数据作为经过高技术加工过的数据集合，涵盖众多领域，涉及国家安全、公共卫生健康、行业信息、个人信息等，其外延难以明确限定。在国际协议如《区域全面经济伙伴关系协定》（RCEP）《全面与进步跨太平洋伙伴关系协定》（CPTPP）中，亦无明确规定。

自 2019 年 5 月《欧盟非个人数据自由流动条例》获得通过，个人数据和非个人数据作为数据基本类型在欧盟得以确立。① 当前，中国根据两类视角来划分数据：首先是数据的价值等级，依据的是《数据安全法》第二十一条中划分的普通数据、关键数据和主要数据；其次则是数据的属性类别，这是由“数据二十条”所定义的，包括公有数据、公司数据和个人数据等类型。

我国企业数据跨境治理的法律法规尚不成熟，大湾区涉外企业众多，数据规模更大，治理模式更成熟，可在现有法律法规下探索企业数据跨境流动的不同路径，构建系统完备的企业数据跨境治理体系，然后参照该数据治理规则，对个体工商户等非企业数据进行参照适用。

---

① 胡苗苗，胡代芳，崔若雨，等．欧盟非个人数据自由流动框架条例指南［J］．北外法学，2020（01）：147－169．

二、企业数据跨境路径分析

我国的数据出境监管框架以《中华人民共和国网络安全法》《中华人民共和国数据安全法》《中华人民共和国个人信息保护法》三部上位法律为主，同时有《数据出境安全评估办法（2022）》《个人信息跨境处理活动安全认证规范 V2.0》《个人信息出境标准合同办法》等数据出境重点监管法规和细则指南组成。

在这个监管框架下，企业数据跨境存在三种路径：

（一）一般数据：事后审查

在具体实践中，企业数据主要以集合形式呈现。虽然信息技术的创新使得数据关联程度加深，数据分类变得困难，但仍有部分企业数据集合在技术层面通过去识别化和脱敏技术实现个人数据与公共数据的剥离。这一过程可以避免数据权益主体诉求的冲突和纠缠，使经过数据剥离后的企业数据可以基于市场需求“自由、安全、有序地流动”。

去识别化的流程是在维持个性粒度的条件下使用科技工具取代个人的标志符号以达到不能辨识或者联系具体人类的目的。确保自己的人类特性不受损害并能有效地掌控自己的行为模式是对保全人性完整的必要条件之一；要求所有能够确定为某一具体的生物体的信息必须被视为该主体的一部分。可以把“去识别化”细分成“去标识化”与“匿名化”两个部分。前者通过运用特殊的计算公式生成独特的无固定名称或是随意命名的代码代替真实的名字（例如 hash 函数）等；[①] 而后者会用一些复杂的技术比如混淆或者是密码学的方式让这些敏感的数据变得模糊不清甚至完全看不见从而避免被人发现他们的存在情况。

除了个人数据之外，一些涉及公共利益安全的重要数据在经过脱敏处理后也能够成为一般数据，通过算法调整、访问管理等手段，可以降低数

① GB/T 42460－2023，信息安全技术 个人信息去标识化效果评估指南［S］.

据的敏感性或者封锁访问的可能。依照不同的脱敏规则，脱敏可以被划分为静态脱敏和动态脱敏两种类型。静态脱敏主要利用特定的脱敏算法将数据进行扭曲和涂写，以破坏数据的关联性，适用于整体性的数据出境储存。动态脱敏则是在应用服务器和数据库之间搭建统一安全管理平台、堡垒机、动态脱敏网关，实现业务应用系统“展示层”的动态脱敏和运维后台数据库的查询访问脱敏，适用于数据库的境外访问。

尽管脱敏技术或识别技术可以在事前有效地控制风险，但是，从技术角度来看，风险控制并不总是完全无误的，企业数据仍然存在被追溯、重塑或解密的风险。在确保企业数据自由流动的前提下，应对其出境活动进行持续关注，由企业建立数据跨境流动风险管理制度，对可能出现的安全风险进行识别、评估和监测；根据企业意愿与境外数据接收方签订数据保护协议，明确双方在数据保护方面的权利和义务；及时报告数据跨境流动情况，由网信办等部门进行事后监管，确保数据安全有序流动。

（二）涉及公共利益：备案与安全评估

“数据二十条”强调了法律规定下的隐私信息不会被公布于众，并要求严控未经合法途径发布的原始公共数据的市场流通，以确保公众对于公共数据的使用权益得到维护。《数据安全法》第六条和第二十一条指出，各个区域与机构应对自身工作中的数据采集和生成承担责任，并对这些数据的安全性做出评估。此外，还需依照数据分类等级保护机制来制定本地或所属单位及其关联行业的特定重要数据清单，并将这些列表内的数据作为优先保护对象。

针对与公众福祉相关的数据信息，可以参照区域性和行业的关键数据列表来判断其是否被包含其中，若无规定即可以无限制地流转，让公司负责对跨国交易的风险控制并且接受来自各个地方和机构的事后监管；而一旦它们是已纳入该名单的数据，就必须依照各地和各部门的具体规定提前报备，并在数据转移的过程中遵循《数据出境安全评估方法》第三条和第四条的规定①，首先由数据处理方自行进行预评测，然后通过所在省网信局提交给国家网信办公室申请安全评价。现在很多地方和单位已经开始实施数据安全的专门活动，2023 年 6 月 30 日浙江通讯管理局发布的《关于开启“之江数安”2023 年度浙江省电子科技和服务产业数据安全特别行动的通知》要求所有企业要确保数据分类和数据防护措施到位，依据《工信部数据安全管理条例（试用版）》等文件识别重要数据和核心数据，建立详细清单并上报备案，2024 年 6 月 24 日上海通信管理局发布了《关于纵深推进“浦江护航”数据安全专项行动》以确定重要的和核心的数据及其登记情况，推动了行业内数据的高效合法交换和使用。② 在交通领域，数据处理者需根据《公路水路交通运输数据分类分级指南》确定业务数据所属领域和类别，然后辨别数据级别填写《数据梳理识别情况表》，依层级和权限将该表逐级上报至交通运输部数据安全工作主管部门，再将各单位上报情况进行汇总，并请交通运输部审核确认《公路水路交通运输重要数据目录》。

从这些地区和部门发布的规定可以看出，重要、核心数据目录已经形成了由部门牵头，对行业重要、核心数据目录设定框架，再由地区落实，基本形成了由数据处理者识别后通过设置目录进行备案的模式。但是自行识别后备案将会导致数据治理实践中判断标准不同，难以形成统一的规则，对此可以对备案的数据进行甄别，参考国家互联网办公室起草的《规范和促进数据跨境流动规定（征求意见稿）》中第 2 条的规定，重要数据应由部门或者地区告知或者公开发布，形成行业、地区统一的数据目录。

（三）涉及个人信息：标准合同备案、安全认证与安全评估

个人信息安全问题一直是导致数据跨境治理领域纠纷频发的主要原

① 《数据出境安全评估办法》第三条，数据出境安全评估坚持事前评估和持续监督相结合、风险自评估与安全评估相结合，防范数据出境安全风险，保障数据依法有序自由流动。第四条，数据处理者向境外提供数据，有下列情形之一的，应当通过所在地省级网信部门向国家网信部门申报数据出境安全评估。

② “关于纵深推进“浦江护航”数据安全专项行动的通知”，上海市通信管理局，2024 年 6 月 24 日（https：//shca. miit. gov. cn/zwgk/zcwj/wjfb/art/2024/art_66fe658ae1584b4a99f82e426affb747. html）.

因，且域外对于个人信息安全问题执法严格、处罚力度极大。2023 年 5 月 22 日，爱尔兰数据保护委员会（Data Protection Commission 以下称爱尔兰 DPC）宣布对 Meta Platforms Ireland 采取执法行动，对其处以 12 亿欧元罚款，这是 GDPR 实施近五年以来作出的单笔最高额罚款。[①] 爱尔兰 DPC 同时要求 Meta 爱尔兰旗下的 Facebook 在处罚决定发布后的五个月内停止向美国转移个人数据，六个月内停止在美国非法处理（包括存储）欧盟和欧洲经济区用户的个人数据，以使其处理个人数据的操作符合 GDPR 规定。

我国《个人信息保护法》第 38 条对跨境个人信息流动提供了三种方式：（1）通过国家网信部门组织的安全评估；[②]（2）按照国家网信部门规定经专业机构进行个人信息保护认证；（3）按照国家网信部门制定的标准合同与境外接受方订立合同。根据网信办 2022 年 7 月发布的《数据出境安全评估办法》规定，向境外提供个人信息 100 万人以上的数据处理者和自上年 1 月 1 日起累计向境外提供 10 万人个人信息或者 1 万人敏感个人信息的数据处理者应当通过所在地省级网信部门向国家网信部门申报数据出境安全评估；[③] 对于安全认证方式，由 2022 年 12 月全国信息安全标准化技术委员会发布的《个人信息跨境处理活动安全认证规范 V2.0》作为个人信息保护认证的认证依据；网信办 2023 年 2 月出台的《个人信息出境标准合同办法》则适用于通过订立个人信息出境标准合同的方式进行个人信息数据跨境流动，规定同时符合处理个人信息不满 100 万人的、自上年 1 月 1 日起累计向境外提供个人信息不满 10 万人、自上年 1 月 1 日起累计向境外提供敏感个人信息不满 1 万人的个人信息处理者通过订立标准合同的方式向境外提供个人信息。

---

① “爱尔兰将对脸书母公司 Meta 处以创纪录的罚款”，中华人民共和国驻爱尔兰大使馆经济商务处，2023 年 6 月 16 日。

② 张晓君，屈晓濛．RCEP 数据跨境流动例外条款与中国因应［J］．政法论丛，2022（03）：109－119.

③ 广东外语外贸大学粤港澳大湾区研究院课题组，申明浩，申么等．数据跨境有序流动何以赋能统一大市场建设——基于粤港澳大湾区建设视角分析［J］．国际经贸探索，2022，38（11）：82－94.

三、新规下大湾区企业数据跨境规则衔接

2023年8月3日，网信办发布的《个人信息保护合规审计管理办法（征求意见稿）》为我国企业提供了清晰的合规路径。该办法明确了个人信息保护审计的基本原则、审计程序、审计内容和审计报告等要求，有助于企业确保个人信息处理活动的合规性，降低企业因数据处理不当而产生的法律风险。2023年9月28日，网信办发布的《规范和促进数据跨境流动规定（征求意见稿）》为我国企业跨境数据传输提供了明确的规范。该规定旨在保障数据跨境流动的安全和合规，明确了数据跨境传输的基本要求、监管机制和违规处罚等事项，有助于企业在国际合作中更好地遵循法律规定，降低跨境数据传输的风险。2023年12月14日，网信办联合香港创新科技及工业园发布的《粤港澳大湾区（内地、香港）个人信息跨境流动标准合同实施指引》则为大湾区内的企业提供了具体的操作指南。该指引明确了个人信息跨境流动的标准合同内容、签订流程和执行要求等，有助于企业在大湾区范围内实现个人信息的有序跨境流动，促进区域内的经济合作和发展。

（一）减少数据自由流动限制

《规范和促进数据跨境流动规定（征求意见稿）》在《数据出境安全评估办法》《个人信息出境标准合同办法》等数据出境规定的基础上，为保护个人信息权益和数据安全，对数据跨境的具体施行作出规定。对于安全评估制度，从重要数据和个人信息两个角度进行细分，对数据跨境时适用安全评估制度进行限制，减少了数据自由流动受到的限制。首先，强调了以下几种情况无须执行安全评价、安全认证及设定个人信息跨境标准的合约条款：（1）在国际商业交易或市场推广中所生成的非含有个人信息或关键信息的资料；（2）不源于国内的数据采集而产生的个人信息；（3）个体作为独立方需提交个人信息以达成并履行契约的情况（如申请护照、预订航班与住宿等）；（4）依据法律规定且签署的劳工规则和集体协议来对

雇员的管理过程中，需要向公司内人员提供的个人信息；（5）在紧急状况下为了保障个人的生命安全、身体健康或是财物保全等方面，有必要共享个人信息的情况；[①]（6）自贸区负面清单以外的数据；（7）预计一年内向境外提供不满1万人个人信息的。其次，对于未被相关部门、地区告知或者公开发布为重要数据的，则不需要作为重要数据申报数据出境安全评估。最后，在个人信息数据跨境流动上，规定预计一年内提供1万人以上、不满100万人个人信息，可以选择订立标准合同备案或者通过个人信息保护认证的，而不申报数据出境安全评估，不同于《数据出境安全评估方法》，把个人信息跨境规模的确定自上年1月1日起累计计算改为通过由数据处理者预计一年内向境外传输数据的规模进行划分，从而推动中小企业数据跨境评估、治理机制的建立健全，更好促进数据跨境流动。相较于《数据出境安全评估方法》，该文件取消了1万人的敏感信息处理商向海外传输个人信息的审查规定，1万至10万的个人信息也采用标准的合约登记及安全认证方式来管理。

（二）个人信息保护合规审查

对于个人信息的合规审查工作，《个人信息保护法》第54条规定个人信息处理者应当定期对处理个人信息进行合规审查，[②]《网络数据安全管理条例（征求意见稿）》则在个人信息处理者的基础上进行细化，规定大型互联网平台运营者应当通过委托第三方审计方式，每年对个人信息保护情况、数据开发利用情况等进行年度审计，并披露审计结果，但不同互联网企业所生产、处理的数据规模差异较大，对于互联网平台的识别认定没有具体的判断标准，实践中的操作性不强。《个人信息保护合规审计管理办法（征求意见稿）》则完善了这一规则，规定处理超过100万人个人信息的，应当每年至少开展一次合规审计，其他个人信息处理者应当每二年至少开展一次合规审计，在90个工作日内完成个人信息保护合规审计。同时

---

① 赫然．个人信息跨境提供的规范分析与理论反思——以《个人信息保护法》第三十八、三十九条为视角［J］．兰州学刊，2022（03）：97－105．

② 申卫星．论个人信息保护与利用的平衡［J］．中国法律评论，2021（05）：28－36．

设置了强制审计制度，由个人信息处理者自行开展个人信息保护合规审计，可根据实际情况，由本组织内部机构或者委托专业机构按照本办法要求开展。履行个人信息保护职责的部门在履行职责中发现个人信息处理活动存在较大风险或者发生个人信息安全事件的，可以要求个人信息处理者委托专业机构对其个人信息处理活动进行合规审计。①

（三）指导个人信息跨境标准合同订立

《粤港澳大湾区（内地、香港）个人信息跨境流动标准合同实施指引》规定个人信息处理者及接收方应注册于粤港澳大湾区内地部分以及香港特别行政区，故注册于粤港澳大湾区以外的外商投资企业不能适用《湾区标准合同指引》，同时明确指出根据《湾区标准合同指引》订立标准合同提供个人信息的，不得向粤港澳大湾区以外的组织、个人提供，从而实现将数据流通的区域限定在湾区内。②

在个人信息跨境流动标准合同的制定上，《个人信息保护法》和《个人信息出境标准合同办法》最早就如何适用标准合同的方法进行数据出境作出了规定，而《湾区标准合同指引》并未对出境个人信息的数量、敏感程度等加以限制，只规定了被相关部门、地区告知或者公开发布为重要数据的个人信息无法适用标准合同的方式进行个人信息的跨境流动。这是否意味着 100 万以上个人信息数据跨境处理也可以采用订立标准合同并备案的合规路径，将《湾区标准合同指引》认定属于特别规定，只要满足《湾区标准合同指引》的要求，即可通过订立标准合同进行数据跨境流动。如上文所述，以《个人信息保护法》为基础，我国的数据跨境路径已经基本形成，通过订立标准合同备案进行数据跨境流动只是其中的一种路径。而《湾区标准合同指引》由网信办联合香港创新科技及工业园发布，法律效力位阶相对较低，同时，《湾区标准合同指引》中并未明确对个人信息的

---

① 贾丹，张誉馨，王姗．我国个人信息保护合规审计制度的路径探讨［J］．工业信息安全，2022（04）：17－22.

② 《粤港澳大湾区（内地、香港）个人信息跨境流动标准合同实施指引》，国家互联网信息办公室、香港创新科技及工业局公告 2023 年第 3 号，2023 年 12 月 10 日。

数量、时间添加限制条件，对于大规模的数据流动没有保障，合理的做法是将《湾区标准合同指引》视为湾区试点中细化个人信息标准合同规定、促进数据流动的文件，对于《湾区标准合同指引》没有规定的事项，则应当遵守《个人信息保护法》和《个人信息出境标准合同办法》的规定。

四、企业数据跨境流动限制规定

数据跨境中的流动限制规则是为平衡“数据自由流动”与“数据安全”的关系，各国在肯定数据跨境自由流动原则的基础上，制定了一系列数据跨境流动限制规则，规定了数据跨境自由流动的例外情形，为各国采取合理的数据跨境流动限制措施提供了政策空间。如今全球已建立起一系列的数据跨国传输约束法规，但在中国签署的所有涉及电子商业部分的自贸协议中只有关于此类的条款存在——即有关信息流转限定的规范。在数据跨境流动限制规则上，RCEP 和 CPTPP 的规定有很大的相似之处，可以以 RCEP 设置的规则为基础，通过对比 RCEP 和 CPTPP 的规则，在湾区企业数据跨境规则中加入流动限制性规则。

（一）符合监管和公共政策

RCEP 和 CPTPP 中的数据跨境限制规则，都规定要求成员方可以根据需求设立监管和符合公共政策的规则。监管要求上，主要针对的是计算机设施，RCEP 电子商务章节第 12.14 条规定各缔约方都对计算机设施位置都可以采取措施进行通信安全和保密工作，而且各缔约方不能将适用本国领土内计算设施或将计算设施设置在本国领土内作为商业活动进行的前置条件。而第 12.15 条通过电子方式跨境传输信息规定了各缔约方不能阻止在商业活动中采取电子方式跨境传输信息。[①] CPTPP 中同样规定了这两种情况，CPTPP 第 14.11 条和第 14.13 条规定，禁止数据的本地化实施规则，

---

① 高通．解析《区域全面经济伙伴关系协定》中的数据跨境流动规则［J］．中国信息安全，2021（05）：82－84＋88．

强调每一方应允许为商业目的而进行的电子方式传输信息，即允许商业目的下的数据跨境自由流动。[①] 公共政策上，RCEP 第 12. 14 条和第 12. 15 条第三款第一项都规定各缔约可以在不构成任何或者不合理的歧视或变相的贸易限制的前提下，采取实现公共政策目标所必要的措施。CPTPP 第 14. 11 条规定允许各缔约方可以为实现合法公共政策目的而允许各方在不构成任何或不合理的歧视，或者不对贸易行为造成变相限制的情况下，可以对数据跨境流动作出相应的限制。

RCEP 与 CPTPP 均提出允许商业目的的数据跨境自由流动，但同时也允许缔约方设有各自的监管要求，认可缔约方的监管要求。在公共政策要求上，RCEP 与 CPTPP 均认可缔约方为实现公共政策目标而采取的数据跨境流动限制措施，并要求该措施不能构成任何或者不合理的歧视或变相的贸易限制。不同的是，CPTPP 对公共政策要求的规定了合法的公共政策目的，同时要求缔约方援引该条款时不对信息传输施加超过实现公共政策所需要的限制。[②] 而且，不同于 RCEP 中对公共政策的规定要求是不构成歧视或者形成贸易限制，在 CPTPP 中，为实现公共政策要求进行限制时，“不构成歧视”“不构成变相的贸易限制”和“所实施的限制不超出实现目标所需的限度”之间是用“and”连接，[③] 即援引公共政策要求时需要达到更加严格的标准，同时对于政策的合法性和必要限度也没有明确的规定，加强了对援引公共政策例外的限制，使得该条款实践中操作难度更大，导致援引 CPTPP 中适用公共政策要求条款比 RCEP 更加困难。

（二）符合基本安全利益

RCEP 在第 12. 14 条和第 12. 15 条中，明确规定了关于数据本地化和数据跨境自由流动的原则。这两条条款中的第三款第二项指出，各缔约方在维护自身基本安全利益所需采取或维持的措施，不受禁止数据本地化和

---

① 管育鹰 . CPTPP 知识产权条款及我国法律制度的应对［J］. 法学杂志，2022，43（02）：9108.

② 马光 . FTA 数据跨境流动规制的三种例外选择适用［J］. 政法论坛，2021，39（05）：124.

③ 马光 . 国际数字贸易规则的主要议题研究［J］. 四川行政学院学报，2020（02）：64 – 73.

数据跨境自由流动原则的限制。此外，这一规定还排除了其他缔约方对这类措施的异议权，明确表示不得阻止且不能对此类措施提出异议。

另外，CPTPP 在电子商务章节中并未对基本安全利益的要求作出明确规定。然而，在第 29 章的例外和总则中，CPTPP 引入了安全例外条款。这一条款要求，任何条款都不能要求缔约方提供或允许获得会违背基本安全利益的任何信息。

通过对比 RCEP 和 CPTPP 的相关规定，我们可以看出，两者在处理数据本地化和数据跨境自由流动问题时，都考虑到了国家安全和基本安全利益的维护。然而，RCEP 更加强调缔约方在采取措施时不受禁止数据本地化和数据跨境自由流动原则的限制，同时排除了其他缔约方的异议权。相比之下，CPTPP 则通过引入安全例外条款，允许缔约方在必要时维护国家安全和基本安全利益，不受电子商务章节中数据自由流动原则的约束。

（三）安全例外规定

RCEP 于 CPTPP 中都在安全例外方面进行了明确规定。在 RCEP 的第 17. 13 条和 CPTPP 的第 29. 2 条中，都明确规定了各缔约方有权拒绝提供或允许披露任何可能违背其基本安全利益的信息。此外，这些条款还明确表示，不能阻止任何缔约方根据《联合国宪章》履行维护国际和平与安全的义务而采取的行动。然而，与 CPTPP 相比，RCEP 在这一点上有所不同的是，它对“缔约方采取其认为对保护其基本安全利益所必需的任何行动”进行了限定。[①] RCEP 明确规定，例如，在保护关键公共基础设施如通信、电力和水利等方面，缔约方有权采取其认为对保护其基本安全利益所必需的任何行动。还包括在国家紧急状态、战时或国际关系中的其他紧急情况下采取的行动。通过这些规定，RCEP 为缔约方在国家安全（如核物质、军工）、基础公共设施（如通信、电力、水利）以及紧急状态下提供了一定程度的行动自由，以便采取保护其基本安全利益的行为。

---

① 张乃根．国际经贸条约的安全例外条款及其解释问题［J］．法治研究，2021（01）：128－138.

（四）小结

由上述分析可以看出，CPTPP规则下的数据跨境流动开放程度要高于RCEP，在监管要求上二者基本一致，都尊重各缔约方的监管要求，但是在公共政策要求上，RCEP与CPTPP虽然均认可实现公共政策目标而采取的限制措施，但是相较于RCEP中的由缔约方自行决定其所采取措施的必要性，CPTPP对缔约方援引公共政策例外提出了更为严格的要求，提出不超出实现公共政策目标所需限度，但又未明确具体的认定方法。即要求各缔约方证明其所采取的措施没有超过必要性的限度，同时各缔约方无权自行认定该措施的必要性。在基本安全利益要求上，CPTPP的电子商务章节没有对缔约方的基本安全利益要求作出规定，而是对CPTPP全文作出了总体性的安全利益例外规定，但是RCEP不仅在总在电子商务中则明确规定赋予各缔约方可以自行采取或者维持一定的措施保护各自的基本安全利益的权力，同时排除了其他缔约方的异议权。此外，RCEP的安全例外条款要求缔约方为维护国际和平与安全而采取的行动需具有“为履行其在《联合国宪章》项下的义务“之目的，CPTPP并未作此限制，而CPTPP中采用了“维护国际和平或安全”的表述，区别于RCEP中的“国际和平与安全”。[①] 在安全例外规定上，CPTPP相较于RCEP，给予了缔约方更大的自由裁量权。

对数据跨境流动设置监管要求是各方共识，缔约各国都可以在国内就数据安全保护和数据流动制定相关法律法规。在此过程中，各国应充分考虑国际合作的必要性，共同维护数据安全，促进数据跨境流动的健康发展，通过加强国际合作，推动数据治理体系的完善。而我国目前的数据流动的三种路径基本确定，符合监管要求的限制规则已经融入各法律法规当中，而对于符合公共政策要求的规定，需加快推进不同地区、行业加快重要数据目录的形成，和在后续可能出现的安全评估中对涉及公共利益的数

---

① 李墨丝. CPTPP+数字贸易规则、影响及对策［J］. 国际经贸探索，2020，36（12）：20－32.

据进行审查，对符合公共政策要求采取措施的必需性可以结合上文对涉公共利益的企业数据的跨境制度划分进行判断。

对于 CPTPP 中和 RCEP 中有关数据跨境流动治理的不同规定，第一，对 CPTPP 中对公共政策提出的合法目的，可以结合 WTO 上诉机构在美国金枪鱼第二案关于“正当目标”的解释以及在美国原产地标识案中对正当目标的进一步说明，立足于目标本身的性质与内容，并考察电子商务章、整个协定的文本以及明确并入协定的 WTO 条款中是否对争议目标进行了明确列举或默示承认，考察协定本身所反映出的全体缔约方的共同意图。① 第二，对于符合基本安全利益要求，可以适用核心数据目录和安全评估对涉及公共利益中的国家基本安全利益的数据进行审查，然后设置符合基本安全利益的规定，并且尽可能明晰基本安全利益的范围和删除排除有关异议权的规定，更好实现“数据自由”和“数据安全”之间的平衡。第三，CPTPP 中设置的安全例外规则，相当于对整个贸易协定作出的一种原则性的规定，不便于援引。鉴于我国的数据跨境规则体系仍在快速发展的过程中，同时域外数据治理规则对数据安全规定十分严格，如果直接删除这一规定可能在我国进行对外贸易时造成不可预计的损失，对此应当采用 RCEP 模式。

五、结语

根据“数据二十条”的相关规定，于 2024 年 1 月 5 日由国家数据局与其他 17 家机构共同发布了名为《“数据要素 x”三年行动计划（2024—2026）》的通知，旨在通过实施此项计划来充分挖掘数据要素的放大效果，并在 2026 年底前创建至少 300 个具有强大影响力、显著特征且广泛覆盖的数据应用案例。2024 年 3 月 22 日，国家网信办正式公布《促进和规范数据跨境流动规定》，对现有数据出境制度的实施和衔接作出进一步明确。

---

① 鄢雨虹．数据跨境流动规制中的正当公共政策目标例外及中国因应［J］．兰州学刊，2022（03）：106－119.

数据市场的发展将对数据跨境流动治理中数据安全以及流动监管提出更高的要求，湾区企业数据跨境流动更应注意在数据跨境流动规则中设置符合基本安全利益要求的规定，并且尽可能明晰基本安全利益的范围，参考CPTPP删除排除有关异议权的规定，采用RCEP模式，在湾区数据跨境流动规则体系中加入安全例外规则。

参考文献

[1] 张乃根. 国际经贸条约的安全例外条款及其解释问题 [J]. 法治研究，2021 (01)：128－138.

[2] 李墨丝. CPTPP＋数字贸易规则、影响及对策 [J]. 国际经贸探索，2020，36 (12)：20－32.

[3] 鄢雨虹. 数据跨境流动规制中的正当公共政策目标例外及中国因应 [J]. 兰州学刊，2022 (03)：106－119.

[4] 广东外语外贸大学粤港澳大湾区研究院课题组，申明浩，申么等. 数据跨境有序流动何以赋能统一大市场建设——基于粤港澳大湾区建设视角分析 [J]. 国际经贸探索，2022，38 (11)：82－94.

[5] 谭志清. 构建开放银行：粤港澳大湾区金融创新发展的战略举措 [J]. 南方金融，2019 (05)：73－81.

[6] 胡苗苗，胡代芳，崔若雨，等. 欧盟非个人数据自由流动框架条例指南 [J]. 北外法学，2020 (01)：147－169.

[7] 何波. 中国参与数据跨境流动国际规则的挑战与因应 [J]. 行政法学研究，2022 (04)：89－103.

[8] 张晓君，屈晓濛. RCEP数据跨境流动例外条款与中国因应 [J]. 政法论丛，2022 (03)：109－119.

[9] 赫然. 个人信息跨境提供的规范分析与理论反思——以《个人信息保护法》第三十八、三十九条为视角 [J]. 兰州学刊，2022 (03)：97－105.

[10] 申卫星. 论个人信息保护与利用的平衡 [J]. 中国法律评论，2021 (05)：28－36.

[11] 贾丹，张誉馨，王姗. 我国个人信息保护合规审计制度的路径探讨 [J]. 工业信息安全，2022 (04)：17－22.

［12］高通．解析《区域全面经济伙伴关系协定》中的数据跨境流动规则［J］．中国信息安全，2021（05）：82－84＋88．

［13］张学文．“企业数据出境”的规则之治：权属分析、关系构成、实践面向［J］．情报杂志，2022，41（02）：176－181＋189．

［14］管育鹰．CPTPP 知识产权条款及我国法律制度的应对［J］．法学杂志，2022，43（02）：9108．

［15］马光．FTA 数据跨境流动规制的三种例外选择适用［J］．政法论坛，2021，39（05）：124．

［16］马光．国际数字贸易规则的主要议题研究［J］．四川行政学院学报，2020（02）：64－73．

新质生产力赋能粤港澳大湾区高质量协同发展研究

▶完颜素娟

一、引言

区域协同发展是国家重大发展战略之一，高质量的区域协同发展有助于推动更高起点的改革和对外开放，是我国贯彻新发展理念，建设现代化强国的重要保障。党的十八大提出通过推进区域协同发展打造优势互补、高质量发展的区域经济布局的战略方针。党的二十大报告进一步要求“深入实施区域协调发展战略、区域重大战略、主体功能区战略、新型城镇化战略，优化重大生产力布局，构建优势互补、高质量发展的区域经济布局和国土空间体系”。粤港澳大湾区是我国继美国纽约湾区、旧金山湾区及日本的东京湾区之外推出的全球第四大湾区，旨在推动广州、深圳、珠海、东莞、佛山、肇庆、中山、惠州、江门、香港和澳门等城市间的协同发展，使之充分发挥区域协同效应，成为创新高地和经济发展的关键增长极。粤港澳大湾区的高质量协同发展被赋予了构建我国新发展格局的战略支点、高质量发展的动力源和中国式现代化的引领地的特殊历史使命与战略担当。

新质生产力是以生产要素的创新性配置和全要素生产率的提升为核心的先进生产力质态。2023 年 9 月，习近平总书记在黑龙江考察调研期间首次提到“新质生产力”。2024 年 1 月 31 日，习近平在中共中央政治局第十一次集体学习时强调，加快发展新质生产力，扎实推进高质量发展。高质量发展需要新的生产力理论来指导，而新质生产力已经在实践中形成并展示出对高质量发展的强劲推动力、支撑力，需要我们从理论上进行总结、概括，用以指导新的发展实践。什么是新质生产力？习近平总书记指出："新质生产力是创新起主导作用，摆脱传统经济增长方式、生产力发展路径，具有高科技、高效能、高质量特征，符合新发展理念的先进生产力质态。它由技术革命性突破、生产要素创新性配置、产业深度转型升级而催生，以劳动者、劳动资料、劳动对象及其优化组合的跃升为基本内涵，以全要素生产率大幅提升为核心标志，特点是创新，关键在质优，本质是先进生产力。"

新质生产力的创新引领和高效率配置为区域高质量协同发展提供了新的选择和契机。因此，厘清新质生产力赋能区域协同发展的机理和路径对粤港澳大湾区加快形成区域新质生产力、抢占发展制高点、赢得发展主动权意义深远。

二、粤港澳大湾区高质量协同发展面临的制约因素

国际一流湾区主要有纽约湾区、旧金山湾区、东京湾区，从三大湾区的实践经验来看，以下几个方面的协同发展是其获得巨大成功的关键：其一，基础设施的高度一体化，主要体现为高速公路、城际轨道、城市道路等交通基础设施呈现出无缝对接的网格化布局，通信、金融、航运等领域的协同推进；其二，要素流动的高度自由化，人才、资本、技术等要素在湾区内部自由流动；其三，区域产业分工的高度协同化，核心城市与外围城市之间形成了高度协同的分工模式，形成产业链上下游环节就近布局，紧密衔接的发展模式；其四，营商环境的高度包容化，具体包括制度环境宽松，贸易和投资便利，创业氛围浓厚，商事规则国际化等。对标国际一流湾区，粤港澳大湾区已然取得了基础设施等方面协同发展的巨大成就，但仍存在以下的不足。

（一）区域内各城市经济发展不均衡

从经济发展状况来看，大湾区城市之间差距比较悬殊，从 GDP 总量及人均 GDP 来看，大致可以分为三个梯队：第一是以香港、深圳、广州与澳门为代表的第一梯队；第二是以佛山、东莞与珠海为代表的第二梯队；第三是以惠州、江门、中山与肇庆为代表的第三梯队。三个梯队经济发展存在着较大的差距，经济总量从最高的深圳 3.4606 万亿元到最低的肇庆 0.2793 万亿元，人均 GDP 也从最高的澳门 48.38 万元到最低的肇庆 6.76 万元。见表 1。

深圳、广州、香港与澳门作为四大核心城市分别贡献 2023 年大湾区经济总量的 24.64%、21.61%、19.17% 和 2.36%，合计占到 67.78%。深圳、广州和香港作为核心城市，聚集效应和扩散效应都很强，发展速度也较快，深圳与广州正在逐步赶超香港。相比，中山、江门和肇庆等城市发展相对缓慢，生产总值增速低于大湾区平均水平。

表 1　2023 年大湾区各地区经济概况

地区	土地面积（平方公里）	常住人口（万人）	GDP（万亿元）	人均 GDP（万元）	第三产业增加值占 GDP 比重（%）	出口额（万亿元）
大湾区	56098	8687.7	14.0451	16.17	65.0	9.0300
香港	1110	750.31	2.6927	35.89	93.5	3.7747
澳门	33	68.4	0.3309	48.38	92.3	0.0138
广州	7434	1882.7	3.0356	16.16	73.34	0.6503
深圳	1997	1779.01	3.4606	19.59	62.32	2.4552
佛山	3798	961.54	1.3276	13.90	41.68	0.4876
东莞	2460	1048.53	1.1438	10.95	43.05	0.8461
珠海	1736	249.41	0.4233	17.06	54.13	0.2022
惠州	11347	607.34	0.5640	9.32	40.31	0.2035
中山	1784	445.82	0.3851	8.69	46.50	0.2212
江门	9507	482.24	0.4022	8.34	45.25	0.1408
肇庆	14891	413.17	0.2793	6.76	40.79	0.0276

资料来源：广东省及各地区统计局网站；香港特区政府统计处；澳门特区政府统计暨普查局。

（二）两岸三地经济体制存在差异，影响区域内要素顺畅流动

要素的自由化流动是国际湾区的一个显著特征，具体表现为人流、物流和资金流在各个城市之间顺畅流动。粤港澳大湾区存在“两种经济体制、三个关税区、三种货币、四个核心城市”等特征，导致市场机制的差异，行政壁垒的存在，在一定程度上阻碍了要素的自由流动。比如，内地的行业准入资质大多需经政府行政审批，而港澳地区则主要以行业集体自律为主，这势必会影响湾区内企业资质互认及专业服务人才的跨境执业。此外，珠三角九市、香港、澳门分属三个不同的关税区，检验检疫等制度安排的不同，技术标准与行业准入资质等方面差异，降低了要素的流通速度。会计法律、知识产权与金融市场法律法规方面的差异，对要素的顺畅流通也造成了一定阻碍，影响了要素资源配置效率的提高。

（三）从产业发展战略与政策工具制定来看，面临同质性竞争问题

三大湾区的核心城市与外围城市之间都形成了错位协调的分工模式，构成了产业链上下游紧密衔接的发展模式，从而能够大大提升产业协同发展的效率。而粤港澳大湾区无论从产业发展战略还是政策工具的制定来看，都存在同质性竞争问题，不利于区域分工的协同化发展。

从产业发展战略来看，粤港澳大湾区各城市在产业发展战略定位上均不同程度地存在偏好新兴高新技术产业倾向。由于新兴高新技术产业市场成长性和技术水平较高，生产效率也较高，规模经济效应明显，取得突破之后能够快速带动当地经济发展，因此成为各地政府产业发展战略的首选。粤港澳大湾区各市产业发展战略高频词中绝大部分为新兴高新技术行业的细分领域，而优势传统制造业领域的纺织、服装、玩具、建材、家具以及塑料制品等高频关键词数量偏少。但是，经济发展水平相对滞后的地区，可能并不具备支撑新兴高新技术行业发展的要素禀赋和其他相关条件，在产业发展战略上对高新技术的追求会偏离其综合比较优势，也在一定程度上导致区域产业发展同质化的竞争。

从政策工具的使用上来看，珠三角九市均普遍侧重于采用供给端政策

工具来推动本地区重点产业发展，而对需求端政策工具（诸如收入分配、消费税优惠和消费补贴等）尚未给予足够的重视，而需求端政策工具对地区产业发展也具有十分重要的影响。对供给端政策工具的偏向，导致高度的重叠性，主要体现为以下几个方面：其一，各城市均重视技术创新的政策支持，比如均重视布局技术研发、支持科技成果转化、新兴产业领域创业活动等；其二，各城市均重视人才的培养与引进，具体包括支持高等院校与职业院校发展，支持校企合作，为高层次人才引进提供相关配套服务等；其三，各城市均重视金融发展对重点产业的政策支持，具体包括融资担保体系建设、设立新兴产业发展基金等；其四，各城市均重视数字经济的发展，具体措施包括加强数据要素获取与处理能力建设，支持大数据中心建设，加快培育数据市场以及支持数据市场主体发展等。产业政策工具的趋同，助长了部分市场主体过分追逐政策优惠的行为，降低了公共政策资源的经济效应，也导致地区之间的同质化竞争。中心城市经济基础扎实、财力雄厚、公共资源集中，政策竞争优势显著，集聚了大部分的稀缺要素资源，影响大湾区内部生产要素的分层流动，引发新的地区发展分化问题。

综上所述，产业发展战略与政策工具的同质化竞争会阻碍区域产业分工的深化发展，从而失去优势互补和错位协调发展的机会，不利于区域整体产业发展效率的提升。

三、新质生产力赋能大湾区高质量协同发展的理论逻辑

（一）以生产要素的创新性配置促进区域高质量协同发展

习近平总书记指出，新质生产力以劳动者、劳动资料、劳动对象及其优化组合的跃升为基本内涵，以生产要素的创新性配置和全要素生产率的提升为核心的先进生产力质态。生产要素的创新性配置是通过数字信息共享、技术提升和智能化发展，打破地理和行政壁垒，以技术凝聚和数智平台为主要的配置方式，从而促进劳动者、劳动资料、劳动对象等要素在区

域内的自由流动。要素的自由流动促进资源的优化配置，提升区域内部的资源利用效率，加速高新技术产业的集聚效应的形成，带动相关产业和服务业的发展，促进区域产业结构的升级及协同发展。新质生产力的发展有助于促进新旧要素融合，提供一个集信息数据共享、技术交流和人才流动等与一体的开放环境，为区域内的基础设施协同、区域分工协同、政策协同、营商环境的高度包容等奠定基础，从而最大限度地促进区域产业协同发展。

新质生产力赋能创新型人才的培养，一是培养具有独立深邃思想的科学家，二是培养能够把科学家思想转变为独辟蹊径技术的工程师，三是培养对产业和市场具有驾驭能力的企业家。在区域高质量协同发展的背景下，具备高素质、高技能并能够快速适应新技术变换要求的劳动力，即新质劳动力起到了至关重要的作用。新质劳动力通过提升区域人才素质和推动人才自由流动促进区域协同发展。在区域协同发展的政策框架下，新质劳动力的自由流动减少了人才配置的地理限制，高素质和高技能型人才能够在区域内寻找与其技能和兴趣相匹配的工作，同时也为企业提供了更广泛的人才储备。新质劳动力可以增强区域创新能力，推动区域产业从传统制造向高新技术和服务导向转型升级。

（二）以科技变革助推区域高质量协同发展

新质生产力是以创新起主导作用，由产业深度转型升级而催生，特点是创新，关键是科技变革和产业变革，通过科技变革引领区域创新，通过产业变革推动区域协同发展。一方面，科技变革推动区域内的“政产学研”协同创新。面对新一轮科技革命和产业革命，各区域纷纷成立科技创新委员会，建立研发中心、联合创新平台、共享实验室等，构建由政府引导，高校、企业三方共同参与的“政产学研”协同创新模式，以一体化思路和举措打破地区壁垒、行业壁垒，推动跨组织协同，实现区域内的高校、研究机构和企业能够共享科研成果和技术资源，实现知识和技术的快速流动与整合，加强区域核心科学技术协同攻关，推动产业变革。协同创新促使区域内的创新主体在相互学习和竞争中提升自身的研发能力和创新水平，从而推动区域创新系统的优化和区域经济政策的协调。这种协同创新机制不仅缩短新技术的研发周期，还提高了落地率，增强研发的附加值。另一方面，科技变革加速产业转型升级和区域融合创新。科技变革推动传统产业的转型升级，新兴技术正在各个产业中纵深发展，成为经济转型升级的新动能。传统农业、工业、服务业通过数智改造，提高了自动化和柔性化水平，大幅度提升了区域协同效率和高质量发展水平。科技变革催生了新兴产业和未来产业，不同产业间的融合与创新，不同领域之间的合作与创新，促进了知识和技术的交叉传播，加速了区域间的融合与创新。总之，科技变革通过推动区域内的“政产学研”协同创新，加速产业转型升级，推进区域融合创新等，有助于促进雁阵布局体系[①]的建立，从而实现产业竞争优势的协同攀升和梯度转移，能够最大限度地发挥产业链之间、供应链上下游之间的协同效应。

（三）以模式的转变赋能区域高质量协同发展

新质生产力以创新为主导作用，摆脱传统方式，具有高科技、高效能和高质量特征，通过发展模式的转变推动区域内城市治理的转型。发展模式的转变不仅包括产业发展模式的转变，还包括政府管理、服务、治理等模式的转变。其一，新质生产力助推产业发展模式的转变。新质生产力强调以技术创新和要素优化配置为核心产业发展模式，突破了传统的以资源消耗和低成本劳动为支撑的增长方式。现代化的产业体系具有智能化、融合化和绿色化的特征，以较少的投入获得更高的回报，同时能够实现人与自然的和谐发展。其二，新质生产力推动政府治理模式的转变。新质生产力的发展使得政府的治理从“局部”向“整体”转变，人工智能、大数据、区块链等技术使得全区域和全流程治理成为可能。数字化公共服务、

---

① 国际大湾区成功发展的一个重要经验就是立足于核心区与外围区的比较优势，建立了产业分工的雁阵布局体系。核心区扮演着经济增长点和发动机的角色，是高端要素和高端产业高度集聚的区域，在产业价值体系中占据了附加值较高的环节；外围区发挥着承接核心区产业转移和配套设施的功能，布局的主要是与核心区产业关联度较高、处于价值体系中间位置的产业部门。核心区的高端产业与外围区的配套产业相互协同演化，技术溢出效应和反馈促进效应显著。

智能办公、在线政务等，大大提高了政府治理服务的效率和水平。社会公众的广泛参与使得政策的制定和执行更加的民主和透明，政府的责任感显著增强。其三，新质生产力有助于提高区域发展的韧性。随着新质生产力的发展，区域应对社会、经济和环境挑战的能力显著增强。新质生产力的发展有助于进一步推进区域应急协同制度规范建设，提高区域重大突发事件的应对能力，强化区域安全风险联防联控水平。随着新质生产力的发展，智慧城市的建设和现代化治理体系的构建，有助于提高城市公共卫生事件、自然灾害等扰动下的韧性，增强社会经济发展的稳定性。

四、新质生产力赋能大湾区高质量协同发展的实践路径

（一）打破行政和法律上的阻碍，推动区域内生产要素的自由流动

基于顶层设计，统一规划布局，在法案的出台、基础设施的建设、财政货币政策的推出等方面，协同推进，并进行动态跟踪与修订。通过设立粤港澳大湾区规划领导小组和建设委员会对大湾区建设的目标、原则、思路和重大举措进行研究，突破行政边界对大湾区高质量协同发展所造成的阻碍与限制，建立公平有序的生产要素自由流动体系，提升湾区经济作为一个整体的发展效率。与此同时，处理好“有为政府”和“有效市场”间的关系：一方面，充分发挥行政机制在基础设施建设和法律保障方面的作用，营造法制化、透明化、自由化和国际化的营商环境，为高端要素和产业的聚集创造优良的环境；另一方面，充分调动市场机制在组织生产和资源配置方面的效用，使得人才、技术、资本等生产要素在市场机制的调配下达到最优配置状态。

（二）打造特色化协同体系，构建区域协同创新机制

充分发挥“一国两制”的体制性优势，建立新型区域合作关系，做好人才交流畅通、贸易投资便利化、创新创业合作等领域的各项政策和措施。优化提升现有的大湾区合作机制，着力建设多个中心城市联动、产业

链条内嵌融合、产学研无缝对接、经济政策高度协调的协同分工体系，突出粤港澳大湾区各个城市的区位优势和产业基础，形成特色鲜明的粤港澳大湾区协同发展格局。

推进区域协同创新机制，建立科学研究和技术研发共享平台，包括创新研发中心、创业孵化器，以及跨区域的科技合作网络，加快建设区域一体化联动式创新网络，促进创新要素在区域间的高效配置，提升区域创新效率。第一，推动跨区域跨部门科技资源整合。以重大科技创新平台的构建为基础，整合区域内创新资源，推进区域科创资源在城市间实现自由流动和优化配置，着力打造区域创新共同体，加快形成区域联动、分工协作、协同推进的科技创新体系。第二，优化政策协调与制度创新，区域内的政策协调是科技创新能否成功的关键因素，加快制定统一科技政策、知识产权保护政策和技术标准。同时构建全生命周期的金融服务体系，针对企业成长的不同阶段提供精准化金融服务，针对产业链供应链不同环节提供充分的金融要素保障和产业政策支持。

（三）推进产业转型升级，构建产业分工的雁阵布局体系

产业转型升级是区域一体化的关键实践路径，战略性新兴产业是区域一体化发展的主要载体和增长点。培育一批具有高端化、智能化、绿色化和融合化特征，市场竞争力强的战略性新兴产业集群，符合高质量发展要求，能够为区域经济带来稳定而持续的增长动力。构建跨区域的创新网络和产业集群，集中优势要素资源，形成协同效应，加速新技术的研发和产业化进程。增强区域内部的经济协同效应，通过产业链的整合和优化，形成区域内部的经济联动，促进产业间的相互支持和补充，强化区域内部的市场一体化。通过政策支持和市场机制优化产业结构和提升产业链水平。充分发挥政府和市场主体联动作用，政府作为提供方向指导和政策支持的主管部门，而企业则是技术创新和市场应用的主体，通过相互合作模式，加强战略谋划、统筹协调和重大问题研究，有效促进区域内的产业转型升级和高质量协同发展。

构建产业分工的雁阵布局体系，充分发挥香港、广州、深圳和澳门等

中心城市的创新增长极的引领和辐射带动功能，集聚高端要素和产业，占据较高附加值环节，发挥佛山、惠州、东莞、中山、江门、肇庆等城市的产业创新优势，共同培育分工合作的区域创新体系，发挥承接中心城市产业转移和配套设施的功能，布局与中心城市产业关联度高、处于价值体系中间位置的产业部门。具体来看，深圳、广州、香港等核心城市大力发展高新技术产业和高端电子信息制造业，着力打造研发密集型、资本密集型的高端信息电子和新能源汽车制造产业带；珠海、中山等打造现代装备制造产业集群，重点发展现代装备制造、智能家电升级、康养医疗服务产业带；江门、肇庆、惠州等主要发展一般制造业，现代生态农业，为东西岸城市的高端制造业、高新技术产业和现代装备制造业等提供产业配套，承接东西岸产业转移和产业配套。

参考文献

［1］张喆．粤港澳大湾区高质量协同发展路径研究［J］．理论学刊，2023（05）：119－128.

［2］申明浩，杨永聪．国际湾区实践对粤港澳大湾区建设的启示［J］．发展改革理论与实践，2017（07）：9－13.

［3］赵祥，李方．粤港澳大湾区产业政策协同研究——基于政策文本的实证分析［J］．特区实践与理论，2024（01）：81－89.

［4］邵鹏．现代化模式视域中的国家治理能力建设［J］．理论学刊，2014（08）：96－99.

［5］占智勇，徐政，郑霖豪．新质生产力赋能区域一体化发展：理论逻辑与路径选择［J］．兰州学刊，2024（08）：33－45.

［6］向晓梅，杨娟．粤港澳大湾区产业协同发展的机制和模式［J］．华南师范大学学报（社会科学版），2018（02）：17－20.

［7］辜胜阻，曹冬梅，杨嵋．构建粤港澳大湾区创新生态系统的战略思考［J］．中国软科学，2018（04）：1－9.

［8］刘逸，纪捷韩，张一帆，等．粤港澳大湾区经济韧性的特征与空间差异研究［J］．地理研究，2020，39（09）：2029－2043.

［9］毛艳华．粤港澳大湾区协调发展的体制机制创新研究［J］．南方经济，2018

(12)：129－139.

［10］刘毅，王云，杨宇，等．粤港澳大湾区区域一体化及其互动关系［J］．地理学报，2019，74（12）：2455－2466.

［11］毛艳华，荣健欣．粤港澳大湾区的战略定位与协同发展［J］．华南师范大学学报（社会科学版），2018（04）：104－109＋191.

［12］杨恺钧，闵崇智．技术创新对经济增长质量的驱动作用研究——以粤港澳大湾区为例［J］．当代经济管理，2019，41（12）：29－37.

高质量建设广州国际消费中心城市

▶夏海霞

随着全球经济一体化和消费升级趋势的加快，广州作为中国南部的重要城市，正面临着建设国际消费中心城市的重大机遇。

国际消费中心城市是国内消费市场升级的高级形态，也是对接全球消费市场、吸引全球消费者的枢纽和平台。培育国际消费中心城市是加快消费提质升级、推动经济高质量发展、构建新发展格局的重要举措。建设和培育一批专业化、特色化及个性化的国际消费中心城市，有助于形成强大的国内市场，辐射带动周围地区乃至全国经济社会的高质量发展，提升城市的国际形象和综合竞争力。

一、文献综述

国际消费中心城市理论源于现代消费城市理论。国际消费中心城市的概念并非一开始就出现，而是经历了从“生产城市”到“消费城市”的认识转变。[①]

哈佛大学经济学教授 Edward Glaeser（2001）发表了论文《消费城市》，开创了现代消费城市理论的先河。论文作者通过对美国纽约、波士

---

① 姜薇，刘士林．消费中心城市：历史逻辑、理论逻辑与现实逻辑［J］．社会科学，2022（02）：87－94．

顿等大都市研究发现，大都市的增长越来越依靠作为消费中心城市的功能。汪婧（2019）基于现代消费城市理论，在市场与政府双重动力、需求—供给—环境三维分析框架下，分析国际消费中心城市的内涵和形成机制。① 陶希东（2021）从协同推进综合性国际消费中心城市建设、扩大多元消费供给、打造有全球影响力的多功能超级商圈、构建相应的制度体系、建立消费统计指标体系五方面着力探索建设国际消费中心城市。②

一般认为，消费城市应具有以下特征：第一，经济实力雄厚，开放水平较高；第二，服务业为主导产业，拥有发达的服务体系；第三，具备连接全球的交通、信息、物流设施体系；第四，城市宜居宜游性较高；第五，是全球优质资源的集聚地，拥有突出的消费创新和引领能力。魏颖（2020）通过构建国际消费中心城市的评价指标体系，判断城市建设国际消费中心城市的具备条件。③ 黄征学等（2022）则认为，国际消费中心城市具有四大基本特征：一是具有全球性的商业地标和多业态的购物空间；二是具有高端化的服务产业和高能级的消费平台；三是具有规模化的消费群体和独具魅力的软实力；四是具有法治化的营商环境和精细化的服务体系。④ 欧阳梦倩（2023）提出推动广州建成高质量国际消费中心城市的建议。

通过文献梳理发现，对于国际消费中心城市内涵、特征等问题的研究比较全面，国外的实践经验也比较丰富。如何高质量建设和发展国际消费中心城市建设的研究很少，而高质量发展强调经济增长的稳定性和可持续性，强调创新能力提升，强调提升国际竞争力。基于此，本文通过梳理广州建设国际消费中心城市建设已取得的成果，通过评估指标体系分析广州消费中心城市建设存在的不足，并提出高质量建设广州消费中心城市的路径。

---

① 汪婧．国际消费中心城市：内涵和形成机制［J］．经济论坛，2019（05）：17－23.

② 陶希东．五方面着力建设国际消费中心城市［N］．社会科学报，2021（02）.

③ 魏颖．新时代我国国际消费中心城市建设思考［J］．产业创新研究，2020（01）：14－19.

④ 黄征学，潘彪，李沛霖．国际消费中心城市建设的主要做法及启示［J］．老区建设，2022（13）：35－40.

二、广州国际消费中心城市建设取得的成果

国际消费中心城市的建设需要满足六大条件：经济高度发达、服务业主导、开放水平高、宜居水平高、创新能力强、营商环境优。其中高度发达的经济是建设国际消费中心城市的第一道门槛。

（一）广州经济比较发达

广州市2023年地区生产总值（GDP）为30355.73亿元，人均地区生产总值达161634元（按年平均汇率折算为22938美元）。

广州工业门类齐全，拥有35个工业行业大类，占全国工业行业大类总数的85%以上。几乎涵盖所有制造行业，有着最多、最密集的产业和生产制造基地。除传统优势产业，广州还拥有诸多战略性新兴产业，如生物制药、新能源汽车、新材料、人工智能、海洋工程等。

广州重点工业产品中，新能源汽车产量达65.16万辆，比上年增长1.1倍；工业机器人、服务机器人、显示器、集成电路等新一代信息技术产品产量分别增长47.1%、43.8%、29.3%和21.6%；家电产品保持较快增长势头，智能电视增长29.5%，家用房间空气清洁装置产量增长20.5%。见表1。这些产业产生巨大的消费溢出效应，促进消费与生产的深度融合。

表1　2023年广州市规模以上主要工业产品产量及其增长速度

产品名称	单位	绝对数	比上年增长（%）
新能源汽车	万辆	65.16	107.7
发动机	亿千瓦	2.56	-3.4
民用钢质船舶	万载重吨	64.03	77.0
发光二极管（LED）	亿只	287.47	24.2
光电子器件	亿只	291.81	23.9
液晶显示屏	万片	6327.80	-25.6
移动通信基站设备	射频模块	3215	-40.1

续表

产品名称	单位	绝对数	比上年增长（%）
工业自动调节仪表与控制系统	万台（套）	175.30	-19.2
安全、自动化监控设备	万台（套）	35.58	12.9
工业机器人	套	14746	47.1
服务机器人	套	72690	43.8
显示器	万台	103.29	29.3
集成电路	万块	84739.08	21.6

资料来源：广州市统计局：2023 年广州市国民经济和社会发展统计公报。

（二）营商环境较优良

依据 2023 年广东省营商环境评估报告，广州市作为国家营商环境创新试点城市之一，积极实施探索与实践，其营商环境改革已进入 6.0 阶段，建设成效显著。

（三）交通便捷度不断提升

广州市正加速推进空港、海港、铁路港的“三港联动”，旨在构建全球便捷交通网络，增强“广州之路”的影响力和覆盖范围；同时，致力于打造一个四通八达的对外交通网络，增加国内航线和航班数量，并构建以广州为中心的“极轴 + 放射”型大湾区城际轨道网络；此外，广州市不断优化交通枢纽与商圈、商业街区、标志性景点等的交通连接，以促进商业服务设施与市政交通的便捷对接。

（四）全球贸易和湾区消费枢纽正在形成

通过扩大白云国际机场等口岸免税店的经营规模，并支持在广州东站、南沙国际邮轮母港等口岸开设新的免税店，广州市进一步增强了免税消费的辐射力和影响力。依托南沙国家新区、自贸区、粤港澳全面合作示范区的政策优势，广州市正在打造一个文商旅消费融合创新的南沙滨海新城区，并加速构建“5 + 2 + 4”的国际知名商圈体系。

（五）国际化水平和消费繁荣度正在提升

广州市正积极提升其国际知名度和消费国际化水平。通过吸引具有全球视野和国际品牌运作能力的国内外商业投资商和运营商来穗投资运营，广州市致力于打造国际知名品牌的重要集散地和新品首发地，成为国际组织机构入驻、国际消费者游览购物的首选地。通过扩大“千年商都”的国际影响力、汇聚全球消费资源、吸引国际消费客群、完善国际消费制度体系等措施，广州市正不断提升其国际化水平。

同时，广州市正通过推动制造业品质化、高端化、价值化的发展，提升“湾区制造”“广东制造”的品牌影响力，成为国潮好货的重要诞生地和全球新品的重要策源地。广州市致力于构建一个层次分明、便利舒适的现代消费网络体系，包括国际级、城市级、现代社区级等，以及一批具有全球影响力的标志性商圈。

三、广州消费中心城市建设存在的不足

2021 年，国务院正式批准在上海、北京、广州、天津、重庆五个城市开展首批国际消费中心城市培育建设工作。作为国家战略布局的重要节点城市，广州积极响应政策号召，持续推进国际消费中心城市建设。然而，从现有评估结果来看，广州在建设成效方面仍存在一定的提升空间。根据 21 世纪经济研究院发布的《国际消费中心城市建设年度报告（2023）》，该研究基于城市综合竞争力、国际影响力、文旅消费吸引力、赛事展演影响力、消费场景营造力、零售资产表现力、零售资源聚合力及消费韧性恢复力等核心指标，对国内主要消费中心城市进行了系统评估。结果显示，上海和北京凭借全方位优势被列为综合型国际消费中心城市，而成都、深圳、广州、杭州、南京、重庆、武汉、西安、苏州 9 座城市则被归类为特色型国际消费中心城市。值得注意的是，广州在该评价体系中的排名不是很靠前，表明其在消费规模、国际化水平及消费业态创新等方面仍存在一定差距，亟须优化提升。

为进一步探究广州建设国际消费中心城市的短板与优化路径，本文依据商务部发布的《国际消费中心城市评估指标体系》，从国际知名度、消费繁荣度、商业活跃度、到达便利度和政策引领度五个核心维度出发，构建评估框架，并选取北京、上海、广州（国内首批试点城市）与伦敦、纽约、东京（全球公认的成熟国际消费中心城市）进行横向对比分析。通过对比各城市在关键指标上的表现，识别广州与国际一流消费中心城市的差距，并提出针对性的政策建议。指标体系见表2。

表2　　国际消费中心城市评估指标体系（2023年）

序号	维度	具体指标	广州	北京	上海	伦敦	纽约	东京
1	国际知名度	1.1 全球城市竞争力排名（2023年）①	55	5	13	2	1	4
		1.2 世界500强企业进驻数量（家）	6	26	7	60	74	27
		1.3 国际国内重大活动展会数（场）	690	324	1043	2103	1586	984
		1.4 世界文化遗产数量（个）	0	6	0	4	1	2
		1.5 4A级、5A级景区数量（个）	39	81	65	211	355	177
2	消费繁荣度	2.1 居民人均消费支出	¥45000	¥47586	¥48272	£26000	$45000	¥280万
		2.2 国际旅游收入	65.30亿美元	51.90亿美元	83.76亿美元	£20.52亿英镑	$28.90亿美元	¥11.21兆日元
		2.3 服务业增加值	2948.64亿元	29542.50亿元	16923.22亿元	£3107.22亿英镑	$4309.81亿美元	¥2371.45兆日元
		2.4 消费品进口额	687.96亿美元	3412.30亿美元	2948.64亿美元	£226.53亿英镑	$379.96亿美元	¥583.12亿日元

① 数据来自国际咨询公司科尔尼（Kearney）发布了《2024年全球城市指数报告》。

续表

序号	维度	具体指标	广州	北京	上海	伦敦	纽约	东京
3	商业活跃度	3.1 标志性商业街区数量（个）	11	13	12	6	9	8
		3.2 国际知名商品和服务品牌进驻数量/中华老字号数量（个）	19/35	30/117	30/180	146/—	189/—	167/—
		3.3 离境退税商店数量（个）	65	518	428	—	—	—
		3.4 三星级及以上宾馆数量（家）	1138	1549	1018	1906	1965	1803
		3.5 第三产业固定资产投资	5871.91 亿元	7218.4 亿元	6653.77 亿元	£ 1534.2 亿英镑	$ 2115.5 亿美元	¥901.29 兆日元
		3.6 消费者满意度（%）	78.89	78.15	81.25	92.03	91.2	90.5
4	到达便利度	4.1 高铁直达城市数	131	172	167	—	—	—
		4.2 地铁运营总里程（千米）	641.5	836	864.8	408	373	327
		4.3 高速公路途经条数（条）	6	8	6	14	11	9
		4.4 网约车数量（辆）①	78177	11800	23188	26000	32500	18000
5	政策引领度	5.1 领导组织和部门协调机制	是	是	是	是	是	是
		5.2 规划、目标、实施方案	相对不完备	较完备	相对完备	完备	完备	完备
		5.3 政策创新和配套措施	有，相对不完善	有，相对完善	有，较完善	完善	完善	完善

①数据仅供参考，实际网约车数量远远高于可统计数。

资料来源：作者根据网上资料整理。

（一）国际知名度相对低

广州作为Alpha级全球一线城市，其国际知名度与建设国际消费中心城市的目标定位仍存在差距。具体表现如表3所示，广州存在城市竞争力排名靠后、国际客源占比偏低、全球企业总部集聚效应不明显等多维度的短板。

表3　　广州国际知名度部分指标情况

指标	广州情况
全球城市竞争力排名	55（2023年）
入境游客接待量（万人次）	377.41（2023年）
世界500强企业总部数量（家）	6（2023年）
世界文化遗产数量（个）	0（2023年）
4A、5A级景区数量（个）	39（2023年）

资料来源：全球竞争力数据来自国际咨询公司科尔尼（Kearney）发布的《2024年全球城市指数报告》；入境游客接待量，国际体育赛事数量，举办展览数量，4A、5A级景区数量来源于《广州统计年鉴》；世界文化遗产数量来源于世界城市文化论坛；世界500强企业总部数量来源于《财富》世界500强排行榜。

（二）品牌创新能力不足

在商业活跃度评估维度上，广州呈现明显的二元特征：一方面是其在商业基础设施建设和投资规模增长速度方面表现突出；另一方面在品牌影响力和市场拓展能力方面存在明显局限。比如，本土老字号品牌虽在区域内具有较高的知名度，但市场辐射范围有限。即便是头部品牌，在华南地区以外的市场渗透率和品牌认知度也相对较低，难以形成全国性乃至全球性的品牌影响力。这种品牌发展的结构性失衡，在一定程度上制约了广州市商业竞争力的全面提升。

（三）组织规划与治理能力不足

政府现代治理能力和规划引领能力有待加强。在新经济时代下，国际竞争不再是简单产品级或企业级的竞争，而是产业组织方式之间的竞争。

作为国际消费中心城市，应该科学规划和建设具有国际影响力和竞争力的产业集群。广州的多数行业都没有规模化的大型交易园、专业园区或集聚区。产业链、供应链、消费链协同度低，缺乏全方位的、多主体的、多形式的、开拓性的产业组织创新形式，缺少可持续发展动力。

（四）消费大环境面临巨大挑战，需要新的出路

培育与建设国家消费中心城市，其战略导向为国际化，而其硬件支撑则依赖于优化的消费环境。在全球化背景下，西方国家对中国实施的“脱钩断链”策略，加之新冠疫情后国际贸易的急剧萎缩，给作为世界最大货物贸易国的中国带来了巨大挑战。众多外贸企业面临生存困境，对中国经济造成了严重冲击。同时，部分国家日益加剧的贸易保护主义行为，不仅对全球产业链的稳定性构成威胁，也对国内企业的生产运营和融资环境产生了负面影响。在这一严峻的外部环境下，迫切需要探索新的经济增长点和出路，以高质量推进广州国际消费中心城市的建设。目前，以人工智能为标志的新一轮科技革命正迅猛推进，它不仅重塑了产业格局和创新生态，还催生了新的服务模式、商业模式和增长动能，进而推动和引领了消费领域的变革。因此，国际消费中心城市必须依靠科技创新来提升其发展水平，为引领全球消费创新提供强大的动力支持。

四、高质量建设广州国际消费中心城市建议

国际消费中心城市是全球消费发展的风向标，具有强大的消费创新引领功能。高质量建设广州国际消费中心城市，充分发挥广州作为粤港澳大湾区核心城市的区位优势，提升广州城市消费能级和国际影响力。需与高端制造业回归、低空经济发展、银发经济、高水平对外开放以及城市间消费场景互联互通等方面相结合，全面推进国际消费中心城市的高质量建设。

（一）高端制造业回归与低空经济发展

低空经济作为典型的新质生产力代表，是培育发展新动能的重要方

向，是高质量发展的重要手段。广州作为中国重要的制造业基地，拥有雄厚的制造业基础和优势。发展低空经济，可以为高端制造业提供新的发展空间和机会。通过建设工业低空经济示范区，聚集高端制造业资源，推动制造业与航空产业的深度融合，实现高端制造业的回归和升级。这不仅有助于提升广州的经济实力，也为消费增长提供了坚实的支撑。制造业和工业回归大都市成为全球先进城市的普遍共识，科技创新的发生地从城郊回到城市中心。世界级大都市纷纷重提振兴制造业。伦敦在2021年提出工业建筑面积零减量，规定了市区的大型商业开发中要混合工业空间；纽约提出，摆脱经济衰退的良方，需要创造工作机会，必须有坚实的制造业基础。世界上消费繁荣的国际都市，绝大多数也都是制造业或科技产业十分发达的城市。广州建设国际消费中心城市，需要有强大的经济支撑。

（二）重点打造发展银发经济

随着全球范围内的人口老龄化趋势日益明显，“银发经济”为相关产业创造了前所未有的市场空间。目前，我国“银发经济”规模约7万亿元，占GDP比重为6%左右。据推算，到2035年，我国“银发经济”规模将达到30万亿元左右。①

发展银发经济对于促进国际消费中心城市的建设具有重要意义。银发经济不仅能够满足老年人群体的需求，还能通过创新和多样化的服务，提升城市的综合实力和国际竞争力。作为全球老龄化最严重的发达国家之一，日本的东京在银发经济方面走在前列。东京从传统的养老服务入手，逐步向文旅休闲、医养康养、保健食品等产业拓展，形成了一个规模高达万亿级别的超级产业。东京已建立了多层次的养老体系，其中“医养护融合”是其最大特色之一。同时，东京利用其作为制造和科创中心的优势，通过技术引领，带动保健产品、护理机器人、生物医药等产业飞速发展，干细胞抗衰老技术在全球处于领先地位。

---

① 中国政府网. 2024年国办1号文，聚焦银发经济［EB/OL］.（2024－01－17）［2024－02－20］. https：//www. gov. cn/zhengce/202401/content_6926510. htm.

广州黄埔区推出了全国首个区县级“银发经济10条”政策，并打造了广州首个银发经济产业园，凸显生产制造的全产业链条优势。成立广州市首家区级银发经济产业园，积极推动银发经济规模化、标准化、集群化、品牌化发展。

（三）高水平对外开放格局

完善市场准入制度体系。通过简化审批流程、降低准入门槛等措施，努力打造良好的营商环境，吸引更多外资企业落户。同时吸引全球优质市场主体和高品质商品、服务，构建融合全球消费资源的集聚地。通过举办国际性展会、推介会等活动，积极引进国际知名品牌和企业，提升本土市场的国际化水平。同时，加大对本土品牌的培育力度，鼓励创新，提升产品和服务的国际竞争力，全面提升国际化产品和服务供给能力。既能丰富消费选择，还能提升消费者的购物体验和满意度。

实施更加自由便利的国际消费政策制度。强化政策支持力度，降低商业用地、物流等成本，提升城市消费综合竞争力。提升入境消费便利，完善通关和签证便利化措施，扩大过境免签城市范围。进一步优化完善免签等政策措施，积极提升外国人来华在华便利度，吸引更多外国游客。完善离境退税政策，优化境外旅客购物离境退税服务。

（四）打造友好的消费环境

通过提升消费供给质量、完善消费者权益保护体系、提高消费维权效能等措施，营造安全放心的消费环境。设立专门的消费者投诉热线和在线平台，确保消费者投诉能够得到及时和有效地处理。打击假冒伪劣商品，保护消费者免受欺诈和不公平交易。

优化支付环境。为了吸引境外消费者，需要优化支付环境，提高支付便利性。支持现金、信用卡、移动支付等多种支付方式，方便外籍来华人士在公共交通和小额支付场景使用。

公共场所提供完善的英文标识和翻译服务。如政务服务中心、机场、火车站、医疗机构、文化设施等设置规范汉字和外语标识，提升城市的国际化能级和对外交往功能。热线电话提供24小时电话翻译服务，帮助外籍人士，优化城市国际语言环境。集中力量建好英文平台，打造城市网络形象品牌，提升广州的消费环境。

（五）加强城市之间消费场景的互联互通

加强城市之间消费场景的互联互通，构建多层级的消费城市体系，推动消费场景互联互通。建设便利交通网络，增加国内航线、航班数量，打造国内“空中快线”，构建以广州为中心的“极轴＋放射”的大湾区城际轨道网络。优化机场、火车站、汽车客运站等交通枢纽与商圈、商业街区、标志性景点等消费载体的交通对接，促进大型商业设施、大型体育场馆、文化场所、旅游景点等与市政交通的互联互通。

参考文献

[1] 曹冰．扩大内需背景下我国消费中心城市发展潜力与释放路径分析［J］．商业经济研究，2024（02）：63－66.

[2] 陈岜名，张春华．伦敦文化创意产业对北京建设国际消费中心城市的借鉴启示［J］．数据，2022（07）：60－62.

[3] 陈文新，谢春玲．以新质生产力推进中国式消费现代化：理论逻辑与实践路径［J］．成都师范学院学报，2024（05）：102－111.

[4] 高辰颖，黄江松．系统推进国际消费中心城市培育建设［J］．中国党政干部论坛，2022（03）：68－71.

[5] 王一鸣．高质量推进国际消费中心城市建设［J］．中国发展观察，2024（06）：69－71.

[6] Castells，M.，Hall，P. Technopoles of the world. London：Routledge.（1994）.

[7] Wong，J. Global cities，global trade，and international competitiveness. Singapore：World Scientific Publishing.（2013）.

RCEP 框架下跨境数据流动例外条款及中国应对策略探析

▶刘　澳

一、跨境数据流动规制与例外条款概述

数据流动对全球经济增长的贡献已经超过了传统的跨国贸易和投资，发挥着越来越独立的作用，数据全球化已成为推动全球经济发展的重要力量。但不可避免的是，它在给全球带来巨大贡献的同时，数据被泄露、篡改和侵犯的风险也在不断增加。为了保障数据安全及国家利益，各国纷纷采取了程度不一的规制措施，这样虽从一定程度上使各国的数据处于暂时安全的状态，但同时也与数字经济全球化倡导的自由流动原则相悖，降低了数据流动效率，阻碍了数字经济的发展。因此，如何使数据自由流动与国家安全的关系动态平衡成为国际社会不得不面对的共同难题。

（一）跨境数据流动规制概述

虽然研究跨境数据流动已有 50 余年的历史，但“跨境数据流动”仍未被国际社会所统一定义，关于跨境数据流动的规制可追溯到 20 世纪 70 年代的欧洲各国的数据立法浪潮。凭借技术和商业优势美国率先抢占了全球计算机市场，欧洲当时没有数据力量与之匹敌。面对数据垄断与利益不平衡，欧洲各国纷纷制定法律来限制或禁止数据流通，进而形成两种局面，一种是为了促进经济发展转而倡导数据自由流通，另一种则是更强调

保护国民信息和国家安全，仍主张数据本地化，禁止数据流动。再加上WTO规则产生时间多集中在20世纪中期，对数据这种新生要素尚无法适应，在双重压力下，国际和各个区域组织开始试图寻找平衡之法来满足蓬勃发展的数据流动所带来的规则需求。

美国是第一个在国际经贸协定中考虑到跨境数据流动的国家，鼓励所有国家与其一起对跨境数据流动采取更加宽松和自由的政策。[①] 美国主张区域内个人信息在成员国及公司之间无障碍流动，各国不能用“自身国内提供了高水平保护”为理由而限制个人信息的跨境流动。也就是说，美国倡导以市场主导或行业自治的方式来对信息隐私进行规制，而不是通过政府干预过度强调个人隐私保护远超国家市场利益。

相反，欧盟自成立以来始终对人权及保护隐私给予高度重视，认为应建立有效的法律制度保护个人信息权。[②] 在这一基本观念下欧盟信息保护标准不断上升，数据约束不断增强。其中要数2018年的GDPR，最完整地呈现了欧盟数据跨境流动范式，采用统一的立法模式，形成了最全面的数据保护制度，在保证个人基本权利和经济发展需要的数据自由流动的前提下，不断调整范围的适用性和要求的明确性。其中，欧盟明确规定，“在没有充分保护数据主体的隐私的情况下，将个人数据擅自转移至境外是不合法的”。[③] 也就是说，欧盟数据的跨境流动需要以充分保护公民的个人数据为前提。

（二）例外条款概述

例外条款最早植根于贸易法规则中，随后又逐渐移植到投资法领域。在国际投资协定中，一开始并未特别强调设立例外条款，而是在过分自由的投资造成了东道国与投资者之间的利益严重失衡后，才逐渐引起人们的

---

① 张生．美国跨境数据流动的国际法规制路径与中国的因应［J］．经贸法律评论，2019（4）：79－93.

② 齐爱民．拯救信息社会中的人格：个人信息保护法总论［M］．北京大学出版社，2009：173.

③ 张舵．跨境数据流动的法律规制问题研究［D］．北京：对外经济贸易大学，2018：32.

注意。

Barbara Koremenos，Charles Lipson and Duncan Snidal 在《国际制度的理性设计》一文中明确指出，灵活性安排属于国际制度设计的要素之一。[①] 例外条款作为一种典型的弹性规则，在各类国际条约中广泛存在，通过采用具体或宽泛的语言、设置或多或少的硬性条件，对管理目标的可实现程度进行规范，来达到维护国际条约稳定的制度功能。例外条款就像是数据自由流动与规制保护这一持久对峙的动态张力之间的平衡点，既能协调矛盾，又能区别对待各国在数字贸易领域存在的差异，最终为全球面临的跨境数据流动规制新挑战提供解决之法。目前，全球已初步达成共识，通过例外条款协调限制跨境数据流动的障碍，这种模式正逐渐被添加到多边或区域协议中。

就例外条款的设计而言，也需要结合实际情况采取不同的范式。当然，例外条款的目的并不是为了追求宽松或严格的差异消除，而是为了实现平衡差异的制度功能。在实现跨境数据流动预期目标的前提下，通过合理分配各国对跨境数据流动的管制权利、强化各国对跨境数据流动的限制程度来弱化各国数据保护法之间的差异。然而，任何一种制度都不可能是完美的，在承认其兼容性的前提下，我们不应该盲目地将其视为调节跨境数据流动规制目标的唯一手段。

二、RCEP 跨境数据流动例外条款内容及援引适用困境

随着数字贸易的蓬勃发展以及欧美主导的数据流动体系的不断壮大，各国都争相呼吁建立符合自身合法利益的跨境数据流动规制。RCEP 就是在此背景下诞生的，它标志着由发展中国家主导的跨境数据流动规制的开始，宣告了发展中国家开始向数字经济迈步，与发达国家携手共建数据规制体系

---

① Koremenos B.，Lipson C.，Snidal D.，The rational design of international institutions，International Organization，Vol. 55：1，p. 761 –799（2001）.

（一）RCEP 跨境数据流动例外条款的基本内容

整体来看，RCEP 跨境数据流动例外条款分为两个层次：一是数据流动原则问题。各成员国均支持以促进数据自由流动、禁止数据本地化这一基本原则，体现在 RCEP 第 12.15 条第二款中，即“任何缔约方不得无理由阻止数据的跨境自由流动”。二是各成员国均享有在数据自由流动之外的例外空间，[①] 体现在 RCEP 第 12.15 条第三款“本条的任何规定不得阻止一缔约方采取或维持：（一）任何与第二款不符但该缔约方认为是其实现合法的公共政策目标所必要的措施，只要该措施不以构成任意或不合理的歧视或变相的贸易限制的方式适用；或者（二）该缔约方认为对保护其基本安全利益所必需的任何措施。其他缔约方不得对此类措施提出异议。”该条总体上以“公共政策目标例外”和“基本安全利益例外”条款赋予缔约方自行判断权，对缔约方进行跨境数据流动规制留下一定的政策空间。具体来说，第一项“公共政策目标”例外在结构上将“必要措施”“不歧视原则”两者合并，在条款用语上使用“缔约方认为（it considers）”的字样，强调“所采取的必要性措施”由“缔约方认定”，并在脚注中加以确认，赋予缔约方在实施此类合法公共政策时享有广泛的自由裁量权。第二项“基本安全利益”，在性质上与“公共政策目标”例外存在相似之处，即均采用“缔约方认为”的措辞结构，赋予该项例外自我判断的属性。[②] 与第一款不同的是，该款并未在脚注中点明措施的必要性由缔约方来决定，而是在正文中强调“其他缔约方对此类措施不得提出异议”，即“禁止异议权”。但该条款整体并未对“基本安全利益”的内涵作出详尽的解释与说明，也没有规定符合保护目标要求的具体条款，对缔约方的自裁权限制不明，这也进一步肯定了缔约方的规制自主权。[③]

---

① 李烨．RCEP 协定下我国数据跨境流动规则的检视与完善［J］．科技与法律，2023（1）：119－120.

② 李雪娇．RCEP 框架下数据跨境流动例外条款研究［J］．大连大学学报，2022（6）：46－47.

③ 杨署东，谢卓君．跨境数据流动贸易规制之例外条款：定位、范式与反思［J］．重庆大学学报（社会科学版）》，2023，29（06）：233－245.

（二）RCEP 例外条款与 CPTPP 例外条款的异同

RCEP 与其同时代先后拟定的区域贸易协定在内容上存在一定的相似之处，但多是各方差异。下文将以 CPTPP 为例探讨跨境数据规制在区域贸易协定的相关尝试。

首先，CPTPP 第 14.11 条第一款与 RCEP 第 12.15 条第一款都明确支持了各缔约方的监管例外；其次，CPTPP 第 14.11 条第二款与 RCEP 的数据流动的原则性规定基本一致，强调跨境数据的自由流动，但严格来说，CPTPP 中采用“应当”此类措辞于缔约方而言属强制性义务，而 RCEP 采用的“不得阻止”这一措辞，施加的是一般性义务；再次，CPTPP 第 14.11 条第三款也作了例外性安排，关于合法公共政策目标例外仍需要满足“不歧视原则”“不超出为实现目标的所必需的限度”，二者用“and”相连，即须同时满足这两项条件才可援引。较 RCEP 而言，CPTPP 并未提及该措施的必需性由“缔约方”来断定，缔约方并未明确表明享有自行裁量权，而是规定该措施“不得超出实现目标所需限度的限制”，对援引该条款又增加一层限制，更突出跨境数据的自由流动性；再次，CPTPP 中未设置专门基本安全利益例外条款，仅规定可以援引其单独成章的第 29.2 条安全例外，该条作为总体章节性规定，适用于该协定的任何条款，这也侧面说明相对 RCEP 而言，CPTPP 中国家基本安全利益是置于跨境数据自由流动之上的，代表了更高标准的经贸协定。

综上所述，无论是 CPTPP 还是 RCEP，都坚持跨境数据自由流动的基本原则，允许缔约方为了实现合法的公共政策目标而采取必要的措施。符合不构成任意或不合理的歧视，或变相的贸易限制的条件。除去类似的规定，RCEP 例外条款的自我裁决性也为缔约方在国家层面规制跨境数据流动留下了很大的自由裁量空间。与 CPTPP 相比，RCEP 还专门增设“基本安全利益”例外条款，允许缔约方援引该条款在维护自身利益的基础上实现跨境数据的自由流动。

（三）RCEP 跨境数据流动例外条款的援引困境

总体上，RCEP 规定了最为全面的跨境数据流动国家规制，给予缔约方更大的空间来使用例外条款保护其公共政策和基本安全利益。但同时不可忽视的一点是，RCEP 并没有在例外条款中以列明子项的方式表明具体政策保护目标，即针对“公共政策例外”和“基本安全利益例外”并没有拟定明确的内涵以及适用范围，法律解释空间较大，其条款被滥用的可能性极大。因此，界定 RCEP 例外条款的范围、适用条件及认定主体与标准，是缔约方能否成功援引该例外条款的关键所在。

1. 条款用语的内涵模糊性

据上文 RCEP 基本内容的分析可知，例外条款中许多用语的内涵模糊，采用较主观的方式进行判断分析，这就可能导致该条款在不同国家对外国投资者的影响是不同的，或者仲裁庭对其他国家采取的类似措施但作出的判决是不同的。如就“基本安全利益”来说，传统意义上仅限于军事、国防、领土等层面，当下已拓展至区域政治安全、本国政治理念以及外交政策，甚至国内产业安全。随着信息网络技术的发展，网络信息安全、某些特定案件中的经济安全、政治安全、生态安全、人口安全等也力求归类到“基本安全利益”中来。然而单纯从 RCEP 的规定来看，并没有一个明确或列举式的界定，对“基本安全利益”除最传统的军事安全外，诸如通信、环境、能源、金融、粮食等非军事因素也纳入其中，是否可以被多数成员方所接受，是否会造成对例外条款的滥用等问题尚无定论。此外，“所必需的”这一表述，在学界和实务界也一直存在很大争议。有学者认为：“必要性”与否，应当由采取该措施的成员方自己决定，而不应受到任何第三方的干预；[①] 有的则认为这不能完全由采取措施的成员方自行决定，不得随意解释和操纵，必须提出初步的证据，以证明自己采取该措施是对保障国家安全“所必需的”。[②] 还有的认为：“所必需的”一词隐含着“相称性”的意思，即成员方在它所受损害范围内，选择最优的战略和行为方式，所采取措施使得自己的损害降到最低，同时该措施给其他成员方

---

① 傅廷中．“安全例外”条款与自由贸易政策的价值冲突与协调，载孙琬钟．WTO 法与中国论丛（2011 年卷）［M］．北京：知识产权出版社，2011：368 - 377.

② 李巍．新的安全形势下 WTO“安全例外”条款的适用问题［J］．中国政法大学学报，2015（03）：100.

带来的损害与自己所受损害大体相等。这个观点把“所必需的”看作是一种限定条件，即成员方所能采取措施的强度限制。针对“所必需的”存在多种看法与观点，这也给那些希望借助“安全例外”条款来维护自身经济利益的成员方有了可乘之机。

再者，条款中多次出现“缔约方认为”等字样，以条款的自裁决属性赋予缔约方自行判断是否属于“合法公共政策目标”或“基本安全利益”，在规定上相对宽松但在未来的适用实践上，难免会加剧例外条款的误用和滥用，造成各种争端。

2. 成员方的自由裁量权宽泛

RCEP 例外条款中的“缔约方认为（it considers）”一词赋予了缔约方极大的自裁权，承认缔约方对跨境数据流动拥有较大的规制自由，但从条款措辞上并未表达其他限制，在很大程度上，这项规定可以平衡国家安全与跨境数据自由流动之间的矛盾，使缔约方在国家规制方面拥有自主裁量空间。因此，有研究者也指出，这种条款似乎是一种不受限制的规避条款，对成员国的自裁权几乎没有限制功能，这可能导致名为保护“基本安全利益”，实为数据垄断的商业行为的无法控制。反过来，被采取措施的对方成员国也可以出于相同的原因采取反制措施，频繁往复导致援引国的初衷也无法实现。因此，针对该条款中缔约方享有的宽泛的裁量权，需要深层次分析其援引条件，对其加以严格限制，否则若出现滥用自裁权的情形，不仅会影响当前的数字贸易秩序，还可能加剧国家间的紧张局势，导致国际秩序的分裂。

三、RCEP 跨境数据流动例外条款援引困境的解决方法

RCEP 跨境数据流动例外条款的解释方法、解释标准等尚不明确，其适用存在一定的困境，这就需要对条约加以解释以便后续援引。根据《维也纳条约法公约》（简称 VCLT）第 31 条第三款规定“就解释条约而言，可以参考适用于当事国间关系之任何有关国际法规则”，且“VCLT 的解释规则已在当代国际法实践中得到了普遍的适用”，同时 RCEP 第 19 章第 4

条第一款规定，“本协定应当依照国际公法解释的习惯规则进行解释。”这表明 RCEP 相关条款可以参照 VCLT 的解释规则进行阐释；其次，在 RCEP 第 19 章第 4 条第二款中规定“关于纳入 RCEP 的《WTO 协定》的任何条款，专家组也应当考虑 WTO 争端解决机构通过的专家组及上诉机构报告中所作出的相关解释。”这一条款表明通过借鉴 WTO 的规则及专家组和上诉机构的实践来解释 RCEP 项下跨境数据流动例外条款，不失为一条可行之道。

（一）参照 WTO 适用实践确认例外条款内容内涵界定

1. 公共政策目标例外条款

RCEP 中公共政策目标例外主要基于 GATT1944 和 GATS 中一般例外条款进行修改。其中与“公共政策目标”相似的措辞表述是“公共道德”和“公共秩序”，在此不多作区分。基于 GATT1994 第 20 条对一般例外条款给予完全封闭式表述，将援引这一条款的合理性理由局限于所列的 10 条范围内，维护公共道德位于条款之首，因而 GATT1994 第 20 条（a）项也常被叫作“公共道德例外”条款，它允许缔约方为维护公共道德而采取与 GATT1994 中其他实体义务相悖的措施。而关于“公共道德”的含义，该条中并未详细阐释。实践中，WTO 在认定公共道德的具体含义时没有给出一个长期统一的概念，而是采用不断发展的标准来予以界定，因案件而异，随时间和空间的变化给予不同的解释。① 同时一系列的争端实践也表明专家组采用“国别主义”认定“公共道德”，充分尊重各国所主张的立场与标准，使缔约方能够基于自身国情及价值尺度来判断是否享有援引“公共道德”和“公共秩序”的自主空间。② 基于此，面对千差万别的各国历史传统、文化背景、基本国情、政治制度，RCEP 协定中与“公共道德”“公共秩序”同样宽泛的“公共政策目标”概念，理应也采取“国别

---

① 刘奕麟．WTO 巴西关税措施案——GATT 第 20 条（a）公共道德例外的适用［J］．商业经济，2018（06）：122.

② 刘勇．论 WTO 体制内公共道德例外规则——兼评中美文化产品市场准入案相关争议［J］．国际贸易问题，2010（05）：123.

主义”的立场，在双方善意磋商未达到解决下，由 RCEP 联合委员会根据案件、结合争端当事国所主张的具体道德标准来予以评判，充分尊重双方意见与标准，不具有统一性。①

2. 基本安全例外条款

基本安全例外条款，又简称“根本安全利益例外条款”，“重大安全利益条款”，是指当东道国国家安全、社会，甚至政治或者经济的可持续发展和人民的福祉等国家基本安全利益遭遇紧急威胁时，东道国为了保护国家根本安全利益而不得不采取背离协定中义务的条款，在这种状态下虽然违反了某些义务，但是可以依据安全例外条款免除责任。

GATT1994 第 21 条明确规定了 3 种例外情形以保护国家安全利益，赋予缔约方偏离 GATT 规则的相对合法性，同时也以“基本安全利益”限定了缔约方援引安全例外条款的事项范围，但该条款对此概念并没有进行详细定义，因此结合国际贸易争端的具体援引实践加以分析。援引 GATT1994 第 21 条的案例有 27 余起，专家组法律解释的重点在于：从安全例外条款的起草目的和设立初衷出发，它是“与国家典型职能有关的利益，即保护领土和人民免受外来威胁，以及维护国内法律和公共秩序的利益”②。该定义中大致规定了“基本安全利益”的框架范畴，以及能够达到受该例外条款保护的标准的威胁程度，但是并没有局限威胁来源的性质或者途径。从以上看，专家组并不排除根据社会发展、文化、道德、宗教等因素对该定义进行文本解释，也就是说，“基本安全利益”的衡量重点并不在于该威胁的形式性质，而取决于对国家安全的危害程度是否达到相应标准。

从演化解释的角度来看，“基本安全利益”的内涵是不断发展变化的，不能仅局限于传统的军事国防安全，信息时代视角下的政治、经济、环境卫生以及网络安全都逐步凸显，新型安全领域正逐步形成，二者相互交叉

---

① 姚琦，阿力扎提·阿不来提．数据本地化措施的路径思考——以 APEC、RCEP 和 USMCA 等规则为视角［J］．区域与全球发展，2022（02）：56.

② 孔庆江．国家经济安全与 WTO 例外规则的应用［J］．社会科学辑刊，2018（05）：134 – 138.

影响，甚至在某种条件下相互转化。例如，网络安全属于新型安全领域，但是一旦被境外黑客恶意利用，泄露国防机密，使军事系统瘫痪，这势必会影响传统领域的安全。因此，从国家自身利益出发，安全例外条款的适用范围扩张到非传统安全领域是毋庸置疑的。在明确其内涵的基础上进一步解构跨境数据安全在国家安全中的定位，其不同于网络主权，国际社会上尚无统一规定。有学者认为数据主权是网络主权的一部分，也有学者认为数据主权与网络主权呈并列关系，但双方都承认国家对数据享有独立且排他的主权，他国不得干涉。因此当涉及国防建设、军事、外交等领域的数据遭受破坏，本国认为国家安全受到威胁时，应认定为其符合“基本安全利益”的范围。

综上所述，“基本安全利益”的内涵是不断发展变化、与时俱进的。一方面要杜绝过度扩大化该概念，另一方面也不应拘泥于威胁的形式和性质，而是要看是否达到了危害国家安全的程度。

（二）明确 RCEP 跨境数据流动例外条款的援引条件

1. 公共政策目标例外条款

就国际争端实践来看援引该条款的现状并不乐观，回顾 WTO 案件应诉方援引“一般例外条款”的仅 44 起案件，且其中败诉率达到 97% 以上。[①] 这就需要进一步分析该公共道德例外条款的具体要求，以此来评估 RCEP 中公共政策目标例外条款的援引条件。

援引例外条款是无成本或者低成本的，但绝不意味着可以滥用或错误使用。虽然其含义宽泛，但由于“例外”的身份，专家组在适用上仍施加严格的条件。从 GATT 第 20 条可以看出，要成功援引该条款需要满足“必要性”和“序言”两个要求。相对而言，RCEP 的规定更为开放和宽松。RCEP 中对“公共政策目标”例外条款的必要性审查在条文中明确为“缔约方认为”，且在脚注中注明“缔约方确认实施此类合法公共政策的必要

---

① 数字贸易协定丨GATS/GATT 中“一般性例外条款”的援引实践，电子技术应用网：http://www.chinaaet.com/article/3000137956。

性应当由实施政策的缔约方决定”，通过此项赋予了缔约方在援引该例外条款时享有自由裁量权，这也从侧面否认了 GATT 和 GATS 一直坚持的极其严格的、由司法程序裁定的必要性审查，即缔约方无须向专家组或上诉机构证明该涉案措施的重要性程度、贡献程度、对贸易损害最小以及无替代措施，仅需由缔约方自行裁定适用该措施的必要性。因此，RCEP 公共政策目标例外的适用条件较之于 GATT 的规定更加宽松，援引例外条款的缔约方无须证明其行为的必需性，享有较大的自由裁量权。

GATT 的“序言”主要由两部分组成，“不能在相同情况下的国家间构成任意的或不合理的歧视”和“不能构成对国际贸易的变相限制”，这与 RCEP 在公共政策目标例外的后半句但书中明确规定的内容相差无几。这就意味着 RCEP 中缔约方规制权仍要受到“非歧视”条件的限制，进而可参照 WTO 相关案例的适用来确定 RCEP 语境下该原则的具体要求。

“非歧视”是指缔约方所采取的有关措施，不得使某一缔约国在国家之间、国内不同地区之间，以及不同产品间存在不合理的差别待遇。其不仅要求法律上的平等，而且要求事实上的平等。如在“美国龟虾案”① 中，上诉机构将“歧视”界定为须满足以下条件：一是措施的适用必然导致了歧视的结果；二是歧视的性质必须是武断的或不公正的；三是歧视必须是在相同条件的国家间发生。而在该案中美国对成员方施加了单一、僵化的标准，这种属于“任意的歧视”，因而认定美国的措施不能据该 20 条得以豁免；从该案可以看出，援引公共目标政策例外条款时，需要考量“非歧视原则”的如下要素：（1）是否采取了过分单一界定标准；（2）该争议措施产生的歧视与政策目标相协调是否具有合理联系；（3）是否存在实际产生歧视影响的可能性；（4）是否存在其他同样能达成目标的手段。

综上所述，公共政策目标例外条款总体上采用了较为宽泛的概念，给予缔约方较大的自由裁量权，但其必要性审查仍须受 RCEP 联合委员会或者专家组据当事国所主张的具体道德标准的界定限制；其次，对于但书中

---

① 美国龟虾案，百度文库网：https：//wenku. baidu. com/view/54c562def524ccbff0218450？aggId = 86ebd870bd1e650e52ea551810a6f524cdbfcb4b&fr = catalogMain&_wkts_ = 1670941275882。

明确标明的“非歧视原则”，要从涉及歧视理由、适用标准、灵活性、是否有其他可适用措施等多方面综合考量，条件均符合或可援引，以此来解决由于条款用语的模糊化带来的援引难题。

2. 基本安全例外条款

不同于以往的国际投资协定，RCEP 首次将“基本安全利益例外”作为“合法公共政策例外”条款的平行条款，置于跨境数据流动领域。[①] RCEP 第 12. 15 第三款“该缔约方认为对保护其基本安全利益所必需的任何措施。其他缔约方不得对此类措施提出异议”，以“缔约方认为”和“其他缔约方不得异议”这样的措辞赋予缔约方为保护基本安全利益而采取措施规避该行为违法性的权利。相较于 GATT 明确情形，RCEP 下的缔约方显然具有较大的自行判断权，但与此同时，若完全由成员方自行判断是否采取该例外条款，可能存在成员方滥用这一抗辩，而违反协定义务的情况，外来投资者的利益则无法得到保障，这与该条款的初衷无疑是相背离的。因此，RCEP 的基本安全利益例外条款虽然含有自行判断的规则，但是援引该条款仍需要受到专家组的严格审查。

能否有效援引“基本安全利益”来规制跨境数据自由流动，其核心问题是评估“基本安全利益”对跨境数据安全的保障作用。随着国际争端实践的不断发展，基本安全利益的范围也逐步从传统安全领域延伸到非传统安全领域，如网络空间的安全。就跨境数据流动而言，国家主权以及关键性信息也在网络空间流通，国家对数据享有独立主权。所以，跨境数据流动可能属于关涉国家主权的问题，一旦涉及国家核心数据，如与国防和武装力量相关的，对国家领土、公共秩序、人民安全造成威胁时，就应当将其归属于“基本安全利益”的范畴，能够援引该例外条款来达到数据自由流动与国家安全之间的平衡。

与此同时，尽管在 RCEP 中，“缔约方”一词被明确地赋予了自由裁量权，但是，这并不代表缔约方可以将所有关切上升为“基本安全利益”，

---

① 高通．解析《区域全面经济伙伴关系协定》中的数据跨境流动规则［J］．中国信息安全，2021（05）：82－84．

它的“主观”判断仍需要根据 VCLT 第 31 条第一款所述的“善意原则”来确定，依据此原则来排除恶意缔约行为的有效性或合法性。首先，对基本安全利益例外条款进行解释应当遵循客观善意原则，即缔约方应依其条款用语按其上下文并参照条约之目的及宗旨所具有之通常意义，善意解释之，使对方能拥有合理预期。其次，对基本安全利益例外条款进行解释应当遵从主观善意原则，只有坚持善良内心才不会实施恶意措施，即缔约方在解释条款时不能不加限制地随意、恶意解释，而必须有正当的、合理的、善意的理由。换句话说，缔约方必须全面考量客观善意与主观善意，充分阐明其寻求保护的“基本安全利益”，且不得将此作为借口来规避 GATT 的其他义务。

援引基本安全例外条款不仅需要阐明其保护的基本安全利益范畴，更需要证明该措施与保护基本利益之间存在关联。在关联性方面，专家组同样运用 VCLT 第 31 条规定的“善意原则”进行分析，仅要求各国坚持诚实信用，不得恶意援引例外条款来规避投资协定下的其他义务。具体来说，其认为援引该条款，仅需要证实涉案措施与“基本安全利益”之间具有“最小合理”的关联性，不要求涉案措施必须为保护“基本安全利益”所必不可少。该措施并非完全不能为该目标服务就足够了。

综上所述，RCEP“基本安全利益”例外条款赋予了缔约方自行裁量权，但该权利仍要受到一定的限制。在援引该例外条款时，缔约方应满足以下两个要求：一要阐明所涉争议措施拟保护的特定“基本安全利益”，二要表明所争议措施与保护“基本安全利益”之间存在“最小合理”的关联性。

四、RCEP 框架下我国跨境数据流动规制的调整

鉴于跨境数据流动的长远发展，我国有必要在进一步修正和完善现有法律法规的基础上，兼顾“人权导向”，考虑国际经贸新形势与国内数据发展新情况，对跨境数据流动规制的相关规制进行必要的调整。

（一）统一相关概念的界定

对相关概念的不确定性容易造成对制度理解的偏差，甚至造成多起同案不同判现象。因此，制度成功施行的前提是保证法律概念的高度明确与统一，反映在跨境数据规制方面主要为区域贸易协定中数据流动的例外条款以及相关核心名词的界定。首先，我国法律法规中的“国家安全”“公共秩序”等措辞与 RCEP 例外条款中的“公共政策目标”“基本安全利益”可以统一规范界定；其次，我国《数据安全法》《网络安全法》中有明确的规定，金融数据必须在国内进行存储，如果为了商业目的，必须进行安全评估，对于“因业务需要”的具体情况，以及允许跨境流动的金融数据的范围，却没有具体阐述，针对此不明确情形我国可以进一步进行细化与说明；再次，我国《数据安全法》中明确将数据划分为三类：核心数据、重要数据、一般数据，但没有具体的法律规范对其概念的内涵以及外延进行明确界定，其概念以及范围在实践中仍见仁见智。我国需要将跨境数据规制中的核心概念以及具体范围情形等进一步明确，以期应对未来国际社会可能提出的质疑。

（二）健全数据分级分类管理制度

我国《数据安全法》第 21 条明确指出要建立数据分级分类保护制度，应在此基础上尽快出台国家层面的、更加精细化的分类标准或者指南，进一步明确“重要数据”的定义标准、判断条件及认定程序，明确重要数据管理的具体要求，使条款更具确定性和可行性。第一，在涉及国家安全的核心数据方面，应该建立起宽严相济的数据分级监管模式，根据数据的敏感程度和跨境流动可能存在的风险制定相应的数据跨境规则，以实现梯度性监管。第二，在涉及商业数据的跨境传输方面，由于其市场主体的自主性，可设立市场主体自查，根据具体情况分析是否需要取得相关部门的审批同意。第三，在个人信息的跨境审查方面，可以通过市场机制引导，通过政府监管和企业自我约束来实现。政府要积极执行《中华人民共和国个人信息保护法》中关于跨境数据流动的标准契约模式，并以此为基础，严格控制个人数据出境的风险。

（三）参与国际跨境数据的合作治理

高水准的跨境数据流动政策可以有效扩大国家在数字贸易规制领域的影响力。加入 RCEP 表现出我国对数字经济发展的重视，同时也有对标更高标准的数字贸易规则的目标规划。当前，我国已宣布申请加入 CPTPP 和 DEPA，体现了意图采纳更高标准跨境数据流动规则、积极参与全球数据治理的倾向。这意味着，我国不仅要保证国内数据相关立法与 RCEP 相符，还需与 CPTPP 及未来达成的 DEPA 相一致。为此，我们须持续以“一带一路”为平台，以双边为纽带，以区域为桥梁，加强数据跨境流动互信机制，并以此为基础，充分进行平等磋商与合作，巩固“数字命运共同体”这一理念。除此之外，还要关注与缔约方规则的冲突解决机制，明确可能存在的风险并做好准备工作，争取与其他国家在标准上可以互认、达成共识。与此同时，还要积极地向外界宣传我国当前在数据治理领域的立场和政策，通过在全球范围内举办相关国际会议、参与相关国际活动等，不断向世界展示我国积累的经验及成果，增强我国在国际上的影响力，着力形成全球跨境数据流动治理的中国方案。

五、结语

RCEP 是目前中国加入的最有意义的区域自贸协定，其中的数据跨境流动规则更被认为是 RCEP 的亮点之一。该规则充分考虑到各缔约方经济发展水平与法律制度的不同，并通过设置“公共政策目标”与“基本安全利益”例外条款来支持跨境数据自由流动，相较于 GATT、CPTTP 等协定具有自身特色：一是在条款表述中增加“其认为”的措辞；二是直接表明此类正当公共政策应由实施该措施的成员方自行作出决定；三是在特定例外中额外增加了一项平行条款，即基本安全利益例外条款。但同时也存在适用范围宽泛，条款用语模糊，成员方自裁权较大、易被滥用，数据流动自由化程度不同等问题。在此基础上，根据例外条款在国际争端中的适用实践分析其在 RCEP 语境下的援引条件，对理解数据跨境流动和例外条款都有着极为重要的作用。通过以上分析，我国的数据管理政策应顺应跨境数据流动的多元化发展趋势，处理好国家基本安全利益与数据自由流动的关系，强化数据监管主权，使我国在跨境数据规制领域的国际影响力不断增强、国际地位不断提高，构建统一、公平、有序的跨境数据流动国际规则的可能性不断增强。

参考文献

[1] 李烨. RCEP 协定下我国数据跨境流动规则的检视与完善 [J]. 科技与法律（中英文），2023 (01): 119-128.

[2] 李雪娇. RCEP 框架下数据跨境流动例外条款研究 [J]. 大连大学学报，2022，43 (06): 44-50.

[3] 姚琦，阿力扎提·阿不来提. 数据本地化措施的路径思考——以 APEC、RCEP 和 USMCA 等规则为视角 [J]. 区域与全球发展，2022，6 (02): 46-63+155-156.

[4] 杨署东，谢卓君. 跨境数据流动贸易规制之例外条款：定位、范式与反思 [J]. 重庆大学学报（社会科学版），2023，29 (06): 233-245.

[5] 高通. 解析《区域全面经济伙伴关系协定》中的数据跨境流动规则 [J]. 中国信息安全，2021 (05): 82-84+88.

[6] 张生. 美国跨境数据流动的国际法规制路径与中国的因应 [J]. 经贸法律评论，2019 (04): 79-93.

[7] 孔庆江. 国家经济安全与 WTO 例外规则的应用 [J]. 社会科学辑刊，2018 (05): 134-138.

[8] 刘奕麟. WTO 巴西关税措施案——GATT 第 20 条 (a) 公共道德例外的适用 [J]. 商业经济，2018 (06): 121-124.

[9] 张舵. 跨境数据流动的法律规制问题研究 [D]. 对外经济贸易大学，2018.

[10] 李巍. 新的安全形势下 WTO 安全例外条款的适用问题 [J]. 中国政法大学学报，2015 (03): 99-108+159.

[11] 刘勇. 论 WTO 体制内公共道德例外规则——兼评中美文化产品市场准入案相关争议 [J]. 国际贸易问题，2010 (05): 120-128.

［12］傅廷中．“安全例外”条款与自由贸易政策的价值冲突与协调，载孙琬钟．WTO 法与中国论丛［M］. 北京：知识产权出版社，2011：368－377.

［13］Andrew D. Mitchell，Neha Mishra，Data at the Docks：Modernizing International Trade Law for the Digital Economy，Modernizing International Trade Law，2018.

［14］Burri. M，Data Flows and National Security：A Conceptual Framework to Assess Restrictions on Data Flows under GATS Security Exception，21（1）Digital Policy，Regulation and Governance，2019.

［15］Koremenos B.，Lipson C.，Snidal D. The Rational Design of International Institutions，International Organization，Vol. 55：1，p. 761－799（2001）.